Mut ist ansteckend

Björn Kawecki

FRIEDEN FREIHEIT DEMOKRATIE

Der Weg einer Aktivistin der Demokratiebewegung

2., überarbeitete Auflage

Alle Rechte vorbehalten
© 2023 Björn Kawecki
Umschlagfoto: Steve Schramm
Kontakt: bkawecki@mailbox.org
Druck & Distribution: tredition GmbH
ISBN 978-3-347-92130-6

Von guten Mächten treu und still umgeben
Behütet und getröstet wunderbar
So will ich diese Tage mit euch leben
Und mit euch gehen in ein neues Jahr

Noch will das Alte unsre Herzen quälen
Noch drückt uns böser Tage schwere Last
Ach Herr gib unsern aufgescheuchten Seelen
Das Heil, für das Du uns bereitet hast

Und reichst Du uns den schweren Kelch, den bittern
Des Leids, gefüllt bis an den höchsten Rand
So nehmen wir ihn dankbar ohne Zittern
Aus deiner guten und geliebten Hand

Von guten Mächten wunderbar geborgen
Erwarten wir getrost was kommen mag
Gott ist mit uns am Abend und am Morgen
Und ganz gewiss an jedem neuen Tag

Dietrich Bonhoeffer

INHALT

Vorwort 11

I 2020
Alte Gewohnheiten, neue Träume 27
Sommer der Querdenker................................. 51
Auf nach Berlin!.. 79
Wach auf, Deutschland 101
Gemeinsam sind wir stark 127
Unrecht 157

II 2021
Justitia stellt sich taub.................................. 177
Jetzt erst recht 193
Wach auf, Europa 213
Im Ahrtal... 227
Spaziergänge... 241
Meine Erkrankung 255

III Staatsdiener
Richter und Gerichte 301
Schule 325
Schulamt 359
Polizeigewalt 373

IV Resümee   387

Vorwort

Am 11. März 2020 rief die Weltgesundheitsorganisation die pandemische Lage aus. Das neuartige Coronavirus SARS-CoV-2, das man in Wuhan, der Hauptstadt der chinesischen Provinz Hubei, entdeckt hatte, war dabei, sich weltweit zu verbreiten. Am selben Tag kündigte die damalige Bundeskanzlerin Angela Merkel die ersten Corona-Maßnahmen an. Das gesellschaftliche Leben wurde *heruntergefahren*. Geschäfte, Kindergärten, Sportstätten, Schulen und Hochschulen mussten schließen, der Flugverkehr wurde ausgesetzt, die Grenzen wurden geschlossen. Aus der anfangs ausgegebenen Dauer der Maßnahmen von zwei Wochen wurden über zwei Jahre.

Die eingeführten Kontaktbeschränkungen hatten das Ziel, die Übertragungsrate des Virus zu verringern (*flatten the curve*). Dass die beschlossenen Verordnungen die Grundrechte der Bürger immer mehr einschränkten, wurde bereitwillig in Kauf genommen. Das Robert-Koch-Institut, die zentrale Einrichtung der Bundesregierung auf dem Gebiet der Krankheitsüberwachung und -prävention, schloss sich, nach anfänglichem Zögern, der Sichtweise der Bundesregierung in vollem Umfang an und stützte die Entscheidungen der Bundesregierung mit virologischen und gesundheitspolitischen Argumenten. Dass man durch die Grundrechtseinschränkungen größeren Schaden verhindern wolle, diente der Bundesregierung als moralische Rechtfertigung.

Um die Pandemie messbar zu machen, wurden in der Bevölkerung bald massenhaft Schnell- und PCR-Tests durchgeführt. Ein positives Ergebnis verpflichtete den Getesteten zur häuslichen Quarantäne. Ein negatives

Ergebnis wurde zur Voraussetzung zur Teilnahme am öffentlichen Leben, des Gangs zur Arbeit, zur Schule oder zur Universität. Hinzu kam, dass man bald an allen Orten des öffentlichen Lebens zum Tragen einer Maske verpflichtet war. Zunächst durfte es eine Stoffmaske sein, später musste es eine medizinische Maske und zuletzt eine FFP2-Atemschutzmaske sein. Wer gegen die Maskenpflicht verstieß, hatte mit Bußgeldern und sozialer Ächtung zu rechnen.

Währenddessen schien die Pandemie-Politik kaum Auswirkung auf das Infektionsgeschehen zu haben, so streng die Maßnahmen auch waren. Dafür wurden die Ziele der Pandemie-Politik mehrfach neu ausgegeben. Das Ende aller Maßnahmen wurde wiederholt angekündigt, dann aber wieder in die Zukunft verschoben. Erst ging es darum, die Risikogruppen so lange zu schützen, bis ein Impfstoff entwickelt wäre. Als am 27. Dezember 2020 der erste Impfstoff gegen Covid-19 zugelassen wurde, war diese Vorgabe erfüllt und es stand jedem frei, sich impfen zu lassen. Nun lautete die neue Vorgabe jedoch, dass das Gesundheitssystem so lange vor einer Überlastung geschützt werden müsste, bis die Impfquote hoch genug wäre. Spätestens hier wurde deutlich, dass die Bundesregierung, entgegen vorheriger Ankündigungen, überhaupt nicht daran dachte, den Ausnahmezustand zu beenden, ehe das Volk nicht vollständig geimpft war.

Durch ihre Pandemie-Politik gelang es der Bundesregierung zwar nicht, Schaden von den Bürgern durch die Pandemie abzuwenden. Bei der Durchsetzung der entsprechenden Verordnungen war sie aber durchaus erfolgreich. Diesen Erfolg verdankte die Bundesregierung vor allem dem engmaschigen Netz staats- und regierungsnaher Organisationen, auf das sie sich fortwährend stützen konnte. An erster Stelle sind hier die Leitmedien zu nennen, die den pandemischen Ausnahmezustand bei der Frage nach der Verhältnismäßigkeit der Grundrechtseinschränkungen zu keinem Zeitpunkt anzweifelten. Im Gegenteil, die Leitmedien schienen die Politik mit Forderungen nach immer härteren Maßnahmen eher noch vor sich hergetrieben haben, sodass die Politik der Bundesregierung im Vergleich geradezu gemäßigt wirken konnte.

Parteien, Berufsverbände, NGO, Gewerkschaften, Kirchen, Vereine und Unternehmen beteiligten sich ebenfalls daran, bei der Durchsetzung des Ausnahmezustandes zu assistieren. Auch sie stützten bedenkenlos das Narrativ vom *Killervirus* und etablierten es in ihrem jeweiligen Einflussbereich im Alltag der Bürger. Diese breite Unterstützung für die Pandemie-Politik war auch nötig, denn nur so konnte die Deutungshoheit über das Pandemie-Narrativ aufrechterhalten werden. Wäre das Pandemie-Narrativ gescheitert, hätte sich auch die Überreaktion vonseiten der Politik verboten. Hinsichtlich des Wahrheitsgehalts des Pandemie-Narrativs schieden sich in der Folge nicht nur die Meinungen. Es bildeten sich vollkommen unterschiedliche Wahrnehmungen derselben Ereignisse und Entwicklungen.

Die offizielle Sichtweise ist allgemein bekannt. Die Mehrheit der Deutschen, und vermutlich der Menschen weltweit, schloss sich dem offiziellen Narrativ an und akzeptierte in der Folge die Pandemie-Politik. Verunsichert von den Bildern aus Bergamo oder China und im Vertrauen auf ihre Regierung trug sie die Maßnahmen mit, selbst wenn diese später mit schweren persönlichen Entbehrungen verbunden waren. Denn was waren Kontaktbeschränkungen, Ausgangssperren, Arbeitsverbot, ein Stück Stoff und später der *kleine Piks* mehr als ein notwendiges Übel, wenn Menschenleben auf dem Spiel stan-

Vorwort

den? Diese Logik war so schlicht, dass jeder sie vertreten konnte. Hinzu kam, dass die Risiken von Maßnahmen, so groß oder klein sie auch waren, von den Leitmedien in der Regel nur erörtert wurden, um sie in der Folge als unbedenklich abzutun.

Auch heute noch, da die meisten Maßnahmen zurückgenommen wurden, sind die Schäden der Pandemie-Politik, zum Beispiel die Impfschäden, ein Randthema und werden nicht unter der Frage nach der Verantwortung erörtert. Aufgrund der politisch-medialen 360°-Beschwichtigung hatte der Durchschnittsbürger während der Pandemie-Politik womöglich nie eine realistische Chance, sich über andere Meinungen und Ansichten zu informieren. Warum sollte man etwas hinterfragen, das allerorts gepriesen und bei Verstoß bestraft wurde? Zudem ist vielen Deutschen die Vorstellung nach wie vor fremd, dass eine Regierung Schaden am Volk mutwillig herbeiführen könnte – trotz zweier deutscher Diktaturen, die das Gegenteil bezeugten. Eher war man bereit, sich dem sozialen Druck in der Familie und gegenüber Freunden, Nachbarn und Arbeitskollegen anzuschließen.

Nicht zuletzt dürfte auch die menschliche Neigung, dem Allgemeinwohl zu dienen, und die Hoffnung, durch Gehorsam zur Beendigung der Pandemie beizutragen, bei vielen eine wichtige Rolle dabei gespielt haben, dass sie das Pandemie-Narrativ annahmen. Es war sicher kein Zufall, dass die Bundesregierung in ihrer Kommunikationsstrategie an die Solidarität des Einzelnen mit der Gemeinschaft appellierte. So gelang es in Deutschland, die eben noch freiheitliche Demokratie in kurzer Zeit einem kollektiven Obrigkeitsstaat anzugleichen.

Doch auch die zweite Sichtweise auf die Pandemie-Politik, die es von Anfang an gab, hat das Recht, dargestellt zu werden. Bürger, die der Pandemie-Politik kritisch ge-

genüberstanden, konnten nur schwer ertragen, wie tief der Machtanspruch des Staates in das Privatleben auf einmal reichte und mit welchen Mitteln er umgesetzt wurde. Diese Minderheit weigerte sich, den pandemischen Ausnahmezustand als rechtmäßig anzuerkennen. Womit der Staat nicht gerechnet hatte, war, wie stark die Gegenwehr gegen diesen Machtanspruch sein würde. Am Anfang stellten sie sich gegen die Kontaktbeschränkungen, am Ende gegen das Vorhaben der Politik, in Deutschland regelmäßige Corona-Impfungen zu etablieren.

Trotz der Bemühungen aufseiten von Politik, Behörden und Medien, abweichende Meinungen zur Pandemie zu unterdrücken, trat für viele unerwartet ein Deutschland zu Tage, das für gewöhnlich ohne viel Aufsehen zu erregen lebte, nun aber auf die Straßen der Republik strömte, um für ihren Protest gegen die Corona-Maßnahmen ein Zeichen zu setzen. Es war ein geheimes Deutschland, das sich hier zeigte, das die Politik und die Leitmedien weder kannten noch verstanden, denn in ihrem Weltbild hat es schlicht keinen Platz. Dieses Deutschland will Umweltschutz, aber ohne grüne Ideologie. Es will Marktwirtschaft ohne Kapitalismus. Es will Gleichheit ohne Sozialismus. Es will Demokratie ohne Parteienherrschaft. Es will politische Repräsentation, ohne sein Mitspracherecht zu verlieren. Es will Fortschritt ohne Werteverfall.

Die Bürger dieses Deutschlands sahen sich spätestens seit März 2020 immer weiter an den sozialen Rand gedrängt. Doch was taten sie anderes, als zu hinterfragen, ob Abstand, Maske, Quarantäne, Tests und die Impfung tatsächlich die gebotenen Mittel im Kampf mit einer Infektionskrankheit waren? Das Opfer, das sie für den vermeintlichen *Schutz* anderer zu erbringen hatten, hielten sie für unverhältnismäßig. Die Panikmache empfanden sie als unwahr, die Aufrufe zur *Solidarität* als heuchlerisch. Sie warnten vor überhasteten Entscheidungen, mahnten trotz der anfänglich unübersichtlichen Lage zur Besonnenheit und forderten einen offenen Diskurs über die geeigneten Maßnahmen. Die Politik durfte das Ganze nicht aus den Augen verlieren. Gesundheitspolitische Maßnahmen hatten gleichermaßen demokratischen, rechtsstaatlichen, wissenschaftlichen und gesellschaftlichen Normen zu entsprechen. Diese gemäßigte Sicht wurde durch die Vertreter des Pandemie-Narrativs jedoch von Anfang an systematisch aus dem Diskurs ausgeschlossen. Dort, wo ein kritisches Wort den Weg in einen Zeitungsartikel oder eine Talkshow fand, blieb es folgenlos oder wurde öffentlichkeitswirksam niedergeschrie(be)n. Wer die Pandemie-Politik in Deutschland grundsätzlich kritisierte, stand gesellschaftspolitisch auf verlassenem Posten. Sehr bald mussten die Bürger, die die Pandemie-Politik kritisierten, verstehen, dass niemand ihr Anliegen vertreten würde, wenn sie es nicht selbst taten. Wer sein *altes* Leben nicht aufgeben wollte und Nähe und Freiheit ohne Gängelei wollte, stand vor der Wahl: sich Verordnungen, die man ablehnte, zu beugen oder das im Grundgesetz verankerte Mitbestimmungsrecht mit den Füßen einzufordern. Wer nicht mitmachen wollte, dem blieb gar nichts anderes übrig, als sich mit Gleichgesinnten zu organisieren.

Querdenken-711, die Initiative des Stuttgarter IT-Unternehmers Michael Ballweg, war eine der ersten Selbstorganisationen, die Bürger gegen die Corona-Maßnahmen ins Leben riefen, und viele weitere würden bald folgen. Die Menschen, die sich Initiativen wie Querdenken anschlossen, hatten zu Beginn der Pandemie-Politik einfach nur Fragen. Weshalb mussten Schulen und Kindergärten schließen, obwohl vor allem ältere Personen vom Risiko schwerer Verläufe durch Covid-19 betroffen waren? Wer garantierte, dass es keine allgemeine Impfpflicht geben würde? Doch eine außerparlamentarische Opposition war den Machern der Pandemie-Politik offenbar nicht willkommen. Wie sonst hätte *Querdenker*, ein Ausdruck für eine Person, die kreativ und unkonventionell denkt, im erfindungsreichen Deutschland zu einem Schimpfwort werden können? Erst als die Einwände der Bürger ignoriert und die Bürger regelmäßig öffentlich beschimpft wurden, zeichnete sich das Entstehen einer ganzen Protestbewegung ab – auf die der Staat mit Repressionen reagierte.

Durch das massive Vorgehen gegen Gegner der Pandemie-Politik auf der einen Seite und den gesundheitspolitischen Paternalismus auf der anderen Seite wurde ein Paradigmenwandel im Machtverhältnis der Bundesrepublik deutlich, der sich schon länger ankündigte: der Wandel des mündigen Bürgers zu einem zum eigenen Wohl entmündigten Untertan. Dieser Wandel vollzieht sich dort, wo die Rolle des Bürgers nur noch darin besteht, dass ihm der Staat das Geld, die Politik die Entscheidung und die Presse das Denken abnimmt; wo der Bürger eine reine Ressource für Macht ist. Wenn die repräsentative Demokratie nicht mehr in der Lage oder gewillt ist, die Partikularinteressen der Gesellschaft im politischen Streit zu vermitteln, hat sie versagt und muss erneuert werden.

Indem sich die Bundesregierung eine Politik anmaßte, in dessen Zuge sie die Bürger vor einer Krankheit zu schützen vorgab und die die Macht des Staates über die freiheitliche demokratische Grundordnung stellte, zu der das Recht sich zu versammeln, das Recht auf Freizügigkeit, das Recht auf Selbstbestimmung, das Recht auf freie Meinungsäußerung, das Recht auf Unverletzlichkeit der

Vorwort

Wohnung und weitere Rechte gehören, nahm sie in der Tat vorübergehend totalitäre Züge an. Das Recht auf körperliche Unversehrtheit, das eigentlich ein Abwehrrecht der Bürger gegenüber dem Staat ist, wurde besonders zynisch verzerrt, als aus ihm die staatliche Pflicht abgeleitet wurde, die Bürger wie krankes Vieh von der Herde zu isolieren. Allgegenwärtige Masken und Tests suggerierten, dass jeder potentiell infiziert war. Wer positiv getestet wurde, galt als krank. Wer keine Beschwerden hatte, war symptomlos krank. Politiker begründeten ihre Entscheidungen mit wissenschaftlichen Erkenntnissen. Umgekehrt muss eher von einer Politisierung der Wissenschaft ausgegangen werden. Die tragenden Säulen des Rechtsstaates in Deutschland, das Bundesverfassungsgericht, der Föderalismus und die Leitmedien, stützten die Regierung anstelle der Demokratie. Mit der *Bund-Länder-Konferenz*, die unter Ausschluss der Öffentlichkeit tagte, wurde eine Art Geheimrat der Pandemie-Politik etabliert. Das Volk erfuhr von den Gesprächsthemen und möglichen Beschlüssen der Konferenz nur, wenn sie im Vorfeld der Boulevardpresse gesteckt wurden.

Derselbe Paradigmenwandel wie in der Politik zeigt sich auch bei den Leitmedien, die ihre Aufgabe überwiegend darin zu sehen scheinen, das Volk zur *richtigen* Anschauung und zum *richtigen* Verhalten zu erziehen. Teil der Pandemie-Politik war, dass das Fernsehen ein Medium für Politiker und staatsnahe Experten war, um die Zuschauer an das *richtigen* Pandemie-Narrativ anzuschließen. Die unterlegte Botschaft lautete: Wer gegen die Maßnahmen ist, hat sie entweder nicht verstanden oder ist bösartig. Bereits früher ließen die Gesprächsrunden der öffentlich-rechtlichen Kanäle dem Zuschauer keinen Zweifel daran, wer der zur Erziehung der Massen geladene *Ketzer* war. Neu war das Ausmaß an Hetze, das Personen mit abweichender Meinung entgegenschlug. Ob in Zeitungen, im Fernsehen oder in den sozialen Medien: Wer sich öffentlich für das Ende der Corona-Maßnahmen einsetzte, durfte ungestraft *Nazi*, *Schwurbler*, *Coronaleugner* oder *Covidiot* genannt werden, prominent verwendet von der SPD-Vorsitzenden Saskia Esken. Die Organisatoren und Teilnehmer verordnungskritischer Demonstrationen waren in der Summe der Berichterstattung der Leitmedien bestenfalls Spinner, schlimmstenfalls Staats- und Menschenfeinde.

Dass sich *Querdenker* als Schmähwort einprägte, war eine Folge dieser *Berichterstattung*. Der konformistische Druck, der im Beruf, im Freundeskreis und in der Familie herrschte und für zwischenmenschliche Verwüstungen sorgte, war eine weitere. Die kognitive Dissonanz vieler Menschen, die mediale Propaganda mit dem persönlichen Wunsch, über Missstände und Widersprüche zu reden, in Einklang zu bringen, brachte eine Theatergruppe in den USA (wo die Verhältnisse offenbar ähnlich waren wie in Deutschland) auf den Punkt. In ihrem Sketch suchen drei linksliberale New Yorker Paare bei einem gemeinsamen Abendessen verzweifelt nach einem geeigneten sprachlichen Ausdruck für ihre Zweifel, die sie unter dem Einfluss des tyrannischen Corona-Diskurses unterdrücken mussten. Die Aufzählung simpler Fakten lässt den Abend beinahe eskalieren: „Die Impfstoffe retten Leben. Fakt. Sie verhindern, dass die Krankenhäuser überfüllt werden. Fakt. Aber musste ich meinem ältesten Freund die Freundschaft kündigen, nur weil er keinen *Booster* wollte?"

Die privaten und die öffentlich-rechtlichen Medien nahmen sich wenig hinsichtlich ihrer Diffamierungswut. Im Gegensatz zu den privaten haben die öffentlich-rechtlichen Medien aber zumindest auf dem Papier einen gesetzlich festgelegten Programmauftrag zu erfüllen. Wie viele Tausend Demonstrationen fanden seit dem Frühjahr 2020 statt? Wie viel Sendezeit wurde ihnen gewidmet? Wie viele der Berichte oder Reportagen waren tatsächlich fair und ausgewogen? Wo bemühte man sich, Konflikte abzubauen, Parteien an einen Tisch zu setzen? Wann wurde zur Debatte, zur Aussprache ermuntert? Gerade Bürgerinitiativen ohne Anschluss an das Parteiensystem und ohne Lobby hätten von den Leitmedien bevorzugt werden müssen. Demonstrierende Bürger mit Vorsatz zu ignorieren, weil sie eine unbequeme Meinung vertreten, kann nicht im Interesse einer demokratischen Gesellschaft sein. Dem Milliarden schweren, gebührenfinanzierten Rundfunk an dieser Stelle Versagen vorzuwerfen, hieße, von ihm zu erwarten, dass er noch gewillt ist, seinen Programmauftrag zu erfüllen. So viel Optimismus scheint heute unangemessen. Beim Thema Corona-Maßnahmen erwies sich der Gebührenrundfunk als Torwächter, der das Spektrum akzeptierter Meinungen strikt limitierte, aber innerhalb dieses Spektrums sehr lebhafte Debatten erlaubte. Laut dem Linguisten Noam Chomsky ist eine solche Kontrolle des Diskurses der schlauste Weg, Menschen passiv und folgsam zu halten, und im Fall des Gebührenrundfunks obendrein der billigste, da die Menschen ihn noch selbst bezahlen.

Ihre eigentliche Macht schöpfte die Politik aber aus der Passivität derjenigen Bürger, die auf gesundheitliche Sicherheit im Tausch für ihre Freiheit hofften. Am Ende konnte die Pandemie-Politik weitgehend ungehindert durchgesetzt werden, weil die in der Demokratie zur Mitwirkung verpflichteten Bürger tatenlos blieben. Warum war das so? Sind Menschen auf Befehl frei oder unfrei? Schätzte die Mehrheit der Deutschen ihr altes Leben so wenig, dass man bereit war, es an der Pforte einer *neuen* Realität ohne Murren hinter sich zu lassen? Oder wollte man bloß nach außen nicht als *Abweichler* erscheinen?

Mittlerweile wurden die meisten Corona-Maßnahmen zurückgenommen, und zu dem nicht ermessbaren Schaden, den sie hinterlassen haben, gehört ein tiefer gesellschaftlicher Graben. Das eigentlich große Vertrauen vieler Deutscher in die Demokratie, in Medien, in Wissenschaft wurde schwer erschüttert und ist es immer noch. Wer der Pandemie-Politik kritisch gegenüberstand, musste während der knapp drei Jahre, die die Corona-Maßnahmen in Kraft waren, eine Menge Gewissheiten über sein Land und seine Landsleute über Bord werfen. Wie konnte es so weit kommen?

Rückblickend kann man nur erstaunt feststellen, wie viele Experten zu Beginn der Pandemie-Politik das Panikszenario der Bundesregierung ablehnten und auf erwartbare wirtschaftliche, politische und psychische Schäden hinwiesen. Die Apologeten der Pandemie-Politik führen in der Regel an, dass man keine Wahl gehabt hätte, als schnell und bestimmt zu handeln. Die über zwei Jahre währende Angstkampagne kann dies aber nicht rechtfertigen. Noch immer ist von *Corona* wie von einer Person die Rede, die das Land über zwei Jahre verwüstete. Viren handeln aber nicht. Menschen handeln. Das Papier aus dem Bundesinnenministerium, das im April 2020 an die Öffentlichkeit gelangte und der Bundesregierung empfahl, gegenüber den Bürgern Angst als Mittel einzusetzen, zeigt, wie bewusst die frühen Entscheidungen getroffen wurden. Ebenso bewusst hätte man diese Entscheidungen zurücknehmen können. Wer sich in einer verantwortungsvollen Position schuldig machte, muss die Konsequenzen tragen.

Was wir in Deutschland daher brauchen, ist Aufklärung, nicht zuletzt, um einer ähnlich missbräuchlichen Politik künftig entgegenzuwirken. Die Verantwortlichen in Politik, Medien und Staatsämtern halten es sicher noch für verfrüht, ihre Karriere an den Nagel zu hängen und werden kein Interesse an echter Aufklärung haben. Sie werden ihr Bestes tun, um die Sachzusammenhänge zu verschleiern und unter den Teppich zu kehren. Es ist nicht ausgeschlossen, dass sie sich ihrer Verantwortung am Ende entziehen werden. Vielleicht werden erst in Zukunft der Wahrheit verpflichtete Historiker in der Lage sein, sich ein unvoreingenommenes Urteil über die vergangenen drei Jahre zu bilden. Fest steht: Die Pandemie wird erst enden, wenn die offenen Fragen zum Verhalten der Regierung, der Bürger, der Behörden, der Gerichte, der Ärzte, der Presse, der internationalen Institutionen vollständig beantwortet worden sind.

Als Erfahrungsbericht, der den Weg einer politischen Aktivistin nachzeichnet, ist der Anspruch dieses Buches bescheidener. In der Bewegung der Corona-Proteste kennt man sie als Ronja. Wie viele andere hatte auch Ronja von Beginn an Zweifel an der Pandemie-Politik. Sie spürte, dass *etwas nicht stimmte*. Es war nur ein Bauchgefühl, ein Impuls. Eines Morgens wachte sie auf und wusste, sie musste etwas tun.

Viele Menschen haben Hemmungen, zu ihren Ansichten zu stehen. In ihrer Vorstellung gibt es Experten, die es besser wissen. Ronja musste jedoch keine Juristin sein, um die Ungerechtigkeit der Pandemie-Maßnahmen zu verstehen. Sie musste keine Philosophin sein, um zu wissen, dass es falsch war, Menschen einzusperren und gegen abweichende Meinungen zu hetzen. Sie musste keine Ärztin sein, um zu wissen, dass sich das ständige Tragen einer Maske negativ auf die körperliche und seelische Gesundheit auswirkte.

Ronja sagte nein zur Masken- und Testpflicht und nahm ihre zwei jüngsten Söhne aus der Schule. Sie sagte nein zu den Abstandsregeln und musste Schikanen und Demütigungen durch die Polizei erdulden. In der Protestbewegung traf Ronja auf Gleichgesinnte, die ebenso entschlossen waren wie sie, für ihre Grundrechte zu kämpfen. Ihr Engagement politisierte sie. Mit der Zeit machte sie viele glückliche, aber genauso auch enttäuschende Erfahrungen. Alte Freunde, die sich abwandten, neue, die sie unterstützen, eine Schulleiterin, die die Schulpflicht, aber nicht das Recht auf Bildung kannte, Polizisten, deren Beruf es war, zu lügen. Am Ende musste Ronja verstehen, dass die Leitmedien die Bürger nur sehen lassen, was sie sehen sollen. Und wer vor Unrecht wirklich sicher sein will, muss sich an ihm beteiligen. Doch bis zu dieser Erkenntnis war es ein langer Weg.

Das vorliegende Buch ist das Resultat aus 27 Interviews, die zwischen dem Winter 2021 und Frühjahr 2022 mit Ronja geführt wurden, und soll einen persönlichen Beitrag zur Aufklärung liefern. In der Regel wird über die Pandemie-Politik und ihre Folgen nur auf sehr hoher Ebene gesprochen. Dies mag charakteristisch für den Zustand unserer Gesellschaft sein. Doch das persönliche Leben wurde bereits durch die Pandemie-Politik zu genüge vernachlässigt und soll in der Aufklärung nicht ein zweites Mal geschehen. Das Persönliche ist allgemeiner als jede Statistik.

Ich hoffe, dass dieses Buch Interesse bei jenen weckt, die skeptisch gegenüber den Skeptikern waren oder es immer noch sind. Ich würde mich freuen, wenn die Lektüre dieses Buches dazu beiträgt, dass die zweite Sicht auf die Pandemie-Politik, die es immer gab, begreifbarer wird, damit sich der Graben in Deutschland ein wenig schließt.

Vorwort

Dieses Buch ist auch für diejenigen, denen es Angst machte, als sich ihre Mitbürger ihre Freiheit einfach nahmen, die wütend waren, wenn die Demonstrationen ohne Masken und Abstände an ihren Häusern vorbeizogen, die nie den Mut hatten, mit einem *Querdenker* ein Gespräch zu führen, die wegschauten und Freunde und Familie aus ihrem Leben verstießen. In diesem Buch erhalten Sie einen Einblick in die Welt Ihrer rebellischen Mitbürger. Auch wenn Sie es noch nicht glauben, Sie können viel von ihnen lernen.

Die Aufklärung muss weiter gehen, auf dass wir zu einer Sicht auf die Welt gelangen, in der nicht Knüppel oder Lügen herrschen, sondern Menschlichkeit und Verstand. Sonst werden wir womöglich auch in Zukunft nicht mehr dieselbe Welt miteinander teilen.

Teil I.

2020

Alte Gewohnheiten, neue Träume

Seit Jahrzehnten führe ich einen auffüllbaren Kalender, in den ich meine Termine eintrage, wen ich treffe und was für meine zwei Söhne, die zur Schule gehen, ansteht. Anhand meines Kalenders kann ich heute noch genau sagen, wann und wie unser Alltag durch die Corona-Maßnahmen anders wurde.

Am 8. Januar 2020 war ich mit zwei Freundinnen im Schwimmbad. Am 12. Januar ging ich mit meinen Söhnen ins Kino. Wir schauten *Als Hitler das rosa Kaninchen stahl*. Der Film erzählt die Geschichte eines jüdischen Mädchens, das 1933 mit ihrer Familie aus Deutschland in die Schweiz flüchtet und dort unter schwierigen Umständen ein neues Leben beginnt.

Jeden Dienstag- und Donnerstagvormittag versorgte ich die zwei Eselchen einer befreundeten Familie in der Nachbarstadt. Meistens fuhr ich zu ihnen mit dem Fahrrad. Dann bürstete ich ihnen das Fell, machte den Stall sauber, räumte die Eseläpfel von der Weide. Ich machte das bereits seit Jahren, seit mein jüngster Sohn vier Jahre alt war. Da er nicht in den Kindergarten ging, wollte ich mit ihm an den Vormittagen etwas unternehmen. Die Eselchen zu besuchen, machte uns Spaß. Gleichzeitig konnte ich meiner Freundin, die zudem noch zwei Pferde besaß, berufstätig war und immer viel um die Ohren hatte, etwas Arbeit abnehmen. Lies und Benni, so hießen die Eselchen, hatte sie damals für ihre eigenen Kinder gekauft. Doch aus den Kindern wurden Erwachsene, die keine Zeit mehr für die Tiere fanden. Für meinen Jüngsten war es bei den Eseln immer schön. Wir waren an der frischen Luft. Wenn er wollte, durfte er sich auf den

Rücken der Esel setzen. Das machte er aber nicht so gerne. Lieber fütterte er sie einfach. Wir nahmen Äpfel und Möhren oder altes Brot mit und fütterten das als Leckerli. Als Kind hatte ich ein Buch, das ich sehr liebte: *Der kleine Esel Benjamin*. Der Besuch bei Benni und Lies zwei Mal die Woche war für mich ein Stück Ritual und Erinnerung.

Dienstags gingen meine Söhne zum Zirkustraining, mittwochs hatten sie Gitarrenunterricht und donnerstags Handballtraining. Ich selbst fuhr immer dienstagabends zu einem Frauentanzkreis. Mittwochvormittags half ich in der Cafeteria der Schule meiner Kinder. Auch das machte ich bereits seit Jahren. In der Schulcafeteria können sich die Schüler etwas zu trinken und zu essen kaufen. Zusammen mit anderen Müttern arbeitete ich hier als Freiwillige. Alles wurde immer frisch zubereitet. Ein Bäcker brachte Kaffeestückchen und Brötchen. Die Brötchen beschmierten wir mit Butter und belegten sie mit Salat, Käse, Schinken oder Ei. Dem Einsatz der Mütter war es zu verdanken, dass das zum Selbstkostenpreis lief. Für jeden Tag gab es ein Team. Ich war im Mittwochsteam von halb 9 Uhr bis 11 Uhr.

Auch zur Schule fuhr ich meist mit dem Fahrrad. Dort hatte ich eine schöne und sinnvolle Beschäftigung. Um 8:30 Uhr kam ich an. Bis zur ersten Pause um 9:30 Uhr musste alles fertig sein. Es gab immer eine ganze Menge zu tun. Wir Frauen in der Mittwochsschicht waren ein tolles Team. Eine Frau hatte bei uns immer den Überblick. Sie wusste Bescheid, wie viel wir von was brauchten. Für den Verkauf gab es zwei Fenster. Dort stellten sich die Kinder an. Wenn es dann zur Schulpause klingelte, musste alles ganz schnell gehen. Sofort bildeten sich lange Schlangen. Vier Frauen verkauften gleichzeitig, nahmen das Geld entgegen und gaben das Rückgeld heraus. Die

Alte Gewohnheiten, neue Träume

Pausen waren immer voll.

Die Arbeit in der Schulcafeteria war eine große Freude. Meine älteren Kinder waren bereits auf diese Schule gegangen. Daher kannte ich einige der Lehrer, die ebenfalls in die Cafeteria kamen, bereits von früher. Es war schön, den Kindern zuzusehen, wie sie ihre Pause genossen. Meine Jungs kamen in den Pausen natürlich auch zu mir und holten sich ihre belegte Laugenstange ab. Normalerweise gab es für sie einfach ein Schulbrot und einen Apfel. Die Laugenstange am Mittwoch, wenn ich in der Cafeteria arbeitete, war für sie etwas Besonderes. Als meine älteren Kinder noch zur Schule gingen, hatte ich für so etwas keine Zeit. Jetzt konnte ich etwas für die Schule tun, ein Teil der Schulgemeinschaft sein und mich mit den Müttern austauschen, die Kinder in anderen Klassen und Klassenstufen hatten.

Am 18. Januar besuchte ich als Betreuerin mit den Kindern einer Behindertenschule ein örtliches Kellertheater. Sie führten das Märchen *Der Froschkönig* auf. Am 20. Januar besuchten mich zwei meiner Töchter, bis heute war es das letzte Mal.

Jeden Dienstag um 11 Uhr und jeden Donnerstag um 14:45 Uhr fuhr ich damals zur Tafel in die Nachbarstadt. Es gab vier Gruppen – rot, blau, grün und gelb – und jeder berechtigte Besucher erhielt im Vorfeld eine Nummer. Man kam zur zugewiesenen Zeit, stellte sich der Nummer entsprechend auf. Am Eingang musste man seinen Tafelausweis vorzeigen und zahlte symbolisch einen Euro Eintritt. Dann gingen die Besucher in den Raum, in dem die Lebensmittel auslagen, zuerst das Obst und das Gemüse, danach die verpackten Sachen und immer viel Brot, Backwaren und auch Kaffeestückchen. Die ehrenamtlichen Helfer fragten, wie viele Erwachsene und Kinder zum Haushalt gehörten, und gaben eine entsprechende Menge an Lebensmitteln aus. In der Regel war der gegenseitige Umgang freundlich. Einmal wollte eine Frau, die vermutlich gar kein Deutsch sprach, Meisenknödel haben. Die Mitarbeiter waren sich nicht sicher, ob die Frau wirklich wusste, dass das Futter für die Vögel war. Manchmal gab es Besucher, die sich einfach etwas nehmen wollten. Das durften sie nicht und die Mitarbeiter wiesen sie zurecht. Besucher, die sich ruhig verhielten, wurden willkommener behandelt als jemand, der offen mehr verlangte, als man ihm zu geben bereit war. Dann sagte man deutlich nein. In Deutschland ist es angesehener, wenn du nicht forderst. Das ist unsere Mentalität. Wer als Bittsteller mehr will, wird wie jemand behandelt, der anderen etwas wegnimmt oder keinen echten Bedarf hat. Bei jemandem, der zurückhaltend ist, geht man eher davon aus, dass er wenig hat, und gibt ihm womöglich sogar mehr.

Als im Sommer 2020 die Verordnung zum Tragen eines Mund- und Nasenschutzes galt, ging ich zum letzten Mal zur Tafel. Das hatte ich vorher bereits entschieden und dabei blieb es. Auch vorher trug ich nie eine Maske. Am Eingang zog ich ein Bandana über Mund und Nase, auf dem stand *Freiheit Frieden Wahrheit Liebe*. Doch selbst das kostete mich jedes Mal Überwindung. Ohne etwas vor dem Gesicht hätten sie mich aber nicht hereingelassen. Diese Regel galt ab April 2020. Die Frau, die die Tafel leitete, fragte mich einmal persönlich, ob ich nicht eine Maske haben wollte. Sie waren selbstgenäht und die Frau verschenkte sie. Ich lehnte höflich ab und sagte, dass ich so etwas nicht trage. Das sagte ich von Anfang an: Ich trage keine Maske. Natürlich hielt ich Abstand. Eine Maske würde ich nicht tragen. Ich freute mich über die Lebensmittel. Doch ich war jedes Mal froh, wenn ich die Tafel wieder verließ und das Bandana wegpacken konnte.

Am 27. Januar gingen meine Jungs das erste Mal zum Bouldertraining für Kinder. Den Mitgliedsbeitrag übernahm der Vater der beiden. Die Jungs kletterten gerne, Bouldern war aber günstiger. Um zu bouldern, braucht man keine zweite Person, die einen sichert. Man kann einfach loslegen. Es ist ein Training für den ganzen Körper und für die Konzentration. Man muss geschickt sein, schnell reagieren, schnell greifen und schauen, wie man nach oben gelangt. Koordination ist gefragt. Wenn man sich traut, kann man springen. Manchmal liegen die Griffe so weit auseinander, dass man springen muss. Beim Training in der Halle kann aber nichts passieren. Falls man abrutscht, fällt man auf die Weichbodenmatte. Bis zu den Osterferien nahmen meine Söhne am Bouldertraining teil. Danach war die Halle für das Gruppentraining gesperrt.

Anfang Februar 2020 war die Beisetzung von Norbert. Norbert war der Mann einer langjährigen Freundin. Sie und ich hatten uns 1986 kennengelernt. Heute haben wir keinen Kontakt mehr. Sie war eine Freundin meines ersten Ehemannes und war auch zu unserer Hochzeit eingeladen. Im Taunus hatten sie und Norbert einen Garten, wohin sie uns öfter einluden. In Notfällen hatte sie sich liebevoll um meine Kinder gekümmert. Dafür war ich ihr für immer dankbar. Ihrem Ehemann Norbert ging es bereits seit Jahren sehr schlecht. Im Sommer 2019 war die Hochzeit ihres Sohnes und meine Freundin wollte unbedingt dabei sein. Sie fragte mich, ob ich nicht während der Hochzeit bei Norbert bleiben könnte. Norbert atmete damals bereits mithilfe einer Sauerstoffflasche und eines Beatmungsgeräts. Das Haus konnte er nicht mehr verlassen. Er hatte nicht mehr die Kraft dazu, geschweige denn, um auf eine Hochzeit zu fahren. Während ich mich um Norbert kümmerte, erzählte er mir aus seinem Leben, wie er einmal zum Angeln in Finnland war, wie man einen Fisch ausnimmt. Meine Freundin war sehr glücklich, dass sie bei der Hochzeit ihres Sohnes und ihrer Schwiegertochter dabei sein konnte.

Im Januar 2020 verstarb Norbert an einem Samstagmorgen. Das Ende kam ganz schnell. Meine Freundin fragte mich, ob ich die Trauerfeier für ihren Mann gestalten würde. Ich sagte zu. Sie suchte Lieder heraus und ich plante den Ablauf. Am 5. Februar, ein milder Tag ohne Schnee, fand in einer Halle auf dem Friedhof Norberts Abschiedsfeier statt. Die Urne wurde an einem anderen Tag beigesetzt. In meiner Rede vor den Gästen sprach ich über Norberts Leben und die gemeinsamen Erlebnisse mit seiner Frau. Die meisten Gäste kannte ich nicht. Es waren Verwandte und Nachbarn von Norbert und seiner Frau. Im Anschluss kamen manche von ihnen auf mich zu. Sie bedankten sich für meine Rede und sagten, wie ehrlich schön die Trauerfeier für sie gewesen wäre. Ich hatte schon zuvor zu zwei Anlässen Trauerfeiern gestaltet. Meine Freundin wusste das und sie wollte nicht, dass da jemand Fremdes etwas von sich gab, jemand, der Norbert gar nicht gekannt hatte, wie irgendein Pfarrer. Die Trauerfeier auszurichten, war für mich eine Ehre. Ich wusste nicht, ob ich das schaffen würde. Aber alles klappte gut und die Gäste fanden es schön.

Aufgrund eines Sturms hatten meine Söhne am 10. Februar schulfrei. Am 22. Februar kamen meine Schwester und meine Nichte zu Besuch und wir machten ein Lagerfeuer. Am 24. Februar fuhr ich mit meiner Freundin aus Kiel mit der Fähre nach Oslo.

Zu dem Zeitpunkt war Corona bereits ein Thema. In den Nachrichten hörte ich etwas von einem Virus aus China. Auf der Überfahrt nach Oslo ereignete sich dann ein merkwürdiger Zufall. Wir trafen auf eine Reisegruppe, die ostasiatisch aussah, einer der Männer trug einen Kapuzenpullover mit der Aufschrift *China*. Meine erste Reaktion war: Hoffentlich haben die uns dieses Virus nicht mitgebracht. Später ermahnte ich mich, dass es doch Quatsch war, so zu denken. Die Meldungen über Wuhan waren damals schon so präsent, dass ich eine Gruppe, die vielleicht Chinesen waren, sofort mit einer Krankheit in Verbindung brachte. In dem Moment auf der Fähre kam es mir allerdings frech vor, dass in China eine schwerwiegende Krankheit ausgebrochen war, aber bei uns die Chinesen über das Deck spazierten und uns das Virus womöglich einschleppten. Natürlich sprach ich das nicht aus. Doch ich merkte, welche voreiligen Schlüsse man wegen ein paar Meldungen aus den Nachrichten ziehen konnte. Ich dachte, jetzt bringen die uns dieses Virus hier nach Europa. Ich hatte ja keine Ahnung, was auf uns zukommen würde.

Am 24. Februar war Karneval, Rosenmontag, und die Schreckensmeldungen aus Heinsberg machten die Runde. Viele Menschen sollten sich dort angesteckt haben. Auf dem Schiff mit meiner Freundin wusste ich davon noch nichts.

Am 4. März, einem Mittwoch, fuhr ich nach Hamburg. Hier musste ich mich erneut wundern. Am Donnerstag war ich in Hamburgs Innenstadt unterwegs und ich traf erneut auf eine Gruppe Ostasiaten, die dieses Mal mit FFP2-Masken herumliefen. Ich dachte nur: Oh Gott, was für ein Schwachsinn. Was sollte das nur? Die brauchten diese Mode, mit Masken spazieren zu gehen, gar nicht bei uns einführen. Ich wusste damals sicher nicht, was eine FFP2-Maske war. Wenn die Menschen so etwas an Orten tragen, an denen die Luft besonders schmutzig ist, konnte ich das verstehen. Aber wozu hier an frischer

2020

Luft in Hamburgs Speicherstadt?

Dann kam der 12. März. Am Nachmittag wurde ich per E-Mail über die Schließung der Schule meiner Söhne informiert. Die Bundesregierung sprach von zwei Wochen, die es aus Vorsicht zu überbrücken galt. Aus zwei Wochen wurden am Ende zwei Jahre, die meine Söhne nicht mehr in die Schule gehen würden. Am Abend hätten sie eigentlich Handballtraining gehabt. Doch das Training fiel aus. Am Tag darauf wurde die Jahrestagung der Gesellschaft für Geburtsvorbereitung (GfG) in Berlin abgesagt, in der ich seit mehreren Jahren engagiert bin. Das Bouldertraining der Jungs endete am 16. März, der Gitarrenunterricht am 18. März. Ein junger Mann, den wir über das Zirkustraining kannten, hatte ihnen den Unterricht privat erteilt. Wegen der verordneten Kontaktbeschränkungen stellte er es ein. Etwas später fragte ich ihn, ob er den Jungs nicht vielleicht samstags Unterricht geben wollte. Das ergab sich aber nicht mehr. Nach den Sommerferien 2020 hatte er keine Zeit mehr, da er eine Arbeitsstelle angenommen hatte. Am 17. März ging ich zum letzten Mal zu meinem Tanzkreis. Dann war Schluss. Die Eselchen versorgte ich weiter. Das war unter freiem Himmel und daher kein Problem. Alles andere gab es nicht mehr. Die Tafel blieb geöffnet, doch nun war eine Mund-Nasen-Bedeckung vorgeschrieben. Bis zu den Sommerferien trug ich mein Bandana.

Da die Schule geschlossen war, stellte auch die Cafeteria ihre Arbeit ein. Wann die Mütter wieder ihre Arbeit aufnahmen, weiß ich nicht. Kurz vor Weihnachten 2021 schrieb die Schulleitung eine Rundmail: Die Arbeit der Cafeteria, wie sie vor den Pandemieverordnungen organisiert wurde, könne nicht mehr aufrecht erhalten werden. Zu wenige Eltern wären bereit, sich zu engagieren. An ihrer Stelle würde ein professionelles

Alte Gewohnheiten, neue Träume

Cateringunternehmen die Arbeit übernehmen.

Wenn in der Schule während der Pandemie mal Unterricht stattfand, war auch die Cafeteria geöffnet. Vielleicht schafften es die Mütter aber nicht mehr, alles so wie früher zu organisieren, was ich gut verstehen könnte. Dieser Rhythmus, den es früher gab, war einfach weg. Genau weiß ich es aber nicht, da ich keinen Kontakt mehr zu den Frauen habe. Nach den Osterferien 2020 war ich nicht mehr in der Cafeteria, da man dort nur mit Mund-Nasen-Bedeckung arbeiten durfte. Das machte ich nicht mit. Nach den Sommerferien 2020 wurde zwar gefragt, wer wieder bereit wäre, zu kommen. Aber für mich kam es nicht in Frage, dort die Brötchen mit Maske zu schmieren. Das Zirkustraining der Jungs fand irgendwann wieder statt, jedoch auch nur mit Mund-Nasen-Bedeckung. Dass meine Söhne Sport mit einer Maske machten, kam ebenfalls nicht in Frage. Auch hier entstand ein Bruch. Erst im Mai 2021 durften meine Söhne wieder ohne Maske am Training teilnehmen. Im Dezember 2021 schickte der Zirkus dann eine Nachricht, dass das Montagstraining nur mit Maske stattfinden würde und das Freitagstraining ohne, weil freitags weniger Artisten in der Halle waren.

Das Bouldertraining für Kinder fand nicht mehr statt. Eine Weile war die Halle ganz geschlossen. Im Herbst 2020 meldete ich die Jungs schließlich ab. Das fand ich besonders schade, denn ich wusste nicht, ob sie noch einmal Lust auf Bouldern haben würden. So hatten sich viele Hobbys auf einen Schlag erledigt. Die Motivation neu anzufangen musste man erst wieder finden.

Mein Tanzkreis fand nun online statt. Zusammen tanzen durften wir nicht mehr. Unter den älteren Damen, die dem Tanzkreis angehörten, war die Angst sich anzustecken groß. Wenn Tanzkreis war, schrieb uns die Leiterin eine E-Mail, an die sie ein Foto anhängte. Offenbar war sie dann alleine in dem Gemeindehaus, wo der Tanzkreis eigentlich stattfand. Sie schrieb uns, welche Tänze und welche Musik sie herausgesucht hatte, und auf dem Foto war die Kreismitte zu sehen, die sie immer gestaltete. Wir sollten praktisch in Gedanken bei ihr sein. Später durfte man wieder persönlich teilnehmen, wenn man einen negativen Test vorzeigen konnte. Dazu war ich nicht bereit. Derart ausgeschlossen zu werden, fand ich sehr schade, denn gemeinsam mit den Frauen zu tanzen, hatte mir immer gut getan. Es waren Volkstänze aus verschiedenen Ländern, die dem Jahreskreis entsprachen. Ich empfand es aber auch als diskriminierend, dass ich ausgeschlossen wurde, weil ich mich nicht testen lassen wollte. Dabei waren wir gar nicht so eng im Kontakt. Wir tanzten ja nicht paarweise. Wir fassten uns auch nicht an den Händen, sondern über bunte Tücher. Die Angst der Menschen war einfach zu stark. Damit, dass man seine Angst so groß werden ließ, dass man andere Menschen ausgrenzte, war ich nicht einverstanden. Das schrieb ich einmal der Tanzkreisleiterin. Ich schrieb, dass ich gerne wieder dabei wäre, aber dass ich mich nicht testen lassen würde. Eine Antwort erhielt ich von ihr nicht.

Mit so vielen liebgewonnenen Beschäftigungen war von heute auf morgen einfach Schluss. Und kaum einer widersprach. Statt auf der GfG-Jahrestagung meinen Impulsvortrag zum Thema Soziokratie zu halten, lag ich am Samstag, den 14. März, morgens wach im Bett und wunderte mich. Ab Montag würden die Schulen schließen. Das fand ich damals schon seltsam. Es war nur ein Gefühl. Ich spürte, etwas Merkwürdiges ging vor sich, und ich wusste, es musste etwas getan werden.

Bereits früher hatte ich mir Gedanken über Politik gemacht. Meine Schwester sagte mir öfter, dass ich mich engagieren sollte, aber ich winkte ab. Politik war nichts für mich, es zog mich nie dort hin. Ich hatte keine Lust auf Auseinandersetzungen mit anderen Menschen. Diskutieren konnte ich auch nicht gut. Als ich aber am 14. März wach wurde, wusste ich, dass ich etwas unternehmen wollte. Ich fand es nicht richtig, was passierte. Vor allem wollte ich zu dem Zeitpunkt einfach wissen, was andere von den merkwürdigen Ereignissen dachten, die sich gerade überschlugen, ob sie dasselbe dachten wie ich.

Mein erster Anlaufpunkt waren die sozialen Netzwerke. Damals hatte ich eine Seite auf Facebook und ich nutzte WhatsApp. Ich wusste, dass Instagram sehr beliebt war, dass auch viele junge Menschen hier lesen und schreiben. Also richtete ich mir ein Instagram-Profil ein und noch am selben Tag schrieb ich die ersten Beiträge. Ich wollte positive Impulse setzen und ich wollte herausfinden, was hier vor sich ging.

Zunächst schrieb ich einfach Gedanken nieder, die ich mir den Tag über machte, und veröffentlichte sie. Bei jemandem, der das las, würde es vielleicht etwas auslösen, dachte ich, und zum Nachdenken oder Handeln anregen. Wenn ich etwas kochte, stellte ich ein Foto davon auf mein Profil. Ich sammelte mit den Kindern Brennnesseln und zeigte unsere Ernte. Ich ließ mir einen Spruch einfallen oder schnappte einen irgendwo auf und veröffentlichte den. Recht früh veröffentlichte ich Ausschnitte aus Texten von Hans und Sophie Scholl, aus denen ich Parallelen mit den aktuellen Grundrechtseinschränkungen in Deutschland herauslas, zusammen mit einem Foto von ihnen. Jeden Tag fiel mir irgendetwas ein, was ich auf mein Profil hochlud.

Das sahen dann Menschen, die ich gar nicht kannte. Sie schauten sich meine Beiträge an und schrieben selbst etwas dazu. Oder sie schrieben mich direkt an und ich antwortete ihnen. Für mich war das eine spannende Entdeckung. Über Instagram war Kommunikation mit Menschen möglich, die ich überhaupt nicht kannte. Plötzlich hatte ich Kontakte bis nach Spanien. So lernte ich zum Beispiel Arne kennen. Wir tauschten uns über die Corona-Maßnahmen aus, später auch telefonisch. Arne arbeitete auf Mallorca in einem Restaurant. Als das Restaurant verordnungsbedingt zu schließen hatte, musste Arne nach Deutschland zurückkehren.

Zwischen dem 14. März und dem 10. August veröffentlichte ich einmal pro Tag einen Beitrag. An manchen Tagen fürchtete ich, dass mir nichts einfallen würde. Aber dann ging ich joggen oder war mit den Kindern im Wald und hatte doch einen Einfall, der für mich wie eine Essenz des Tages war. Am Anfang veröffentlichte ich auf meinem Profil vor allem Fotos aus der Natur oder von einem schönen Essen oder von Personen, die mich inspirierten. Als ich einmal ein Foto von mir selbst hochlud, bemerkte ich, dass sich das viel mehr Menschen ansahen als ein Foto von der Natur. Später, als ich Ende Mai am Autokorso von Attila Hildmann teilnahm, veröffentlichte ich Fotos aus Berlin. Durch diese Verbindung stießen dann Personen auf mein Profil, die Attila nicht sehr mochten. Einmal schrieb mich jemand sogar direkt an und beschimpfte mich, weil ich an diesem Autokorso teilgenommen hatte. Darauf reagierte ich nicht. Später passierte das noch einmal. Dann löschte Instagram mein Profil ohne Vorwarnung. Es war einfach weg. Vermutlich hatten die Personen, die mich beschimpft hatten, mein Profil bei Instagram gemeldet. Dabei hatte ich nichts Schlimmes getan. Ich hatte bloß ein Bild des Autokorsos hochgeladen. Sogar meine anderen Fotos konnte ich nicht retten. Nur weil irgendjemand anderes sich über mein Profil bei Instagram beschwert hatte, wurde es gelöscht. Das war einfach gemein. Ich beschwerte mich dann bei Instagram, schrieb eine Nachricht, aber es nützte nichts. Ich hatte schon so viele Fotos und Gedanken gesammelt, und auf einmal war alles weg. Sie hatten es einfach kaputtgemacht. Noch einmal von vorne anfangen, wollte ich nicht.

Es waren zwar nicht viele gewesen, die meinem Profil gefolgt waren. Doch für mich war das Zensur. Denn vor der Löschung nutzte ich mein Profil auf Instagram auch, um Informationen zu Demonstrationen zu teilen, an denen ich teilnahm. Über Instagram erfuhr ich auch von Querdenken und sah, dass es unter dem Stichwort Beiträge gab, in denen zu Demos aufgerufen wurde. Es war also mehr Zufall, dass ich recht früh von Querdenken erfuhr. Für eine eigene Initiative, die sich gegen die Corona-Maßnahmen richtete, war unsere Stadt zu klein. Eine Tageszeitung las ich zu dem Zeitpunkt nicht und im Fernsehen berichteten sie schon damals nichts über Demonstrationen. Meine Facebook-Seite nutzte ich eigentlich für den Kontakt mit Freunden und der Familie. Ende März entdeckte ich einen Button mit der Aufschrift *Stay Awake*, den man als Hintergrund für sein Profilbild einstellen konnte, was ich sofort tat. Den Button habe ich heute noch aktiviert. Ich fühlte mich davon angesprochen. Ich ahnte damals, dass etwas in Deutschland nicht stimmte. *Stay Awake* hieß für mich: Bleibt wach(sam)! Irgendwas war nicht richtig, deshalb mussten wir Bürger wachsam bleiben.

Über Instagram erfuhr ich auch, dass sich auf dem Rosa-Luxemburg-Platz in Berlin Menschen mit dem Grundgesetz in der Hand versammelten, zum ersten Mal am 28. März. Ich konnte mir das gar nicht vorstellen. Dann sah ich die ersten Videos, vermutlich auf Telegram, was ich damals schon hatte, aber nicht aus politischen Gründen. Ein Freund hatte die App auf meinem Telefon eingerichtet, weil Telegram sicherer als WhatsApp wäre. Später erfuhr ich, dass die Demonstrationen auf dem Rosa-Luxemburg-Platz aus dem Umfeld der Wochenzeitung *Demokratischer Widerstand* organisiert wurden, die Anselm Lenz und Hendrik Sodenkamp herausgeben. Sie waren es, die damals mit dem Grundgesetz in den Händen auf dem Rosa-Luxemburg-Platz standen und von der Polizei weggeschickt wurden. Sie durften unser Grundgesetz nicht in der Öffentlichkeit in den Händen halten, obwohl es die Versammlungsfreiheit aller Deutschen garantierte. Auch ältere Menschen waren anwesend und schon damals gab es Ärger mit der Berliner Polizei. Dass sich dies am 28. März 2020 ereignete, blieb mir in Erinnerung, denn ein Jahr später war ich zum Einjährigen selbst in Berlin.

Anfang April stand meinem Sohn eine Operation bevor. Dies hatte für mich Priorität. Die Jungs blieben zu Hause, ihre Schulaufgaben wurden ihnen zugeschickt. Die Spielplätze in unserer Stadt waren zu diesem Zeitpunkt mit Flatterband abgesperrt. Die Kinder durften nicht mehr auf die Spielplätze. Ich wollte aber nicht, dass meine Jungs nur zu Hause saßen. Als keine Schule war, unternahm ich mit ihnen jeden Tag etwas im Freien. Wir fuhren Inliner oder machten eine Fahrradtour oder einen Spaziergang durch die Weinberge. Manchmal gingen wir joggen. Ein bis zwei Stunden pro Tag verbrachten wir an der frischen Luft. Es war mir sehr wichtig, dass wir einen geregelten Tagesablauf hatten, solange die Schule geschlossen war und weder Sport noch Gitarrenunterricht stattfinden durften.

Am Ostermontag, dem 13. April, erfuhr ich über Instagram, dass Beate Bahner, die Rechtsanwältin und Medizinrechtlerin aus Heidelberg, von der Polizei festgenommen und in die Psychiatrie eingewiesen worden war. Ich war fassungslos über diese Nachricht. Ich konnte nicht glauben, dass die Polizei eine Rechtsanwältin abholte und in die Psychiatrie einwies. Solche Geschichten kannte man doch nur aus totalitären Staaten. Was war da wirklich passiert? War die Frau tatsächlich krank? Ich erzählte meiner Freundin aus Kiel davon, die wie Beate Bahner Anwältin ist. Ich wollte wissen, ob sie von dem Fall in Juristenkreisen gehört hätte. Das hatte sie nicht. Aber sie fragte mich, wer Beate Bahner wäre und ob diese Person überhaupt existieren würde. Mir kam es so vor, als würde sie mir nicht glauben. Im Internet suchte ich Informationen zu Beate Bahner und fand heraus, dass sie beim Bundesverfassungsgericht eine Klage bezüglich der Corona-Verordnungen eingereicht hatte. Daraus schloss ich, dass dies der Auslöser für die Polizeimaßnahmen gewesen war. Später erfuhr ich, dass man Beate Bahner unmenschlich behandelt hatte, sowohl vonseiten der Ärzte in der Psychiatrie als auch durch die Polizisten. Nach ein paar Tagen entließ man sie. Als ich von ihrer Freilassung erfuhr, freute ich mich. Im Juni 2020 hörte ich Beate Bahner in Mannheim das erste Mal auf einer Demonstration sprechen. Auch heute noch lese ich, was sie auf ihrem Telegram-Kanal schreibt.

Früher veranstaltete mein Cousin am 1. Mai das traditionelle Angrillen. Es war ein Familientreffen, für das er seinen Garten zur Verfügung stellte und an dem wir die letzten Jahren immer gerne teilgenommen hatten. Ich konnte dann meine Cousins und Cousinen sehen, jeder brachte etwas zu essen mit, einen Salat, etwas zum Grillen, Nachtisch. Auch 2020 wollten meine Jungs und ich kommen. Eine Woche vorher wurde das Angrillen jedoch abgesagt. Am 1. Mai blieben wir also zu Hause und ich entschied, mit meinem Rennrad meine gewohnte Tour zu fahren, pro Runde eine Stunde und fünfzehn Minuten. Nach meiner ersten Runde sah ich, dass an der Straße Richtung Altstadt Polizei und ein Sicherheitsdienst standen. Ich überlegte noch, ob ich anhalten sollte. Sie standen auf der Straße und überwachten scheinbar, dass niemand in die Altstadt gelangte. Aber ich fuhr weiter und beschloss, dass ich sie auf meiner zweiten Runde ansprechen würde. Mein Verdacht war, dass sie die Weinlagenwanderung verhindern wollten, die jedes Jahr in unserer Stadt stattfindet und ein Anziehungspunkt für die Menschen in der ganzen Region ist. Die Winzer bauen dann in den Weinbergen ihre Stände auf und bieten ihre Weine und eine Kleinigkeit zur Verköstigung an. Später erfuhr ich, dass der Kreis die Weinlagenwanderung 2020 verboten hatte. In der Zeitung hatte man es bekannt gegeben. Winzer und Besucher blieben zu Hause. Damit aber wirklich niemand in den Weinberg gelangte, standen am Eingang der Altstadt tatsächlich ein Sicherheitsdienst und die Polizei.

Es war ein verregneter Tag. Als ich nach meiner zweiten Runde an der Stelle vorbeikam, war vom Sicherheitsdienst und der Polizei nichts mehr zu sehen. Es war aber auch sonst niemand da. Normalerweise waren die Stadt und der Park am 1. Mai immer voller Menschen. Viele junge Leute sind jedes Mal dabei und sogar mit dem Zug reisen sie an. Es ist eben ein richtiges Event. Am 1. Mai läufst du entweder mit in die Berge oder du verkrümelst dich. Doch in diesem Jahr war nichts los, an dem Wetter allein lag es sicher nicht. Der Regen hatte erst am Mittag eingesetzt. Das hieß, dass alle dem Verbot der Weinlagenwanderung Folge leisteten. Niemand war gekommen. Für mich war das unfassbar, dass man nicht im Weinberg spazieren gehen durfte und dass sich jeder

Alte Gewohnheiten, neue Träume

auch noch daran hielt. Man verbot den Menschen, in der freien Natur spazieren zu gehen – und sie hielten sich daran. Warum? Ich konnte es nicht verstehen. War das nur die Angst, sich mit Corona anzustecken? Da keiner da war, konnte ich auch niemanden fragen.

Am 2. Mai fuhr ich mit dem Motorrad nach Frankfurt. Ich wollte zur Paulskirche. Hier war 1849 die Verfassung für einen deutschen Bundesstaat ausgearbeitet worden. Die Tage und Wochen zuvor hatte ich miterlebt, wie unsere vorhandene Freiheit in kleinen Schritten eingeschränkt wurde: die Schließung der Schulen, die Flatterbänder auf den Spielplätzen, das Verbot der Weinlagenwanderung. Für mich wurde immer deutlicher, dass das nicht so weiter gehen durfte, dass das nicht richtig war. Man löst keine Probleme, so schwer sie auch sein mögen, mit Verboten. Wir Bürger sollten an schwierigen Entscheidungen direkt beteiligt sein. Falls man uns von ihnen ausschloss, mussten wir uns friedlich zur Wehr setzten. Freiheit ist ein Menschenrecht. Die Würde des Menschen ist unantastbar, steht im ersten Artikel des Grundgesetzes. Ich hatte Straßenmalkreide mitgebracht und wollte auf den Boden vor den Stufen der Paulskirche etwas malen, was ich mir vorher überlegt hatte: eine Sonne mit sechs Strahlen, in der Mitte eine Bienenwabe. Unter die Sonne schrieb ich auf Deutsch, Englisch und Spanisch: *Freiheit unter der selben Sonne.*

Damit wollte ich einen Impuls für eine Bewegung setzen, die sich der Freiheit auf der Erde verschreibt. Ich sah uns Menschen auf der Erde wie eine große Familie, und jeder sollte sich Gedanken über seine persönliche Verantwortung für einen gegenseitig achtsamen Umgang machen. Dies ist ein Grundgedanke der Soziokratie. Der Impuls für das Motto, das ich vor die Stufen der Paulskirche schrieb, kam von dem spanischen Lied *El mismo sol* von Alvaro Soler und Jennifer Lopez, das ich damals gern hörte.

Ich war von der Idee so begeistert, dass ich gleich eine Bewegung ins Leben rufen wollte. Ich dachte mir auch eine Flagge aus: eine gelbe Bienenwabe auf blauem Hintergrund. Die Wabe steht für das Gemeinsame, das Gelb für die Sonne, das Blau für das Wasser, ohne das auf der Erde kein Leben möglich ist. Das Motto sollte in roter Schrift und auf mehreren Sprachen stehen. Ich wollte, dass eine Bewegung der Freiheit von Deutschland in die Welt ausging. So kniete ich vor den Stufen der Paulskirche, mein Motorradhelm lag neben mir.

Während ich so malte und schrieb, versammelte sich etwas entfernt auf dem Platz vor der Kirche eine Gruppe. Es waren vielleicht zehn Personen und sie stellten ein Mikrofon auf. Ich wusste nicht, wer sie waren, und es kümmerte mich nicht. Plötzlich tauchten Polizisten auf. Als ich die sah, vermutete ich erst, dass sie wegen der Leute mit dem Mikrofon gekommen waren. Sie kamen aber zu mir. Sie sprachen mich an und wollten wissen, was ich da machte. Ich sagte, dass ich malte. Dann wollten sie, dass ich mich ausweise. Also zeigte ich ihnen meinen Personalausweis. Sie nahmen ihn mit und nach einer kurzen Zeit brachten sie ihn wieder. Dann wollten sie noch wissen, ob ich zu dieser Gruppe gehörte. Ich sagte, nein, und dass ich nicht wüsste, was das für eine Gruppe sei. Ich wusste es ja wirklich nicht. Sie gaben mir meinen Personalausweis zurück und ließen mich fertigmalen. Dass die Polizei zu mir kam, um meine Personalien zu kontrollieren, weil ich auf der Straße malte, hatte ein merkwürdiges Gefühl hinterlassen. Bisher hatte man sich in Deutschland frei bewegen dürfen. In meinem ganzen Leben hatte mich, abgesehen von Verkehrskontrollen, noch nie ein Polizist jemals nach meinem

Personalausweis gefragt. Die Polizisten vor der Paulskirche waren aber keine einfachen Streifenpolizisten. Das war Bereitschaftspolizei.* Damals war ich so unbedarft, dass ich das nicht wusste. Angst hatte ich während der Kontrolle nicht. Ich hatte ja nichts Illegales getan.

Dasselbe wie in Frankfurt schrieb ich am 3. Mai auch in unserem Städtchen auf die Straßen. Dazu schrieb ich noch: *Glotze aus! Hirn an!* und *Wer in der Demokratie schläft, wacht in der Diktatur auf.*

Am 9. Mai fuhr ich für ein Segnungsritual nach Berlin, zu dem mich für den 10. Mai meine hochschwangere Doula-Schwester eingeladen hatte. Vorher besuchte ich meine zweitälteste Tochter, die ebenfalls in Berlin wohnte. Zusammen fuhren wir zum Rosa-Luxemburg-Platz. Es war ein schöner Tag. In der Zufahrtsstraße saßen die Leute unter den Bäumen und genossen das warme Wetter. Der Rosa-Luxemburg-Platz aber war weiträumig mit Hamburger Gittern abgesperrt. Überall stand Polizei und man sagte uns, dass niemand außer den Anwohnern auf den Platz durfte. Wir versuchten es von einer anderen Seite, doch es war nichts zu machen. Man konnte nicht einmal sehen, was auf dem Platz vor sich ging. Also entschlossen wir uns zu einem Spaziergang durch Berlin.

Am Nachmittag kamen wir an einem Kanal vorbei. Damals herrschten schon die Kontaktbeschränkungen. Die Berliner dachten aber nicht daran, sich den herrlichen Tag verderben zu lassen. Manche hatten mehrere Paddelboote zusammengebunden, so saßen sie mitten auf dem Kanal, veranstalteten ein Picknick und ließen sich einfach treiben. In unserem Städtchen hätte sich so etwas niemand getraut, da war ich mir sicher. Zu sehen, wie die Berliner den Verordnungen der verrückt geworde-

---

*Die Bereitschaftspolizei ist ein paramilitärischer Großverband der Bundes- und Landespolizeien.

nen Behörden ein Schnippchen schlugen, war nach den Erfahrungen blinden Gehorsams einfach toll. In Berlin steppte wie gewohnt der Bär und ich freute mich, dass die Menschen ihre Lebensfreude behalten hatten. Es war ein krasser Gegensatz. Bei uns waren die Straßen wie leer gefegt, als hätten sich alle in ihren Häusern eingesperrt. Man sollte Abstand halten, die Menschen sollten sich nicht mehr treffen. Meine Jungs spielten nicht mehr mit ihren Freunden. Noch wäre es keine Ordnungswidrigkeit gewesen, gegen diese Regeln zu verstoßen. Doch die Menschen hatten wahrscheinlich viel zu viel Angst. Ich merkte, dass viel weniger Menschen in die Geschäfte zum Einkaufen gingen. Bei Edeka hatten alle einen Einkaufswagen zu nehmen, egal wie viel man einkaufte. Man durfte die Filiale auch nur in eine Richtung betreten. Damit sich die Kunden daran hielten, stellte man am Eingang einen Zaun auf. Ganz verrückte Sachen ließ man sich einfallen. Irgendwann wurde die Anzahl der Kunden begrenzt. Bei Alnatura durfte man bald nur noch mit einer Mund-Nasen-Bedeckung einkaufen. Am Anfang konnte das alles sein, Hauptsache, man trug etwas vor dem Gesicht. Ich wollte mir aber nicht irgendetwas vor das Gesicht binden, also trug ich als Ausdruck meiner Protesthaltung beim Einkaufen meinen Motorradhelm. Ich alberte auch mit den Angestellten wegen der Regeln herum. Ich kannte sie ja alle seit Jahren. Auf meine Witze reagierten die Menschen mit Unverständnis, es sagte aber keiner etwas. Mein Helm war eine Provokation, das war mir klar. Was die anderen Menschen davon hielten, war mir aber egal.

Auf der anderen Seite machte es mir keinen Spaß mehr, einkaufen zu gehen. Ich machte es, weil es sein musste. Ich wollte diesen Unsinn nicht mitmachen. Etwas in mir wehrte sich. Ich hielt die Maßnahmen für dumm und nutzlos. Ich konnte nicht begreifen, warum man so etwas von den Menschen verlangte und die Menschen sich an alles hielten. Bei Alnatura arbeiteten viele Frauen, die ich einfach mochte. Ich ging bereits seit Jahren dort einkaufen und plauderte mit ihnen hin und wieder. Für mich war es furchtbar, zu sehen, dass alle bei diesem Quatsch mitmachten. Die anderen Kunden trugen alle brav ihre Mund-Nasen-Bedeckungen, zum Beispiel Schals oder Tücher. Die Frau an der Kasse saß hinter Plexiglas. Ich wollte wie üblich mit der Karte bezahlen, sie wollte die Karte aber nicht in die Hand nehmen. Sie hatte Angst, dass ein Virus an ihr kleben könnte. Früher war es ganz normal, dass die Kassierer die Karten der Kunden selbst in das Gerät steckten. Jetzt hatte die Frau Angst davor.

Ich dachte nur: Leute, spinnt ihr? Das Virus klebt doch nicht an der Kreditkarte. Angst vor einer fremden Karte hatten sie trotzdem. Bei Edeka stand am Eingang tatsächlich Personal, das den Wagen der Kunden, die das Geschäft verließen, entgegennahm, desinfizierte und dann dem nächsten Kunden übergab. Aber wehe, man wollte anders als vorgeschrieben das Geschäft betreten! Betrat man aber das Geschäft durch den Nebeneingang, wo man die Pfandflaschen abgab, ließ sich dieses Prozedere mit dem Saubermachen des Wagens und der Kontrolle umgehen. Da ich sowieso oft Flaschen abzugeben hatte, nutzte ich gerne den Nebeneingang. Manchmal wurde ich angesprochen, dass ich die Regeln nicht befolgte. Ich machte trotzdem weiterhin mein Ding. Denn die Regeln, die sich Gott weiß wer ausdachte, wollte ich nicht einhalten. Es war mir schlicht zu dumm. Wenn man mich darauf hinwies, dass ich etwas nicht wie vorgeschrieben tat, ignorierte ich das.

Wie Menschen gehorchen konnten, wie schnell sie

gehorchen konnten. Wenn das so ein tödliches Virus war, müsste man doch alles desinfizieren. Die Hände, die Kleidung, die Regale, die Lebensmittel – alles. Durch wie viel Tausend Hände waren die Produkte gegangen, bis sie im Regal landeten? Alles müsste voller Viren sein. Dennoch gab es diese halbherzigen Regeln. Dasselbe mit den Spielplätzen: Im Sommer war es plötzlich nicht mehr verboten, auf den Spielplätzen zu spielen. Spätestens im Juni waren die Flatterbänder weg und kehrten auch nicht wieder zurück. Man sollte weiterhin Abstand halten, aber die Spielplätze wurden wieder genutzt. Und wenn Kinder rennen, dann rennen sie, und wenn sie rutschen und spielen, dann achtet kein Kind auf Abstand zum nächsten.

Dafür mussten die Kinder nun in der Schule eine Mund-Nasen-Bedeckung tragen. An anderen Orten mussten sie das nicht, im Bus nicht, auf der Straße nicht, nur in den Schulen. Als diese Maßnahme eingeführt wurde, war für mich klar, dass meine Söhne nicht mehr in die Schule gehen würden, solange sie dort zum Tragen einer Maske gezwungen wären. Bis zu den Sommerferien waren es insgesamt sieben Tage, die sie zur Schule zu gehen hatten. Ab Juni fand nur einmal pro Woche *Präsenzunterricht* statt, später zweimal pro Woche. Die Kinder gingen versetzt zum Unterricht, jeweils die halbe Klasse. Die andere Hälfte blieb zu Hause, damit sich weniger Kinder im Schulhaus aufhielten. Ich ließ meine Jungs gleich komplett zu Hause und schrieb ihnen für ihre Fehltage eine Entschuldigung.

Am 16. Mai fuhr ich zusammen mit einer Freundin, die die Corona-Maßnahmen ebenfalls von Anfang an kritisch sah, nach Frankfurt. Um 15 Uhr fand auf dem Roßmarkt eine Demonstration statt, meine erste Demo gegen die Verordnungen. Es war schönes Wetter und schon damals kamen recht viele Menschen zusammen. Auf der Demo sprach ein Unternehmensberater einer großen Firma.

Auch von der Antifa waren Leute da. Sie hielten ihre Banner und schrien. Die Parole *Alerta, alerta, antifascista!* hörte ich damals zum ersten Mal. Über die Antifa wusste ich damals noch nichts und ich hatte sie bisher nie erlebt. Und nun standen die da am Rande unserer Demonstration am Roßmarkt. Das *Framing* der Maßnahmenkritiker durch die Medien muss damals schon so stark gewesen sein, dass die Antifa auftauchte. Dabei gingen wir einfach gegen die Verordnungspolitik auf die Straße. Polizei war auch da, aber alles blieb friedlich.

Am 21. Mai, Christi Himmelfahrt, fuhr ich mit meiner jüngsten Tochter an den Marbach-Stausee, ein Badesee. Bei unserer Ankunft sahen wir, dass der ganze Stausee mit Baugittern umzäunt war. Ich hatte von der Einzäunung gehört, konnte es aber nicht glauben. Ich wollte selbst sehen, ob man wirklich einen kompletten Badesee mit Baugittern eingezäunt hatte. Es war tatsächlich so. Man durfte weder an noch in den See. An einer Stelle hatte aber jemand eines der Gitter aus der Betonhalterung gehoben und einen Durchgang zum Wasser freigemacht. Auch hier gab es also Leute, die sich den Wahnsinn der Behörden nicht gefallen ließen. Das beruhigte mich. Am 23. Mai ging ich auf eine Demonstration in Darmstadt. Es war die erste Demonstration, an der ich teilnahm, die von Querdenken organisiert war.

Sommer der Querdenker

Die Demos von Querdenken waren immer toll gemacht. Jede Demo war besonders. Die eingeladenen Redner waren nicht irgendwer. Auf einer Demo hörte ich zum ersten Mal Ernst Wolff reden. Es waren Menschen wie er, die ihr Fach kennen und schon vor Corona kritisch dachten, die hier sprachen. Ernst Wolffs Spezialgebiet ist die Finanzwirtschaft und er ist ein Kritiker der Politik von Klaus Schwabs Weltwirtschaftsforum. Am 23. Mai war in Darmstadt der Ökonom Max Otte als Hauptredner eingeladen. Viele der Reden wurden gesammelt und sind heute noch im Internet abrufbar. Manche fielen leider der Zensur zum Opfer.

Von der Demonstration auf dem Darmstädter Messplatz erfuhr ich vermutlich auf Instagram. Persönliche Kontakte zu anderen Demobesuchern hatte ich damals noch nicht. Ich wusste auch nicht, was Querdenken eigentlich war oder was mich erwarten würde. Was ich wusste, war, dass es eine Demo gegen die Corona-Maßnahmen sein würde. Ich fuhr mit dem Motorrad. Da es dauerte, bis ich alles fand und mein Motorrad auf einem Parkplatz abstellte, kam ich mit etwas Verspätung an. Ich lief zum Messplatz und schon von weitem sah ich die Mannschaftswagen der Polizei. Weil ich dachte, dass man auf der Demo bestimmt eine Mund-Nasen-Bedeckung tragen musste, behielt ich meinen Motorradhelm zunächst auf. Ich öffnete aber meine Motorradjacke. Es war ein warmer Tag. Das rote Hemd aus Leinen, das ich unter der Motorradjacke trug, guckte wie ein kurzer Rock über meiner Motorradhose hervor. An meiner Kleidung konnte man also klar erkennen, dass ich eine Frau war.

Zurückhaltend wie ich war, blieb ich zunächst am Rand der Demo stehen, hörte zu, das Visier ließ ich unten. Auf dem Messplatz, einem großen Volksfestplatz in Darmstadt, gab es viele Menschen. Voll war er aber nicht. Es dauerte nicht lange und wie schon zuvor in Frankfurt kam ein Trupp Bereitschaftspolizei auf mich zu und sprach mich an. Sie waren zu acht, umstellten mich und einer sagte, dass ich den Helm abziehen sollte.

Ich sagte, nein, der Helm ist meine Mund-Nasen-Bedeckung. Ich mache den Helm nicht ab. Der Polizist wiederholte, dass ich den Helm abziehen sollte. Erneut sagte ich, nein, ich habe keine andere Mund-Nasen-Bedeckung dabei und ich brauche den Helm zum Motorradfahren. Doch der Polizist sagte nur: *Ich sage Ihnen jetzt zum letzten Mal, dass Sie den Helm abziehen sollen.* Ich antwortete ihm, okay, ich ziehe den Helm auf Ihre Verantwortung ab. Und erst nachdem ich den Helm abgesetzt hatte, sagte der Polizist, dass man auf der Versammlung keinen Helm tragen dürfe, aber auch keine Maske tragen müsste. Dann ließen sie mich in Ruhe.

Warum hatte er das nicht gleich gesagt? Da ich erst später dazugekommen war, wusste ich nicht, welche Auflagen für die Demo galten. Als mich die Polizisten aus dem Nichts umringten, war ich sehr erschrocken. Acht Männer in Kampfuniform stellten sich auf einmal im Kreis um mich herum auf. Natürlich fühlte ich mich bedroht. Sie sagten mir nicht, warum ich den Helm abziehen sollte, sie sagten mir nicht, dass das auf der Versammlung verboten war.

Als die Polizisten weggingen, kamen sogleich Teilnehmer der Demonstration auf mich zu und fragten, was die Polizei von mir wollte, und ich erklärte, was passiert war. Für mich war das genau so eine komische Situation wie in Frankfurt vor der Paulskirche. Wieder war ich blauäugig gewesen. Damals wusste ich noch nicht, zu was die Bereitschaftspolizei in der Lage ist. Ich war immer noch verunsichert, hörte mir die Redner an und beobachtete, wie der Organisator durch das Programm führte. Der erste Redner, den ich bewusst mitbekam, war Rüdiger Dahlke.

Rüdiger Dahlke ist Arzt und Autor vieler Bücher. Eines seiner Bücher, das er zusammen mit der Heilpraktikerin Vera Käsemann verfasst hat, hatte ich bereits im Zusammenhang mit meinem jüngsten Sohn gelesen: *Krankheit als Sprache der Kinderseele*. Ein Kapitel des Buchs ist vollständig dem Umgang mit Kindern gewidmet, die das Down-Syndrom haben. Durch das Buch erfuhr ich, dass Rüdiger Dahlke ein Kind mit Down-Syndrom hatte. Nachdem ich sein Buch gelesen hatte, schrieb ich ihm in einer E-Mail, dass ich ebenfalls ein Kind mit Down-Syndrom habe. Rüdiger Dahlke antwortete mir und wünschte mir mit meinem Kind alles Gute. Das tat mir damals sehr gut. Rüdiger Dahlke war für mich also ein vertrauter Name, und als ich am 23. Mai zu der Demo in Darmstadt kam, war er gerade aus der Schweiz zugeschaltet. Da die Grenzen geschlossen waren, durfte er nicht nach Deutschland einreisen. Dafür sandte er einen Videogruß, der auf einer Leinwand gezeigt wurde.

Mein Eindruck an dem Tag war: Wenn Rüdiger Dahlke auf einer Demo von Querdenken zugeschaltet war und Max Otte, ein Professor für Wirtschaft und Politik, eine Rede hielt, dann konnte das kein Nazi- oder Schwurblerkram sein, wie es in den Mainstream-Medien damals schon hieß. Über Telegram wusste ich, wie verrufen Querdenken von Beginn an war. Mit Neonazis oder anderen gewaltbereiten Extremisten wollte ich mich natürlich nicht auf die Straße stellen. Aber als ich sah, wer zu den Querdenken-Demos kam und auf ihren Bühnen sprach, war mir klar, dass das nichts mit Extremismus oder Gewalt zu tun hatte. Natürlich schaute ich mir an, was das für Leute waren. Die Mainstream-Medien sagten, dass das *Rechte* seien. Ich wollte aber wissen, was ich selbst wahrnehmen würde. Wer waren die Menschen, die an Querdenken-Demos teilnahmen, Reden hielten, sie organisierten, *in meinen Augen*? Warum gab es auf ihren Demos eigentlich so viel Polizei?

In Darmstadt waren die anwesenden Personen hauptsächlich Vierzig- bis Fünfzigjährige, also in meinem Alter. Aber auch junge Familien mit Kindern und Senioren waren gekommen. Manche machten auf mich einen alternativen Eindruck. Das fiel mir vermutlich deswegen positiv auf, weil ich mich selbst als alternativ sehe. Das heißt nicht unbedingt, dass man sich nach außen besonders auffällig zeigt. Was ich unter alternativ verstehe, ist eher eine bestimmte Grundhaltung gegenüber Themen wie Gesundheit, Ernährung, Umweltschutz und Bildung. Zum Mainstream würde ich mich schon lange nicht mehr zählen. Seit ich erwachsen bin, habe ich meinen eigenen Weg gesucht und mich hierbei an alternativen Lebensweisen orientiert. Nicht deswegen, weil sie anders waren, sondern einfach, weil mir die Erfahrung gezeigt hat, dass sie zu mir besser passten.

Ich glaube, dass es immer besser ist, sich seinen eigenen Weg zu suchen und sich nicht davon beirren zu lassen, was andere tun oder über einen denken könnten. Das verstehe ich unter alternativ. Dazu gehört für mich, dass ich meine Entscheidungen bewusst treffe. Ich mache etwas nicht, nur weil man es eben so macht. Das war noch nie mein Weg. Ich wollte immer selbst entscheiden, was in meinen Augen das Richtige war. Das konnte nicht immer das Übliche oder Normale sein. Man darf sich eben nicht scheuen, etwas Neues auszuprobieren. Ich probiere gerne Neues aus, und wenn es gut ist, übernehme ich es in meinen Alltag. Dieser Weg verbindet mich ganz natürlich mit Menschen, die eine ähnliche Haltung haben, die für sich ebenfalls alternative Wege finden. Auf der Querdenken-Demo hatte ich ebenfalls den Eindruck, dass ich es mit Menschen zu tun hatte, die selbst entscheiden wollten, die selbst dachten, die sich dort informierten, wo sie es für richtig hielten, und die kritisch gegenüber den Corona-Verordnungen waren, die nun für uns alle galten. Genau wie ich waren sie auf die Demo gekommen, weil sie etwas anderes hören wollten als das, was die Mainstream-Medien sagten, die immer nur das Gleiche wiederholten.

Auf dem Messplatz fühlte ich mich wie unter Gleichgesinnten und das blieb für mich als positiver Eindruck zurück. Schon auf meiner ersten Querdenken-Demo merkte ich: Querdenken war nichts Schlechtes. Es war eine Alternative zu denjenigen, die alles mitmachten. Auf der Querdenken-Demo in Darmstadt waren Menschen, die hinterfragten, die anzweifelten, die wie ich fühlten, dass etwas nicht stimmte, die mehr wissen wollten und sich deswegen auf Kundgebungen und Demonstrationen zusammenfanden. Hier fühlte ich mich richtig. An diesem 23. Mai knüpfte ich aber noch keine Kontakte. Nach der Veranstaltung fuhr ich mit dem Motorrad wieder nach Hause.

Am 30. Mai fand in Darmstadt erneut eine Kundgebung statt, diesmal nicht auf dem Messplatz, sondern in der Stadtmitte. Da fuhr ich ebenfalls hin. Ich erinnere mich an einen Mann und seine Frau, die mit mehreren Kindern auf einem zu einer Bühne umfunktionierten LKW, dessen Plane seitlich hochgeklappt war, sangen und Gitarre spielten. Am Ende der Veranstaltung sprach ein Mann aus Frankfurt und sagte, dass sie bei sich eine lokale Querdenken-Initiative aufbauen wollten. Hier sprach ich Chris von Querdenken Darmstadt an. Chris war mein erster Querdenken-Kontakt.

Am Freitag, den 12. Juni, fuhr ich mit meinen zwei Söhnen nach Berlin. Am Samstag sollte dort ein Autokorso stattfinden, den der Koch und Unternehmer Attila Hildmann angemeldet hatte. An diesem Korso wollte ich teilnehmen. Von Samstag auf Sonntag planten meine Jungs und ich, im Wohnwagen meiner Doula-Schwester zu übernachten. Ihre Tochter hatte sie zu dem Zeitpunkt bereits zur Welt gebracht, ihr drittes Kind. Für mich gab es also mehrere Gründe, nach Berlin zu fahren. Früher kannte ich Attila Hildmann wegen seiner veganen Kochbücher. Über Telegram hatte ich von seinem Korso erfahren. Die Teilnahme an seinem Korso war für mich die Gelegenheit, Attila Hildmann einmal persönlich kennenzulernen. Wie bei Querdenken auch war mir das, was ich über Telegram erfuhr, zu wenig, und ich wollte mir mein eigenes Bild von Attila machen. Ich wollte wissen, wer dieser Mensch war, und sehen, wie er auftrat. Als wir in Berlin ankamen, kauften wir im Geschäft von Attila Hildmann Essen und Trinken. Später übernachteten wir am Müggelsee.

Der Autokorso am nächsten Tag startete am Olympiastadion. Attila Hildmann fuhr mit seinem Husky in seinem Sportwagen vornweg, vor ihm die Polizei, die die Kreuzungen freihielt, und hinter ihm die Teilnehmer. So fuhren wir, manchmal nur in Schrittgeschwindigkeit, bis zu Unter den Linden. Die Autos der Teilnehmer waren teilweise geschmückt, meines damals aber noch nicht. Wir waren ziemlich lang unterwegs. Zwei bis drei Stunden fuhren wir hupend durch Berlin. Das Ziel des Autokorsos war, die Menschen, die auf den Straßen unterwegs waren, auf uns und unsere Botschaft aufmerksam zu machen. Attila hatte Lautsprecher und ein Mikrofon, in das er während der Fahrt sprach. Viele Reaktionen von den Menschen, die zum Beispiel auf der Kurfürstenstraße einkaufen gingen, erhielten wir aber nicht. Die Passanten interessierten sich nicht wirklich für uns. Am ehesten blieben türkisch- oder arabischstämmige Männer stehen und winkten uns zu. Von ihnen kamen positive Zeichen. Erst dachte ich, dass Menschen mit ausländischen Wurzeln vielleicht eher kapierten als die Deutschen, was in unserem Land los war. Vielleicht dachten sie aber einfach, das wir etwas feierten und deswegen hupend durch die Straßen fuhren. Für sie war unser Korso etwas Fröhliches. Ob jemand wirklich verstand, welchen Sinn unser Korso hatte, weiß ich nicht. Wir saßen ja im Auto und konnten mit den Menschen nicht sprechen.

Als wir am Alten Museum in der Stadtmitte ankamen wartete dort bereits die Polizei. Auf der Treppe vor dem Alten Museum in der Nähe des Berliner Doms hielt Attila eine Rede, seine Zuhörer jubelten ihm zu. Was er sagte, hörte sich für mich vernünftig an. Was es genau war, weiß ich heute nicht mehr. Der Eindruck, der zurückblieb, war aber positiv. Nach Attilas Rede war die Veranstaltung beendet und die Teilnehmer gingen nach Hause.

Damals machte ich am Olympiastadion Fotos, und auch später, als Attila seine Rede hielt. Diese Fotos lud ich bei Instagram hoch und schrieb etwas dazu. Ich schrieb über den Mut, den Attila zeigte, indem er sich gegen die Obrigkeit stellte und seinen guten Ruf riskierte. An dem Tag nahm ich Attila tatsächlich als mutigen Mann wahr, der sich traute, in der Öffentlichkeit den Mund aufzumachen und die Verordnungspolitik zu kritisieren. Einer der Gründe, warum ich nach Berlin gefahren war, war ja, dass ich wissen wollte, ob Attila womöglich schlechte Absichten hatte und auf seinem Kanal auf Telegram einfach Quatsch von sich gab. Bei seiner Rede bekam ich aber den Eindruck, dass er wusste, wovon er sprach, und verstand, welche Veränderungen gerade in Deutschland vor sich gingen. Ich fand es mutig, dass er da als bekannte Person seine Stimme erhob.

Am 20. Juni fuhr ich auf Inlinern zu einer Kundgebung, die auf dem Karolinenplatz in Darmstadt stattfand. Auf dem Weg zur Demo lernte ich zufällig einen Iraker kennen, der in Darmstadt studierte. Es war ein warmer Tag. Über Bessungen fuhr ich nach Darmstadt rein, als der Iraker auf seinem Fahrrad an mir vorbeifuhr. Erst fuhr er eine ganze Weile hinter mir her, was mir bald auf die Nerven ging. Als ich ihm sagte, dass er an mir vorbeifahren sollte, zeigte er mir, dass ich mich an seinem Gepäckträger festhalten solle, er würde mich ziehen. Da die Straße nach Darmstadt ziemlich holprig ist, freute ich mich über das Angebot. Er fragte mich auf Englisch, was ich machte und woher ich kam. Begeistert antwortete ich ihm, dass ich auf dem Weg zu einer Kundgebung war. Er selbst war auf dem Weg zu seinem Cousin und wusste überhaupt nicht, wovon ich redete. Er erzählte mir, dass er ein Stipendium für die Universität in Bukarest hatte und nun als Austauschstudent von Bukarest nach Darmstadt gekommen war. Er wollte gerne in Darmstadt bleiben, so einfach war das aber nicht. Dass Menschen in Deutschland auf die Straße gingen, um zu demonstrieren, verstand er überhaupt nicht. Die Maßnahmen empfand er nicht als schlimm. In seiner Heimat hatte er wirklich schlimme Dinge erlebt. Auf seinem Handy zeigte er mir Videos davon, wie schnell Menschen im Irak auf der Straße getötet werden konnten. Die Situation in seiner Heimat war eine völlig andere als bei uns. Warum sollte man in Deutschland demonstrieren gehen? Uns ging es schließlich gut. Die Universitäten waren zu dem Zeitpunkt geschlossen. Zur Uni gehen, ging nicht. Er dachte, dass er nach Deutschland kommen und abends ins Café oder in die Disko gehen würde. Alles war aber geschlossen, deswegen war er ziemlich genervt und auch enttäuscht. Er kam von Bukarest nach Deutschland, auch um hier das Leben zu leben, Spaß zu haben, und nun gab es die Verordnungen. Dass Leute gegen die Maßnahmen auf die Straße gingen, fand er aber auch nicht richtig.

Auf der Veranstaltung auf dem Karolinenplatz lernte ich Marius kennen. Er wohnte in der selben Stadt wie ich, ich hatte ihn vorher aber noch nie gesehen. Als die Veranstaltung vorbei war, nahm er mich mit dem Auto mit zurück, sodass ich nicht auf Inlinern nach Hause fahren musste. Ich lernte auch Steven kennen, der in der Nachbarstadt wohnte, und nach und nach noch weitere Menschen aus dem Darmstädter Querdenken-Umfeld. So entstanden die ersten Kontakte. Dann waren Sommerferien.

Am 3. Juli war für meine Jungs der letzte Schultag. Zur Zeugnisübergabe und Verabschiedung in die Sommerferien trafen sich Schüler und Eltern mit der Klassenlehrerin auf der Wiese neben der Schule. Vereinzelt trugen die Kinder selbst im Freien eine Maske, und alle hielten Abstand, auch zu meinen Söhnen. Ich hatte das Gefühl, dass die anderen Kinder verunsichert waren, weil meine Söhne an den Präsenztagen nicht zur Schule gekommen waren. Sie hatten sich lange nicht gesehen. Keiner kam zu ihnen, um sie zu begrüßen. Vielleicht waren sie aber einfach schüchtern, weil ich als Mutter dabei war, und ohne mich wäre es anders gewesen.

Es war ein komisches Gefühl, sich außerhalb des Schulgebäudes auf der Wiese zu treffen. Die Klassenlehrerin erhielt von den Schülern und Eltern ein Abschiedsgeschenk. Im nächsten Jahr würde die Klasse einen neuen Klassenlehrer bekommen. Dann erhielten die Schüler ihre Zeugnisse. Bei beiden meiner Söhne waren mehrere unentschuldigte Fehltage eingetragen. Da war ich natürlich sauer. Ich hatte sie entschuldigt und im Zeugnis standen die Tage trotzdem als unentschuldigt. Das war schon gemein, denn seit den Osterferien hatte kaum ordentlicher Unterricht stattgefunden. Entschuldigt hatte ich sie für jeden einzelnen Tag. Eine Begründung musste ich nicht angeben. Deswegen aber mit der Klassenlehrerin Unstimmigkeiten herbeiführen, wollte ich auch nicht. Es lohnte sich nicht und sie war mir immer sympathisch gewesen. Egal, dachte ich, wenn meine Söhne irgendwann mit der Schule fertig sind, wird kein Hahn mehr danach krähen, warum in ihrem Zeugnis für die 8. Klasse fünf unentschuldigte Fehltage stehen. In dem Moment wurde mir aber bewusst, dass es schwierig werden würde, wenn es nach den Sommerferien genauso weiterging wie bisher. Ich hoffte, dass nach den sechs Wochen der Spuk ein Ende haben würde, dass das nächste Schuljahr ganz normal anfangen würde. Wie blauäugig. Ich hatte keine Vorstellung von dem ganzen Zirkus, der noch auf uns zukam.

Am 9. Juli fuhr ich mit dem Motorrad nach Offenburg, um Marek entgegenzufahren. Marek stammte aus Polen, wuchs aber in Wien auf. Ich lernte ihn auf Instagram kennen, wo ich ein Video von ihm sah, in dem er auf Inlinern und mit einem T-Shirt gegen Bill Gates durch Barcelona fuhr. Er fuhr ziemlich gut, deshalb schrieb ich ihn, als begeisterte Inliner-Fahrerin, an.

Über Instagram erzählte Marek mir, dass er eine *Challenge* plane, für die er von Barcelona bis nach Danzig auf Inlinern fahren wollte, um über Pädophilie aufzuklären. In Danzig hatte er einen Bruder, den er besuchen wollte. Auf seinem Weg musste Marek hier irgendwo bei Frankfurt vorbeikommen. Also lud ich ihn ein, bei uns Zwischenstation zu machen. Am 9. Juni fuhr Marek los und am 9. Juli erreichte er tatsächlich die französisch-deutsche Grenze. Wegen einer Verletzung am Sprunggelenk hatte er einen längeren Aufenthalt in Lyon gehabt. In Offenburg verpassten wir uns, daher trafen wir uns erst am Bahnhof von Karlsruhe. Eigentlich wusste ich nicht, wer Marek war. Aber da wir schon länger über Instagram in Kontakt standen, war unser Treffen doch etwas vertraut. Wir saßen vor dem Bahnhof in Karlsruhe, unterhielten uns und dann fing Marek an, mir von Reptiloiden zu erzählen.

Es war das erste Mal, dass ich davon hörte, und ich kam aus dem Staunen nicht mehr raus. Bei Reptiloiden, erklärte Marek, handelt es sich um eine geheime Reptilienrasse, die heimlich die Menschheit steuert und unterdrückt. Marek erzählte mir auch, dass viele Politiker Reptiloide seien, Angela Merkel zum Beispiel. Marek wusste ganz viel davon. Wir saßen in Karlsruhe auf einer Wiese, er erzählte und bald rauchte mir der Schädel. Ganz viel Neues, ganz viel Fremdes erfuhr ich da. Und Marek war so überzeugt davon, dass all das, von dem er sprach, existierte. Dazu war er noch gottgläubig, christlich. Er erzählte und erzählte, doch für mich war das fremd. Ich könnte das alles heute gar nicht mehr wiedergeben. Aber ich weiß noch, wie anstrengend es war, ihm zuzuhören. Es waren Geschichten wie aus einer fernen, fremden Welt, die für mich nicht nachvollziehbar waren. Ich gab mir Mühe, Marek zu verstehen. Ich wollte auch für ungewöhnliche Gedanken offen sein. Aber sie waren zu fremd und passten nicht in meine Wahrnehmung. Mein ganzes Gedankenkorsett wäre durcheinander geworfen worden. Woher sollten diese Reptiloide stammen? Marek sagte, von einem anderen Planeten. Aber von welchem anderen Planeten denn? Und wie sollten die hierher gekommen sein? Wer über so etwas ernsthaft nachdachte, musste doch verrückt werden. Marek erzählte mir auch von bestimmten Türen in Bahnhöfen, hinter denen Kinder verschwinden würden. Die entführten Kinder würden dann als Spender für Adrenochrom missbraucht, einem menschlichen Hormon, dessen Einnahme lebensverlängernd wirken soll. Marek zeigte mir Bilder dieser entführten Kinder, ich wollte die aber gar nicht sehen. Wenn ich wüsste, dass das stimmt, wäre das für mich furchtbar. Ich könnte das nicht ausgehalten. Ich versuchte, mich diesen fremden Gedanken gegenüber zu öffnen. Es ging aber nicht.

Später dachte ich noch einmal in Ruhe darüber nach, was Marek mir erzählt hatte und ob es nicht doch wahr sein konnte, ob ich mich täuschen konnte, ob die Erde nicht doch eine Scheibe war! Am Ende konnte mich Marek aber nicht überzeugen. Mareks und meine Sichtweise, das, woran wir glaubten, wie wir die Welt sahen, war zu verschieden. Was er mir erzählt hatte, war zu unglaublich. Es war trotzdem gut, dass ich ihn getroffen hatte, denn unser Gespräch auf der Wiese machte mir etwas klar. Wenn maßnahmenkritische Menschen wie Querdenker ihre Sicht auf die Welt erklärten, die sie 2020 zunehmend gewannen, klang das für Außenstehende vermutlich auch erst einmal alles neu und deswegen verrückt. Und wenn man das Neue nicht sofort versteht, ist es natürlich, dass man mit Abwehr reagiert. Querdenker wussten bald, dass sie von den Mainstream-Medien keine faire oder wahrheitsgemäße Berichterstattung erwarten konnten. Aber erzähl das mal jemandem, der sein Leben lang jeden Abend die Tagesthemen der ARD schaut, weil er sie für die Quintessenz der Wahrheit hält – obwohl es gute Gründe gäbe, das besser nicht zu tun.

Ähnlich wie ich über Marek dachte, dachten vielleicht andere Menschen über mich mit meiner kritischen Haltung gegenüber den Maßnahmen. Wenn ich mich aber frage, was der Unterschied zwischen mir und Marek sein könnte, würde ich sagen, dass meine Haltung auf meiner eigenen Wahrnehmung beruht, auf dem, was ich gesehen und erlebt habe. Sie beruht auf Erfahrung, die ich wiederum in Frage stelle. Jedenfalls bemühe ich mich darum. Marek hatte aber ganz sicher in seinem Leben noch keine Reptiloide oder Adrenochrom-Kinder gesehen. Er hatte davon einfach irgendwo gelesen oder man hatte es ihm erzählt. Warum er trotzdem so fest an sie glaubte, weiß ich nicht. Aus irgendeinem Grund war das für ihn glaubwürdig.

Als er mir diese Geschichten erzählte, tat ich das nicht von vornherein ab. Aber für mich war das etwas, für das ich keinerlei Beweise hatte. Und ich dachte mir: Ich habe acht Kinder, und weder mir noch meinen Kindern ist jemals etwas in der Art begegnet. Zudem fragte ich mich, wenn es diese Kindesentführungen gab, warum schützten dann die Eltern ihre Kinder nicht? Warum passten sie nicht auf ihre Kinder auf, dass ihnen nichts passierte? Und warum erfuhr man in den Nachrichten nichts von diesen Entführungen? Andererseits erfuhr man in den Nachrichten ja auch von unseren Demos so gut wie nichts. Damals war mir das noch nicht bewusst. Damals verstand ich noch nicht, wie die Mainstream-Medien einfach ausblenden, was nicht in ihr Narrativ passt. Ich bekam bereits 2020 mit, wie die großen Demos in Berlin kleingeredet wurden. Aber wie die Presse schlichtweg log und die Unwahrheit schrieb, erlebte ich erst im Ahrtal im Sommer 2021.

Am darauffolgenden Tag holte ich Marek in Heidelberg ab. In der Nachbarstadt waren wir bei einer Demofreundin zum Grillen eingeladen. Es war auch ein Treffen der Darmstädter Querdenker und ich lernte einige Aktivisten der ersten Stunde privat kennen.

Am 11. Juli, einem sonnigen Samstag, fuhr ich mit meinen Söhnen und Marek auf die Querdenken-Demo nach Stuttgart, von der ich von den Darmstädtern erfahren hatte. Es sollte eine große Demonstration werden und ich wollte unbedingt teilnehmen. Ich erzählte auch Marek davon und fragte, ob er mitfahren wollte. Er sagte zu, und dass es toll wäre, wenn er auf der Demo zum Thema Kindesmissbrauch sprechen könnte. Ich fragte im Vorfeld bei den Darmstädter Querdenkern nach und bat darum, dass sie an die Organisatoren in Stuttgart weitergaben, dass Marek auf Inlinern von Barcelona auf dem Weg nach Danzig war und gerne auf der Demo sprechen würde. Man gab es weiter. Ob er ins Programm reinpassen würde, wusste man aber noch nicht.

Als wir in Stuttgart ankamen, stellten wir das Auto in ein Parkhaus und liefen zum Schlossgarten. Ich war zuvor bereits einmal in Stuttgart gewesen. Mit meinen Söhnen hatte ich den Stuttgarter Zoo besucht. Als wir nun ankamen, war die Demo bereits im vollen Gange und alles war wie ein großes Familienfest. Die Veranstalter hatten für eine Bühne gesorgt, nicht einfach einen Wagen, von dem aus gesprochen wurde, sondern eine richtige Bühne. Manche Demoteilnehmer standen auf der Wiese, aber viele saßen einfach mit einem Picknick auf Decken. Vor der Bühne standen Absperrgitter und hinter den Gittern die Presseleute. Hinter der Bühne gab es einen VIP-Bereich für die Redner und die Organisatoren. Die Ordner der Demo erkannte man an ihren Westen. All das war neu für mich.

Die Redner hielten ihre Reden, Nana *Lifestyler* führte

durch das Programm. Nana sah ich auf der Demo in Stuttgart zum ersten Mal und danach immer wieder. Er war derjenige, der auf vielen Demos durch das Programm führte und die Redner vorstellte. Bei vielen Veranstaltungen waren auch Musiker dabei. Das gefiel mir immer besonders. Einer der Musiker, die öfter auftraten, war zum Beispiel André Krengel. Auf seiner Gitarre ist er ein echter Virtuose. Auch die Musiker und Künstler stellte Nana vor. Erst begleitete er sie auf die Bühne, und wenn sie die Bühne wieder verließen, bedankte er sich bei ihnen. Das war Nanas Aufgabe. Er ist einfach gut darin, Menschen zu motivieren, zu begeistern und mitzureißen. In den Pausen zwischen den Reden rief er dann ins Publikum: *Ich sag Frieden, ihr sagt Freiheit! Ich sag Liebe, ihr sagt Wahrheit!* Und die Menschen antworteten ihm. 2020 gab es enorm viele Demos und man konnte unmöglich jeden Einzelnen der Teilnehmer kennen. Aber wenn Nana *Frieden!* rief und wir mit *Freiheit!* und *Wahrheit!* und *Liebe!* antworteten, gab es etwas, das uns alle miteinander verband. Frieden, Freiheit, Wahrheit, Liebe. Das ist es, was wir wollen. Wenn wir diese Worte zusammen riefen, fühlten wir uns alle miteinander verbunden. Dann waren die Demos wie die Treffen einer großen Familie und sie lösten eine Freude in mir aus, die sich Außenstehende schwer vorstellen können. Ich fühlte mich dazugehörig, weil wir alle zusammen für Frieden, Freiheit, Wahrheit und Liebe waren! Da kann ich mitrufen! Da musste ich nicht drüber nachdenken. Die Demos machten mir immer großen Spaß und ich war mit ganzem Herzen dabei. Die anderen Teilnehmer freuten sich genauso wie ich. Dieser Funken zwischen uns sprang einfach über, obwohl ich die meisten Menschen nicht kannte.

Als Marek und ich mit meinen Söhnen ankamen, fanden wir sofort die Darmstädter Querdenker und setzten uns zu ihnen. Es war nicht so, dass dann Ruhe war, wenn jemand auf der Bühne sprach. Man unterhielt sich, und wer zuhören wollte, hörte eben zu. Mit den Darmstädtern unterhielt ich mich auch über private Dinge, zumal sie meine ersten Kontakte waren. Ich fand und finde es wichtig, dass man auch außerhalb von Demos miteinander spricht, von Mensch zu Mensch. So entstehen Kontakte.

Für unser eigenes Picknick hatte ich einen Korb mit Essen und Trinken. Meine Söhne hatten ihre Yugioh-Karten dabei, mit denen sie damals gerne spielten, und waren beschäftigt. Die Redner, die auf den Querdenker-Bühnen sprachen, hatten immer ganz verschiedene Hintergründe. Am 11. Juli in Stuttgart stand zum Beispiel der Besitzer einer Fahrschule auf der Bühne. Er erzählte von den Problemen, die er als Unternehmer durch die Verordnungen hatte. Auch andere Unternehmer berichteten davon, wie sehr sich alles durch die Pandemie-Maßnahmen verändert hatte und wie schwierig es war, ihr Unternehmen unter diesen Bedingungen weiter zu führen.

Lockdowns gab zu dem Zeitpunkt ja schon und die Menschen konnten teils einfach ihrer Arbeit nicht nachgehen. Es war toll, dass nicht nur Akademiker wie Ökonomen oder Ärzte auf der Bühne standen, sondern auch ganz *normale* Menschen. Mütter erzählten von der Situation ihrer Kinder, wie der neue Alltag mit den Kindern zu Hause ablief. Sie schilderten ihre Erfahrung mit dem *Lockdown*, mit den Verordnungen und sprachen über die Auswirkungen auf sie und auf ihre Kinder oder auf ihren Betrieb. Auf der Bühne durften sie aussprechen, was sonst niemand hören wollte: wie furchtbar es war, was die Verordnungen mit den Menschen machten, an die sich alle per Gesetz halten mussten. Es ging um die Einbußen bei den Einnahmen oder bei der Lebensqualität der Kinder, die entweder Masken tragen oder zu Hause bleiben mussten, die nicht mehr in die Schule gehen und ihrer Freizeitgestaltung nachgehen durften, und ich fühlte mich bestätigt in dem, was ich selbst mit meinen Kindern erlebte.

An dem Tag redeten auch Bodo Schiffmann und Samuel Eckert, die in der Bewegung damals schon bekannt waren. Bodo Schiffmann ist ein HNO-Arzt, der seine Praxis in Sinsheim hatte. Er merkte sehr früh, dass die Verordnungen nicht richtig waren, dass sie auf Lügen aufbauten. Also ging er mit seiner Kritik an die Öffentlichkeit und trat auf Demonstrationen, Versammlungen und Kundgebungen auf. In einer seiner Reden, die er in Stuttgart hielt, dankte Bodo Schiffmann seiner Frau für die Unterstützung, die sie ihm, seit er Teil der Bewegung war, gegeben hatte. Es berührte mich sehr, dass ein Mann seiner Frau öffentlich dankte, dass sie trotz der Repressalien, die Bodo Schiffmann mit der Durchsuchung seiner Praxis schon früh erlebte, zu ihm hielt. Daher blieb mir dieser Moment in Erinnerung.

Zum Personenkreis, die häufig auftraten, gehörten auch die Unternehmer Samuel Eckert und Wolfgang Greulich. Sie kannten sich gut und waren wie ein Team, und wenn ich sie zusammen sah, hatte ich den Eindruck, dass sie miteinander befreundet waren. Im Herbst 2020 startete die Corona-Bustour. Mit dabei waren der Rechtsanwalt Ralf Ludwig, Wolfgang Greulich, der Rechtsanwalt Markus Haintz, Samuel Eckert, Bodo Schiffmann und Roger Bittel, ein Journalist aus der Schweiz. Mit einem Bus fuhren sie durch Deutschland, machten in verschiedenen Städten halt, hielten Reden, informierten. Die letzte Station dieser Corona-Bustour war Göppingen im Oktober 2020, wo ich Teil des Organisationsteams der Demo war. In maximal zwei Wochen hatte das Team die Demo auf die Beine gestellt, die den Abschluss der Corona-Bustour markieren sollte. Da traf ich die Männer der Bustour bei einem Abendessen. Nach der Demo saßen wir alle zusammen an einem Tisch und ich erlebte sie aus der Nähe. Sie machten auf mich den Eindruck ganz normaler Menschen, nicht abgehoben, nicht komisch, und das war eine schöne Erfahrung. Roger Bittel hatte noch T-Shirts dabei und verteilte sie. Die Zusammenkunft mit ihnen war einfach menschlich. Diese ganze Friedens- und Freiheitsbewegung, diese Querdenken-Bewegung, war immer von Herz zu Herz. Man kannte die Menschen erst nicht. Aber dann kamst du mit dem einen oder anderen ins Gespräch und die Atmosphäre war locker und angenehm. Uns verband, dass wir anders waren als die Menschen in unserer Umgebung. Deswegen hatten wir uns auf den Veranstaltungen und Demonstrationen zusammengefunden.

Als ich im Schlosspark in Stuttgart war und sah, wie viele Menschen dort waren, wusste ich, ich hatte mich nicht verirrt. Das warf man den Menschen, die zu Veranstaltungen von Querdenken gingen, ja vor; dass sie schlicht vom rechten Weg abgekommen waren. Auf die Art diffamierte man die Demonstranten, um sich mit ihnen, ihren Fragen, Positionen oder Forderungen, nicht weiter auseinandersetzen zu müssen. Ich sah aber selbst, wie viele und welche Menschen auf die Demos kamen. Es war ein bunter Querschnitt durch die Gesellschaft, fröhliche Menschen, Herzensmenschen. Es waren keine verbitterten oder kranken Menschen oder Nazis. Nazis und Reichsbürger sah ich nie. Nie, nie nie. Vielleicht übersah ich sie. Aber das kann ich mir nicht vorstellen. Da waren keine Glatzköpfe mit Springerstiefeln. Wie in Darmstadt hatte ich auch in Stuttgart eher den Eindruck, dass viele Menschen aus der alternativen Szene kamen. Sie fielen natürlich auf, die Dreadlocks, die bunte, alternative Kleidung aus Wolle, die indischen, weiten Hosen. Wie Hippies. Ja, Hippies. Es war Sommer, wir waren wie Hippies, die Fröhlichkeit und mit der Musik war es wie ein *Woodstock-Festival*, so jedenfalls, wie es ich mir vorstellte. Der Eindruck, den ich von der Demo in Stuttgart gewann, war fröhlich und freundlich und liebevoll und nett. Ich kann mich nicht erinnern, dass es damals Polizei gegeben hätte. Auf keinen Fall so viel, wie es bald die Regel wurde. Vielleicht war da ein Auto. Auf den Bühnen ging es natürlich um die Corona-Verordnungen der Politik. Es ging viel um Aufklärung und um die Wahrnehmung der Maßnahmen, darüber, was sie mit den Menschen machten, und was an ihnen zu kritisieren war.

Die Presse beachtete uns damals schon nicht. Wenn man später im Internet nach der Veranstaltung suchte, gab es so gut wie keine Treffer. Zwei Seiten und zwei Pressemitteilungen. Nichts annähernd Ausführliches. Die Stuttgarter Zeitung schrieb, dass es einige Hundert Teilnehmer gegeben hätte. Meinem Gefühl nach waren es deutlich mehr. Aber das ist ein Mittel, wie Medien lügen. Die Presse hat Querdenken und andere Initiativen von Anfang an kleingemacht, kleingeredet, gar nicht berichtet oder sogar noch Falschangaben gemacht. Von Anfang an! Das war so gemein. Die Presse hat die Aufgabe, die Bürger zu informieren, aber unsere Veranstaltungen kehrten sie einfach unter den Teppich. Deswegen wissen womöglich viele Menschen bis heute nichts von der Friedens- und Freiheitsbewegung. Wie sollten sie auch davon erfahren, wenn die Zeitungen und das Fernsehen nichts oder nur negative Berichte brachten? Dass die Stuttgarter Zeitung nichts schrieb, war besonders fies. Querdenken ist in Stuttgart gegründet worden. Es hatte bereits vorher hier Demos gegeben und Stuttgart ist nicht gerade eine Metropole. In ihrer Redaktion hatten sie bestimmt nicht so viel zu tun, dass sie keine Zeit für einen ordentlichen Bericht über eine Demonstration gegen die größten Freiheitseinschränkungen seit der Gründung der BRD hatten. Nein, dass da nichts kam, das war Absicht. Sie hätten über die Reden berichten und sie danach *kritisch einordnen* können. Es gibt viele Möglichkeiten, zu berichten und gleichzeitig Distanz zu halten, wenn man das wollte. Aber scheinbar schickten sie nicht einmal einen Reporter. Und wenn jemand da war, hatte der nichts geschrieben.

Einmal ging ich an dem Tag zur Bühne. Ich wollte zu Michael Ballweg, dem Gründer von Querdenken-711. Ich kannte ihn nicht, aber ich wollte ihm kurz von Marek erzählen und ihm mitteilen, dass Marek gerne sprechen würde. Ich dachte, wenn das jemand entscheiden konnte, dann er. Michael sagte mir aber, dass das Programm bereits voll war. Ich glaube, dass er zu dem Zeitpunkt keinen Kopf für meine Bitte hatte. Damals verstand ich diese Reaktion nicht, später aber sehr wohl. Das Programm jeder Veranstaltung war eng getaktet und viele Redner warteten auf ihren Auftritt. Erst als ich selbst als Rednerin auftrat, verstand ich, dass da in der Regel keine Zeit blieb. Da konntest du nicht einfach noch jemanden dazwischenschieben. Als ich Marek das mitteilte, war er enttäuscht. Er wollte unbedingt, dass sein Thema mehr Öffentlichkeit erhielt.

Am selben Tag sah ich auch das erste Mal Norman. Er trug eine Ordnerweste, schien etwa so alt zu sein wie ich und es waren nicht nur seine langen Haare, die mir an ihm gefielen und ihn für mich besonders machten. Ich beobachtete meine neue Umgebung genau. Ich schaute, was alles passierte, was das für Menschen waren, die auf

Sommer der Querdenker

die Demo gingen, und wie die Ordner miteinander umgingen. Bei den Ordnern hatte ich den Eindruck, dass sie sich schon lange kennen mussten. Es war ein so freundliches Miteinander, dass sie auf mich wie alte Freunde wirkten. Sie waren nicht wie die Sicherheitsleute bei Konzerten, die oftmals keinen erkennbaren Gesichtsausdruck haben und einfach hart aussehen. Nein, auf der Demo in Stuttgart war alles entspannt, alle waren freundlich. Am späten Nachmittag war die Veranstaltung schließlich zu Ende. Alle Redner hatten gesprochen. Bühne und Technik wurden abgebaut, nur die Musik lief weiter. Da fingen die Menschen an, auf der Wiese vor der Bühne zu tanzen. Das war schön! Jeder tanzte frei für sich. Es war ein fröhliches Miteinander! Irgendwann liefen auch wir zum Auto und fuhren nach Hause.

Die Demo in Stuttgart war für mich eine klare Bestärkung gewesen, dass Querdenken eine gute Bewegung war, dass Querdenken etwas Gutes war. Die Menschen, die kritisch waren, die waren gut. Und sie hatten nichts mit Extremismus und Gewalt zu tun, überhaupt nicht. Ich spürte, dass das richtig war. Was sahen nur all diejenigen, die Querdenker Extremismus und Gewalt vorwarfen? Sollten das als Hippies verkleidete Nazis sein? Wie lange könnten die das vorspielen, bis es auffiel? Als ich die Demo in Stuttgart erlebte und Michael und Tina Ballweg und Bodo Schiffmann sah, da fühlte ich, dass das richtig war, dass das gute Menschen waren, und nicht, dass sie irgendeinen Nutzen daraus ziehen würden oder sich selbst bereichern wollten.

Ich weiß, dass es viele gibt, die diese Sicht nicht teilen können. Ich selbst kann sehr euphorisch sein, wenn ich etwas gut finde. Aber das schließt nicht ein, dass ich wegschauen würde, wenn mir etwas auffiele, das ich ablehne. Meine Euphorie überdeckt nicht meine Fähigkeit, etwas zu reflektieren. Mir fiel an Querdenken jedoch nichts Negatives auf, jedenfalls nicht zu Beginn. Diese schnellen Veränderungen, wie plötzlich mit gesunden Menschen umgegangen wurde, wie Menschen auf Distanz zueinander gehalten wurden: Wir alle merkten, dass das nicht gut war und dass man nein sagen musste. Es gab viele Menschen, die nein sagten, und so fand man sich zusammen. Die ganzen Veranstaltungen von Querdenken wurden zur Basis eines riesigen Netzwerks, das sich nach und nach bildete. Wir vernetzten uns in dieser schwierigen Zeit. Während der Rest der Gesellschaft sich gegenseitig ausgrenzte, schlossen wir uns zusammen. Und dass dieses Netzwerk entstand, war einfach toll. Diesen Zusammenhang verstand ich aber erst später. Als ich am 11. Juli in Stuttgart war, wusste ich nicht, was sich daraus entwickeln würde. Ich hatte zu diesem Zeitpunkt auch keine bestimmten Absichten.

Seit seiner Gründung hat sich Querdenken stark verändert. Manche der Initiativen lösten sich auf, andere setzten unter neuem Label ihre Arbeit fort oder gründeten neue Initiativen. Querdenken in Leipzig war sehr stark, heißt aber mittlerweile Bewegung Leipzig. Darmstadt ist weiterhin Querdenken-615. Aus Querdenken-211 (Düsseldorf) ging die Außerparlamentarische Opposition APO hervor. Trotz des Drucks von außen gibt es Querdenken noch. Weiterhin sagen Menschen: *Ich bin Querdenker.* Sie organisieren Veranstaltungen und tun sich mit anderen Initiativen zusammen. Genauso gab es immer wieder Personen, die sich von Querdenken aus verschiedenen Gründen distanzierten, Stephan Bergmann, zum Beispiel, *der Mann mit dem roten Shirt* und Gründer der *Peacecrowd*.

2020 war Querdenken in erster Linie eine Möglichkeit, sich zu vernetzen und neue Initiativen zu ermöglichen.

Diese Aufgabe hat Querdenken erfüllt. Gegenüber dem medialen und politischen Mainstream war Querdenken nach außen eine Zielscheibe, nach innen aber ein Schutzschild. Das hatte gute und schlechte Seiten. Es war gut, wenn man es als Opposition schaffte, in die Medien zu kommen. Trotz der schlechten Berichterstattung hat so gut wie jeder in Deutschland von Querdenken gehört. Schon im Sommer 2020 sagte Michael Ballweg aber, dass er zwar Querdenken-711 initiiert habe, jedoch um den Anstoß für die Gründung weiterer Initiativen zu geben, um *die Bälle hinauszuwerfen*. In Stuttgart gab es ein Orga-Team, aber auch das veränderte sich stetig. Ende 2020 gründete sich die Initiative *Eltern stehen auf,* heute ein Verein, die sich unabhängig von Querdenken organisierte. Man trat zusammen auf und stand Seite an Seite, wie am 18. November 2020 in Berlin, als das zweite Infektionsschutzgesetz durchgepresst wurde. Bald gab es jede Menge verschiedener, eigenständiger Initiativen, die mit Querdenken zusammen organisierten. Ich hielt das für eine positive Entwicklung.

Lange fanden Veranstaltungen mit Bühnen statt. Doch irgendwann wurden hier die Grenzen des Möglichen erreicht. Diese schwerfälligen Demonstrationen mit viel Organisation waren nicht mehr nützlich, als der Druck durch Polizei und Politik zu groß wurde. Das entwickelte sich so weit, dass Leute ihre Veranstaltungen nicht mehr anmeldeten und einfach spazieren gingen. Bis hierhin war es ein Weg. Querdenken war ein Weg, der dazu beitrug, dass im Winter 2021/2022 die Spaziergänge stattfanden. Was mir später leider negativ auffiel, war, wie sich Menschen in der Bewegung kritisierten, und zwar öffentlich. Ich fand immer, dass interne Streitereien nicht in die Öffentlichkeit gehören und besser unter vier Augen geklärt werden sollten. Besonders durch das Stra-

tegietreffen am 15. November 2020, an dem Peter Fitzek*
teilnahm, ging viel Vertrauen gegenüber der Idee von
Querdenken verloren. Danach hat sich in der Bewegung
viel verändert.

Ich war bei dem Treffen damals nicht dabei und kann mir daher nur schwer ein Urteil bilden. Ich bin aber sicher, dass das, was Michael Ballweg durch Querdenken initiierte, großartig war. Ich sehe in Michael Ballweg vor allem den Idealisten. Zwei Jahre hat er sein Leben vollkommen der Bewegung gewidmet. Auch wenn viele ihn kritisieren, sehe ich das immer noch so. Was er geleistet hat, hat kein anderer geschafft: innerhalb von kurzer Zeit so viele Menschen zu bewegen und im Herzen zu erreichen. Das ist einfach großartig.

Am 12. Juli nahmen Marek und ich an einer Fahrraddemo in Darmstadt teil. Diese Demo fand jeden Sonntagmittag statt. Mit der Stadt wurde eine bestimmte Strecke abgesprochen, auf der wir durch die Darmstädter Innenstadt fuhren. Startpunkt war der Karolinenplatz, wo zunächst eine Kundgebung stattfand. Es wurde noch eine Rede gehalten und dann gemeinsam meditiert. Chris von den Darmstädtern machte das gerne. Die Menschen standen dann, hörten zu, konnten mitmachen und entspannen. Nach vielleicht einer Stunde ging es dann los, die meisten auf Fahrrädern, Marek und ich fuhren Inliner. Die Polizei fuhr vorneweg und sperrte auf der Strecke die Kreuzungen. Es war ein schöner Sonntagmittag. Eine Demofreundin hatte an ihrem Fahrrad einen Anhänger mit einer Musikanlage befestigt, es lief das Lied *Freiheit* von Marius Müller-Westernhagen. Das Lied wurde auf unseren Demos immer wieder gespielt, und mit der Musik durch Darmstadt zu fahren, machte großen Spaß.

---

*Peter Fitzek rief 2012 das sogenannten „Königreich Deutschland" aus, zu dessen König er sich erklärte.

Auch andere Lieder, die in der Bewegung bekannt waren, wurden gespielt. Der Rapper *SchwrzVyce* war einer der ersten Musiker in der Bewegung und trat auf Demos oft mit seinem Lied *Fake News Media* auf.

Manche befestigten an ihren Fahrrädern Flaggen, zum Beispiel die Friedenstaube auf blauem Grund, oder Schilder mit ihren Botschaften und Forderungen. So fuhren wir durch Darmstadt. Parolen riefen wir nicht. Zu der Zeit, noch dazu an einem Sonntag, waren kaum Leute auf der Straße. Da war nichts los im Sommer. Die Schwimmbäder und die Badeseen waren geschlossen. Die Leute waren wahrscheinlich zu Hause. Wir fuhren auch durch Wohngebiete. Ich kann mich aber nicht an viele positive Reaktionen erinnern. Es waren die Anfänge. Die Aufmerksamkeit der Menschen war noch nicht da. Ich glaube, die meisten schliefen noch und hielten sich an die Regeln. Wir, die auf die Straße gingen, waren eben echte Exoten.

Bald kamen wir an einem Café vorbei, vor dem ein paar Leute saßen. Einige von ihnen fingen jedoch an, uns zu beschimpfen. Marek hörte das und fuhr gleich zu den Leuten hin, um sie zur Rede zu stellen. Die hatten es sich vor dem Café bequem gemacht und beschimpften uns Demonstranten, die vorbeifuhren und eine politische Botschaft hatten, die ihnen nicht gefiel, als Nazis – und das gefiel Marek, der Pole war, überhaupt nicht. Vielleicht hatten sie sich sogar bewusst dort hingesetzt und uns erwartet. Ich stellte mich schon auf Ärger ein. Während die anderen Demoteilnehmer weiterfuhren, begann Marek, mit den Leuten zu diskutieren, und filmte sie dabei. Das führte natürlich zu nichts, also fuhren wir bald weiter.

Insgesamt waren wir bestimmt anderthalb Stunden unterwegs. Als wir wieder unseren Ausgangspunkt erreichten, warteten dort ein paar der Personen, die auch vor dem Café gesessen hatten. Sie hatten sich an die Polizei gewandt und beschuldigten Marek, dass er sie gefilmt hatte. Marek musste dann zur Polizeiwache mitgehen. Einer von uns begleitete ihn. Ich machte mir Sorgen, am Ende sollte er aber einfach seine Aufnahmen löschen. Leider war er auf die Provokation dieser Leute eingegangen. Marek brach bald auf, um seine *Challenge* fortzusetzen, und wir verabschiedeten uns. Wir trafen uns aber dann doch noch einmal, und zwar auf der Demo in Berlin vom 1. August. Für den 30. Juli hatten wir uns dort verabredet.

Am 21. Juli war ich mal wieder auf Inlinern Richtung Darmstadt unterwegs. An einer Autokreuzung musste ich plötzlich bremsen, um einem Auto auszuweichen. Ich stürzte und verletzte mich am Handgelenk. Ein Knie war blutig und der linke Arm tat sehr weh. Ich konnte nichts bewegen. Was sollte ich tun? Es half nichts, ich musste zum Arzt. Ich schleppte mich nach Hause und fuhr von dort ins Krankenhaus in der Nachbarstadt. Am Eingang des Krankenhauses verlangte man von allen, die das Krankenhaus betreten wollten, zuerst ihre persönlichen Daten. Eine Krankenschwester saß an einem Tisch, an dem sich alle Besucher und Patienten mit Name und Anschrift einzutragen hatten. Das wollte ich nicht. Der Schwester sagte ich, dass ich mich bei einem Sturz am Arm verletzt hatte, und bat darum, dass man meinen Arm röntgte. Ich wollte ja nicht lange bleiben. Ein Pfleger im Inneren hörte das und sagte mir, dass er mich zur Röntgenstation bringen würde. Meine Daten musste ich dann doch nicht angeben. Die Angaben am Eingang waren natürlich zur *Kontaktverfolgung* gedacht. Doch alle wichtigen Informationen waren ja sowieso auf meiner Krankenkassenkarte gespeichert. Aus Datenschutzgründen durfte man die aber vermutlich nicht nutzen, deshalb benötigte man freiwillige Angaben; Name und Adresse sowie die Uhrzeit, wann man das Krankenhaus betreten hatte. Auf der Röntgenstation sagte man mir, dass sie meinen Arm nicht einzeln röntgen könnten, sondern nur meinen ganzen Körper. Das wollte ich nicht, also fuhr ich zu einem anderen Arzt, von dem ich wusste, dass er röntgte. In seiner Praxis hatten sie aber ebenfalls nicht das richtige Gerät. Als drittes fiel mir ein Kinderchirurg in Heidelberg ein. Ihn kannte ich, weil er meinen Sohn nach seiner Operation übernommen hatte, um ihn mit seinem Bein zu versorgen.

Als ich in der Praxis des Chirurgen ankam, maulten die Angestellten gleich herum, weil ich keine Mund-Nasen-Bedeckung trug. Ich sagte ihnen, dass ich keine Mund-Nasen-Bedeckung trage, aber gerne Abstand halten würde. Sie meckerten mich dann an, ich durfte aber trotzdem in den Warteraum gehen. Dort war ich alleine. Als ich an die Reihe kam, führte man mich in ein Behandlungszimmer. Der Doktor kam herein, seine Maske trug er am Kinn. Als Arzt hatte er natürlich eine OP-Maske, er operierte ja auch. Vermutlich zog er sie später auf. Aber zu mir sagte er nicht, dass ich eine Maske anziehen müsste. Dann wurde das Handgelenk geröntgt und zum Glück war nichts gebrochen. Ich sollte aber eine Schiene mit einer Gipsschale tragen. Die Frau, die mir die Schiene anlegte, fragte mich, wie ich nach Hause kommen würde. Mit dem Auto, sagte ich. Da wollte sie mir die Schiene gleich wieder abnehmen. Mit dieser Gipsschiene könnte ich nicht Auto fahren, sagte sie mir. Was hätte ich aber tun sollen? Ich war mit dem Auto nach Heidelberg gefahren. Wer hätte mich abholen sollen? Ich sagte ihr, nein, bitte lassen Sie die Schiene am Arm, ich kann sie alleine nicht richtig anlegen, sodass sie ordentlich sitzt. *Lassen Sie sie dran, ich fahre mit dem Auto, ich übernehme die*

Verantwortung dafür, was ich tue. Das müssen Sie nicht machen. Ich musste ihr ganz deutlich sagen, dass es meine Verantwortung war, mit der Schiene Auto zu fahren, und nicht ihre, erst dann lenkte sie ein. Dieselbe Frau hatte mich vorher wegen der Maske angemault. Aber im Behandlungszimmer wurde ihr Ton zum Glück besser.

Die Schmerzen hielten noch eine Weile an. Am 26. Juli war ich aber schon wieder in Darmstadt auf Inlinern auf der sonntäglichen Fahrraddemo mit dabei, eben mit Schiene. Am 30. Juli, einem Donnerstag, fuhr ich mit meinen Jungs nach Berlin. Die Nacht schliefen wir im Auto. Am 31. Juli traf ich noch einmal Marek. Er war irgendwo bei Freunden untergekommen und schlief bei denen. In der Nähe des Reichstagswiese war ein Zusammenkommen für Menschen, die für die Demo am nächsten Tag nach Berlin gekommen waren.

Auf nach Berlin!

Dann war der 1. August und in Berlin würde Deutschlands erste Großdemo gegen die Corona-Politik stattfinden. Die Sonne schien, es war ein heißer, trockener Tag. Meine Jungs und ich fuhren von unserem Schlafplatz in die Innenstadt. Das Auto stellte ich am Potsdamer Platz ab, über die Wilhelmstraße liefen wir in Richtung Straße des 17. Juni, und was wir dann sahen, war unglaublich: Es waren Menschenmassen! Die vielen Menschen, die auf Unter den Linden strömten, kann man sich nicht vorstellen. Von wo waren sie alle gekommen? Unter den Linden ist eine dreispurige Straße und verläuft in zwei Richtungen. Alle sechs Straßenspuren und der Mittelstreifen, wo die Kioske stehen und man spazieren kann, waren voll! Es war der Wahnsinn und wir waren mittendrin.

Auf der Ostseite des Brandenburger Tors sollten sich die Menschen nach Querdenken-Initiative zusammenfinden. Die Darmstädter hatten damals Luftballons, auf denen stand Querdenken-615, die drei ersten Zahlen der Vorwahl von Darmstadt (ohne die Null). 711 ist Stuttgart, 30 ist Berlin. Ich hielt nach Marek Ausschau, fand ihn aber nicht. Ich schaute, wen ich sonst noch kannte und wo ich Anschluss finden konnte. Ich weiß nicht mehr, wen ich alles traf. Irgendwann ging der Aufzug los und wir liefen stundenlang durch Berlin. Drei, vier Stunden dauerte der Aufzug. Und ich hatte nichts zu trinken dabei! Ich war einfach nicht vorbereitet gewesen. Wir hatten gefrühstückt, aber ich hatte keinen Rucksack dabei, nur etwas Geld und ein paar Müsliriegel.

Wir liefen und liefen und liefen. Auf Wagen wurde Musik gespielt. Zwischen den vielen verschiedenen Flaggen der Initiativen schwebte ein riesiges Gandhi-Plakat über der Menge, ein grandioser Anblick. Die Querdenken-Initiativen konnte man an ihren Flaggen erkennen. Querdenken Stuttgart hatte schwarze Schrift auf weißem Grund. Es gab Flaggen mit der Friedenstaube. Es gab auch *Q-Anon*-Flaggen, was ich damals noch nicht kannte. Wie grandios die Demo in Berlin auf der Straße des 17. Juni war! Dann später die Abschlusskundgebung, als verboten wurde, dass auf der Hauptbühne weiter gesprochen wurde, als der Strom abgestellt wurde, der entstandene Tumult, Thorsten Schulte, der sagte, wir gehen jetzt vor den Reichstag, die Menschen, die ihm folgten, Markus Haintz, der sagte, wir bleiben hier, wir sind friedlich, wir setzen uns hin, und die Polizei, die anfing, die Menschen wegzutragen, und sie in Polizeimaßnahmen nahm. Ich dachte, ich bin hier im falschen Film.

Was für ein Erlebnis. Obwohl es schon so lange her ist, sehe ich die Bilder vom 1. August 2020 in Berlin immer noch lebhaft vor mir. Ich weiß noch ganz genau, wie wir am Alexanderplatz vorbeizogen. Es war ein riesenlanger Aufzug. Dann liefen wir auf der Leipziger Straße Richtung Potsdamer Platz. In der Mittagshitze gab es nirgends Schatten. Auf der linken Seite war ein Rewe. Meine Söhne hatten solch einen Durst, also flitzte ich da schnell rein und kaufte Getränke und eine Viererpackung Eis am Stil. Das Eis begann sofort zu schmelzen, so heiß war es. Noch lange liefen wir mit. Irgendwann verließen meine Söhne und ich den Demozug. Wir gingen zum Auto und ich fuhr sie zu meiner Tochter. Zu diesem Zeitpunkt hatte die Standdemo auf der Straße des 17. Juni, zwischen Brandenburger Tor und Siegessäule, bereits begonnen. Während des Aufzuges erfuhr ich, dass die Polizei die Straße nach einer bestimmten Anzahl Menschen absperren wollte. Laut den Verordnungen sollte man ja Abstand

Auf nach Berlin!

halten.

Erst am Nachmittag kam ich zurück, aber man konnte an der Standdemo immer noch teilnehmen. Im Tiergarten traf ich die Darmstädter. Eine Weile blieb ich bei ihnen, dann ging ich weiter, um mir einen Überblick zu verschaffen. Auf der Standdemo hatte jemand mit Kreide Quadrate auf den Asphalt gemalt. Ich vermute, dass die Leute das selbst gemalt hatten. Sie markierten eine Fläche, die nur eine bestimmte Anzahl Menschen betreten durfte. So war das vorgeschrieben. Am Anfang wurde streng darauf geachtet. Aber später, als ich da war, hielt sich kein Mensch mehr daran. Die Leute standen und saßen, wo sie wollten. Manche hatten Campinghocker mitgebracht, andere saßen auf Decken. Und wieder waren es so viele Menschen. Die Straße des 17. Juni war komplett voll. Zwischen dem Potsdamer Platz und der Straße des 17. Juni standen die Leute im Tiergarten unter den Bäumen und auf den Wiesen. In Richtung Reichstag hatte die Polizei Zäune aufgestellt. In der Nähe des Russischen Ehrenmals war eine große Bühne aufgebaut. Früher standen an dieser Stelle russische Soldaten und hielten Wache. 1992 hatte ich sie selbst einmal gesehen.

Ich war keine Stunde da, als der Strom der Hauptbühne abgestellt wurde. Es durfte nicht mehr gesprochen werden, die Polizei erklärte die Veranstaltung auf der Straße des 17. Juni für beendet. Auch hieran erinnere ich mich, als wäre es gestern gewesen. Auf einmal standen Polizisten auf der Bühne und die vielen Redner, die noch auf ihren Einsatz warteten, durften nicht mehr sprechen. Alles war zu Ende – einfach so, weil irgendjemand das so entschieden hatte. Es gab die Durchsage, dass sich alle Anwesenden entfernen sollten. Hier teilten sich die Demonstranten in zwei Gruppen. Die einen riefen zum Bleiben auf. Sie wollten friedlich Widerstand leisten und sich aus Protest auf die Straße setzen. Die andere Gruppe rief dazu auf, zum Reichstag zu gehen, um den Protest dort friedlich fortzusetzen.

Die Polizei hatte die Veranstaltung wegen der fehlenden Abstände aufgelöst – zumindest nahm sie das zum Anlass. Zu dem Zeitpunkt trug niemand eine Maske, kein Mensch auf der ganzen Straße des 17. Juni. Das weiß ich noch ganz genau. Damals war das noch kein großes Thema. Der Polizei ging es um den Abstand, und der wurde natürlich nicht eingehalten. Die Menschen waren in Bewegung, die wenigsten saßen die ganze Zeit auf einem Fleck. Viele, so wie ich auch, liefen herum. Einmal lief ich vom Brandenburger Tor bis zur Siegessäule, weil ich schauen wollte, wer alles da war. Wer sich kannte, begrüßte sich. Wie sollte man da eineinhalb Meter Abstand halten? Wie sollte man um jeden, der da stand, saß oder lief, einen Bogen machen? Unmöglich. Zudem waren wir sowieso im Freien und an der frischen Luft. Die Abstandsregel war kompletter Schwachsinn. Trotzdem war sie der Grund, warum die Veranstaltung durch die Polizei vorzeitig beendet wurde. Und da sah ich zum ersten Mal in meinem Leben, wie Menschen weggeschleppt wurden.

Vorher hatte ich das noch nie erlebt. Die Einheiten der Bereitschaftspolizei, meistens junge Männer, aber auch Frauen, in Kampfmontur, mit Schlagstock und Helm, fingen von zwei Seiten an, die Menschen, die nicht freiwillig gingen, wegzuschleppen und in eine polizeiliche Maßnahme im abgesperrten Teil des Tiergartens mitzunehmen. Ich hatte noch nie in meinem Leben Polizeigewalt erlebt, und das nun mitanzusehen, machte mir Angst. Keiner von uns hatte irgendetwas verbrochen. Männer und Frauen unterschiedlichen Alters leisteten friedlich Widerstand. Wir blieben an Ort und Stelle. Niemand war gewalttätig. Es gab keinen Grund. Und nun schleppte man sie weg? So etwas in unserem Land zu sehen, fand ich schrecklich, und es hat etwas mit mir gemacht. Das Unrechtsbewusstsein, das seit März in mir wuchs, wurde noch größer. Ich ging auf die Straße und auf die Demonstrationen, weil ich gemerkt hatte, dass es Unrecht war, was mit den Kindern gemacht wurde, dass ich per Verordnung von meinen Freunden getrennt wurde, dass man den Menschen so eine Angst machte, und jetzt diese Polizeigewalt. Es war eine tiefe Enttäuschung, die in mir aufkam.

Wie konnte so etwas sein in unserem demokratischen Land? Das Verhalten der Polizei war falsch, weil es unverhältnismäßig, unnötig und unrechtmäßig war. Sie hätten uns einfach in Ruhe lassen können. Was wäre Schlimmes passiert? Was erreichte man, außer den Leuten einen Grund zu geben, sich durch das an ihnen verübte Unrecht im Recht zu fühlen? Das Wegschleppen der friedlichen Demonstranten war ein reines Machtspiel und die Entscheidung dafür schlicht dumm. Denn so erlebten viele Menschen zum ersten Mal, wie undemokratisch Deutschland eigentlich war. Schon auf dem Rosa-Luxemburg-Platz am 28. März 2020 war das zu sehen gewesen. Damals waren aber nicht so viele Menschen anwesend wie auf der Demo am 1. August. Aus ganz Deutschland waren die Menschen angereist. Sie alle hatten nun erlebt, wie die Polizei Gewalt gegen friedliche Demonstranten einsetzte, die friedlich ihre Meinung äußerten. Der Polizeiführer, oder wer auch immer den Befehl gegeben hatte, machte mit dieser Entscheidung einen großen Fehler. Ich war immer Mutter, ich war immer eine friedliche Bürgerin, ich geriet nie mit dem Gesetz in Konflikt, und vermutlich die meisten anderen Demonstranten ebenfalls nicht. Die gewaltsame Räumung, da bin ich mir sicher, hat vielen Bürgern die Augen geöffnet, was in unserem Land los ist; dass ihre Angst, dass unser Land in Richtung eines totalitären Systems kippt, berechtigt ist. Diese Gefahr war allen, die am 1. August 2020 auf der Straße des 17. Juni waren, nun bewusst. Und was sie damals erlebten, würden sie nie mehr vergessen – ich auch nicht.

Während die Bereitschaftspolizei die Menschen wegschleppte, stand ich in der Nähe der Bühne. Ich sah eine Frau, die auf dem Boden saß. Sie meditierte. Die Polizei kam und schleppte sie weg. Sie rückten immer näher und ich überlegte, was ich tun sollte. Das Wegschleppen dauerte lange. Viele waren geblieben und nahmen die Ordnungswidrigkeit in Kauf. Doch obwohl die Straße noch voll war, hörte die Polizei gegen 19 Uhr oder 20 Uhr einfach auf. Ich war auch noch da, aber die Polizisten rückten ab. Vielleicht hatten sie schon genug von uns mitgenommen oder es wollte niemand Überstunden machen. Dann tauchte jemand mit einer Musikbox auf. Die Bühne wurde abgebaut und manche der Verbliebenen fingen in der Nähe der Musikbox zu tanzen an. Da war ich gleich dabei. Nach der ganzen Anspannung tat das gut. Attila Hildmann kam vorbei, und ich fragte ihn noch, ob er nicht Lust hätte, mit uns zu tanzen. Aber er reagierte ganz mürrisch, knurrte ein *Nein* und ging weiter. Dann kam Nana Lifestyler vorbei und tanzte mit uns.

Zum Schluss waren wir noch rund dreißig Leute. Irgendwann machte sich Aufbruchstimmung breit. Eine junge Frau, die aus dem Allgäu angereist war, und ein paar andere wollten zu ihrer Unterkunft. Ich war die einzige, die ein Auto hatte, also sagte ich, kein Problem, ich fahre euch. Ein Demofreund aus Darmstadt und zwei Männer aus Stuttgart wollten ebenfalls bei mir mitfahren und ich brachte sie zu ihrem Hotel. Gegen 22 Uhr fuhr ich zurück zum Brandenburger Tor und dort wurde immer noch gefeiert. Ein junger Mann von den Corona-Rebellen Düsseldorf hatte eine Musikbox dabei. Bald kam aber die Bereitschaftspolizei und verjagte uns. Der Corona-Rebell ging mit seiner Musikbox in Richtung Reichstagswiese, und wer noch Lust hatte, ging mit. Wir waren zu fünft auf der Reichstagswiese, als unerwartet noch eine Gruppe Belgier hinzustieß. Mit den Demonstrationen hatten sie nichts zu tun. Sie waren in Berlin, um einfach ein schönes Wochenende zu verbringen, hatten die Musik gehört und wollten sehen, was hier los war. Die tanzten dann mit uns. Es war mitten in der Nacht und die Reichstagswiese hatte sich in eine Tanzfläche verwandelt.

Ein tolles Gefühl. Die Welt gehörte uns. Nach den anstrengenden und zermürbenden Monaten zuvor war das ein unglaubliches Freiheitsgefühl: auf der Wiese vor dem Reichstag, keine Verordnungen, niemand, der uns nervte. Wir konnten einfach Spaß haben! Dann kam der Corona-Rebell auf die Idee, über die Hamburger Gitter zu klettern, um auf die Stufen des Reichstags zu gelangen. Damals gab es diese Container mit den Sicherheitsschleusen noch nicht, die heute dort stehen. Wir kletterten also über die Hamburger Gitter, stiegen die Stufen des Reichstages hoch und feierten dort weiter. Sogleich standen zwei Wächter auf der Matte, die rund um den Reichstag Patrouille liefen, und in der angrenzenden Straße sahen wir das Blaulicht leuchten. Da bekamen wir natürlich Schiss, nahmen die Beine in die Hand und rannten davon. Mit seiner Musikbox schaffte es der Corona-Rebell leider nicht schnell genug über die Gitter. Die zwei Wächter erwischten ihn und hielten ihn fest. Wir anderen aber rannten, rannten, rannten in Richtung Potsdamer Platz durch den angrenzenden Tiergarten. Im Tiergarten sahen wir, wie die Polizei in ihren Autos mit Blaulicht vorbeifuhr. Zu fünft saßen wir im Gebüsch, ich voller Bammel, dass die Polizisten in den Tiergarten gehen könnten, um uns zu suchen. Was die mit uns machen würden? Wir waren über die Hamburger Gitter am Reichstag gestiegen und hatten die Stufen des Reichstags bestiegen. War das schon eine Straftat? Ich hatte mir zuvor keine Gedanken gemacht, dass ich gegen irgendein Gesetz verstoßen könnte. Aber als die Polizei mit Blaulicht kam, und nicht nur ein Mannschaftswagen, sondern mehrere, bekam ich Angst. Wenige Stunden zuvor hatte ich selbst gesehen, wie brutal sie mit den Menschen umgingen. Das wollte ich nicht erleben.

Wie kamen wir von unserem Gebüsch zurück zu meinem Auto am Potsdamer Platz? Auf jeden Fall mussten wir noch einmal über die Straße des 17. Juni, um in den anderen Teil des Tiergartens zu gelangen. Wenn wir da als Fünfergruppe auftauchten, dachten wir, würde die uns sofort schnappen. Wir entschieden, paarweise zu gehen. Wir waren zwei Frauen und drei Männer. Eine Zweiergruppe, eine Dreiergruppe. Der Mann und die Frau hielten sich an der Hand, damit es schön unauffällig aussah. So trauten wir uns aus dem Tiergarten und schafften es ohne Zwischenfälle zu meinem Auto. Nun war es etwa drei Uhr nachts. Ich fuhr alle zu ihrer Unterkunft und als letzte machte ich mich selbst auf den Weg zu meiner Tochter. Als ich bei ihr ankam, war es fünf Uhr in der Frühe, Sonntagmorgen. Um diese Zeit wollte ich sie nicht wecken, daher schlief ich für ein paar Stündchen im Auto. Später ging es zurück zum Brandenburger Tor, wo gleich die nächste Veranstaltung stattfand.

Ich war todmüde, aber ich fuhr. Ich wusste, dass Marek kommen würde, und ich wollte ihn noch einmal treffen, bevor er weiter nach Polen fuhr. Später teilte mir Marek mit, dass er gut bei seinem Bruder in Danzig angekommen war, jedoch sehr enttäuscht wurde. Sein Bruder hätte sich überhaupt nicht über seinen Besuch gefreut. Er wollte Marek nicht einmal sehen, weil er Angst vor Corona hatte. Marek besuchte noch das Grab seiner Großeltern. Dann nahm er einen Flug nach Barcelona.

Als ich am Tiergarten ankam, gab mir irgendjemand eine Decke und ich schlief ein wenig. Als die Veranstaltung am Brandenburger Tor vorbei war, ging es weiter zum Mauerpark. Dort traten Markus Haintz und seine damalige Freundin Friederike Pfeiffer-de Bruin auf, die Doula ist, genau wie ich. Schon vor Corona war Friederike als Friedensaktivistin aktiv. Mit anderen Frauen gründete sie die Telegram-Gruppe *Doulas & Hebammen für Aufklärung*.

Leider kam auch die Polizei in den Mauerpark und wollte die Veranstaltung vorzeitig auflösen. Dabei war sie schon fast zu Ende. Die Anmelder konnten erreichen, dass man noch Musik machen durfte, und es wurde getanzt. Auch ich tanzte, und da drückte mir jemand eine Flagge in die Hand, ein Herz in Regenbogenfarben auf weißem Tuch und der Schriftzug *Love Wins*. Ich tanzte mit dieser Flagge, der einzigen auf dem Platz, und der Mann, der sie mir gegeben hatte, filmte das. Als ich ihm die Flagge zurückgab, fragte ich nach seinem Namen. Er hieß Axel. Dann fragte er mich, wie ich heiße, und ich sagte, Ronja. Ich fragte ihn, wo man so eine Flagge bekommt, und Axel sagte, man kann sie bei *Flaggenfritze* bestellen. Es war also nicht gerade eine Sonderanfertigung.

Später fuhr ich zurück zu meiner Tochter. Am Montagmorgen brachen wir schließlich zu unserer Rückfahrt auf. Als wir an der Tür standen, um uns zu verabschieden, sagte meine Tochter unerwartet zu mir: Wenn ich das nächste Mal nach Berlin kommen würde, um auf eine Demonstration von Querdenken zu gehen, würde ich nicht mehr bei ihr übernachten dürfen. Sie wollte Querdenken nicht indirekt unterstützen.

Ich war wie vor den Kopf gestoßen. Ich fragte sie, wie sie so etwas machen konnte. Wie konnte sie derart hart sein? Ich war so enttäuscht. Ich antwortete ihr, dass ich ihre Haltung nicht verstehen könnte. In meinem Inneren aber zerbrach etwas in dem Moment. Egal, was meine Kinder machen würden, und wenn es ein Verbrechen wäre, ich würde sie niemals vor der Tür stehen lassen. Niemals. Auf so eine Idee würde ich nicht kommen. Die Reaktion meiner Tochter, die mich nun aus Vorurteilen ablehnte, traf mich daher mitten ins Herz. Wenn ihr meine Anwesenheit zu viel Stress bereitet hätte oder es für sie mit Nachteilen verbunden wäre, hätte ich das natürlich verstanden. Aber eine solche Entscheidung zu treffen, weil sie meine politische Einstellung nicht teilte?

Am Abend zuvor hatten wir alle, sie, ihr Freund, meine Söhne und ich, bei ihr am Tisch gesessen, und wir wollten eigentlich zusammen ein Brettspiel spielen. Dazu kamen wir aber nicht, da wir in Streit gerieten. Ich erklärte, wie schön es für mich bei Querdenken war, wie begeistert ich von dieser Bewegung war. Meine Tochter und ihr Freund lehnten aber alles, was ich sagte, komplett ab. Sie wollten einfach nicht hören, was ich aus meiner eigenen Erfahrung erzählte. Sie sagten mir, dass sie eher bei den Gegendemonstranten wären, bei der Antifa. Aber was fanden sie so schlimm? Sie sagten, dass bei unseren Demonstrationen Nazis mitlaufen würden, dass die Querdenken-Bewegung aus Nazis bestünde. Sie sagten nicht aus Schwurblern oder aus Aluhutträgern, als die wir häufig beleidigt wurden. Nein, sie sagten, das wären Nazis und ich würde da mitlaufen. Woher sie das so genau wussten? Ich weiß es nicht. Aber ich kam nicht an sie heran. Was ich aus meiner Erfahrung zu sagen hatte, blockten sie ab, als wäre es für sie nichts. Es interessierte sie einfach nicht. Sie hatten ihre vorgefertigte Meinung.

Währenddessen blieben meine Tochter und ihr Freund ruhig, als ob das, was sie gegenüber mir äußerten, überhaupt nichts Schlimmes war. Ich war aber über ihre sture Haltung sehr verärgert. Ich wusste, das nichts davon stimmte. Warum stellte sich meine Tochter, die mich doch kannte, gemeinsam mit ihrem Freund gegen mich? Ich wurde auch laut, denn ich fühlte mich völlig zu Unrecht so hart von ihnen angegriffen. Ich hatte selbst gesehen, dass auf den Demos keine Nazis waren, dass unsere Bewegung aus fröhlichen Herzensmenschen bestand. In dem Moment hatte ich leider nicht die Ruhe, sie zu fragen, warum sie eigentlich so schlimme Sachen über Querdenken dachten. Das wäre eigentlich die erste logische Reaktion gewesen. Ich war auf den Demonstrationen gewesen, sie nicht. Woher sollten sie so genau wissen, was sie behaupteten? Aber auf die Idee kam ich nicht. Ich war sehr enttäuscht, dass sich meine Tochter gegen mich stellte. Ihren Freund hatte ich immer geachtet und ich war ihm gegenüber immer offen. An dem Tag kippte es. Ich bekam das Gefühl, der gehört zur Antifa.

Meine Jungs waren während unseres Streits dabei. Für sie war dieser Abend furchtbar. Sie verstanden nicht, um was es ging. Sie sahen, dass wir uns stritten, meine Tochter, ihr Freund und ich, und sie saßen dazwischen. Einer von beiden verließ irgendwann den Raum. Ich weiß nicht mehr, wie es endete. Die Nacht verbrachten wir noch dort.

Später verstand ich, warum es zu dem Streit gekommen war. So, wie mich meine Tochter und ihr Freund behandelt hatten, behandelt man einen politischen Feind. Heutzutage beschimpft man politische Feinde als Nazis. Mit echten Nazis hat das nichts zu tun. Weil ich auf Querdenken-Demos ging, war ich für meine eigene Tochter zum Feind geworden. Meine Söhne mussten es mitansehen. Sie waren damals erst zwölf Jahre alt, Kinder. Und dann sahen sie, wie sich Erwachsene über Politik stritten, sich Vorwürfe machten und Beleidigungen aussprachen. Wir waren ein schlechtes Vorbild für sie. Als ich mich am nächsten Tag von meiner Tochter verabschiedete und sie mir wie nebenbei mitteilte, dass sie mich unter diesen Umständen nicht mehr bei sich übernachten lassen würde, konnte ich es nicht glauben. Niemals hätte ich das von ihr erwartet. Klar, wir hatten gestritten. Aber ich hatte geglaubt, dass unsere Verbindung stark genug wäre, das zu überwinden.

Ich weiß nicht, ob sich das, was an diesem Abend kaputtging, irgendwann wieder reparieren lässt. Ich konnte und kann meine Tochter nicht verstehen. Ich hätte von ihr erwartet, dass sie bei mir nachfragen, dass sie mit mir ins Gespräch gehen würde. Das Gespräch an jenem Sonntagabend war gescheitert. Aber wir hätten noch einmal miteinander reden sollen. Ich hätte von ihr erwartet, dass sie mit mir unter vier Augen ins Gespräch ging – weil ihr unsere Beziehung wichtig war. Es war enttäuschend zu sehen, dass sie über mich ein Urteil gefällt hatte und mir das an der Tür kurz vor unserem Abschied mitteilte. Was sprach denn dagegen, dass wir uns zu einem anderen Zeitpunkt mit einem gewissen Abstand und in Ruhe erneut austauschten? Um über Querdenken oder die Verordnungen der Politik oder was auch immer zu sprechen, und zwar so lange, bis es für uns beide geklärt war? Dafür hätte es aber Interesse an einer Lösung gebraucht, was es vermutlich nicht gab. Ich war nicht mehr länger willkommen, und auch so kann man *Abstand halten*. Das hieß für mich, dass ich meine Tochter, bis es geklärt war, nicht mehr fragen würde, ob ich bei ihr übernachten darf. Das Bedingungslose, das Familie und Freundschaft ausmacht, war weg. Die Tür war zu.

Mit meinen Jungs fuhr ich daraufhin zur Snackbar von Attila Hildmann. Wir aßen etwas und kauften uns noch ein Eis. Rückblickend kann ich natürlich verstehen, dass Leute wie Attila Hildmann innerhalb und außerhalb der Bewegung keinen guten Eindruck hinterließen. Früher kannte ich ihn wie alle als den veganen Koch und las mit Vergnügen seine Kochbücher. Durch seine Wutausbrüche und ständigen Beleidigungen hatte er sich leider mit der Zeit unmöglich gemacht. Mein Bild von Attila Hildmann hat sich mit der Zeit geändert.

Eine Woche nach der Demo in Berlin, am Samstag, den 8. August, fand eine Demo in Stuttgart statt. *Ruf der Trommeln* würde den Aufzug anführen, eine eigenständige Gruppe von Trommlern, die in der Bewegung vernetzt waren. Noch in der Woche nach Berlin bestellte ich für mich eine Love-Wins-Flagge, und sie kam rechtzeitig an. Es waren noch Sommerferien, aber ich fuhr allein. In Stuttgart herrschte die gewohnt entspannte Stimmung. Wie in Berlin am 1. August fand nun auch hier zunächst ein großer Aufzug durch die Stadt statt, der zum Versammlungsgelände führte. Wir starteten auf dem Marienplatz, *Ruf der Trommeln* ging voraus. Von dort zogen wir durch die Stadt zum Schlossplatz, und all Stuttgarter, die an dem Tag unterwegs waren, bekamen uns mit. Es ist ein großer Unterschied, ob du auf einem Platz stehst und du diejenigen erreichst, die schon Bescheid wissen, oder ob du durch die Stadt ziehst und alle Bewohner hinter den Fenstern oder Passanten den Aufzug sehen und vielleicht sogar spontan mitlaufen. Vor

Berlin fanden vor allem Standdemos statt. Der Aufzug in Berlin war ein Erfolg gewesen. Nun wollte man das erfolgreiche Konzept in Stuttgart umsetzen. Ich fand die Idee einfach toll, dass jetzt Trommler mit uns durch die Stadt zum Versammlungsgelände im Schlosspark zogen, und ich freute mich, da ich zum ersten Mal mit einer Flagge dabei war.

Im Schlossgarten hatte man eine Bühne aufgebaut und es gab viele Redner. Es war ein schöner Sommertag. Von Polizei keine Spur. Als die Bühne längst abgebaut war und viele Demonstranten bereits gegangen waren, wurde im Park noch lange nach der Veranstaltung getanzt. Jemand hatte wieder eine Musikbox dabei, Norman war da und tanzte, und auch Alex von der Security. Wir hatten eine Menge Spaß an dem Tag.

Es war bestimmt schon Mitternacht, als auch die letzten aufbrachen. Jemand wollte mit der Straßenbahn zum Marienplatz fahren und Norman sagte, dass er mit seinem VW-Bus in diese Richtung musste, und Leute mitnehmen könnte. Ich kannte Norman noch nicht, er war mir aber von Anfang an sympathisch gewesen. Es war mir zudem lieber, nicht noch nachts die Straßenbahn nehmen zu müssen. Also fragte ich Norman, ob er mich auch mitnehmen könnte. Auf der Fahrt im Auto unterhielten wir uns und Norman erzählte mir, dass er am 9. August, also schon am nächsten Tag, nach Berlin fahren wollte, um am Camp von Dirk Scheller teilzunehmen, das am 1. August in der Nähe des Bundeskanzleramts aufgebaut worden war.

Am nächsten Tag, dem Sonntag, fand in Darmstadt wieder eine Demo statt, und am Montag, den 10. August, wäre für meine Söhne der erste Tag des neuen Schuljahres gewesen. Sie waren aber beide krank und blieben deswegen zu Hause.

Ein paar Tage später telefonierte ich mit Axel, der mir im Mauerpark in Berlin die Love-Wins-Flagge gereicht hatte. Er rief abends an und bis zum nächsten Morgen hingen wir an der Strippe. Wir tauschten uns über unser Leben aus, über unsere Einstellung, was wir schon erlebt hatten, und über unsere politischen Ansichten. Als es fünf Uhr schlug, sagte ich, wir telefonieren jetzt schon seit Stunden, ich hätte auch längst in Berlin sein können. Axel sagte, okay, dann komm, und ich setzte mich ins Auto und gegen 12 Uhr kam ich in Berlin an. Ich traf Axel und zusammen gingen wir auf eine Demo von Captain Future und seiner Crew, der *Freedom Parade*. Wir starteten am Alexanderplatz, vorbei an der Charité, wo Christian Drosten arbeitete, und liefen bis vor den Reichstag. Captain Future und seine *Freedom Parade* kannte ich damals noch nicht. Wie Axel waren das Berliner, die gegen die Maßnahmen demonstrierten. Ich fand die Demo toll. Captain Future und die *Freedom Parade* waren alles durchgeknallte Leute. Mit ihrer chaotisch-coolen Art waren sie von einem ganz anderen Schlag als die Leute, die auf Querdenken-Demos gingen. Sie zogen sich bunt an, die Männer steckten in hautenger Kleidung, und tanzten auf ihren Demos zu elektronischer Musik. Für mich waren das Paradiesvögel. Ich komme ja aus einer eher behüteten Umgebung und das war für mich schrill-Berlin. Zugegeben, ich fühlte mich in dieser Gesellschaft etwas fehl am Platz. Ich ging mit ihnen und es machte Spaß, aber es war nicht meine Welt. Captain Future kam eigentlich aus der Berliner Clubszene. Die Leute der *Freedom Parade* demonstrierten für ihr Recht zu feiern, denn die Clubs waren alle geschlossen und das fanden sie ziemlich scheiße. Deswegen zogen sie mit ihrem kleinen Musikwagen durch die Stadt und konnten wenigsten so Musik hören und abtanzen. Es war wie eine kleine *Love Parade*. Eine sehr, sehr kleine.

Am 22. August fand erneut eine Demo in Darmstadt statt. Dieses Mal nahm ich meine Söhne mit. *Ruf der Trommeln* hatte erneut einen Aufzug angemeldet. Treffpunkt war der Hauptbahnhof, wo bei unserer Ankunft gerade ein Wagen hergerichtet wurde. Auch die Polizei war vor Ort. In Berlin hatte Axel auf der Bühne mit anderen Leuten zusammen ein Lied gesungen. Es hieß *Nur die Liebe kann uns retten*. Dasselbe Lied hatten wir auch auf der Demo der *Freedom Parade* gesungen und nun wollte ich es in Darmstadt singen. Auf der Kundgebung am Darmstädter Hauptbahnhof konnte man auf dem Wagen von *Ruf der Trommeln* etwas vortragen oder singen. Ich fand das Lied passend und schön, und so sang ich es auf dem Wagen. Dann suchten die Organisatoren noch Ordner für ihren Aufzug, von denen man immer eine bestimmte Anzahl braucht. Ich dachte mir, klar, ich kann auch Ordner machen, also meldete ich mich und zog die Ordnerweste an. Dann begannen die Probleme.

Kurz gesagt: Bei dieser Demo machte die Polizei von Anfang an Stress. Es hieß, dass alle Teilnehmer der Demonstration Abstand halten und eine Mund-Nasen-Bedeckung tragen müssten. Was genau in den Auflagen für die Demo stand, weiß ich nicht; vermutlich die üblichen 1,5 Meter. Wir waren aber im Freien. Es war Sommer. Natürlich konnten die Demonstranten diese Auflage nicht ernst nehmen. Wir hielten die Verordnungen der Politik sowieso für unnötig und wussten schon im Sommer 2020, dass sie Unsinn waren. Die Auflagen mit Maske und Abstand waren reine Schikane. Die Wirksamkeit der politischen Verordnungen hatten ja nie eine Evidenz. Auf dem Platz vor dem Bahnhof waren an diesem Tag viele Familien mit Kindern, die mitlaufen wollten, und ich selbst war auch mit meinen Söhnen gekommen. Sollten wir etwa innerhalb der Familie Abstand halten und dazu noch Masken tragen? Welchen Sinn hätte das gehabt? Die Polizei machte mehrmals genau diese Durchsage. Der Anmelder der Demo stand bald mit der Polizei im Austausch und versuchte, die Situation zu klären. Die Teilnehmer am Aufmarsch standen bereit, doch die Polizei wollte uns nicht loslaufen lassen.

Vermutlich hatte die Darmstädter Polizei an dem Tag ihre eigene Auflage, und die lautete, den Aufzug zu verhindern. 2020 hatte Darmstadt einen grünen Oberbürgermeister. Ich vermute, der wollte das nicht. Die Grünen sind, wenn es um den Umbau Deutschlands geht, immer ganz vorne mit dabei. Die wollten nicht, dass *Ruf der Trommeln* durch die Stadt zog. Vom damaligen Einsatzleiter der Polizei hatte ich den Eindruck, dass er ganz nett war. Aber wenn er seine Befehle erhielt, und die erhält er von der Politik, hatte er die umzusetzen, und dann war nichts mehr zu machen.

Ob nun Polizei oder Stadt, man wollte nicht, dass wir, die wir die freiheitseinschränkenden Maßnahmen der Politik kritisierten, für alle seh- und hörbar durch Darmstadt zogen. Als wir die Monate zuvor mit den Fahrrädern unterwegs waren, gab es diese Probleme nicht. Die Polizei fuhr vorneweg und alles war in Ordnung. Auch die Versammlungen hatte die Polizei zuvor nie gestört. Die Probleme mit der Polizei fingen erst nach der großen Demo in Berlin vom 1. August an. Aus meiner Sicht war das der Auslöser. Nach dem 1. August fing die Polizei überall in Deutschland an rumzuspinnen.

An der Masse an Menschen, die nach Berlin zum Demonstrieren gekommen waren, konnte jeder sehen, wie viele in Deutschland wirklich gegen die Freiheitseinschränkungen waren. Was über die Teilnehmerzahl gesagt wurde, stimmte ja nicht. In den Mainstream-Medien war erst von 20.000 Teilnehmern die Rede gewesen. Später erhöhte man die Zahl auf 30.000 Teilnehmer. Auch das war gelogen. Es waren mindestens zehnmal so viele. Hier hatte sich die Mobilisierungskraft von Querdenken gezeigt. Dass unsere Bewegung noch größer wurde, wollte die Politik nun offenbar verhindern. Ich glaube, dass der Staat, die Regierung und die Politiker damals Schiss bekamen, weil so viele Menschen in der kurzen Zeit seit April, als die ersten Demos losgingen, nach Berlin fuhren und ihre Grundrechte zurückhaben wollten. Auf der ersten Querdenken-Demo stand da Michael Ballweg mit fünfzig Leuten. Auf der zweiten waren es auf dem Cannstatter Wasen schon mehrere Tausend. Und in Berlin am 1. August ist es gut möglich, dass wirklich eine Million Menschen auf der Straße waren. Das war schon Wahnsinn.

In Darmstadt war es schlichtweg gegen die Vernunft, uns nicht loslaufen zu lassen. Denn wenn wir gelaufen wären, hätten sich die Abstände von allein eingestellt. Für mich hieß das, dass von Anfang an klar war, dass die Polizei uns nicht laufen lassen würde. Die Verhandlungen zwischen der Polizei und dem Anmelder führten zu keinem Ergebnis. Ein Anwalt, der uns hätte helfen können, war aber nicht vor Ort. Der Einsatzleiter der Polizei sagte, dass die Demonstranten Abstand halten und Masken tragen sollten. Unter den Demonstranten gab es immer Menschen, die das aus verschiedenen Gründen nicht machten. Der Einsatzleiter sagte aber, wenn die Demonstranten das nicht machten, würde der Aufzug nicht starten. Der Anmelder wiederum sagte, das geht so nicht, die Menschen haben einen Grund, warum sie keine Maske tragen. In der Hessischen Corona-Verordnung war damals festgelegt, dass man aus medizinischen Gründen von der Maskenpflicht befreit sein konnte. Das sagte er auch dem Einsatzleiter.

Da lautete die Antwort des Einsatzleiters, gut, wenn Demonstranten aus medizinischen Gründen keine Maske tragen, wird die Polizei jetzt durch die Demo gehen und von den Teilnehmern ein Attest verlangen, das sie vom Tragen der Maske befreite. Und da wurden alle ohne Vorwarnung eingekesselt. Keiner durfte mehr raus, auch nicht, um auf die Toilette zu gehen. Normalerweise macht die Polizei eine entsprechende Durchsage. Oder der Anmelder hätte uns etwas mitgeteilt. Ich hatte nichts gehört. Plötzlich war der Kessel zu und dann ging das Spiel los. Die Polizisten sprachen die Menschen einzeln an, nahmen ihre Personalien auf und prüften auf die Attests. Wer kein Attest hatte, erhielt eine Ordnungswidrigkeit. An dem Tag betraf das viele Menschen, da es in der Corona-Verordnung damals nur hieß: *aus medizinischen Gründen*. Von Attest war keine Rede und daher hatten viele Menschen auch keines. Ein Attest darf ein Arzt erst ausstellen, nachdem er einen Patienten mindestens einmal persönlich untersucht hat.

So etwas hatte ich noch nicht erlebt. Eben wurde hier noch gesungen und nun stand ich mitten im Polizeikessel. Und auch noch mit den Kindern! Ich war dort nicht die einzige Mutter. Es gab noch andere Familien, die kleine Kinder dabei hatten. Es war ein heißer Tag, als die Darmstädter Polizei friedliche Familien mit ihren Kindern mitten in der Stadt einkesselte, als wären sie gewaltbereite Schwerverbrecher, und ihre Personalien feststellte. Wofür? Weil eine Demoauflage nicht befolgt wurde? Es war unglaublich. Das Gefahrenpotential, das von den Familien mit Kindern auf dem Platz ausging, war gleich Null. Meiner Meinung nach war das eine Machtdemonstration. Die Autorität der Polizei und damit des Staates, der Behörden, der Politik stand über unserem

Versammlungsrecht. Einfach gemein.

Während wir gekesselt waren, ging die Bereitschaftspolizei durch die Menge. Immer zu dritt gingen sie zu einer Person, eine Frau und zwei Männer, und stellten die Personalien fest. Das machen sie oft so. Zu zweit oder sogar zu dritt. Bei den vielen Menschen, die da waren, dauerte es natürlich. Wer seine Personalien angegeben hatte, durfte gehen. Allmählich wurden wir weniger. Ich trug eine Ordnerweste, deswegen kontrollierten sie mich nicht. Als kaum noch Leute auf dem Platz waren, hörten sie einfach auf. Wie in Berlin. Mit meinen Jungs konnte ich den Platz dann verlassen. Wir gingen in die Stadtmitte, wo die Standdemo stattfand. Dort war alles entspannt und es gab keine Polizei, die Theater machte. Die Leute hielten die Abstände ein, aber es gab keinen Stress wegen der Masken. Für mich bestätigte das, dass sie gezielt den Aufzug nicht laufen lassen wollten. Die Standdemo in der Stadt war in Ordnung, der Aufzug nicht.

Der Anmelder des Aufzuges musste sich später sogar vor Gericht verantworten. Die Polizei hatte Anzeige erstattet, weil er den Teilnehmern nicht gesagt hätte, dass sie eine Mund-Nasen-Bedeckung tragen sollten, wozu er als Veranstalter verpflichtet war. Das Verfahren wurde später allerdings eingestellt, einen Freispruch gab es leider nicht. Die Begründung für die Aufhebung des Verfahrens lautete, dass zu den Auflagen des Ordnungsamts nicht gehört hatte, dass die Menschen ein Attest vorweisen mussten, wenn sie keine Maske trugen. Dass das Verfahren eingestellt wurde, war gut. Aber ihr Ziel, unseren Aufmarsch zu verhindern, hatte die Polizei damals trotzdem erreicht. Dabei wollte der Anmelder sich damals noch zeigen lassen, woher sie das mit den Attesten denn hatten. Die Polizei hat in solchen Situationen aber einfach den längeren Hebel. Das Vorgehen der Polizei wie in Darmstadt sollte sich noch viele Male wiederholen.

Auf der Standdemo im Zentrum sprach Christiane Ringeisen, eine Rechtsanwältin aus Rüsselsheim. Die Stuttgarter Querdenker waren zur Unterstützung gekommen. Weil man uns so lange am Bahnhof festgehalten hatte, kamen wir viel zu spät. Ich fragte einen Freund von Querdenken Stuttgart, ob er mir den Kontakt zu Dirk Sattelmaier herstellen könnte, einem Rechtsanwalt aus Köln. Ich wollte mit ihm wegen der möglichen Verletzung der Schulpflicht meiner Söhne reden. Ich brauchte rechtlichen Rat, was ich wegen meiner Kinder tun sollte. Der Freund nahm mich dann einfach mit in den abgesperrten Bereich bei der Bühne und stellte mich Dirk vor. Dirk konnte mir aber nicht viel sagen, da das Schulrecht von Bundesland zu Bundesland unterschiedlich ist. Er empfahl mir, mich an Christiane Ringeisen zu wenden, die sich als Rechtsanwältin in Rüsselsheim mit dem Hessischen Recht auskennt. Leider war sie schon gegangen. Später schrieb ich ihr eine E-Mail. Auf einer Demo vor dem Bundesverfassungsgericht in Karlsruhe traf ich sie einmal persönlich. Das war im Herbst 2020.

Als die Standdemo zu Ende war, ging ich mit meinen Jungs zu unserem Auto. Das Auto stand auf einem Parkplatz von einem Supermarkt. Es war schon nach 20 Uhr. Das Tor zum Hof war abgesperrt und ich kam nicht an mein Auto. Also gingen wir zurück zur Demo und ich fragte, ob uns nicht irgendjemand nach Hause fahren könnte. Ich war mit den Nerven so durcheinander, weil mein Auto eingesperrt war. Da sagte ein junger Mann aus dem Orga-Team, er würde uns fahren. Er musste eigentlich in eine andere Richtung, doch zum Glück brachte er uns nach Hause. Ich war ihm so dankbar. Er kannte uns ja gar nicht. Er verstand einfach das Problem und sagte, ich mach das. Das ist für mich Querdenken. Es sind Menschen mit Herz. Da überlegt jemand nicht, wie er profitieren kann, sondern einer hilft dem anderen. Und das ist schön. Was ich damals nicht einmal ahnen konnte, war, dass wir fast zwei Jahre später erneut zusammen im Auto sitzen würden, und zwar, um nach Brüssel zu fahren, auf eine Demo von *Europeans United*.

Am Montag den 24. August fuhr mich mein Freund Tom nach Darmstadt. Als er seine Tochter in die Schule brachte, setzte er mich in der Stadtmitte ab. So bekam ich mein Auto zurück.

Wach auf, Deutschland

Am 29. August sollte die zweite Großdemo in Berlin stattfinden. Ich plante, schon vorher zu fahren, um mit meinen Söhnen noch am Müggelsee zu kampieren und dort ein paar schöne Tage zu verbringen. Am 25. August packten wir das Auto und fuhren los. Als wir in Berlin ankamen, war es bereits spät und es regnete in Strömen. Im Regen und bei Dunkelheit das Zelt aufzubauen, war ausgeschlossen. Daher beschloss ich, zum Camp von Dirk Scheller zu fahren, das in der Nähe vom Haus der Kulturen errichtet worden war, unweit vom Bundeskanzleramt und der Spree.

Es war schon das zweite Camp, das Dirk Scheller gegründet hatte. Nach der Demo am 1. August war eigentlich vorgesehen gewesen, dass alle Demonstranten bis zum 30. August in Berlin bleiben. Es sollte eine Art Denkfabrik für den Austausch zu verschiedenen Themen gegründet werden, um Ideen für ein besseres Deutschland zu sammeln. In der Zeit zwischen den Großdemonstrationen sollte gemeinsam überlegt werden, was man in Deutschland neu gestalten müsste. Ende August sollten dann die Ergebnisse zusammengetragen werden. Als Austragungsort war das Gelände um den Großen Stern gedacht. Dort sollten die Menschen ein Zeltlager errichten und sich in Gruppen zusammentun. Dazu kam es aber nicht. Zum einen wurde es von den Behörden verboten, zum anderen fuhren die meisten Menschen nach der Großdemo am 1. August wieder nach Hause.

Aus dem Verbot durch die Behörden entwickelte sich zunächst die Mahnwache um Dirk Scheller, und ein paar weitere Personen schlossen sich ihm an. Dirk meldete die Mahnwache an und sie wurde genehmigt, zunächst auf der Wiese vor dem Kanzleramt. Dann beschwerte sich das Berliner Straßen- und Grünflächenamt, und die Polizei kam und entsorgte die Zelte. Zu dem Zeitpunkt war Norman bereits in Berlin. Er erlebte selbst mit, wie das erste Camp von der Polizei geräumt wurde. Danach wurde ein zweites Camp angemeldet und genehmigt, aber nicht mehr zwischen Kanzleramt und Reichstag, wo es für jedermann zu sehen war, sondern ein Stück abseits.

Ich wusste, dass das Camp auf einer großen Wiese mit Bäumen stand, fuhr direkt dorthin und parkte das Auto an der Straße. Von dort aus konnte man die Zelte schon stehen sehen, etwa dreißig bis vierzig Stück, eins neben dem anderen. Als meine Söhne und ich ankamen, saßen unter zwei Pavillons am Eingang ein paar Leute und unterhielten sich. Es war dunkel. Nur auf einem Tisch stand eine Laterne. Zunächst reagierte niemand auf uns. Keiner kam auf uns zu, sagte: Hallo, was möchtest du, wie können wir dir helfen? Ein doofes Gefühl. Ich war fremd, ich wusste nicht, welche Strukturen die hatten. Offenbar keine. Keiner kümmerte sich. Das war auch seltsam. Man sah doch, dass da eine Frau mit zwei Kindern kam. Ich fühlte mich nicht willkommen geheißen. Das hatte ich nicht erwartet nach dem, was ich von dem Camp gehört hatte.

Dann sah ich Norman. Ich erklärte ihm unsere Situation, dass ich eigentlich ein Zelt aufbauen wollte, aber es leider regnete. Zu dritt im Auto zu schlafen, war keine Option, denn mein Auto war voll bis unter das Dach. Ich hätte erst alles ausladen müssen: Getränkekisten, Verpflegung, das Zelt, Schwimmbretter, die Schulsachen der Kinder. Michael Ballweg hatte gesagt, dass wir zwei Wochen nach dem 29. August in Berlin bleiben würden.

Darauf war ich vorbereitet. Zum Frühstück mussten wir nichts mehr kaufen. Und ich hatte Eier dabei. Die spendete ich später dem Küchenzelt und den Leuten im Camp.

Ich fragte Norman, ob vielleicht ein Zelt frei wäre, das wir heute Nacht nutzen könnten, und er bot uns sein eigenes an. Das war ein ganz kleines Zelt für ein bis zwei Mann, eine echte Hundehütte. Norman hätte sich ein größeres Zelt leisten können. Als Schwabe lebte er aber lieber sparsam. Anderen gegenüber ist Norman großzügig. Aber für sich selbst gibt er nicht viel aus. Die Kleidung, die er trug, hatten ihm Leute geschenkt, die sie aussortiert hatten. Im Camp hatte er ein Auge auf meine Jungs und mich und sorgte für uns. Wenn er Hunger hatte, fragte er, ob wir nicht auch etwas essen wollten. Meine Jungs schliefen dann in Normans Zelt, Norman schlief in seinem VW-Bus und ich stellte mein Auto vor Normans Auto und schlief auf der Rückbank.

Am nächsten Morgen sah ich nun auch andere Bewohner des Camps. Ich lernte Katrin und ihren Hund Jule kennen, ein Hirtenhund, der damals erst acht Wochen alt war, ganz klein und verspielt und mit kurzem Haar. Ich lernte Anya kennen, wie Katrin eine Berlinerin. Im Camp lernte ich auch Miro kennen, ebenfalls Berliner. Miro lebte alternativ und ich mochte ihn sehr. Er war einfach freundlich, einer, der immer anpackte. Janine kam aus Braunschweig, Jonas, der damals Abiturient war, kam aus Darmstadt, Norman aus Stuttgart. Aus allen Ecken Deutschlands waren Menschen gekommen und stellten ihr Zelt um das von Dirk Scheller auf. Dirk selbst kam aus Heilbronn. Als Anmelder trug er die Verantwortung. In seinem Zelt lagerte die Technik. Dirk hatte immer zu tun und saß viel vor seinem Laptop. Die Zeit im Camp war sehr anstrengend für ihn, das sah man ihm an. Dauernd kamen Leute zu ihm, weil sie etwas von ihm wissen wollten.

An unserem ersten Morgen im Camp blieben meine Söhne sehr lange in ihrem Zelt. Sie trauten sich wahrscheinlich nicht raus, also ließ ich sie erst einmal in Ruhe. Für sie war das eine Umgebung mit lauter fremden Erwachsenen. Das war für sie ungewohnt. Sie hatten ihre Yugioh-Karten dabei. Das Wetter war nicht schön, also fuhren wir nicht an den Müggelsee.

Das Zusammenleben im Camp war einfach organisiert. In einem Zelt war die Küche mit Janine, der Küchenchefin. Mit Janine wurde ich erst nicht ganz warm. Sie hatte einen etwas herrischen Ton und ich war ja nicht in Berlin, um mich vor jemanden krumm zu machen, dachte ich. Später verstanden wir uns aber besser. Im Küchenzelt gab es kaltes Wasser aus Kanistern, mit dem konnte man in Plastikschüsseln das Geschirr spülen. Einen Spülplan gab es nicht. Wer Lust hatte, spülte, und wer nicht, ließ es sein und stellte seine Tasse einfach hin. Handtücher gab es auch. Man konnte auch Kaffee kochen, dafür gab es Gas. Am Donnerstag wurden die Eier gekocht, die ich mitgebracht hatte. Das ging auch mit Gas. An das Küchenzelt war ein zweiter Pavillon angeschlossen. Dort saßen wir an Campingtischen, wenn wir uns vor dem Regen schützen wollten. Am Rand des Camps standen drei oder vier mobile Toiletten. Elektronische Geräte ließen sich an einem Stromaggregat laden.

Die Besitzer der 30 bis 40 Zelte waren nicht durchgehend im Camp. Es schien sogar so, dass es vor Ort mehr Zelte gab als Personen. Ein gemeinsames Lagerleben konnte ich für die Zeit, die ich da war, eher nicht feststellen. Morgens fand eine Besprechung statt. Wer da war, war da, und wer nicht, eben nicht. Um das Lager herum hatte man ein Seil zur Abgrenzung gespannt. Der Grund war, dass immer wieder Besucher in das Camp kamen, und manche der Lagerbewohner, die ein Zelt hatten und auch darin wohnten, fanden das gar nicht gut. Denn so wusste man kaum, wer zum Lager gehörte und wer nicht. Dafür war dann das Seil da. Besucher durften dann zu einer bestimmten Zeit ins Lager kommen, und wenn sie wollten, wurde ihnen vom Tag oder vom Vortag oder über das Lager allgemein Bericht erstattet. Die Pavillons am Eingang des Lagers waren auch für Besucher gedacht.

Am Mittwochnachmittag tauchten vor dem Lager Demonstranten auf, junge Menschen zwischen 16 und 25 Jahren alt, etwa 20 bis 30 Personen. Das war Antifa. Sie waren aber angemeldet, daher wussten wir, dass sie kommen würden. Sie hatten ein Banner dabei, stellten sich auf die Wiese vor dem Lager und riefen ihre Parolen. Uns im Lager störte das wenig. Wir machten Musik an und so standen wir uns gegenüber. Eine Kommunikation war nicht möglich. Es war aber klar, dass sie uns für ihre Gegner hielten und irgendwie für Nazis. Sonst wären sie ja nicht gekommen. Was sollten wir mit denen anfangen? Sie wollten ja nicht mit uns reden. Eine halbe Stunde später zogen sie wieder ab.

Dann war Donnerstag und das Wetter wurde langsam besser. Meine Jungs spielten auf der Wiese Fußball. Mittags brachte uns ein Koch, der solidarisch mit uns war, Essen. Auch von anderen Leuten erhielten wir Lebensmittelspenden. Ich selbst machte für uns mit den Lebensmitteln Frühstück, die ich mitgebracht hatte: Müsli, Joghurt und Bananen. Meine Sachen ließ ich auf dem Tisch stehen und jeder konnte sich bedienen. Auch aus dem Vorratszelt wurden Sachen auf den Tisch gestellt und jeder bediente sich. Kalte Sachen, Brot, Margarine, Aufstriche, abgepackter Käse, was eben gespendet wurde. Immer wieder wurde gefragt, wer Kaffee wollte.

Kaffee gab es immer. Eines der Zelte war voll mit diesen Spenden, sogar in Bioqualität und auch vegetarisches Essen. Im selben Zelt wurden Kugelschreiber, Papier, Kerzen und ähnliche Dinge gelagert. Es gab viele Sympathisanten, die uns unterstützten. Einmal kam Anselm Lenz zu Besuch. Martin Lejeune, ein Berliner Journalist, war immer mal wieder da. Er führte Interviews und machte Aufnahmen. Ich wusste aber noch nicht, wer er war. Die Freundin von Jonas machte damals eine Ausbildung und kam nach ihrem Unterricht immer im Lager vorbei. Meinem Eindruck nach waren das alle sehr, sehr unterschiedliche Menschen. Studenten, Alternative, manche waren einfach gekleidet, andere wiederum achteten stark auf ihr Äußeres. Ein bunt zusammengewürfelter Haufen und alle zusammen in einem Camp. Manche trugen Querdenker-T-Shirts. Ihnen sah man ihre politische Haltung an, anderen eher nicht. Dirk zum Beispiel trug immer ein Querdenken-T-Shirt.

Der Alltag im Camp sah im Grunde so aus, dass sich viele tatsächlich einfach austauschten. Sie sprachen miteinander über die politische Lage. Abgesehen davon mussten auch verschiedene Dinge erledigt werden. In der gemeinsamen Besprechung wurde verabredet, wer was übernehmen sollte. Ansonsten fanden Gespräche statt.

An den Gesprächen beteiligte ich mich aber eher nicht. Die Themen, über die gesprochen wurde, waren für mich neu. Ein häufiges Thema war, ob man bei der Reformierung Deutschlands 1871 ansetzen müsste, als das Kaiserreich gegründet wurde, oder 1948, als das Grundgesetz der BRD eingesetzt wurde. Solche Gespräche gab es. Diejenigen, die bei 1871 ansetzen wollten, fanden, dass das die letzte gültige Verfassung gewesen wäre. Von diesen Diskussionen und unterschiedlichen Meinungen hatte ich in der Bewegung bereits gehört. Ich kannte mich mit Rechtsfragen aber nicht aus und konnte daher wenig zu den Diskussionen beisteuern. Es war auch von Seerecht und Handelsrecht die Rede. Für die Diskussionsteilnehmer spielten diese Begriffe eine wichtige Rolle. Ich finde, dass wir nicht so weit zurückgehen können, wenn wir über die Zukunft Deutschlands nachdenken wollen. Es gibt ja auch die Idee, dass Deutschland erneut einen König brauche. Dieser Ansatz ist für mich zu weit weg. Ich glaube, dass wir das Grundgesetz als Verfassung behalten sollten, es aber aktualisieren müssen. Wir können nicht einfach über 150 Jahre in der Geschichte zurückgehen. Als Menschen und Bürger haben wir uns weiterentwickelt und uns Gedanken über das Alte gemacht. 1871 gab es einen deutschen Kaiser, Bismarck und den deutschen Adel. Das liegt weit in der Vergangenheit. Aber in unserem Camp gab es eben Gespräche wie diese. Und sie wurden auch deshalb geführt, weil eine verfassungsgebende Versammlung stattfinden sollte.

Doch schon an diesem Punkt war man sich uneinig. Wie sollte es richtig heißen: *verfassung*-gebende Versammlung oder *verfassungs*-gebende Versammlung? Selbst hier gab es verschiedene Meinungen. Für mich war das zu viel. Worin sollte der Unterschied bestehen? Zu Uneinigkeiten bei kleinsten Fragen kam, dass ich mich nicht hingezogen oder gar eingeladen fühlte, wenn diese Kreise zusammenkamen und sich unterhielten. Meistens waren es Männerrunden. Aber nicht alle machten auf mich den Eindruck gebildeter Männer. Damit möchte ich niemanden abwerten. Es waren aber nicht Personen wie Anselm Lenz, die sich da austauschten. Sonst hätte ich mich sicher gerne dazugesetzt. Manche der Männer waren mir etwas suspekt. Auch wenn es hart klingt: Ich dachte, das sind Menschen, die in der Gesellschaft keinen

Platz haben. Das war nicht meine Welt. Ich glaube auch, dass Menschen dabei waren, die sich selbst nicht klar darüber waren, was sie eigentlich wollten. Dieses Camp war für sie ein Auffangbecken. Natürlich hatten sie gemerkt, dass die Corona-Maßnahmen nicht in Ordnung waren. Aber es waren keine Macher, keiner, der eine Revolution machen wollte. Das hättest du mit den Leuten im Camp nicht machen können. Es waren auch keine Studenten, die sich zusammensetzten und ein gemeinsames Ziel verfolgten. Es waren Menschen, die so unterschiedlich waren, wie sie nur sein konnten, die sich begegneten, die vielleicht mal miteinander sprachen. Aber da gab es keine Einigkeit, da gab es kein Gemeinsam. Es war ein zusammengewürfelter Haufen. Natürlich konnten sie während der Zeit im Camp keinem Beruf nachgehen. Ich fragte aber auch nicht: Wer bist du, warum bist du hier, was willst du?

Einer der wenigen, die mir sympathisch waren, war Norman. Und Norman war im Camp, weil er Dirk bei einer guten Sache unterstützen und Haltung zeigen wollte. Dirk hatte das Camp angemeldet und die Leute kamen, bauten ihr Zelt auf. Dirk wusste vorher auch nicht, wer da kommen würde. Für ihn war die Zeit sehr anstrengend. Manche tranken ihren Kaffee, ließen ihre Tasse irgendwo stehen, spülten nicht ab, brachten sich nicht ein, fragten nicht, was sie machen konnten. Andere wie Norman oder Miro oder Janine packten an. Sie wollten etwas nach außen tragen, für sie war es wichtig, ein Zeichen zu setzen und Ansprechpartner für Personen zu sein, die sich für das Camp interessierten und einen Austausch wollten, besonders Dirk und Janine. Sie wussten, weshalb sie da waren. Andere eher weniger. Das war ein Problem. Es war anstrengend, weil manche gar nichts machten. Es war ein maßnahmenkritisches Camp, aber das war es auch schon mit der Gemeinsamkeit. Als Basis, die alle verband, war das scheinbar zu wenig. Ein Problem lag darin, dass die Menschen kamen und gingen, wie es ihnen gefiel. So ließ sich keine Struktur aufbauen, denn jeder war ja frei in seiner Entscheidung, was er als nächstes tun wollte. Wenn jemand seinen Müll eben nicht in den Mülleimer schmeißen wollte, konntest du ihn nicht zwingen. Und wenn jemand seine Kaffeetasse nicht spülen wollte, was sollte man machen? Wenn jemand aß und selbst nichts mitbrachte, wer sollte das kontrollieren? Wenn Menschen kein Verantwortungsbewusstsein gegenüber der ganzen Gruppe haben, kannst du das nicht verändern.

Vielleicht war es das, was uns fehlte. Es gab zwar die Hoffnung, dass mehr passierte, dass es eine echte Diskussion geben würde. Es verlief aber nicht wie gewünscht. Alle waren freiwillig gekommen und konnten jederzeit gehen. Man konnte nicht sagen, du musst jetzt dies oder jenes machen. Man konnte sie höchstens einladen, etwas auf eine bestimmte Weise zu tun. Aber wenn schon die Organisation so viel Energie kostet, bleibt wenig Zeit für den eigentlichen Zweck. Gleichzeitig wollten wir nach außen einladend und ordentlich wirken. Alleine kann man das nicht schaffen. Man kann nicht hinter jedem aufräumen. Nur wenn jeder anpackte, konnte etwas aus dem Camp werden. Wer in den Zelten wohnte, wusste man auch nicht. Da baute niemand etwas ab, höchstens noch hinzu. Wer welches Zelt besaß, wurde nicht notiert. Da stand nicht, zum Beispiel, hier ist Norman und ihm gehört Zelt Nr. 3. Es gab keine Grundordnung, an die sich jeder hätte halten müssen. Eine Anwesenheitsliste gab es nicht. Mich fragte auch niemand, als ich ankam, wer ich bin und wie ich heiße.

Es gab also viele Probleme. Trotzdem ist für mich viel

Positives geblieben. Auch wenn die meisten eher nicht verantwortungsvoll waren, blieb es zum Beispiel die ganze Zeit über friedlich. Wenn es eine Pointe des Camps gab, dann, dass trotz allem alles irgendwie geklappt hat. Das war für mich wirklich erstaunlich. Wenn man die Probleme positiv wenden wollte, konnte man sagen: leben und leben lassen. Das blieb für mich zurück. Niemand regte sich über den anderen auf, ich ja auch nicht. Wenn es darum ging, dass irgendetwas erledigt werden musste, wenn es mal um die Absperrung ging, die nicht mehr so stabil war, dann machten Miro und ich das einfach schnell zusammen. Am Ende gab es immer genügend Leute, die mit anpackten. Mit Miro machte ich das gerne. Am Freitag, als die Polizei kam, spielten wir mit den Kindern Fußball. Ich kann nicht Fußball spielen, aber die Jungs hatten ihren Ball dabei, und ich sagte, kommt, wer hat Lust, wer spielt mit Fußball? Also rannten die Kinder und ich über die Wiese und spielten Fußball, während das Camp abgebaut wurde und die Polizei drauf achtete, dass die Leute den Platz räumten. Es konnte anstrengend sein, aber dann war es wieder entspannt. Leben und leben lassen. Das passte zu diesem Camp und hätte das inoffizielle Motto sein können. Und ich habe großen Respekt vor Dirk. Ich weiß nicht, wie er das ohne auszuflippen schaffte. Was er sich da aufgeladen hatte, war Wahnsinn.

Die harte Lehre war jedoch, dass ich merkte, dass ich in der Bewegung nichts erwarten durfte. Ich konnte nicht erwarten, wenn ich irgendwo ankam, dass die Menschen einen alle willkommen heißen. Ich war selbst verantwortlich. Wenn ich mich einbringen wollte, dann musste ich einfach machen und nicht warten, bis mir jemand etwas sagte, oder fragen, was ich tun sollte; einfach machen. Für dieses Fragen war kein Raum. Es war wichtig, dass jeder, der etwas tun konnte und wollte, es einfach machte, ohne lange zu fragen. Das Camp funktionierte nur deswegen, weil genügend Leute sahen, dass jetzt der Tisch mal abgewischt werden musste oder die Kaffeetassen gespült oder dass jetzt etwas umgebaut oder abgebaut werden musste. Ich half auch beim Abbau und wir brachten die restlichen Sachen zu einem Container. Es blieb aber jedem selbst überlassen. Keiner sagte, wir müssen das jetzt alles zusammen machen. Ich fragte vielleicht mal, hast du Lust zu helfen, kannst du mir etwas abnehmen. Aber es war alles freiwillig.

Ob das gut war? Im Grunde ja. Ich finde es richtig, dass jeder selbst entscheiden kann, was, wo und wann er helfen möchte. Allerdings würde ich mir wünschen, dass die Menschen mehr Eigenverantwortung übernehmen. Dass sie sich von sich aus gerne einbringen. Das wäre die Lehre für ein hypothetisches nächstes Camp gewesen. Ich glaube, dass es wichtig ist, dass man eine klare Grundregel hat. Dass allen Menschen, die kommen, auch bewusst ist, dass es an uns selbst liegt, was aus dem Camp wird, an jedem Einzelnen. Ob jemand sich einbringen möchte oder nicht, kann er selbst entscheiden. Aber mit seiner Entscheidung gestaltet er bereits das Camp mit. Eigenverantwortung finde ich wichtig. Ich finde es in einer Gesellschaft wichtig, in der Familie und überall.

Am Ende war meine Erfahrung im Camp zwiespältig. Auf der einen Seite war sie negativ, weil ich die Probleme im Camp für unnötig hielt. Auf der anderen Seite war meine Erfahrung nicht zuletzt deswegen sehr positiv, weil ich so tolle Menschen wie Anya und Katrin kennengelernt hatte. Ich glaube, dass es für sie sehr wichtig war, ein Zeichen zu setzen. Auch sie wollten Dirk unterstützen, schon bei seiner Mahnwache. In der Zeit im Camp lernte ich beide Frauen nur flüchtig kennen, da ich laufend mit Norman unterwegs war. Anya und Katrin kümmerten sich in der Zeit um meine Söhne. Es war toll, dass ich ihnen da vertrauen konnte. Katrin achtete darauf, dass meine Söhne genug tranken und aßen. Sie trauten sich ja erst nicht, sich selbst etwas zu nehmen. Während ich mit Norman unterwegs war, sei es auf der Demo oder um etwas zu erledigen, wusste ich einfach, dass zwei fürsorgliche Frauen da waren. Katrin und Anya sind sehr unterschiedlich. Aber dieser Gedankenaustausch war für sie beide wichtig.

Anya und Katrin gehörten zu denen, die Gelassenheit in das Camp mitbrachten. Im Umgang miteinander war das wichtig. Keiner motzte über die, die sich nicht einbrachten. Anya und Katrin packten auch mit an. Wenn es etwas zu tun gab, Kaffee kochen oder Geschirr spülen, taten sie das, als wäre es selbstverständlich. Es gab eine Nachtruhe, die auch eingehalten wurde. Manche Camp-Bewohner saßen abends gerne noch lange bei einem Getränk und Musik zusammen. Dirk achtete aber selbst darauf, dass irgendwann wirklich Ruhe war. Das Schild, auf dem *Nachtruhe ab 22 Uhr* stand, nahm Norman später mit und befestigte es an der Holzhütte in seinem Garten. Einen kleinen Grundrahmen für alle gab es am Ende eben doch. So sollten keine leeren Flaschen auf den Tischen unter den Pavillons rumstehen oder Zigarettenstummel rumfliegen. Dieses Thema war bei den gemeinsamen Runden angesprochen worden. Das Gleiche galt für die Nachtruhe. Zu Anfang war es wohl so, dass Leute in ihren Zelten schlafen wollten und nicht konnten, weil draußen Halligalli war. Aber sobald man sich über die wenigen Regeln verständigt hatte, wurde auch mehr aufeinander geachtet. Ich denke, was manche Menschen an dem Lager auch anzog und was sie im normalen Leben nicht hatten, war die Gemeinschaft.

Die Verfassungsdebatten waren wichtig. Doch es war die Gemeinschaft mit doch irgendwie Gleichgesinnten, mit Menschen, mit denen man ohne Vorurteile eine Unterhaltung führen konnte und die einem auch dann zuhörten, wenn man ungewöhnliche Meinungen vertrat.

Diese Gemeinschaft war es, die auch Menschen anzog, die sonst vielleicht sehr einsam waren. So herrschte im Camp eine gewisse Bedingungslosigkeit. Eine bedingungslose, niedrigschwellige Gemeinschaft, die einen nicht sofort abgestempelte. Für manche Menschen kann das eine alltägliche Erfahrung sein, dass sie in der Gesellschaft anecken, weil sie nicht ihre Normen erfüllen – aus welchen Gründen auch immer. Vor diesem Hintergrund ähnelte das Camp offenen Armen, die jeden auf ihre Art willkommen hießen. Das hast du in der Gesellschaft nicht. Nur in diesem besonderen Klima, im *leben und leben lassen*, konnten kontroverse Themen wie eine neue Verfassung oder eine Verfassungsreform stattfinden und für die Mehrheitsgesellschaft ungewöhnliche Argumente vorgetragen werden, ohne dass man Angst haben musste, bloßgestellt zu werden. Jeder konnte seine Meinung sagen, ohne schräg angeschaut zu werden. Genau so sollte es eigentlich sein.

Leider war bei den politischen und rechtlichen Diskussionen einfach kein Thema dabei, bei dem ich mich auskannte. Deswegen freute ich mich riesig darüber, dass Katrin als Hebamme da war. Ich bin der Meinung, dass die Selbstbestimmung eines Menschen, die ich für wesentlich für eine Demokratie halte, bereits in der Schwangerschaft beginnt. Katrin ist Mutter von zwei erwachsenen Kindern. Ihre Tochter hatte selbst bereits Kinder, die schon in die Schule gingen. Katrin war damit von den ganzen Veränderungen in Deutschland als junge Oma betroffen. Auch zum Thema Geburten konnten wir uns austauschen. Wir waren uns einig, dass wir eine grundlegende Veränderung in unserem System brauchten, um die Gesellschaft von Beginn an gesund zu erhalten. Es ist nicht egal, wie wir geboren werden, wie der französische Gynäkologe Michel Odent schreibt. Wie Kinder geboren und wie die Alten versorgt werden, sagt eine Menge über unsere Gesellschaft aus. Allein, dass Katrin Hebamme war, war für mich als Doula interessant. Meine Haltung ist schon lange ganz klar: Wenn wir dieses zerstörerische System verändern wollen, müssen wir zurück zu den Wurzeln und zurück zur Geburt. Alles beginnt mit der Geburt. Die Geburt muss raus aus dem Wirtschaftssystem Krankenhaus. In Krankenhäuser gehören Menschen, die krank sind. Deswegen heißt es Krankenhaus und nicht *Menschen-die-gesund-sind*-Haus. Da waren Katrin und ich einer Meinung.

Katrin war die erste Hebamme, die mir in der Bewegung begegnet war. Später lernte ich noch Doulas kennen. Die Gruppe *Hebammen & Doulas für Aufklärung* gibt es nicht grundlos. Es gibt keine *Bäcker für Aufklärung* oder *Mittelstand für Aufklärung*. Aber es gibt *Ärzte für Aufklärung* und *Hebammen & Doulas für Aufklärung*. Das Thema Geburt spielt in dieser ganzen Bewegung eine Rolle. Es sind Ärzte, Hebammen und Doulas, die wissen, dass sich etwas verändern muss. Es geht um die Kinder, um ihre und unsere Zukunft. Jedes Mal, wenn ich einer Frau begegnete, die Doula oder Hebamme war, war ich glücklich. Meine Doula-Schwester aus Berlin war ja auch dabei. Mit ihr hatte ich die Ausbildung gemacht. Zunächst wusste ich nicht, wie sie zu den Corona-Maßnahmen stand. Aber wir unterhielten uns und dann war alles klar. Sie war genauso kritisch wie ich und schützte ihre Kinder vor Masken, Tests und Impfung, so gut sie konnte.

Natürlich hängen auch viele Doulas weiterhin dem Mainstream an. Das Thema Geburt spricht aber besonders Mütter, Hebammen und Doulas an. Wenn ich diesen Frauen begegnete, war für sie auch klar, dass wir das Geburtensystem, das in Deutschland herrscht, verändern müssen. Wie Kinder geboren werden und die Eingriffe in die Mutter-Kind-Bindung bereits in der Schwangerschaft durch die ganzen ärztlichen Untersuchungen: Dass da etwas schief läuft, wissen Frauen wie wir schon lange. Als ich die Ausbildung zur Doula machte, verstand ich noch nicht, dass diese Eingriffe in unsere natürlichen Bindungen System haben. Die Trennung von Mutter und Kind, die Eingriffe in die Schwangerschaft, die Kaiserschnittrate; ich wusste lange nicht, dass das ein System ist, das hier eine Absicht dahintersteht: Kontrolle. Manchen Zahnrädchen in diesem System ist das bewusst, anderen nicht. Es ist ein ideologisches System, das hier wirkt. Eigentlich haben wir das gleiche System auf der ganzen Welt: die Entwurzelung von natürlichen Abläufen. Wer sich für eine Familiengründung entscheidet, wird sofort von äußeren Mechanismen gestört. Das ideologische System heißt Entfremdung und Technisierung.

Was Anya und mich verband, war der Gedanke, dass, wenn wir Veränderungen wollen, wir bei uns selbst anfangen müssen. Menschen sind Wesen, in denen gegensätzliche Energien zusammenfließen. Wir glauben aber daran, das sich das Gute gegen das Böse durchsetzen wird. Als Individuen müssen wir uns so verhalten, denken, fühlen, entscheiden und sprechen, wie wir uns das für die Gesellschaft wünschen. Diese gute Stimmung, die auf Veranstaltungen von Querdenken herrschte, war ja ein Grund, warum ich mich von ihnen angezogen fühlte. Dieselbe positive Energie nahm ich auch am 1. August in Berlin wahr. Die meisten Menschen, die kamen, hatten eine positive Grundhaltung. Anya war in der Hinsicht um einiges optimistischer als ich. Für sie hatte sich damals in Berlin das Gute auf energetischer Ebene schon durchgesetzt. Die materielle Ebene musste nun folgen. Deswegen war es wichtig, weiter auf die Straße zu gehen, zu demonstrieren und zu tanzen. Später änderte Anya ihre Meinung und sagte, man müsste überhaupt nicht mehr auf die Straße gehen, und zog sich aus der Bewegung zurück. So weit ich weiß, wollte sie sich am Aufbau eines Selbstversorgerhofs beteiligen, doch wir verloren den Kontakt.

Später lernte ich noch eine junge Hebamme kennen. Ich hatte sie wiederum über meine eigene Hebamme kennengelernt, die bei der Geburt meiner Söhne dabei war. Im August 2020 trafen wir uns und gingen spazieren. Sie und ihre ganze Familie waren maßnahmenkritisch. Als wir uns begegneten, war sofort Sympathie da. Sie erzählte mir, dass ihre Familie bei kla.tv involviert war und Videos produzierte. Ich wusste damals nicht, was kla.tv war. Aber ich verstand, dass sie und ihre Familie religiöse Christen waren. Ich selbst bin katholisch getauft. Das Christentum ließ ich schon als junger Mensch hinter mir und versagte mich zunächst jeder Art von Religiosität. Mit der Zeit fand ich meine Spiritualität in der Erkenntnis der Göttlichkeit der Natur wieder. Bestimmte Werte des Christentums lebe ich natürlich weiterhin. Herzlichkeit ist mir sehr wichtig. Und wenn Menschen herzlich sind, ist es mir egal, welcher Religionsgemeinschaft sie angehören. Ich habe eher ein Problem damit, wenn die Menschen sich als Christen ausgeben, den guten Gläubigen spielen, aber eigentlich verlogen sind und nicht nach ihren Grundsätzen leben. Das finde ich immer unmöglich, egal ob Moslem oder Christ oder wer auch immer. Wenn der Glaube eines Menschen aus seinem

Herzen kommt, wenn er überzeugt ist und wenn er mich gleichzeitig so lässt, wie ich bin, mich nicht bekehren will, finde ich es schön. Wenn Menschen herzlich, warm, gut, freundlich und hilfsbereit sind, dann spielt es für mich überhaupt keine Rolle, aus welcher Religion diese Werte kommen. Ich versuche auch so zu leben.

Für die junge Hebamme war ich eigentlich eine Fremde. Wir hatten uns gerade zum ersten Mal getroffen. Trotzdem lud sie mich zum Essen ein und ich wurde von ihr und ihrer Familie herzlich empfangen. Ihre Mutter erzählte mir, dass sie auch gerne eine Ausbildung zur Doula machen würde, und wir unterhielten uns darüber. Ich erzählte ihr von der GfG, bei der ich meine Ausbildung gemacht hatte.

Leider weiß ich, dass es viele Menschen nicht schaffen, unvoreingenommen zu sein. Ich bin mir sicher, dass manch einer kla.tv hört und sofort jeden, der damit in Verbindung steht, als radikal (oder schlimmer) abstempelt. In der Bewegung lernt man aber viele verschiedene Menschen kennen, ohne viel über sie zu wissen, ohne Vorurteile, ohne Stempel. Das Politische oder Religiöse ist zweitrangig. Ich lernte viele Menschen kennen und ich wusste nichts von ihnen. Im Nachhinein erfuhr ich über sie das eine oder andere. Aber erst einmal begegnete ich ihnen völlig offen, ohne Vorurteile oder Vorbehalte, von Mensch zu Mensch. Das finde ich schön. Ich konnte jedem Menschen einfach begegnen und es interessiert mich auch heute nicht, in welcher Partei man ist oder was man im Privatleben macht. Das ist mir einfach egal.

Am Freitagvormittag fuhr ich mit Norman los, um Funkgeräte für die Demo auszuleihen. Am Nachmittag musste das Camp abgebaut werden. Eine entsprechende Verordnung war erlassen worden. Die Polizei kam und die Leute bauten ihre Zelte ab, damit sie nicht zerstört würden. Auf einmal gab es am Rande unseres Camps Familien mit Kindern. Ob sie ein Zelt im Camp hatten, wusste ich nicht. Die Kinder spielten und sangen. Jemand sagte, es wäre nicht richtig, wenn Eltern ihre Kinder politisch instrumentalisieren würden, denn die Kinder dort waren noch sehr klein. Gemeint war wohl, sie in das Camp mitzubringen. Auch hier war man unterschiedlicher Meinung. Es sollte ein Camp für Frieden und Freiheit, Wahrheit und Liebe sein, um gegen die Corona-Maßnahmen zu demonstrieren. Der Vorwurf, dass man seine Kinder instrumentalisierte, wenn man sie auf Veranstaltungen mitbrachte, kommt meiner Meinung nach meistens von Menschen, die selbst keine Kinder haben. Die bringen dann solche Sprüche. Sollte man die Kinder für die Zeit etwa vor dem Kinderheim aussetzen? Dass im Camp kleinere Kinder waren, also zwischen vier bis sechs Jahren alt, sah ich erst am Freitag. Als wir unsere Zelte abbauten, liefen sie im Kreis und sangen.

Nach dem Abbau der Zelte fuhren wir zu Anya. Sie hatte schon andere Aktivisten in Berlin bei sich beherbergt und stellte ihr Zimmer für die Jungs zur Verfügung. Es gab auch einen Fernseher, damit waren die beiden erst einmal zufrieden. Während die Jungs am Freitag fern glotzten, holten Norman und ich für alle etwas zu essen.

Am Samstag fand schließlich die Demo statt. Am Morgen fuhr ich mit den Jungs zu einer Querstraße von Unter den Linden. Der Beginn des Aufzugs war nach der Unterführung vom S-Bahnhof Friedrichstraße. Dort stand der große LKW von *Ruf der Trommeln* mit den Trommlern auf der Ladefläche, das Führungsfahrzeug. Es war ein schöner sonniger Tag, perfektes Wetter für eine Demo. In der Friedrichstraße sammelten sich immer mehr Menschen. Mit meinen Jungs lief ich zur Spitze des

Aufzugs. Dort traf ich überraschend die junge Hebamme wieder, die mich zu ihrer Familie eingeladen hatte, und ich freute mich sehr. Wir wurden immer mehr und immer mehr Menschen. Die Aufstellung der Demo am 29. August war nicht so sortiert wie am 1. August. Es gab viele Querdenker und sie trugen ihre Flaggen, doch dieses Mal ohne feste Aufstellung nach Städten. Viele Initiativen hatten einen LKW. Der LKW der Münchner Initiative war besonders schön geschmückt, und man sah sogleich, dass hier die Bayern kamen. Dann war es 12 Uhr, Zeit zu starten. Doch alles stand still.

Der LKW von *Ruf der Trommeln* stand in der Friedrichstraße rechts ganz vorne. Vor ihm versperrte die Polizei mit ihren Mannschaftsbussen, die quer auf der Straße standen, unserem Aufmarsch den Weg. Wir waren bereit, doch die Polizei hielt uns zurück. Die Demonstranten würden die Abstände nicht einhalten. Es war das Gleiche wie in Darmstadt, derselbe vorgeschobene Grund, derselbe Trick, um unsere Demonstration zu verhindern.

Ein Freund von *Ruf der Trommeln* sagte mir später, dass das damals in Darmstadt die Probe für Berlin Ende August war: eine Demo unter einem vorgeschobenen Grund zu verhindern. In Darmstadt, und vermutlich auch in anderen Städten, hatten sie es ausprobiert, und nun machten sie es in Berlin im Großen. Im Sommer 2020 fanden noch hauptsächlich Standdemos statt. *Ruf der Trommeln* hingegen war mit der Idee gegründet worden, in lauten Aufmärschen durch die Städte ziehend auf sich aufmerksam zu machen. Um mehr Menschen zu erreichen, wollte man weg von den Standdemos, zu denen vor allem diejenigen kamen, die bereits einen Bezug zu Querdenken oder anderen Initiativen hatten. Wenn man mit einem Demonstrationszug durch die Stadt zieht, erreicht man Menschen, die Querdenken oder andere maßnahmenkritische Initiativen noch nie erlebt oder nicht einmal von ihnen gehört hatten. Standdemos wurden von den Behörden lieber akzeptiert, aber möglichst weit draußen und unauffällig, damit die Bürger nichts von ihnen mitbekamen. Aber Aufzüge wollte die Politik verhindern, und die Polizei, als gehorsamer Büttel, musste es umsetzen. Auch nach Berlin versuchte die Politik, unsere Aufzüge zu verhindern. Später in Leipzig war es dann das erste Mal, dass die Menschen sich nicht mehr aufhalten ließen, dass sie das Verbot nicht akzeptierten und einfach liefen. Dann kamen die Montagsspaziergänge. Das eine entwickelte sich aus dem anderen und alles entwickelte sich aus dem Demonstrationsverbot. Was die Politik und ihre Knechte auf der Straße mit ihren Verboten und Schikanen erreichten, war, dass die Bürger in ihre eigene Kraft kamen. Die Montagsspaziergänge im Winter 2021/2022 gab es bald in ganz Deutschland. Auch wenn die Medien kaum berichteten, wurden es immer mehr. In jedem Kaff entstanden Montagsspaziergänge, die nicht angemeldet wurden. Denn was nicht angemeldet wird, braucht keine Auflagen. Und da immer mehr Menschen zur selben Zeit montags um 18 Uhr spazieren gingen, häufig starteten sie vor dem Rathaus, hatte die Polizei nicht genügend Kapazitäten, um sie aufzuhalten. Das war gut. Der unangemeldete Protest gegen die Zwänge, Anfang 2022 hauptsächlich der drohende Impfzwang, wuchs immer weiter an. Das Wichtigste war, dass wir darauf achteten, dass wir standhaft blieben, selbst wenn uns die Politik Zuckerbrot vor die Füße werfen würde, die Verordnungen scheinbar lockerte, den Maskenzwang aber beibehielt.

Doch bis dahin war es noch ein weiter Weg. In Berlin warteten wir immer noch darauf, loslaufen zu dürfen. Dann erfuhr ich, dass vom Brandenburger Tor aus immer mehr Leute in Richtung des Aufzugs strömten – und dass die Polizei nicht nur vor uns, sondern auch die Seitenstraßen absperrte. Die Menschen konnten nicht mehr ausweichen, während die Polizei darauf verwies, dass die Abstände nicht eingehalten wurden. So saßen wir stundenlang fest. Die Sonne stand bald über uns, es gab so gut wie keinen Schatten und es wurde heißer und heißer. Die Menschen mussten trinken, und wer trinkt, muss irgendwann auf die Toilette. Jeder musste sehen, wo er etwas fand. Die Polizei vor uns machte weiterhin nicht auf. Es war unglaublich. Die einfachste Lösung wäre gewesen, dass die Polizei die Sperre einfach öffnete und uns loslaufen ließ. Dann hätte sich das mit den Abständen automatisch erledigt. Dann hätten die Menschen eine Chance gehabt, die Abstände einzuhalten. Wenn es wirklich darum gegangen wäre, die Abstände einzuhalten, um mögliche Infektionen zu verhindern, dann hätte man uns doch nicht stundenlang eng auf eng auf der Straße festhalten dürfen! Es ging aber nicht um die Abstände. Denn trotz aller bisherigen Lügen und Verleumdungen durch die Mainstream-Medien waren wieder viele Menschen gekommen. Doch die Polizei hatte den Befehl erhalten, uns unter keinen Umständen laufen zu lassen. Da bin ich mir sicher.

Da ich am 29. August Ordner war, wollte ich sehen, wie viele Menschen sich mittlerweile versammelt hatten. Von der Spitze unseres Aufzugs an der Kreuzung Hannoversche Straße lief ich los. Ich war lange unterwegs, bestimmt eine Stunde. Irgendwann kam ich zurück. Manche Teilnehmer verließen die Demo bereits. Es war Nachmittag, die Menschen standen schon mehrere Stunden und konnten nicht mehr. Sie hatten Hunger oder Durst, es war ihnen zu heiß oder sie mussten auf die Toilette. Am Morgen und am Mittag war alles noch dicht gedrängt gewesen, und während sie warteten, sangen die Menschen gemeinsam dieses Lied:

Wach auf, wach auf, wach auf. Ich steh für die Freiheit auf.
Öffne dein Herz, wir sind frei, wir sind frei, wir sind frei.
Wach auf, wach auf, wach auf. Ich steh für die Liebe auf.
Ich öffne mein Herz, wir sind frei, wir sind frei, wir sind frei.

Dieses Lied kann man mit weiteren Wörtern wie *Wahrheit* oder *Frieden* variieren. Das sangen die Leute. Es gab noch weitere Lieder. Es gab auch Trommler, die nicht zu *Ruf der Trommeln* gehörten. Sie hatten Schamanentrommeln dabei, sangen ebenfalls und trommelten. Das war schön.

Als ich an der Spitze des Aufzugs wieder ankam, sah ich, dass die Fensterscheibe des Führungsfahrzeugs eingeschlagen worden war. Wie ich erfuhr, wollte Nadine, die Fahrerin, den LKW drehen, die Demo war mittlerweile verboten worden. Doch die Polizei griff ein, schlug die Scheibe ein und führte Nadine ab. Ich sah nur noch die Scherben. Ich nahm meine Söhne und wir liefen zu dritt Richtung Siegessäule.

Am 29. August waren Bühnen direkt an der Siegessäule aufgebaut worden. Robert Kennedy Jr., der Neffe des ermordeten US-Präsidenten John F. Kennedy, war angereist und sollte eine Rede halten. Als meine Jungs und ich endlich an der Siegessäule ankamen, war der Platz voller Menschen. Auf der Standdemo gab es keinen Stress mit Polizisten. Auch hier war es voll, an Abstände war nicht zu denken. Auch hier das Gleiche wie in Darmstadt: Die Standdemo genehmigte man und ließ sie in Ruhe, obwohl es die gleichen Gründe gegeben hätte, sie wie den Aufzug zuvor aufzulösen. Kennedy hatte ich leider verpasst. In der Nähe der Bühne traf ich Dirk Scheller. Er bot Querdenken-Buttons mit dem Aufdruck *Zentrale Außenstelle Berlin* sowie T-Shirts an. Zu diesem 29. August in Berlin gab es spezielle T-Shirts und Dirk fragte mich, ob wir nicht ein paar verteilen wollten. Also nahmen meine Jungs und ich einen Packen T-Shirts unter den Arm, liefen über die Straße des 17. Juni und wurden tatsächlich alle los. Ich traf Axel, der an seiner Flagge leicht zu erkennen war, und noch andere Bekannte, ich hielt aber Ausschau nach Norman. Ich wusste nicht, wo er war, und über das Telefon konnte ich ihn nicht erreichen. Das Mobilnetz war wie immer total überlastet.

Schließlich erhielt ich von Norman zwischen 16 Uhr und 17 Uhr eine Nachricht. Er schrieb mir, dass ich zum Reichstag kommen sollte. Er war bereits dort, und ich lief nun mit meinen Söhnen los, von der Siegessäule durch den Tiergarten zum Reichstag. Ein Teil des Parks war gesperrt. Die Polizei stand dort und sagte, dass hier nur der Ausgang sei. Die Menschen wurden also geleitet. In eine Richtung durften sie zum Reichstag gehen und auf der anderen Seite durch den Park das Gelände des Reichstags wieder verlassen. Ich empfand das als willkürlich. Es half aber nichts, wir mussten einen Umweg nehmen.

Als wir ankamen, sah ich, dass in diesem Moment eine große Gruppe Menschen auf der Treppe des Reichstags standen. Der Reichstag war nicht abgesperrt. An einer Bühne, die nicht besetzt war, sagte ich den Jungs, dass sie hier warten sollten. Ich lief die Stufen des Reichstags hoch und hielt nach Norman Ausschau. An meiner Flagge hätte er mich gleich erkennen können. Ich verstand gar nicht, was Sache war. Dann ging alles ganz schnell. Auf einmal tauchte Polizei auf. Sie kamen von oben, schubsten die Menschen weg und versprühten Tränengas. Auch mich schubsten sie und zum Glück fiel ich nicht die Treppe hinunter. Tränengas bekam ich nur am Arm ab. Ich lief gleich wieder runter, und da entdeckte ich Norman, die Augen voller Tränengas.

Jemand stand bei ihm, hatte ihm Wasser gegeben und er konnte sich die Augen auswaschen. Viele andere hatten ebenfalls Tränengas in den Augen und versuchten, es mit Wasser auszuspülen. Dann kam zwischen Bundeskanzleramt und Paul-Löbe-Haus* ein Wasserwerfer angefahren und die Polizei forderte alle auf, den Platz vor dem Reichstag umgehend zu verlassen. Ich nahm meine Söhne und Norman und wir verließen den Platz an den Hamburger Gittern vorbei Richtung Straße des 17. Juni zurück zum Großen Stern.

Woher die Polizei so plötzlich kam, sah ich nicht. In dem Moment auf den Stufen dachte ich nicht darüber nach, was die Menschen hier wollten. Natürlich erfuhr ich später aus den Medien von dieser berüchtigten Demonstration direkt vor dem Reichstag, von dem Aufruf dieser Frau, den Reichstag zu „stürmen". Wenn ich vermuten müsste, warum die Menge ihrem Aufruf folgte, würde ich sagen, dass es für sie eine symbolische Handlung war, auf die Treppen des Reichstags zu gehen. Oben auf dem Giebel des Reichstags steht geschrieben: *Dem Deutschen Volk*. Die Menschen wollten signalisieren, dass der Reichstag als Wahrzeichen des deutschen Volkes ihnen gehört.

Einen Monat zuvor, am 1. August, war ich ja auch einmal mit anderen nachts die Stufen emporgestiegen. Der

---

*Das Paul-Löbe-Haus ist Teil des größeren Komplexes im Regierungsviertel mit dem Bundeskanzleramt und dem Reichstag. Früher war einmal geplant, diesen Komplex anders zu gestalten. Im eigentlichen Entwurf der Architekten war auch das Gebäude *Bürgerforum* geplant. Wie es der Name sagte, sollte das Gebäude den Bürgern als Forum dienen. Die Ironie der deutschen Bürokratie: Das Bürgerforum wurde nie gebaut. Durch die Entscheidung, den Platz an der Stelle *Bürgerforum Platz* zu nennen, wurde der demokratische Schein gewahrt. Spätere Anstrengungen, doch noch ein Bürgerforum zu errichten, verliefen im Sande.

Reichstag ist ein symbolträchtiges Gebäude. Auf seinen Stufen zu stehen bedeutete, dieses Gebäude gehört uns; nicht der Elite oder den Politikern, sondern allein dem Deutschen Volk. Das war die Intention, symbolträchtig zu zeigen: *Wir sind das Volk.* Kein Mensch dachte daran, den Reichstag zu besetzen oder Gewalt auszuüben. Tragisch war, dass der Impuls offenbar nicht aus den Menschen selbst kam. Es war die Agitation dieser Frau auf der Bühne, vielleicht sogar eine V-Frau (was sie abstreitet), die offensichtlich gelogen hatte, als sie sagte, dass der damalige Präsident Donald Trump in Berlin gelandet wäre. Eine Inszenierung und ein Q-Anon-Märchen. Heute wissen wir das. Damals sah ich nur, dass die Menschen auf den Stufen standen, bis die Polizei sie wieder herunterschubste und mit Tränengas vertrieb.

Gemeinsam sind wir stark

Am nächsten Tag, dem 30. August, verabredeten wir uns mit Freunden zunächst zum Frühstück. Norman und ich entschieden dann, dass wir noch in Berlin bleiben würden. Damit wir uns mal waschen und ausruhen konnten, buchte Norman uns Vier für zwei Nächte in einem Hotel ein. Jeden Tag fand irgendwo eine Demo statt.

Am Ende der ersten Woche gingen wir auf eine Demo, auf der man Maske tragen musste. Wir trugen keine, da wir ein Attest hatten, das uns davon befreite. Ein Polizist kontrollierte uns und fragte nach dem Attest. Mein Attest hatte ich im Auto gelassen, Norman zeigte seines vor. Der Polizist schaute sich Normans Attest an und gab es ihm wieder zurück. Als die Polizei begann, Absperrgitter um unsere Demo aufzubauen, liefen wir Richtung Siegessäule. Dort kamen Polizisten zu uns und sagten, ich müsse meine Love-Wins-Flagge zusammenrollen. Weshalb, wollte ich wissen. War es in Berlin verboten, mit einer Flagge herumzulaufen? Ja, sagten die Polizisten, weil die Flagge eine politische Aussage hätte. Gleich mehrere von ihnen stellten sich um uns herum auf. Ich sollte entweder die Flagge einrollen oder zum Versammlungsgelände der Demo gehen. Wir wollten aber nicht zum Demogelände. Dann drohten sie mir, dass sie mir die Flagge wegnehmen würden, wenn ich sie nicht einrollte. *Beschlagnahmen.* Norman diskutierte mit ihnen, aber ich hatte darauf keine Lust. Es waren zu viele und sie hätten uns einfach abgeführt. Am Ende behauptet die Polizei einfach irgendetwas, um alles so durchzusetzen, wie sie es wollen. Festnahmen zu provozieren, ist einfach Quatsch. Danach ist man höchstens um eine Gewalterfahrung oder eine Ordnungswidrigkeit reicher. Also rollte ich meine Flagge ein. Irgendwann ließen sie uns in Ruhe.

Wir liefen zurück und ich rollte meine Flagge sogleich wieder aus. Plötzlich stand derselbe Polizist wieder vor uns, der sich das Attest von Norman angeschaut hatte. Er ging direkt auf Norman zu und fragte, ob er sich das Attest noch einmal ansehen könnte. Norman sagte, ja, und zeigte es ihm. Der Polizist nahm Norman das Attest aus der Hand und ohne ein weiteres Wort ließ er uns stehen. Norman sagte, ich bekomme das Attest aber wieder, und der Polizist sagte, ja ja. Dann kam er zurück und behauptete, das Attest sei gefälscht.

Gleich mehrere Polizisten nahmen Norman mit, ich ging hinterher. Sie führten ihn zu einem Polizeibus, die Tür war offen, das Fenster vergittert. Dort sagten sie ihm, dass sie sein Attest beschlagnahmen würden, da es als Beweismittel dienen sollte. Norman widersprach: Das Attest war nicht gefälscht, der Polizist sollte bei seinem Therapeuten anrufen und einfach nachfragen. Norman rief dann selbst seinen Therapeuten an. Er erzählte ihm, was passiert war, und bat ihn, gegenüber der Polizei die Echtheit des Attests bestätigen. Norman reichte dem Polizisten sein Telefon und der Therapeut bestätigte die Richtigkeit des Attests. Nun wollte Norman gerne sein Attest zurück. Doch sie rückten es nicht heraus. Da könnte ja sonst wer dran sein, war die Antwort. Dafür nahmen sie Normans Personalien auf. Ich dachte erst, jetzt nehmen sie Norman mit und bringen ihn im Polizeibus mit den Gittern an den Fenstern fort. Doch sie stellten ihm lediglich eine Bestätigung aus, dass sie das Attest beschlagnahmt hatten. Norman und ich liefen dann zu meinem Auto, das an einer Ausfahrtstraße der Siegessäule geparkt war.

In der ersten Woche nach dem 29. August fing die Berliner Polizei systematisch an, die Atteste von Demonstranten einzukassieren. Ohne den entsprechenden Auftrag taten sie das sicher nicht. Sie ließen sich die Atteste zeigen, nahmen sie den Leuten aus der Hand, behielten sie ein und machten ihnen den Vorwurf, dass sie gefälscht waren. Urkundenfälschung ist keine Ordnungswidrigkeit, sondern eine Straftat. Ich war damals froh, dass mein Attest im Auto lag. Als die Demonstranten das verstanden, hatte natürlich keiner mehr sein Attest im Original dabei. Gegenüber der Polizei sagten wir nur noch, dass wir ein Attest hatten, zeigten es aber nicht mehr. Sie hätten es uns sowieso weggenommen. Norman erhielt sein Attest nicht mehr zurück. Dafür wurde bei seinem Therapeut eine Hausdurchsuchung durchgeführt, noch im Herbst 2020, in den Räumen seiner Praxis. Als wir ihn später in Stuttgart besuchten, erfuhr ich das alles von ihm persönlich.

Am 11. September fand im an die Siegessäule angrenzenden Bereich des Tiergartens eine Demo statt, an der wir teilnahmen. Dann machte ich den Vorschlag, dass wir von Berlin aus in einem Autokorso zur Demo am 12. September nach München fahren sollten. Ich war mir sicher, dass viele Menschen nach München fahren würden. Über Telegram startete ich einen Aufruf und schrieb Leute an. Wir verabredeten uns an der Siegessäule. Es kamen aber nur um die zehn Personen und wir entschieden, das mit dem Autokorso sein zu lassen. Dafür wollte ich noch Leute nach München mitnehmen. Martin Lejeune hatte zu diesem Zeitpunkt eine Schiene am Bein und fragte mich, ob ich ihn mitnehmen könnte. Ich sagte, klar, machen wir. Am 12. September sammelte ich morgens Martin ein und dann ging es los.

Aber erst mussten wir noch zu Martins damaliger

Freundin. Bald standen wir vor ihrem Haus, doch aus irgendeinem Grund machte sie nicht auf. Als wir so warteten, fragte mich Martin, ob ich seiner Freundin nicht einen Gruß senden wollte. Ein paar Tage zuvor hatte ich schon einmal mit Martin gesprochen. Ich hatte ihm gesagt, dass ich fand, dass es Männern und Frauen in der Bewegung gut tat, wenn sie nicht alleine für die Freiheit kämpften, sondern einen Partner an ihrer Seite hatten, der ihnen den Rücken stärkte, der half, die sozialen und staatlichen Repressalien auszuhalten. Vielleicht war das der Grund, warum er mich bat, seiner Freundin einen Gruß zu schicken, dachte ich. Also fing ich an zu sprechen, und Martin zeichnete das auf Video auf. Schließlich fuhr Martin doch nicht mit nach München; zum einen, weil Martins Freundin nicht mitfuhr, und zum anderen, weil er nicht wusste, wie er wieder nach Hause gekommen wäre. Ich hatte ja nur vor, in eine Richtung zu fahren.

Als ich endlich auf der Theresienwiese in München ankam, war die Demo schon in vollem Gange. Sofort traf ich auf Norman und Basti und freute mich riesig über den Empfang. Wer uns weniger freudig empfing, war jede Menge Polizei. In Achter-Trupps liefen sie immer wieder quer durch die Menschenmenge, eine Machtdemonstration und eine Provokation. Doch dann passierte etwas Interessantes: Demonstranten hielten auf einmal dagegen. An den Stellen, an denen die Polizei durch die Menge durchgehen wollte, rückten die Menschen zusammen. Sie stellten sich dichter aneinander und versperrten so den Polizisten den Weg. Wenn die Demonstranten sahen, dass erneut ein Trupp durch die Menge gehen wollte, liefen sie dorthin und stellten sich ihnen abermals in den Weg. Es war das erste Mal, dass ich so etwas sah. Die Menschen stellten sich gegen die Polizei. Das war alles spontan, denn die vielen Menschen kannten sich ja nicht. Und die Polizisten, natürlich Bereitschaftspolizei, zogen sich tatsächlich zurück. Ich war überrascht, dass das überhaupt möglich war. Und es war friedlich! Als Frau schloss ich mich nicht an, ich beobachtete es aber aus nächster Nähe. Ich merkte, wenn wir zusammenhielten, war es möglich, die Polizei aus unseren Demos rauszuhalten. Zu sehen, wie stark wir gemeinsam sein konnten, war eine gute Erfahrung. Auch auf dieser Demo gab es eine Bühne und Redner. Der Erfolg Münchens war jedoch eindeutig, dass es gelungen war, die Polizei friedlich aus unseren Reihen zu vertreiben.

In den nächsten Monaten gingen Norman und ich weiterhin regelmäßig auf Demonstrationen. Dauernd waren wir unterwegs. Der erste Corona-Winter rückte näher und die Politik zog die Daumenschrauben merklich an. Doch die Menschen im Widerstand ließen nicht nach und halfen einander. Am 26. September fand eine Demo in Köln statt. Am 27. September stellte ein Landwirt in Ehningen bei Stuttgart ein großes Gelände für eine Standdemo zur Verfügung. Dort hörte ich zum ersten Mal Christian Stockmann reden, einen Pfarrer von *Christen im Widerstand*. Auf der Bühne sang Christian das Lied: *Wach auf Deutschland, geliebtes Deutschland*. Der Text berührte mich tief, besonders die Zeilen: *Wo seid ihr, Mütter und Väter? Steht endlich auf, und schützt eure Kinder. Wo seid ihr, Krieger des Lichts?* Christian fragte damals, wo die Kirche in dieser schweren Zeit war? Warum stellte sie sich nicht vor die alten Menschen, die in den Altenheimen alleine gelassen wurden? Die Kirche hatte die Aufgabe, sich um die Menschen zu kümmern. Und sie hatte versagt. Als ich Christians Lied hörte, schossen mir Tränen in die Augen.

Am 3. und 4. Oktober fand die Ernte-Dank-Demo

von Querdenken Konstanz und Querdenken Kreuzlingen statt, eine sehr schöne Demo, zusammen für Frieden und Freiheit. Am 2. Oktober kamen wir nachts in Konstanz an. Wir sollten den Bühnen-LKW bewachen, in dem wir später schlafen würden. Das Gelände war ein großer Parkplatz am Rand von Konstanz und direkt am Bodensee, ganz nah an der Grenze zur Schweiz im Osten. Dass man die Schweiz betrat, sah man nur an einem Schild. Klein-Venedig heißt der Platz, normalerweise fanden hier Volksfeste statt. Im Norden führte ein breiter Spazier- und Fahrradweg am Bodensee entlang. Dahinter war ein Grünstreifen und im Süden war unser Parkplatz. Und in der Nähe des Grünstreifens war die Bühne aufgebaut, parallel zum Bodensee.

Der 3. Oktober war sehr verregnet und alles war matschig. Erst am Abend klarte es auf. Meine Söhne waren auch dabei. Am Samstag waren sie viel im VIP-Bus. Dort spielten sie mit ihren Yugioh-Karten, und Kilez More, der Musiker, schaute ihnen zu. Trotz des schlechten Wetters trafen sich die Menschen an vielen verschiedenen Standpunkten um den Bodensee herum, um eine Menschenkette zu bilden. Leider schafften wir es nicht, die Kette zu schließen. Wir waren zu wenige gewesen. Dafür waren am Abend viele Menschen aus der Bewegung in Konstanz unterwegs.

Das Programm am 4. Oktober begann um 9 Uhr morgens und ging bis nachts um 22 Uhr. Von 9 Uhr bis 13 Uhr fand ein Gottesdienst statt, dazu Musik, Reden und eine Podiumsdiskussion. Für jeden war etwas dabei. Dann war eine Pause. Ab 13:30 Uhr sollte *Ruf der Trommeln* seinen Aufzug machen. Um 16 Uhr sollten wieder alle zurück in Klein-Venedig sein. Von 16 Uhr bis 22 Uhr wurde Musik gespielt. Es war ein tolles Programm, auch wenn ich als Ordnerin leider nicht sehr viel von den Reden mitbekam.

Weniger schön war, dass die Antifa in der Stadt war. Während der Veranstaltung wurde sogar ein Brandanschlag auf uns verübt. Hinter der Bühne warf jemand mehrere Brandsätze in Richtung der Menge auf dem Platz. Von außen sahen die Täter sicher nicht, wohin genau die Brandsätze flogen. Sie warfen und rannten weg. Was da geworfen wurde, explodierte nicht, es rauchte aber und brannte. Sofort kam ein Ordner und trat den Brandsatz von der Menge weg. Der zweite Brandsatz landete zwischen der Bühne und einem Bus, der für die Verpflegung der Redner und Ordner da war. Dort stand Friederike und zum Glück wurde sie nicht getroffen.

Die Täter waren vermutlich aus der Schweiz gekommen, warfen und flüchteten zurück über die Grenze. Während das passierte, standen sogar deutsche Polizisten in der Nähe. Die mussten gesehen haben, was passiert war, wie die Täter zu uns rübergekommen waren. Die Polizisten machten aber nichts. Sie schauten einfach zu. Weil ich Ordnerin war, ging ich hinter der Bühne entlang. Im Westen an die Sporthalle gelehnt traf ich ein Pärchen mit Hund an, die von dort einen guten Blick auf die Bühne hatten. Ich fragte sie, ob sie etwas gesehen hätten, ob da jemand entlang gerannt wäre. Sie sagten, ja, sie hätten gesehen, wie jemand wegrannte, und hätten das sogar auf Video aufgenommen. Ich stellte den Kontakt mit Markus Haintz her, der auch vor Ort war, und bat sie, das Video ihm zu schicken. Wegen der Brandsätze mussten wir die Veranstaltung unterbrechen. Friederike war geschockt und wir kümmerten uns um sie. Die Gefahr, die von den Brandsätzen ausging, war zum Glück nicht groß gewesen. Das Bühnenprogramm konnte bald weitergehen.

Um zu erfahren, was genau die Täter erreichen wollten, müsste man sie wohl selbst fragen. Wahrscheinlich wussten sie selbst nicht, was sie da taten. Wer so etwas tat, konnte nur hohl im Kopf sein. Es ist einfach so, dass Querdenken und ähnliche Initiativen die ganze Zeit als Nazis beschimpft wurden, allen voran in den Mainstream-Medien. Und dann kamen Antifanten und dachten, dass wir wirklich Nazis waren. Kompletter Quatsch. Sie mussten wirklich dumm sein, wenn sie uns für Nazis hielten. Anders kann ich mir nicht erklären, wie man auf so eine Idee wie in Konstanz kommen konnte. Einfach nur dumm.

Während es zuvor verregnet und matschig war, klarte es am Abend auf und das Wetter wurde noch richtig schön. Nach der Standdemo spazierten wir alle durch Konstanz. Die Musiker unter uns machten auf unserem Umzug Musik. Konstanz war voller Querdenker, am Hafen, am Bodensee entlang, die Flaniermeile. Es war so ein schöner Abend und wir sangen zusammen *Das Liebeslied an die Antifa*. Von der Antifa waren auch viele in der Stadt und mit Bannern demonstrierten sie gegen uns. Auf der Flaniermeile und im Süden des Volksfestplatzes standen wir uns sogar kurz gegenüber, zwischen uns nur die Polizei. Wir liefen aber einfach an ihnen vorbei. Wir waren einfach viel, viel mehr als sie. Das war toll.

Am 17. Oktober fand auf dem Cannstatter Wasen in Stuttgart eine Demo statt. Dort hielt ich das erste Mal eine Rede und einer meiner Söhne sprach auch ein paar Worte ins Mikrofon. Viel Zeit, sich etwas zu überlegen, hatte er nicht. Ich schubste ihn spontan an und fragte ihn, ob er nicht etwas sagen wollte. Das machte er tatsächlich. Für mich hatte ich ein Skript vorbereitet. Aber ich merkte, dass es besser war, wenn ich frei redete und aussprach, was mir gerade einfiel.

Am 25. Oktober fand erneut eine Demo in Berlin statt.

Geplant war ein Aufzug vom Alexanderplatz zum Kino Kosmos in der Karl-Marx-Allee in Friedrichshain. Seit 2017 fand dort jährlich der Weltgesundheitsgipfel statt. 2020 wurde der Gipfel digital abgehalten. Trotzdem wollten wir vor dem Kosmos ein Zeichen dafür setzen, dass wir eine Gesundheitspolitik, die Menschen mehr schadete, als nützte, nicht unwidersprochen lassen würden. *Ruf der Trommeln* war Mitorganisator. Norman hatte einen LKW besorgt und sollte den auch fahren. Wir sammelten uns auf dem Alexanderplatz und der ganze Platz war bald voll. Die Polizei war auch vor Ort und machte von Anfang an Stress. An dem Tag hatte sie es auf Markus Haintz abgesehen. Während die Reden gehalten wurden, saß Markus auf dem Dach von einem der LKW. Von dort hatte er einen guten Überblick über die Demo.

Aber erneut durfte unser Aufzug nicht starten, erneut ging es um die Abstände, erneut sagte die Polizei, dass die Demonstranten sie nicht einhalten würden, und erneut hätte sich das Problem ganz einfach gelöst, wenn wir losgelaufen wären. Es war reine Repression. Auch Markus Haintz konnte nichts erreichen. Der Einsatzleiter ließ nicht mit sich reden. Dann hieß es, die Veranstaltung sei aufgelöst, und die Menschen sollten vom Alexanderplatz verschwinden. An jeder Ecke konnten die Demonstranten den Alexanderplatz verlassen, doch das dauerte, denn überall stand Bereitschaftspolizei. Auch Markus und seine damalige Freundin Friederike verließen den Platz. Norman und ich waren an dem Tag Ordner. Weil Norman gerade unterwegs war, stand ich am LKW, den er eigentlich fahren sollte, und passte auf, dass nichts beschädigt wurde. Währenddessen wurde ein zweiter LKW, auf dem Reden gehalten worden waren, abgebaut, die Anlage, die Lautsprecher. Auch das dauerte.

Zu dem Zeitpunkt waren auf dem LKW nur noch Helfer und Ordner. Ich sah, wie Norman über den Platz lief und zu uns zurückkehrte. Ich lief ihm entgegen, begrüßte ihn und sagte, dass wir den LKW wegfahren müssten. Wir hielten uns an der einen Hand, in der jeweils anderen Hand hielt Norman ein Megaphon und ich meine Flagge. Ich schaute Norman an, und da sah ich über meine rechte Schulter, wie ein ganzer Trupp Bereitschaftspolizei von hinten auf uns zugerannt kam. Für einen kurzen Moment fragte ich mich, wohin die denn wollten. Vor uns war nur der LKW, der abgebaut wurde, und rechts stand der LKW, den wir wegfahren wollten. Ansonsten war da kaum jemand mehr. Da hatten sie uns schon eingeholt und griffen Norman rechts und links am Arm. Erschrocken rief ich, he, was soll das, und hielt Normans Hand fest. Ich verstand nicht, was los war. Doch da hatten auch schon zwei von ihnen mich im Griff, und so führten sie uns ab, quer über den Alexanderplatz.

Sie fixierten mich an den Armen und einer der Polizisten sagte, ich solle die Flagge loslassen. Ich sagte, nein, und der Polizist erwiderte, ich würde sie ja nachher zurückbekommen. Ich fragte, wirklich? Und er sagte, ja. Also ließ ich die Flagge los. Rechts von uns erblickte ich Nana Lifestyler und ich rief: *Nana, hilf uns!* Aber was sollte er tun? Thorsten aus Stuttgart war noch da und ich sah Hans und Kirsten. Sie mussten zusehen, wie wir abgeführt wurden. Psychisch war das für mich furchtbar. Ich war so erschrocken, dass ich mir damals in die Hosen machte. Hans fragte die Polizisten, was wir getan hätten. Hierzu gibt es sogar eine Videoaufnahme. Doch da nahmen sie kurzerhand auch Hans mit und sie führten ihn ganz fürchterlich ab, indem sie ihm die Augen zuhielten und über die Nase seinen Kopf in den Nacken pressten. Einfach brutal. Sie führten uns in eine Polizeistraße, die sie mit ihren Autos neben Galeria Kaufhof aufgebaut hatten, und stellten uns an die Fensterscheiben. Jeder von uns wurde einzeln bewacht. Ich erinnere mich heute noch daran, als wäre es gestern gewesen. Neben mir stand Norman. An der Straßenbahnhaltestelle waren Demonstranten, die uns kannten, ich sah Kirsten. Es tat mir gut, zu wissen, dass unsere Leute da waren. In dieser Situation waren wir nicht alleine, das war ein gutes Gefühl. Mehr konnten sie nicht für uns tun.

So standen wir an den Schaufensterscheiben. Man ließ uns warten und sprach kein Wort mit uns. Irgendwann nahm man unsere Personalien auf. Dann wollten sie von mir noch ein Foto machen. Ich sollte mich an eine bestimmte Stelle stellen und eine Nummer halten – wie eine Verbrecherin. Ich wollte aber nicht wie eine Verbrecherin fotografiert werden und ich schloss während der Aufnahme die Augen. Ich hatte nichts verbrochen. Ich fragte, was sie mir vorwarfen, und sie sagten mir: Gefangenenbefreiung. Das ist ein Straftatbestand. Ich fragte nach: Welche Gefangenenbefreiung? Und sie warfen mir tatsächlich vor, dass ich Normans Hand, als sie ihn von hinten packten, nicht auf der Stelle losgelassen hatte. Das war alles! Und Norman hatten sie wegen einer Sache gepackt, die sich zuvor mit Markus Haintz und Friederike ereignet hatte. Friederike war von Polizisten gegen eine Fensterscheibe geschleudert worden. Nach dem, was ich gehört hatte, musste das furchtbar gewesen sein. Markus und Friederike wurden festgenommen und Norman hatte diesen Vorgang durch das Megaphon kommentiert. Deswegen hatten ihn die Polizisten als nächstes auf dem Kieker. Natürlich wollten sie nicht, dass da jemand laut etwas zu ihrem brutalen Vorgehen sagte. Also gingen sie ihm hinterher. Die müssen richtig sauer gewesen sein, denn sie packten ab da jeden, der auch nur einen Mucks von sich gab, in die Polizeistraße. Reine Willkür. Und mir warfen sie Gefangenenbefreiung vor. Reine Willkür. Reine Einschüchterung und psychische Folter. Sie dachten sich irgendetwas aus.

Meine Vermutung nach zwei Jahren Demoerfahrung ist, dass die Einsatzleiter mit den Polizisten vor ihrem Einsatz absprachen, unter welchem Vorwand sie an einem Tag Demonstranten aus der Demo ziehen würden. Dasselbe wie mir, Gefangenenbefreiung, warfen sie an diesem Tag auch Friederike vor, die mit Markus Haintz ebenfalls Hand in Hand den Alexanderplatz verlassen wollte. Markus Haintz hatte damals Personenschützer, aber vor der Polizei kann man sich nur schwer schützen. So wurden sowohl Markus als auch Friederike festgenommen und abgeführt. Im Gegensatz zu mir wurde Friederike tatsächlich der Prozess wegen Gefangenenbefreiung gemacht. Hiervon erfuhr ich, weil sie einen Spendenaufruf startete, um einen Anwalt bezahlen zu können. Die Polizei saugte sich etwas aus den Fingern und dann stellten sie dich vor Gericht. Ordnungswidrigkeiten kann man in der ersten Instanz alleine regeln. Ab der zweiten Instanz braucht man schon einen Rechtsanwalt. Das Ziel hinter solchen Prozessen ist es, ob Ordnungswidrigkeit oder Straftat, die Menschen finanziell und psychisch zu schädigen. Denn wenn du deine Strafe nicht bezahlen kannst, landest du im Knast und musst die Strafe absitzen. Durch ihr Vorgehen war die Polizei von Anfang an daran beteiligt, den Menschen in der Bewegung finanziell so zu schaden, dass sie es sich künftig zweimal überlegen würden, ob sie noch für ihre Grundrechte auf die Straße gingen. Anwälte wie Markus Haintz in der Bewegung zu haben, hilft da auch nicht immer. 2020 und 2021 verteidigte Markus meines Wissens nach noch viele unserer Leute vor Gericht. Wenn er als Verteidiger vor Gericht auftrat, konnte es aber sein, dass die Chance, den Prozess zu gewinnen, allein wegen seiner Aktivität in der Bewegung sank. Die Gerichte sind einfach voreingenommen. Das war ein Grund, warum ich mich später entschied, meine Gerichtsverfahren ohne Anwalt zu versuchen. Ich wollte nicht aufgrund meines Anwalts in eine Richtung gedrängt werden, die für mich nachteilig gewesen wäre. Es war ein Unterschied, ob du als normaler Bürger vor Gericht standest oder als Querdenker. Und das ist ein ziemliches Trauerspiel, denn es bedeutet, dass die Gerichte komplett politisch sind.

Norman, Hans und ich durften die Polizeistraße irgendwann wieder verlassen. Ich wollte meine Flagge mitnehmen, aber die Polizisten sagten, nein, die Fahne ist beschlagnahmt, ich könne sie in der Asservatenkammer abholen. Erneute Schikane. Alles, was ich mit der Bereitschaftspolizei erlebte, war reine Schikane. Für nichts gab es eine zulässige Begründung. Jedes Mal war ihr Vorgehen unverhältnismäßig. Diese Erfahrung in Berlin setzte mir psychisch zu. Ich konnte nicht einschätzen, ob sie mich nicht ins nächste Auto verladen und irgendwo hinbringen würden. Wer würde sie hindern? Sie haben ihren Schlagstock, ihre Waffe und sie haben die Möglichkeit, mit friedlichen Menschen zu machen, was sie wollen. Sie haben einfach die Macht. Das erlebte ich nicht nur einmal. Als ich an dem Tag in Berlin das erste Mal erfuhr, wie sie einen abführten, als wäre man ein Schwerverbrecher, hatte ich natürlich Angst.

Nachdem sie uns freigelassen hatten, liefen wir auf der Karl-Marx-Allee zum Kosmos, wo die Standdemo stattfand. Die Karl-Marx-Alle ist eine ziemlich große Straße und viele andere Demonstranten hatten dieselbe Idee. Als wir am Kosmos ankamen, war die Straße voll. Auch die Trommler waren da. Bisher fuhren sie immer auf einem LKW mit. Dort standen sie aber auf dem Mittelstreifen der Karl-Marx-Allee und trommelten. Eine kleine Bühne war aufgebaut worden und der Arzt Heiko Schöning hielt gerade eine Rede. Später kamen wieder Polizisten und führten nun Heiko und Kirsten, die Anmelderin, ab. Auch die Trommler wollten sie loswerden. Doch wir Demonstranten stellten uns schützend um sie herum. Wie eine Phalanx standen wir eng an eng im Kreis, im äußeren Ring hakten sich die Menschen beieinander unter und konnten so eine Weile standhalten. Dann setzte die Polizei aber Gewalt ein. Wieder nahmen sie Leute von uns mit. Ich sah, wie Polizisten in zivil unsere Leute griffen und ihren uniformierten Kollegen übergaben. Außerhalb unserer Formation standen noch weitere Demonstranten und unter die hatten sie sich gemischt. Sie waren schwer zu erkennen, höchstens am Knopf in ihrem Ohr.

Am nächsten Tag waren wir noch in Berlin, da ein Gottesdienst stattfinden sollte. Die *Christen im Widerstand* hatten ihn organisiert, erneut vor dem Kosmos, morgens um 10 Uhr. Friederike war da und sprach über den gewalttätigen Polizeieinsatz, den sie am Tag zuvor erleben musste. Viele waren aber nicht gekommen. Die meisten waren am Sonntag wieder nach Hause gefahren. Norman und ich verließen Berlin am Nachmittag.

Am 1. November, Allerheiligen, fand eine Demo in München statt, erneut auf der Theresienwiese, erneut ein Gottesdienst. Die Veranstalter hatten einen Sarg besorgt, der Ort war mit vielen Kerzen geschmückt. Auch die Menschen brachten Kerzen mit, Grabkerzen. Sie stellten die Kerzen auf den Boden der Versammlungsfläche. Der Sarg war ein Symbol für unsere Freiheit, die zu Grabe getragen wurde. Es gab Musik und gemeinsam beteten wir. Nach der Veranstaltung sammelten wir die Kerzen wieder ein. Ich habe heute noch eine dieser Kerzen, auf ihr steht *Lockdown Light*, ein Wortspiel.

Die Stadt München wollte die Veranstaltung eigentlich verhindern. Einen Gottesdienst konnten sie aber nicht verbieten. Von den Veranstaltern war das schlau gewesen. Natürlich demonstrierten wir mit dem Gottesdienst auch gegen die Willkür und das Unrecht der Corona-Maßnahmen. Von überall kamen Menschen, viele Freunde traf ich in München wieder. Wenn man sich wiedersah, war es immer eine große Freude. Den Gottesdienst konnten wir ohne Störung zu Ende führen. Erst am Ende betraten Polizisten die Bühne und stellten den Strom ab. Andere Veranstaltungen konnte die Polizei leichter auflösen. Für die Behörden ist es auch leichter, Veranstaltungen aufzulösen, während sie bereits stattfinden. Formal wurde dann das Recht auf Versammlungsfreiheit gewahrt. Die Ordnungsämter, bei denen man Demos anmeldet, müssen gewichtige Gründe vorlegen, um eine Demo tatsächlich schon im Vorfeld verbieten zu können. Andererseits denke ich, dass Demos erlaubt wurden, um nach außen den Schein der Demokratie zu wahren. Hier in Deutschland *darf* ja jeder sagen, was er will. Man *darf* kritisch sein und Demonstrationen sind *erlaubt*. Wenn sich Bürger aber dann versammelten, fand die Polizei doch einen Vorwand, um die Versammlung zu verbieten. So war das 2020: Erst genehmigten sie die Demo, weil sie nicht wirklich etwas dagegen tun konnten. Später wurden die Auflagen so verschärft, dass die Demos überhaupt nicht stattfinden konnten.

Am 6. November fuhr ich mit Norman nach Leipzig. Die Demo auf dem Augustusplatz würde am nächsten Tag stattfinden. Wir wollten aber am Vorabend beim Aufbau der Bühne helfen. Als wir ankamen, war das Ordnungsamt bereits vor Ort. Mit der Begründung, dass die Demo am nächsten Tag nicht genehmigt oder verboten worden wäre, wollten sie den Aufbau der Bühne verhindern. Das musste nun geklärt werden. Der Aufbau einer Bühne ist ein ziemlicher Aufwand. Es gibt viel Technik, viele Kabel, die verstöpselt werden müssen. Das macht man nicht einfach nebenbei. Ich wusste nicht, wie das ging. Ich half nur denen, die sich auskannten, brachte Werkzeuge, reichte die Kabel, während die Profis auf dem LKW herumkletterten. Das ganze Material, die Boxen, die ganze Technik, alles stand vor Ort und hatte bereits einen weiten Weg hinter sich. Ein paar Boxen hatten Norman und ich noch selbst in seinen Transit eingeladen und nach Leipzig gebracht. Es war sehr wichtig, dass die Bühne bereits am Vortag stand. Durften wir jetzt aufbauen oder nicht? Wir warteten bis tief in die Nacht, dann entschieden wir uns, schlafen zu gehen. Die Boxen blieben in Normans Transit. Da zu schlafen, ging also nicht. Wir übernachteten dann im Camper von Michael Ballweg. Michael schlief woanders, und es war sowieso besser, wenn der Camper bewacht wurde. Das übernahmen nun Norman und ich, und wir machten es uns im Camper gemütlich.

Die Genehmigung für die Demo kam erst am nächsten Morgen. So wie in Leipzig kam es noch öfter vor, dass eine Demo im Vorfeld verboten wurde. Dann musste im Eilverfahren gegen das Verbot geklagt werden. Im Fall von Leipzig hatten wir Erfolg. Nun, da die Genehmigung endlich da war, musste alles ganz schnell gehen. Der Augustusplatz füllte sich allmählich, die Bühne musste bald stehen. Erneut waren so viele Menschen gekommen. Ich war Teil des Deeskalationsteams und sollte darauf achten, dass Teilnehmer der Demo keine schwarz-weiß-roten Flaggen trugen, die Farben des Deutschen Kaiserreichs. So wollten wir verhindern, dass man unsere Demonstration in den Medien in die rechte Ecke schob. Wenn man Flaggen wie die des Deutschen Reichs auf Demos sah, konnte man sich sicher sein, dass die zum Anlass genommen wurden, uns als Rechtsextreme darzustellen. Das wollte Querdenken Leipzig vermeiden.

Ich lief über die Demo und schaute, ob alles in Ordnung war. Dann kam jemand auf mich zu und sagte mir, dass er eine verdächtige Gruppe gesehen hätte und ich sollte sie mir ansehen. Sie trugen Tattoos, schwarze Kleidung, kurze Haarschnitte. Frauen waren auch darunter, aber hauptsächlich Männer, große, kräftige Kerle. Ich stellte mich zu der Gruppe, um einfach mal zu hören, wie sie redeten, lief bei ihnen durch. Dem Aussehen nach hätten das tatsächlich Leute aus dem rechtsradikalen Spektrum sein können. Andererseits gibt es in der Bewegung Leute, die jemanden zum Beispiel mit einem Adler auf der Kleidung sehen und gleich denken, dass das Nazis sind. Ich bin da nicht so sensibel. Ich denke, dass jeder Menschen seine Meinung äußern darf. Meine Einstellung ist, tu, was du willst, solange es keinem schadet. Das gestehe ich natürlich auch anderen Menschen zu. Die Gruppe machte nicht den Anschein, gewalttätig zu sein. In ihre Köpfe konnte ich nicht hineinschauen, egal wie sie gekleidet oder frisiert waren. Ich ließ diese Gruppe also in Ruhe und lief weiter über die Demo.

Am Eingang in die Fußgängerzone von Leipzig fiel mir eine andere Gruppe auf, die eigentlich bunt-alternativ aussah. Einer von ihnen hatte aber tatsächlich eine schwarz-weiß-rote Flagge dabei, die er sich um den Hals gebunden hatte, und ein zweiter wollte die gleiche Flagge gerade aus seinem Rucksack holen. Ich ging auf sie zu und sagte ihnen bestimmt, packt diese Flaggen bitte weg, wir wollen sie hier nicht haben. Einer der Männer fing an, mit mir zu diskutieren, und versuchte, mich in ein Gespräch zu verwickeln. Ich sagte ihm noch einmal, pack sie weg, diese Flaggen gehören hier nicht hin. In der Nähe stand ein Trupp Bereitschaftspolizei und ich sprach so laut, dass auch die das hören mussten. Ich wollte ganz deutlich machen, dass diese Flaggen hier nichts zu suchen hatten, und ich vermutete, dass das Provokateure waren. Die waren bunt und flippig gekleidet, einer hatte lange Rastalocken. Und die Flaggen, die sie mitgebracht hatten, waren Querdenken schon zum Verhängnis geworden, nämlich als sie zuhauf während des *Sturms* auf die Reichstagsstufen zu sehen waren. Die Mainstream-Presse brachte Querdenken mit den Reichsflaggen in Verbindung und berichtete so negativ über uns, dass ich schon deshalb darauf achtete, dass diese Flaggen nicht gezeigt wurden. Als Ordnerin war es meine Aufgabe, dass diese Flaggen auf unserer Demo nicht auftauchten. Indem ich laut und bestimmt mit dieser Gruppe sprach, die ich für Provokateure hielt, gab ich ihnen zu verstehen, dass ich sie erkannt hatte und ein Auge auf sie haben würde.

Unsere Versammlung verlief gut und ohne Zwischenfälle. Die Demo war schon vorbei, auf einmal aber verließen Demonstranten den Augustusplatz. Unter ihnen waren die Trommler zu hören, und da war klar, hier passierte etwas. Gemeinsam liefen die Demonstranten auf die Straße, die um die Innenstadt von Leipzig führt. Norman blieb an der Bühne, um beim Abbau zu helfen. Hier wurden immer helfende Hände gebraucht. Aber als ich hörte, dass die Menschen spontan einen Aufzug veranstalteten, war ich nicht zu halten. Mit meiner Flagge in der Hand verließ ich den Augustusplatz und lief mit den Demonstranten und den Trommlern auf dem Ring Richtung Leipziger Hauptbahnhof. Dort ging es zunächst nicht weiter, vermutlich hatte die Polizei bereits abgesperrt. Doch unser Zug ließ sich nicht aufhalten, bog kurzerhand ab und lief auf der anderen Seite der Straße in die entgegengesetzte Richtung. Ich stellte mich auf eine Erhöhung und schaute mir dieses faszinierende Schauspiel an. Ich sah, wie weit man laufen konnte und dass es sich ganz vorne, wo die Absperrung war, verdichtete. Irgendwann ging es doch weiter. Die Polizei löste ihre Sperre unter dem Druck der Demonstranten auf, die Straße war nun frei. Frei und mit Kerzen in der Hand liefen die Menschen um die Leipziger Innenstadt. Ein wahnsinniges Erlebnis.

Damals hielt ich es für das wichtigste Ziel unserer Bewegung, so viele Menschen zu werden, dass wir die Bundesregierung zum Rücktritt bewegen konnten. Ich wollte, dass die Politiker, die die Corona-Maßnahmen gegen uns verhängt hatten, zum Rücktritt gezwungen waren, dass sie aus ihren Ämtern verjagt wurden – von uns, dem Volk. Mir reichte es aber nicht, nur die Maßnahmen zu beenden. Dieses zerstörerische System, das in Deutschland seit dem Ende des Zweiten Weltkriegs aufgebaut worden war, musste erneuert werden. Viele Menschen in der Bewegung teilten diese Auffassung nicht und waren viel milder eingestellt. Ich finde aber, dass man das Unglück, das über uns hergefallen ist, an der Wurzel packen muss. Und das kann man nur, wenn man das System von Grund auf reformiert. Nur so hat man die Chance, etwas Neues zu gestalten. Dafür ging ich auf die Straße. Man musste überlegen, wie man ein neues, besseres System aufbaute, das das Vorhandene weiterentwickelte. Da geht es nicht in erster Linie um eine neue Regierung. Es geht um echte Volksvertretung. Regierung heißt: über andere herrschen. Volksvertreter sind Sprecher des Volkes. Wir brauchen Vertreter des Volkes, und keine Politiker. So ein Wandel geht nur mit Masse. Für uns Bürger ist das unser stärkster Hebel, etwas demokratisch zu erreichen. Auch heute bin ich noch davon überzeugt, dass unser Protest friedlich bleiben muss, wenn wir etwas erreichen wollen, das in unserem Sinne ist. In dem Moment, in dem Gewalt angewandt wird, reagiert der Staat mit Gegengewalt, und der Staat hat mehr Macht und mehr Möglichkeiten. Dann gibt es Tote, und erreichen werden wir nichts. Unsere Stärke ist, friedlich zu bleiben, egal wie wütend wir in uns sind. Wir alle und ich stehen gegen Unrecht auf. Das Unrecht an uns, gegen mich und gegen andere, hat die ganze Bewegung und mich angetrieben. Dieses Unrecht werde ich niemals akzeptieren. Darum gehen wir auf die Straße. Aber nur, wenn wir friedlich bleiben, haben wir eine Chance. Selbst wenn wir wütend sind, weil wir ungerecht behandelt werden, weil über uns schlecht gesprochen wird, weil wir diffamiert werden: Wenn wir zur Gewalt greifen, haben wir verloren. Dann werden sich auch diejenigen, die noch außen stehen, von uns abwenden. Solange wir friedlich bleiben, müssen sich unsere Gegner über uns Lügen einfallen lassen.

In Leipzig hatte die Polizei keine Chance, uns aufzuhalten, weil wir so viele waren. An der Seite standen die Polizeiautos und in den Dreck auf ihren Fensterschreiben malten die Demonstranten mit ihren Fingern kleine Herzen. Es war das erste Mal, dass die Menschen auch ohne Erlaubnis oder Anmeldung auf die Straße gingen. Es war ihnen egal, wer ihnen was erlaubte. Wir alle liefen auf dem mehrspurigen Ring, trugen unsere Flaggen und sangen unsere Lieder, ich weiß nicht, wie lange. Wir ließen uns einfach nicht mehr aufhalten. In Berlin hatten sie uns den letzten Aufzug verboten. Das Ordnungsamt hatte uns verboten zu laufen, da sie nicht wollten, dass andere Menschen von uns erfuhren. In der Presse wurde über uns nichts oder nur Schlechtes berichtet. Außenstehende bekamen nur etwas von unserer Botschaft mit, wenn wir uns durch die Stadt bewegten.

Zuvor hatte das Ordnungsamt Leipzig sogar noch versucht, uns vom Augustusplatz weg zum Messegelände abzuschieben. Die wollten uns raus aus der Stadt haben. Der Augustusplatz liegt am Eingang zur Stadtmitte, wo man auf die Einkaufsstraßen gelangt. Aber wir waren doch nicht bescheuert. Was sollten wir denn auf dem Messegelände? Uns gegenseitig beweihräuchern? Ganz sicher nicht. Mit unseren Aktionen wollten wir andere Menschen erreichen, damit sie ins Nachdenken kamen, ins Handeln und mit uns für ihre Rechte aufstanden. Das war der Sinn unserer Demonstrationen. In Leipzig war es das erste Mal, dass wir sagten, es ist uns egal, was die Polizei oder das Ordnungsamt oder wer auch immer sagt: Wir gehen auf die Straße. So wie die Montagsspaziergänge, die in der DDR in Leipzig begannen, machten wir das nun auch. Damals fing es an, das *Wir sind das Volk*. Wir begannen, unsere eigene Kraft zu finden und zu sagen: Wir entscheiden über unser Leben. Nicht die Politiker in Berlin, sondern wir. Und wir lassen uns nichts mehr verbieten. Darum ging es. Dieses starke Symbol unserer Entschlossenheit gelang uns das erste Mal am 7. November in Leipzig.

Es war so ein schönes Erlebnis. Irgendwann kehrte ich zum Augustusplatz zurück. Norman war etwas enttäuscht, dass er nicht mitgekommen war und alles verpasst hatte. Als die Bühne und die Technik abgebaut war, wurde der ganze Tross auf einen Parkplatz gefahren, der von Sicherheitsleuten bewacht wurde. Auch der Camper von Michael Ballweg, in dem wir wieder übernachteten, stand da. Am nächsten Tag fuhren wir nach Hause.

Am 14. November fuhr ich mit Norman nach Frankfurt. Eigentlich sollte es einen Aufzug geben, es waren aber kaum Menschen da. Die Teilnehmer sollten eine Maske tragen. Wir merkten, es hatte sich nicht gelohnt, nach Frankfurt zu fahren. Auf dem Weg zurück zum Auto fuhr ein Fahrradfahrer an uns vorbei und riss mir meine Love-Wins-Flagge aus der Hand. Die war dann weg. Als ich mir später eine neue bestellte, kaufte ich bei der Gelegenheit gleich mehrere. Eine blieb irgendwann in Berlin zurück, die anderen habe ich alle noch. Am selben Tag fuhren wir weiter auf eine Demo nach Karlsruhe.

Am 18. November stimmte der Bundestag über das erste Infektionsschutzgesetz ab, das Corona-Ermächtigungsgesetz. Bundesweit wurde nach Berlin mobilisiert. Auf der Marschallbrücke hinter dem Reichstag fand eine der Demos statt. An der wollten Norman und ich teilnehmen. Nördlich des Paul-Löbe-Hauses befindet sich die Kita des Bundestages. Im Regierungsviertel arbeiten immerhin viele Politiker und deren Kinder müssen während der Arbeitszeit ja irgendwo hin. Und in die Straße der Kita, der Otto-von-Bismarck-Allee, stellten wir am 17. November unser Auto, in dem wir dann schliefen. Hans und Mes waren mit ihrem Camper angefahren und schliefen ebenfalls hier.

Am nächsten Morgen weckten uns Polizisten. Sie klopften an unsere Fenster und sagten, wir sollten verschwinden, da die Kinder in den Kindergarten gebracht und die Parkplätze gebraucht würden. Also stellten wir das Auto an einer anderen Stelle ab und liefen von dort zur Marschallbrücke. Mit *Ruf der Trommeln* standen wir dann an der Brücke. All das, was am Brandenburger Tor geschah, die Demo, die Wasserwerfer, bekamen wir nur aus der Ferne mit. Von der Wilhelmstraße bis Unter den Linden war alles voller Menschen. An der Südseite der Marschallbrücke, am Reichstagsufer, befindet sich das ARD-Hauptstadtstudio. Mit unserer Demo wollten wir darauf aufmerksam machen, wie die Mainstream-Medien Lügen verbreiteten, dass die öffentlichen Medien wie die ARD die Angstkampagnen der Politik von Anfang an unterstützt hatten. Die Straßen waren knallevoll. Norman und ich liefen ein Stück auf der Wilhelmstraße Richtung Unter den Linden.

Plötzlich kam Bereitschaftspolizei auf uns zu. Weil wir keine Maske trugen, nahmen sie uns fest und stellten uns an die Wand. Dort erhielt ich eine Ordnungswidrigkeit. Meinen Personalausweis hatte ich nicht dabei. Ich war zu besorgt, dass ich den verlieren könnte. Das Attest hatte ich ebenfalls nicht dabei, doch das hätten sie mir wahrscheinlich einfach weggenommen. Die Polizei war an dem Tag wieder einmal schlimm. Ganz furchtbar. Als ob es nichts anderes für die zu tun gäbe, als friedliche Menschen festzuhalten, weil sie keine Maske trugen. Das war typisch Berlin. In der Beschreibung der Ordnungswidrigkeit hieß es, ich hätte am Mittwoch den 18. November um 8 Uhr in Berlin, Unter den Linden, vorsätzlich der Verpflichtung zum Tragen einer Maske zuwidergehandelt. Trotz mehrfacher Aufforderung durch die Einsatzkräfte der Polizei hätte ich die Maske nicht getragen. Das war eine Lüge. Die Polizisten hatten mich nicht ein einziges Mal aufgefordert, eine Maske zu tragen. In der Begründung hieß es weiter, die Straße Unter den Linden gehöre zu den belebten Straßen Berlins. Erstens war zum Zeitpunkt der Maßnahme kaum etwas los. Von belebt konnte keine Rede sein. Zweitens waren wir überhaupt nicht auf Unter den Linden gewesen. Auch das war gelogen und damit alles, worauf die Polizei ihre Vorwürfe aufgebaut hatte.

Für diese Ordnungswidrigkeit hätte mein Gerichtsverfahren eigentlich am 21. Dezember 2021 stattfinden müssen. Es ging um *nur* 55 Euro. Ich legte Einspruch ein und hoffte, dass das Gericht das Verfahren einstellen würde. Die Richterin hielt sich aber an die Lügen der Polizei. Zudem akzeptierte sie nicht nur mein Attest nicht. Sie wollte auch, dass ich für die Verhandlung nach Berlin komme. Das wollte ich nicht. Den langen Weg, der alles noch teurer gemacht hätte, konnte ich mir sparen. Deswegen zog ich meinen Einspruch zurück. Ich hätte im Vorfeld mein Attest in Kopie an das Ordnungsamt in Berlin-Mitte schicken können. Das wollte ich aber auch nicht, denn das Ordnungsamt hätte das Attest womöglich an die Staatsanwaltschaft weitergeleitet. Im Anhörungsbogen des Gerichts gab ich an, dass ich ein Attest hatte, das mich vom Tragen einer Maske befreite. Ich gab an, dass ich das den Polizisten vor Ort glaubhaft gemacht hatte. Ich schrieb auch, dass ich mich auf Unter den Linden vor der Polizeimaßnahme nicht aufgehalten hatte. Das interessierte die Richterin nicht.

Als uns die Polizei aus der Maßnahme entließ, sagten die uns tatsächlich, dass wir auf Unter den Linden gehen sollten. Sie wollten offensichtlich nicht, dass wir zurück zur Demo auf der Marschallbrücke gingen. Wir trugen keine Maske, deswegen hatten sie uns offiziell festgehalten. Und nun schickten sie uns auf die Straße, wo diese Anordnung, die Maske zu tragen, tatsächlich galt, für die ich später das Bußgeldverfahren erhielt. Wir hatten keine Maske und dennoch ließen sie uns nur in Richtung Unter den Linden raus. Wir gelangten trotzdem irgendwie zurück auf die Marschallbrücke.

In unsere Richtung fuhr auch mal ein Wasserwerfer. Zu einem Einsatz kam es glücklicherweise nicht. Am Nachmittag, als wir erfuhren, dass die Mehrheit der Abgeordneten für das Infektionsschutzgesetz gestimmt hatten, liefen wir alle von der Marschallbrücke los und entlang der Spree Richtung Schloss Bellevue, dem Amtssitz des Bundespräsidenten, in der Hoffnung, dass er das Gesetz angesichts unseres Protests nicht unterschreiben würde. Die Polizei schaffte es zunächst nicht, uns aufzuhalten. Das war toll und wir buchten das als kleinen Erfolg. Die Hundertschaften versuchten aber weiterhin, uns den Weg abzuschneiden. Natürlich wollten die nicht, dass wir hier liefen, nicht in Richtung des Bundespräsidenten und schon gar nicht ohne Genehmigung! Wir fanden aber einen Weg und schafften es bis auf die Lutherbrücke vor dem Schloss Bellevue. Da tauchten auf einmal Demonstranten auf der anderen Seite der Brücke auf. Sie waren vom Brandenburger Tor gekommen und wollten ebenfalls zum Schloss. Die Brücke zu überqueren und die Züge zu vereinen, ging aber nicht. Die Polizei hatte sie in der Mitte gesperrt.

So standen wir eine ganze Weile. Irgendwann fingen die Trommler an zu trommeln und die Menschen entschieden weiterzulaufen. In der Nähe gab es einen Park, in den liefen wir und die Bereitschaftspolizei rannte hinter uns her. Hinter dem Park war ein Wohngebiet, da hätten wir mit unseren Trommeln durchlaufen können. Wir waren wirklich viele, und das wollten sie verhindern. Ich sah, wie die Polizisten in den Park reinliefen, um uns den Weg abzuschneiden. Damit hätten sie uns gekesselt. Auf der einen Seite war die S-Bahn, auf der anderen Seite die Spree. Die Polizei machte tatsächlich zu. Norman und ich rannten los und gerade so schafften wir es noch aus dem Park heraus. Wir konnten abhauen und waren dann weg. Es schafften aber nicht alle. Mes wurde erwischt. Sie rannten ihr hinterher. Später hatte sie wegen der Situation ein Verfahren am Hals. Die Gefahr, die über nicht genehmigten Demonstrationen liegt, wiegt nicht leicht. Unter Umständen kann es sich um Straftatbestände handeln. In dem Moment, in dem wir die Marschallbrücke verließen, war unsere Demo nicht mehr genehmigt. Möglichen Verantwortlichen drohen Verurteilungen wegen Rädelsführerschaft. Es war uns aber wichtiger, frei zu demonstrieren und auf die knebelnden Genehmigungen des bürokratischen Staats zu pfeifen. Immer wenn wir es schafften, unser Recht auf Widerstand durchzusetzen, war das ein kleiner Erfolg. Denn wir sind das Volk. Wir sind der Souverän. Wenn da viele Menschen sind, die sagen, nein, jetzt reicht es, ist das für uns ein Erfolg. Mehr schafften wir an dem Tag leider nicht. Das erste Infektionsschutzgesetz war beschlossene Sache. Wir wussten, dass unsere Grundrechte nun vom Parlament selbst eingeschränkt worden waren, statt wie zuvor durch willkürlich erlassene Verordnungen. Jede Einschränkung unserer Grundrechte war und ist aber Unrecht, egal, ob die Entscheidung von Bürokraten oder einem Parlament getroffen wird.

Am letzten Tag der Corona-Bustour, fand die Demo in Göppingen statt. Markus Haintz, Wolfgang Greulich, Bodo Schiffmann, Ralf Ludwig, Roger Bittel und Samuel Eckert waren seit dem 28. September zusammen in ganz Deutschland unterwegs gewesen, von Demo zu Demo gefahren, hatten Reden gehalten, informiert. Am 21. November kamen sie in Göppingen an. Zum ersten Mal war ich in die Organisation einer Demo involviert und bekam nun mit, welchen Aufwand das bedeutete. Da geht es um Fragen der alltäglichen Verpflegung, um die Finanzierung, um die Organisation der Bühne, zum Beispiel ein LKW, und die Technik. Natürlich geht es auch ohne LKW, aber in Göppingen sollte es eine größere Demo werden. Dann brauchte man noch Redner für ein Programm, die fand man durch Kontakte. Genügend Redner zu finden, stellte aufgrund der Größe des Netzwerkes kein Problem dar. Mit der Zeit gründeten sich im Widerstand viele Musikgruppen, Sänger und Sängerinnen wurden bekannt. Auch da fand man immer jemanden. Dann braucht man noch Verpflegung für alle Beteiligten, die Redner, Musiker, Organisatoren und Ordner. In Göppingen gab es leckere Suppe und belegte Brötchen. Wir hatten auch einen Tisch mit Informationsmaterial. Dann muss natürlich jemand mit dem Ordnungsamt sprechen. Es müssen Absperrungen aufgebaut werden, die werden von der Stadt gebracht. Vom Ordnungsamt erhält man einen Plan dafür, was wo stehen soll; das Bühnenauto, die Gitter. Toilettenhäuschen und Mülltüten müssen organisiert werden. Nach der Veranstaltung muss der verbliebene Müll eingesammelt werden, die Gitter und alles andere muss wieder weg. Man muss an viele Dinge denken, doch natürlich kommt mit der Zeit die Routine.

Für uns, die jedes Mal mithalfen, war das bald normal. Trotzdem bedeutete jede Demo eine Menge Arbeit, die nur mithilfe vieler Menschen, die zusammen arbeiteten, bewältigt werden konnte. Darauf kam es an. Während der Veranstaltung muss immer jemand in Kontakt mit dem Einsatzleiter der Polizei stehen. In der Regel macht das der Versammlungsleiter. Bei uns war jedes Mal alles sehr gut organisiert. Wir blieben bis zum Schluss, bis alles wieder sauber war. Nach unserer Demo in Konstanz blieben wir zum Beispiel noch bis zum nächsten Morgen und befreiten den kompletten Platz der Demo vom Müll. Von München bis Leipzig wurden die Plätze, die wir für Veranstaltungen von Querdenken nutzten, immer ordentlich hinterlassen. Natürlich schmissen die Teilnehmer auch einfach Müll auf den Boden. Doch nach unseren Veranstaltungen war es sauberer als zuvor.

Die Demo in Göppingen verlief super. Nach der Standdemo machte *Ruf der Trommeln* einen Aufzug durch die Stadt. Ich stand auf ihrem Wagen und sang ein Lied. Alles klappte gut, es machte Spaß; eine schöne Demo für den Abschluss der Bustour. So lernte man sich untereinander kennen, indem man mitmachte, anpackte. Abends saßen wir beisammen, die Organisatoren, die Helfer und die Männer von der Bustour, an einer großen Tafel in einem Restaurant. Der Besitzer hatte seine Köche etwas Feines zaubern lassen und jeder erhielt ein köstliches Abendessen. Zu dem Zeitpunkt war alles geschlossen gewesen, die Kneipen, die Restaurants, die Bars. Nirgendwo durfte man hin. Also trafen wir uns im privaten Bereich und verbrachten zusammen einen entspannten Abend, ohne dass jemand Ärger machte wegen irgendwelcher sinnlosen Verordnungen. Ich unterhielt mich kurz mit Samuel Eckert. Roger Bittel schenkte uns T-Shirts von Bittel-TV. Aber insgesamt war ich eher zurückhaltend. Für mich war das alles immer noch neu. Im Juni war ich das erste Mal auf einer Demo von Querdenken gewesen und ein halbes Jahr später saß ich mit den bekannten Gesichtern der Bewegung an einem Tisch. An dem Abend hatte ich nicht den Eindruck, dass das abgehobene Menschen waren. Sie waren alle ganz normal. Ich war einfach etwas schüchtern.

Am 27. November fuhren Norman und ich auf die Standdemo nach Sinsheim. Bodo Schiffmann war dabei, da er dort seine Praxis hatte. Es war ziemlich kalt. Von dort fuhren wir weiter nach Frankfurt an der Oder. Dort fand am 28. November die erste grenzübergreifende Demo statt. Direkt an der Oder hatte man auf einem kleinen LKW eine Bühne aufgebaut. Michael Ballweg hielt eine Rede, Eva Rosen sang ein Lied. Zuvor hatte ich gar nicht gewusst, dass sie auch Sängerin war. Trommler waren auch dabei. In Frankfurt selbst war viel Polizei, sogar auf Pferden waren sie unterwegs. Die Brücke über die Oder durften wir erst nicht überqueren. Am Abend gingen

Gemeinsam sind wir stark

wir doch auf die Brücke und liefen rüber nach Polen. In Słubice empfing uns die polnische Polizei. Da ich nicht wusste, wie die Bestimmungen auf der polnischen Seite waren, sagte ich zu Norman, dass ich lieber nicht weiter mitlaufen wollte. Wir liefen daher nur eine Runde im Kreisverkehr direkt nach der Brücke und dann wieder zurück auf die deutsche Seite. Die *Freedom Parade*, die auch dabei war, war da schon mutiger. Sie liefen nach Słubice rein und drehten eine Runde in der Stadt.

Auch wenn es für uns nur kurz war: Das Gefühl sich über die Brücke hinweg mit den Polen getroffen zu haben, die uns entgegengekommen waren, war schön und die lange Anreise wert gewesen. Die Polen durften über die Brücke kommen und wir durften zu ihnen. Ich kannte die Organisatorin dieser Demo über die deutsch-polnische Völkerverständigung. Ich hatte sie bereits auf einer anderen Demo kennengelernt, wusste aber zunächst nicht, dass sie Polin war. Wir begrüßten natürlich die polnischen Demonstranten, die wie wir im Widerstand waren, sprachen aber nicht viel miteinander. Dafür war auf der Demo zu viel Bewegung. Ein Pole hielt eine Rede auf dem LKW. Eine schöne Erfahrung. Ich hielt es für wichtig, dass wir grenzübergreifend, also in den Grenzstädten, Demonstrationen durchführten. Und ich halte es für ganz wichtig, dass man versteht, dass es auf unseren Demonstrationen nicht nur um Deutschland ging, sondern auch um Europa. Die Demonstration in Frankfurt an der Oder war meine erste Europademo. Demos wie hier, dachte ich damals, sollten wir mit allen Ländern veranstalten, die an Deutschland angrenzen.

Unrecht

Am 12. Dezember fuhren wir zu sechst auf eine Demo nach Frankfurt am Main, Norman, sein Sohn, zwei Freunde, einer meiner Söhne und ich. In der Nähe des Hauptbahnhofs stellten wir das Auto ab und liefen zu Fuß in die Innenstadt. Die Standdemo, die hier eigentlich stattfinden sollte, war bereits im Vorfeld verboten worden. Wir fuhren aber trotzdem und entschieden uns, statt auf die Demo spazieren zu gehen. Außer uns waren noch mehr Menschen nach Frankfurt gekommen, die sich wie wir nicht aufhalten ließen. Auch sie waren in der Frankfurter Innenstadt unterwegs, und wir hofften, dass wir uns irgendwo treffen würden. Doch schon als wir losliefen, sahen wir, dass Frankfurt voller Polizei war.

Zur Alten Oper gelangten wir über eine Seitenstraße. Norman, mein Sohn und ich liefen etwas voraus, die anderen drei ein Stück hinter uns. Auf dem Bürgersteig vor einer Grünfläche sah ich Leute mit einem Banner stehen. Es waren Gegendemonstranten von der Antifa, also machten wir einen Bogen um sie. Doch die anderen hinter uns passten nicht auf. Sie unterhielten sich, liefen durch die Gruppe durch und es dauerte nicht lange, da wurde unsere Freundin von jemandem geschubst. Das fand sie überhaupt nicht lustig. Sie beschwerte sich lautstark und sogleich kamen mehrere Polizisten angerannt, Bereitschaftspolizei. Wie aus dem Nichts tauchten sie auf. Doch anstatt, dass sie sich den Typen vorknöpften, der unsere Freundin angerempelt hatte, nahmen sie Normans Sohn und die beiden anderen fest und führten sie zum Unterstand eines Hauses. Norman, der sah, was die Polizei mit seinem Sohn machte, rannte gleich zu ihnen hin. Natürlich wollte er wissen, was los war, was sie mit seinem Sohn anstellten. Kurzerhand nahm die Polizei erst Norman und dann auch mich fest und zum Schluss standen fünf von uns an der Hauswand. Meinen Sohn ließen sie zum Glück in Ruhe.

Weil wir keine Maske trugen, wollten sie unsere Personalien haben. In der gesamten Frankfurter Innenstadt galt damals eine Maskenpflicht. Erstens war mir aber die Maskenregel bislang egal gewesen. Zweitens war ich vom Tragen einer Maske durch mein Attest befreit. Drittens hatten wir überhaupt nicht damit gerechnet, dass unter freiem Himmel abseits von jeder Menschenmenge so etwas wie eine Maskenpflicht herrschen könnte. Und viertens trugen Norman und ich sehr wohl eine *Nasen-Mund-Bedeckung*; an diesem Tag machten wir uns einen Spaß aus der albernen Maskenpflicht, trugen eine knallrote Clownsnase aus Schaumstoff und über den Mund hatte sich jeder von uns ein Pflaster geklebt. Damit waren wir natürlich besonders auffällig und die Polizei konnte uns sofort als Demonstranten erkennen.

Wieder wurden wir unnötig lange festgehalten. Nach bestimmt einer halben Stunde eröffneten uns die Herren Polizisten, dass wir jetzt zu unserem Auto zurückgehen müssten. Das stand am Hauptbahnhof. Da Kontrolle besser als Vertrauen ist, eskortierte uns gleich ein Trupp Bereitschaftspolizei zum Vorplatz des Hauptbahnhofs, ein paar Mann vor, ein paar hinter uns; rechts und links hätte noch gefehlt und das Bild der Schwerverbrecher wäre mal wieder perfekt gewesen.

Auf dem Bahnhofsvorplatz, der voller Polizei war, ließen sie von uns ab. Was sollten wir als nächstes tun? Nach Hause zu fahren, kam uns nicht in den Sinn. Ich schlug vor, erst einmal Richtung Neue Mainzer Straße zu laufen, um Abstand von der Polizei zu gewinnen. Als wir uns anschickten, die Straße zu überqueren, kam gleich der nächste Trupp Bereitschaftspolizei angerannt und nahm drei von uns erneut fest. Wir sollten mitkommen, hieß es, und da mussten wir einfach lachen. Gerade erst waren wir aus der letzten Polizeimaßnahme entlassen worden. Was war es denn diesmal? Sie wollten unserer Personalien aufnehmen. Dann fragen sie doch ihre Kollegen, gab ich ihnen zur Antwort. Tatsächlich stand der Trupp, der uns zum Bahnhof eskortiert hatte, immer noch in der Nähe. Den Typen von der Bereitschaftspolizei kannst du aber sagen, was du willst. Es interessiert sie nicht. Für uns war die Situation einfach albern. Weil wir irgendwie wie *Querdenker* aussahen, hatten sie uns eben sofort aus dem Verkehr gezogen.

Dann verging mir aber das Lachen. Weil ich meinen Personalausweis nicht dabei hatte, sollte ich mitkommen, sagte ein Polizist, und meine Fingerabdrücke abgeben. In ihrem Polizeibus hatten sie ein entsprechendes Gerät. Normalerweise trage ich keinen Personalausweis bei mir. Ich bin Deutsche, ich brauche keinen Personalausweis bei mir zu führen. Ich kann selbst sagen, wer ich bin. Ich ging aber mit ihnen mit und da nahmen sie echt meine Fingerabdrücke. Dass es hierfür einen richterlichen Beschluss gebraucht hätte, wusste ich damals nicht. Sie hatten mich knallhart belogen. Hätte ich damals gewusst, dass Fingerabdrücke zu nehmen ohne richterlichen Beschluss überhaupt nicht geht, hätte ich das nie gemacht. Es gab keinen Grund. Ich hatte glaubhaft angegeben, wer ich war. Heute weiß ich das, dass die Polizisten das nicht dürfen. Aber damals war ich ein Küken. Die Polizisten lügen andauernd. Sie erzählen dir irgendeinen Mist über Dinge, die sie überhaupt nicht dürfen, und schüchtern dich damit ein. Sie hatten mich nicht aufgeklärt und sie wussten ganz genau, dass ich in einer unangenehmen, stressigen Situation war. Das nutzten sie knallhart aus. Hinterher konnten sie sagen, dass ich alles freiwillig mitgemacht hätte. Sie ließen mich absichtlich und aus Vorsatz im Unwissen. Auch das ist eine Art der Lüge. Das sind deutsche Polizisten, sie repräsentieren den Staat und das Gesetz. Sie sollten sich in jeder Situation korrekt verhalten. Das muss der Anspruch an jede Person sein, die gesetzlich Verantwortung trägt. Die Bereitschaftspolizei macht das aber nicht, im Gegenteil. Von den Knüppelhelden der Hundertschaften und ihren Zugführern auf der Straße bis zu den Schreibtischtätern mit Verbindung zur Politik ist die Bereitschaftspolizei nicht mehr als eine staatlich finanzierte Schlägertruppe. Diese Schlägertruppe gehört aufgelöst.

Als man uns nun zum zweiten Mal laufen ließ, kamen sogleich irgendwelche Männer auf uns zu und fragten, wohin wir wollten. Vermutlich war das Zivilpolizei. Da sie sich aber nicht auswiesen, hätten das auch irgendwelche Hanswürste gewesen sein können. Natürlich wäre es besser gewesen, denen zu sagen, weisen Sie sich erst einmal aus. Heute würden wir das so machen. Die Männer sagten uns, wir sollten auf dem direkten Weg zu unserem Auto gehen und aus Frankfurt verschwinden. Wenn nicht, kämen wir über Nacht in *Sicherheitsverwahrung*, ein beschönigendes Wort für Knast. Das konnten wir nicht riskieren, ich hatte meinen Sohn dabei. Die Frage war aber trotzdem: für was? Was hatten wir verbrochen? Wir waren in Frankfurt. Wir gingen spazieren, wir wollten durch die weihnachtlich geschmückte Stadt bummeln, aber man unterstellte uns etwas, dafür wurden wir der Stadt verwiesen. Es war wie in einem Mafia- oder Wildwestfilm. Der Stärkere schreibt das Gesetz. Die Männer begleiteten uns noch bis zum Auto. Blöd war nun, dass wir noch unsere Freundin und Normans Sohn einsammeln mussten, die nicht in die zweite Maßnahme geraten waren. Um die Zivilpolizisten loszuwerden, fuhren wir erst einmal los, wir schafften es, die anderen beiden einzusammeln, und dann verließen wir, wie angeordnet, die Polizeistadt Frankfurt.

Später erhielt ich Post mit einem Ordnungswidrigkeitsverfahren, weil ich an dem Tag in Frankfurt keine Maske getragen hatte. Laut dem Protokoll der Polizei wurde ich um 12:15 Uhr in der Wiesenhüttenstraße und auf dem Bahnhofsvorplatz wegen fehlender Mund-Nasen-Bedeckung festgehalten. Die entsprechende Pflicht, galt für die ganze Stadt Frankfurt. Ich erhielt einen Bußgeldbescheide über zwei Mal 50 Euro, zuzüglich Gebühren 128,50 Euro. Daraufhin schickte ich mein ärztliches Attest, das mich aus gesundheitlichen Gründen vom Tragen einer Maske befreite, in Kopie an das Amtsgericht Frankfurt. Das Verfahren wurde eingestellt. Ohne Anhörung, ohne Hauptverhandlung.

Dann war Silvester und für Stuttgart war Demo-Hopping angekündigt worden. Damals galt in Baden-Württemberg ab 20 Uhr Ausgangssperre. Jeder sollte in seinen eigenen vier Wänden bleiben. Demonstrationen durften offiziell aber stattfinden. In Stuttgart wurden gleich mehrere Demos an verschiedenen Orten angemeldet, sodass man von einer Demonstration gleich auf die nächste gehen konnte, und zur nächsten und zur nächsten. Demo-Hopping eben, eine tolle Idee, die wieder einmal zeigte, wie gut vernetzt wir waren. So konnten wir sicher sein, dass wir Silvester mit unseren Freunden verbringen würden.

Die erste Demo fand auf dem Charlottenplatz statt. Hier begann gegen 18 Uhr ein Aufzug mit *Ruf der Trommeln*. Es kamen ziemlich viele Leute. 2020 gab es neben der Corona-Bustour der Männer auch die Bustour der

Frauen. Besonders schön war, dass die Frauen dieser Bustour nach Stuttgart gekommen waren. Eva Rosen, Melli und auch die *Anwälte für Aufklärung*, die die Frauen begleitet hatten, wie Janko aus Berlin, waren gekommen. Als wir sie trafen, gab es natürlich ein großes Hallo. Michael und Ingo waren aus Nordrhein-Westfalen angereist. Die Münchner Freunde waren da, Angela und Oliver. Sie alle waren nach Stuttgart gekommen und das war toll. Wir liefen los, die Stimmung war fröhlich und der bevorstehenden Ausgangssperre zum Trotz hatten wir eine Menge Spaß. Es gab auch ein paar Gegendemonstranten, aber die waren kein Problem. Die Bürger Stuttgarts, manchmal Familien mit Kindern, standen an den Fenstern und schauten uns zu, manche winkten uns sogar. Mit Flaggen und Trommeln liefen wir bestimmt zwei Stunden durch die Stadt. Anders als in Berlin konnte die Versammlungsbehörde von Stuttgart unseren Aufzug nicht verhindern. Unser erster Aufzug, der vor der Ausgangssperre um 20 Uhr begann, fand also statt.

Einige Monate zuvor hatte es Streit bei *Ruf der Trommeln* gegeben. Ein Teil der Gruppe spaltete sich ab und gründete sich neu. Diese neue Gruppe hatte den zweiten Aufzug durch Stuttgart angemeldet und genehmigt bekommen. Als wir zurück auf dem Charlottenplatz kamen, erfuhren wir, dass der zweite Aufzug bereits losgelaufen, jedoch von der Polizei gestoppt worden war. Wir folgten dem zweiten Aufzug, um uns ihm anzuschließen, und als wir ihn einholten, sahen wir, dass die Polizei ihn in der Tat nicht laufen ließ. Die anwesenden Polizisten standen um eine Frau vom Stuttgarter Ordnungsamt herum. Karl Hilz hielt auf dem Wagen der Trommler eine Rede, was den anwesenden Ordnungshütern vermutlich überhaupt nicht schmeckte. Als ehemaliger Polizist sprach Karl jedes Mal gezielt die Polizisten vor Ort an, redete ihnen ins Gewissen, erinnerte sie daran, dass sie einen Amtseid geschworen hatten, dass sie keine Marionetten der Politik waren. Karl fand hierfür immer ganz klare Worte. Doch die Polizei ließ uns nicht weiter und so standen wir eine ganze Weile und warteten.

Währenddessen ging ich herum, schaute mir die Polizisten an und auch diese Frau vom Ordnungsamt, die von Polizisten umringt war. Selbstverständlich trug sie eine Maske. Zu dem Zeitpunkt wusste bereits jeder, der es wissen wollte, dass das im Kampf gegen eine Pandemie Schwachsinn war. Fehlende Masken oder Abstände schienen auch dieses Mal wieder der Vorwand zu sein, dass man uns nicht laufen ließ. Die Verordnungen waren immer nur ein Vorwand, um gegen uns vorzugehen.

Der zweite Aufzug war damit am Ende. Also verließen wir die Polizeisperre und liefen in kleinen Gruppen zum Startpunkt der nächsten Demo vor dem Staatstheater. Hier wurde Musik gespielt und dieselbe Frau vom Ordnungsamt war bald auch vor Ort. Als ich an ihr vorbeilief, sagte ich laut etwas wie, *Sie schon wieder*, ohne zu wissen, wer sie war. Sie trug keine Uniform. Dass sie vom Ordnungsamt sein musste, konnte man sich denken. Welchen Einfluss sie hatte, konnte ich nicht ahnen. Ich war aber sauer. Sie stand da und kommandierte uns herum. Immer wieder hörte ich, wie sie *Maske!* und *Abstand!* rief. Das ging mir gehörig auf die Nerven. Wer war sie schon, dass sie diese Autorität hatte? Natürlich möchte man so etwas nicht unwidersprochen lassen. Warum soll man immer das Maul halten? Ich sagte ihr direkt, dass sie uns einfach in Ruhe lassen sollte. Nur weil sie beim Ordnungsamt arbeitete, glaubte sie, dass sie uns Befehle erteilen konnte? Ist es etwa eine besondere Ehre oder eine Auszeichnung beim Ordnungsamt zu arbeiten? Wer beim Ordnungsamt arbeitet, ist Befehlsempfänger, eine kleine Schraube im Staat. Solche Leute gab es in der Geschichte Deutschlands immer zuhauf. Blockwarte, weiter nichts. Und wer sich wie ein Blockwart aufführt, darf auch erwarten, dass andere einen wie einen Blockwart behandeln. Von mir gab es gerade einmal einen schnippischen Kommentar.

Auf der Demo vor dem Staatstheater fanden Reden statt. Als die Veranstaltung zu Ende war, vielleicht gegen 23:30 Uhr, liefen wir zum Ort der letzten Demo, dem Karlsplatz. Das Thema war die schlimme Situation der Gastronomen. Maßnahmenbedingt hatten sie ihre Gaststätten schließen müssen und litten nun unter den enormen wirtschaftlichen Einbußen. Es war auch ein Gastronom, der die Demo auf dem Karlsplatz angemeldet hatte. Manche von uns waren bereits gegangen, da sie das Neue Jahr zu Hause feiern wollten. Auf dem Karlsplatz waren wir dennoch recht viele. Die Versammlung wurde eröffnet, ich lief mit meiner Flagge umher.

Dann hieß es sogleich wieder, Abstand halten, Maske tragen. Weil ich ein Attest hatte, achtete ich sowieso nicht auf die Maskenregeln. Abstand hielt ich von mir aus zu Personen, die ich nicht kannte. Wenn ich aber jemanden aus der Bewegung kannte und wir uns begrüßten, nahm ich die Person natürlich in den Arm und unterhielt mich mit ihr, ohne die 1,5 Meter Abstand einzuhalten. Wie sollte das denn gehen? Man müsste sich ja auf offener Straße anschreien. Der Platz war gut gefüllt, die Leute unterhielten sich, es lief Musik und dann sollte man sich mit jemandem über 1,5 Meter Abstand unterhalten? So ein Quatsch.

Bald merkte ich, dass diese Frau vom Ordnungsamt wieder Ansagen machte. Einmal kam einer der Polizisten auf dem Karlsplatz zu ihr und ich hörte, wie er die Frau fragte, ob das so in Ordnung war. Gemeint waren

Unrecht

die Abstände und die Masken. Die Frau schüttelte den Kopf. Dabei hatten wir uns sogar Mühe gegeben, die dummen Verordnungen umzusetzen. Es war aber jedes Mal ein innerer Kampf. Du weißt genau, dass die Regeln Schwachsinn sind. Du hast die Auflagen und möchtest natürlich mit den anderen zusammen diese Kundgebung zu Ende bringen. Immer wieder diese innere Zerrissenheit zu erleben, war sehr anstrengend. Die Auflagen waren willkürlich und auch an diesem Abend dienten sie nur dazu, uns zu stören. Das machte mich wütend. Charaktere wie jene Frau vom Ordnungsamt kennen keine inneren Kämpfe. Sie würden nie auf die Idee kommen, etwas zu hinterfragen, wenn es ihrer Karriere oder ihrer Bequemlichkeit schaden könnte. Sie kennen weder Zerrissenheit, noch Kompromisse. Die Frau hätte ja Verständnis haben können, weil Silvester war, weil wir zusammen feiern wollten, was auch immer. Das hatte sie nicht. Sie hatte ihre Vorstellung, wie die Ordnung auszusehen hatte, und wollte sie zu 100 Prozent umsetzen. Jeder totalitäre Staat braucht Charaktere wie sie, die bereit sind, die Vorgaben um jeden Preis durchzusetzen.

Ich ging zu ihr und geigte ihr die Meinung. Was sie tat, war Amtsmissbrauch, und sie sollte uns jetzt in Ruhe das Jahr ausklingen lassen. Das hörte die Ordnungsfrau bestimmt nicht gern. Unter normalen Umständen wäre mein Vorwurf unter Meinungsfreiheit gefallen. Markus Haintz, der auch anwesend war, äußerte sich ebenfalls ihr gegenüber in diese Richtung, drückte sich jedoch etwas besonnener aus. Markus wandte sich direkt an die Polizei und sagte, dass es schön wäre, wenn wir diese Demo noch zu Ende bringen und das neue Jahr begrüßen könnten. Er bat sie im Prinzip darum, dass sie uns für die kurze Zeit in Ruhe ließen. Währenddessen lief ich meine Flagge schwenkend über den Platz. Ich kann mich nicht einfach auf einen Platz in die Menschenmenge vor den Rednern stellen und stehen bleiben. Das war mir zu langweilig. Ich freute mich auf Mitternacht. Das neue Jahr wollte ich mit Norman, allen Freunden und all den Polizisten tanzend begrüßen. Das war mein Wunsch. Gerade befand ich mich zur Seite des Reiterdenkmals, als drei Polizisten auf mich zukamen, zwei Männer und eine Frau.

Ich merkte gleich, dass sie gezielt zu mir wollten, und ich sagte ihnen sofort, halten Sie bitte Abstand. Der Abstand ist jetzt nicht wichtig, entgegnete die Polizistin. Um was geht es, fragte ich. Die Polizistin wollte die Personalien feststellen und fragte mich nach meinem Personalausweis oder dem Führerschein. Ich fragte nicht, weshalb. Ich sagte nur, dass ich meinen Personalausweis nicht bei mir trug, auch nicht den Führerschein. Ich hatte wirklich nichts dabei. Darauf antwortete die Polizistin, dass sie mich in dem Fall körperlich abtasten müsste. Ich sagte, nein, dafür gibt es keinen Grund. Mein Auto stand direkt am Karlsplatz, keine fünf Minuten zu Fuß. Mein Personalausweis war im Auto und ich hätte ihn einfach holen können. Die Polizistin fragte aber nicht danach. Ich selbst kam in dem Moment auch nicht auf diese Idee. Gesetzlich reicht es aus, wenn man gegenüber der Polizei glaubhaft machen kann, wer man ist. In Deutschland sind Staatsbürger nicht dazu verpflichtet, einen Personalausweis bei sich zu führen. Ich bin der deutschen Sprache mächtig, ich kann sagen, wer ich bin, und ich glaube, dass ich einen glaubwürdigen Eindruck mache. Ich trinke keinen Alkohol, ich nehme keine Drogen, kurz gesagt, ich gebe keinen Anlass, mir nicht zu glauben. Die Polizistin wollte mich dennoch abtasten.

Nein, sagte ich, Sie fassen mich nicht an. Ich wollte nicht, dass mich eine fremde Frau abgrapschte. Ich wollte nicht, dass mich irgendjemand anfasste. Diese Erfahrung hatte ich bereits zweimal in Berlin machen müssen, erst am Alexanderplatz und dann an der Marschallbrücke. In Stuttgart entschied ich, dass ich das nicht mehr akzeptieren würde. Ich wollte nicht, dass diese Frau mich anfasste, und das sagte ich ihr klipp und klar. Es gab keinen Grund, keinen Anlass, mich zu durchsuchen. Ich sagte ihr, wer ich war: meinen Namen, meine Anschrift. Zu mehr war ich gesetzlich nicht verpflichtet. Die Polizistin entgegnete, dass sie nichts dabei habe, um das aufzuschreiben. Selbst wenn das die Wahrheit war, war das nicht mein Problem. Was konnte ich dafür, wenn sie zu blöd war, um als Polizistin Notizblock und Stift dabei zu haben? Als Norman die Situation mitbekam, kam er zu mir und rief vorsorglich Markus Haintz als Anwalt hinzu. Markus stand aber schon neben mir. Ich hatte zunehmend Mühe, der Polizistin auszuweichen. Norman versuchte, zu deeskalieren. Ich wiederholte, nein, Sie fassen mich nicht an. Doch, sagte die Polizistin und griff nach meinem linken Arm.

In dem Moment bekam ich Panik. Ich wollte auf jeden Fall verhindern, dass die Polizistin mich durchsuchte, ich war bereit, meinen Mantel auszuziehen. Sie sollte alle Taschen durchsuchen können. Unter dem Mantel trug ich ein Kleid mit zwei Taschen. Selbst das war ich bereit auszuziehen. Die Frage mit dem Ausweis oder dem Führerschein hätte ohne Eskalation gelöst werden können. Darum ging es der Polizistin aber nicht. Sie bedrängte mich, wie sie es wahrscheinlich in ihrer Ausbildung gelernt hatte, wie man wehrlose Menschen bedrängt. Ich übergab Norman meine Flagge, ich wollte ihm auch den Krimskrams aus meinen Taschen geben und meinen Mantel aufmachen. Die Polizistin machte einen neuen Anlauf, mich zu greifen, Norman sagte, *Sie halten 1,5*

Meter Abstand, und hielt die Flagge vor sich. Markus rief, *die Flagge weg!*

All das spielte sich in wenigen Sekunden ab. Ich nahm die Flagge wieder an mich, fragte, wer kann sie nehmen, reichte die Flagge nach hinten weiter, und in dem Moment, als ich mich nach rechts drehte, wurde ich von der Polizistin am linken Oberarm gepackt, sie hielt mich fest, und dann kamen sie von hinten und packten auch meinen rechten Arm. Alles ging so schnell. Zu dem Zeitpunkt waren auch Streamer anwesend und filmten die ganze Szene. Weil ich versuchte, dem Zugriff durch die Polizistin auszuweichen, und gleichzeitig überlegte, wie ich aus der Situation herauskommen könnte, bekam ich nicht mit, dass man uns filmte, und sah auch nicht, was hinter mir vorging. In Gedanken suchte ich verzweifelt nach einer Lösung. Ich weiß noch, wie ich über die Polizistin dachte, he, du bist eine Frau, du bist eine Schwester. Ich hatte ihr noch ein zweites Mal meinen Namen und meine Anschrift genannt. Zweimal nannte ich ihr alles hörbar. Es half nichts. Sie griffen mich, dann schleppten sie mich weg. In dem Moment sah ich den Vollmond, sandte ein Stoßgebet an den Himmel und fiel in mich zusammen.

Ich kann nicht sagen, was damals passierte. Wahrscheinlich war es ein Schock. Ich hatte plötzlich keine Kraft mehr, meine Muskelspannung war auf einen Schlag weg und ich sank zu Boden. Dort lag ich und ich sah mich von außen auf der Straße liegen. Ich trug eine grüne Leggins, ein gelbes Leinenkleid und meinen blauen Wollmantel. Ich spürte, wie jemand mich an den Füßen und an den Armen nahm. So wurde ich weggetragen, ich sah aber nichts. Mein Kreislauf war wie runtergefahren. Alles war schlapp. Ich wurde irgendwo hingetragen und auf dem Boden abgelegt. Jemand fühlte meinen Puls. Ich hörte, wie Menschen schrien, aber ich verstand die Worte nicht. Jemand kam mit einer Wärmedecke, die ich an ihrem Knistern erkannte, und man legte mich auf die Decke in der stabilen Seitenlage. Ich hörte, *RTW anfordern.* Rettungswagen. Ich hatte diese Abkürzung noch nie gehört, verstand aber, was sie meinten. Ich konnte mich nicht bewegen, nicht sprechen. Alles war wie in Trance. Jemand leuchtete mit einer Taschenlampe in mein Auge, fühlte noch einmal meinen Puls. Jemand sagte, die sinniert. Ich war wie leer, meine Atmung war flach. Als ich so auf dem Boden lag, durchsuchten sie meine Kleider- und Manteltaschen, tasteten mich ab, auch zwischen den Beinen. Alles, was ich nicht wollte, machten sie jetzt. Ich konnte nichts tun. Nicht sprechen, mich nicht wehren, mich nicht bewegen. Nichts. Ich hörte die Glocken zum Jahreswechsel läuten.

Mein Körper war wie leblos. Jemand sagte, *RTW unterwegs.* Da machte es klick, denn ich wusste, dass ich nicht ins Krankenhaus wollte. Das war der Auslöser, dass ich wieder zu mir kam. Vermutlich aus Angst, dass mir jemand einen Zugang legte und mich ins Krankenhaus mitnahm, kehrten die Lebensgeister in meinen Körper zurück. Ich legte mich auf den Rücken, öffnete die Augen und sagte etwas wie, dann kann ich ja jetzt gehen. Neben mir kniete ein Bereitschaftspolizist. Er fragte mich nach meinem Namen, dem heutigen Datum und nach meinem Geburtstag.

Ich setzte mich auf. Es war der 1. Januar 2021. Neujahr. Das Gehirn funktionierte also. Zu einer Polizistin, die auch da war, sagte ich etwas wie, kann ich jetzt aufstehen. Sie sagte, nein, ich solle liegen bleiben. Ein paar Meter entfernt sah ich, wie mein Mantel auf dem Boden lag. Ich fragte, ob ich meinen Mantel anziehen durfte. Ich fror. Die Polizistin sagte, nein, und nahm den Zipfel der

Rettungsdecke unten an meinen Füßen, wollte ihn um mich legen und sagte, das ist besser. Mit diesem Zipfel konnte man niemanden zudecken. Totaler Schwachsinn.

Eine Polizistin fragte mich nach Name und Anschrift. Beides gab ich nun zum dritten Mal korrekt an. Während ich auf dem Boden lag, mussten sie irgendwo einen Zettel und einen Stift aufgetrieben haben. Ich fragte, ob ich aufstehen könnte. Mir war so kalt. Wieder sagte man, nein. Dann kam ein anderer Polizist zu mir und sagte, dass ich aufstehen durfte. Ich holte meinen Mantel und zog ihn an. Das Futter war total zerrissen. Rechts und links stützte man mich. Ich hatte immer noch keine Kraft. Sie brachten mich zu einem Polizeibus, setzten mich da rein.

Da saß ich also, schaute links aus dem Fenster und sah Polizisten einer neben dem anderen mit dem Rücken zu mir in zwei Reihen stehen. Meine Freunde, die vor den Polizisten standen, konnte ich nicht sehen. Ich fragte, kann ich bitte zu meinem Freund, ihm Bescheid sagen, dass ich auch gleich wieder zurückkomme. Doch sie sagten, nein, sie wollten mich auf die Polizeiwache mitnehmen. Sie behaupteten, dass die Angaben zu meiner Anschrift, die ich gemacht hatte, während ich auf dem Boden lag, nicht stimmten. Ich sagte, doch, die stimmen, und ich verlangte den Zettel zu sehen, auf dem sie meine Angaben aufgeschrieben hatten. Den Zettel zeigten sie mir nicht. Die Angaben, die ich gegenüber der Polizei machte, waren jedes Mal richtig gewesen. Ich mache keine falschen Angaben. Es gab gar keinen Grund dafür. Dass sie mir den Zettel nicht zeigen wollten, konnte nur heißen, dass sie einen Vorwand suchten, mich auf die Wache zu nehmen, und deswegen logen sie. Als ich fragte, ob ich meinem Freund Bescheid sagen dürfte, dass man mich mitnahm, lautete die Antwort ebenfalls nein, er könnte ja zur Polizeistation kommen. Ich war vollkommen abgeschottet. Zuvor hatte ich mein Handy und meinen Autoschlüssel dabei gehabt. Den Autoschlüssel gaben sie mir wieder. Sie gaben mir keine Chance, irgendjemandem Bescheid zu geben. Dann fuhren sie mit mir los auf die Wache.

Wir kamen an und ich musste aussteigen. Einer lief vor mir, einer hinter mir, so betraten wir das Gebäude und gingen die Treppen hoch. In einem kleinen Zimmer empfing mich eine Polizistin und wie durch Zauberhand bestätigten sich hier meine Angaben, die ich noch einmal angeben musste. Da saß ich und fing an zu heulen. Die Polizistin fragte: Warum weinen Sie? Dieses Unrecht, sagte ich, ich halte es nicht aus. Sie fragte mich, ob ich eine Maske wollte, ich sagte, nein. Damit war das Thema Maske erledigt. Keiner fragte, ob ich ein Attest hatte. Die Frau saß hinter einer Plastikscheibe. Das ganze Theater war völlig unnötig gewesen. Es ging nie um die Maske. Ich erhielt mein Handy zurück und versuchte, Norman zu erreichen. Erfolglos. Die Polizistin war etwas jünger als ich und blieb die Zeit über freundlich. Dann verließ sie ihren Platz und an ihre Stelle setzte sich ein junger Polizist. Am Abend zuvor dachte ich noch, wie gerne würde ich mit allen zusammen, auch mit den Polizisten, zu Silvester tanzen und das neue Jahr begrüßen. Ich habe keine Abneigung gegen die Polizisten persönlich. Meistens sehen diese jungen Kerle von der Bereitschaftspolizei auch noch gut aus. Hinter mir liefen die ganzen Burschen vom Karlsplatz den Gang entlang. Ich sah sie gegenüber von mir in einem Fenster, in dem sie sich spiegelten. Der Polizist, der vor mir saß, machte mit zwei Fingern ein Peace-Zeichen. Da musste ich lachen, und er sagte, dass da seine Kumpels sind.

Irgendwann machten sie eine Durchsage durch die

Lautsprecher. Eine Männerstimme sagte: *Die Grazie wird abgeholt.* Da musste ich wieder lachen, aber eigentlich fand ich es unmöglich. Mit welchem Spott sie mich übergossen. Sie schleppten mich grundlos auf ihre Station, auch noch unter erlogenen Umständen, und in meiner schwachen Lage, in der ich ihnen ausgeliefert war, verlachten sie mich auch noch. Es hätte nur gefehlt, dass sie mich zwangen, die Maske aufzuziehen. Mit Karl Hilz hatten sie das in München einmal gemacht. Das blieb mir zum Glück erspart. Die Polizistin von zuvor kam zurück und sagte, ich darf jetzt gehen.

Ich verließ den kleinen Raum. Rechts waren alle Bereitschaftspolizisten versammelt, die vorher reingekommen waren, die Tür stand offen. Ich sagte ihnen, ich wünschte Ihnen alles Gute für das neue Jahr, und dass ich hoffte, dass wir nächstes Silvester zusammen tanzen. Dieses Mal hatte es nicht geklappt. Ich musste nach links, verließ das Gebäude durch eine Tür, keine normale Eingangstür, eine aus Stahl. Ich stand draußen, hinter mir fiel die Tür ins Schloss, es war kalt und dunkel. Niemand war da. Dass die Durchsage, dass man mich abholen würde, schon wieder gelogen sein könnte, darauf kam ich nicht. Ich war alleine.

Ich stieg die Stufen der Treppe hinunter. Es gab einen Grünstreifen, Parkplätze und dahinter die Straße. Auf dem Parkplatz stand ein Auto. Die Fahrertür ging auf, ein Mann stieg aus, auch die Beifahrertür öffnete sich. Ich konnte nicht erkennen, wer das war, das Auto stand zu weit weg. Da schoss es mir durch den Kopf. *Scheiße, die Stasi.* Das war der erste Gedanke. Ich bekam Angst, solche Angst. Die einen hatten mich rausgeschmissen, jetzt ging es weiter, sie brachten mich irgendwo hin und kein Mensch konnte mir helfen. Dann rief der Mann, der ausgestiegen war, *Ronja*, und da wusste ich, dass es jemand aus der Bewegung sein musste. Die Stimme erkannte ich nicht. Wo ist Norman, rief ich, und dieser Jemand rief zurück, dass Norman in der Polizeistation wäre. Ich drehte mich um und in dem Moment sah ich, wie Norman das Gebäude der Polizeistation durch eine Glastür nur wenige Meter links von der Stahltür verließ. Er kam mir entgegen, auch ich lief ihm entgegen, die Treppe hoch, und dann konnte ich nur noch schreien.

Ich schrie, ich heulte, ich brüllte. Alles, was sich angestaut hatte, löste sich auf einen Schlag. Norman nahm mich in den Arm, ging mit mir zu dem Auto und wir fuhren zurück zum Karlsplatz.

Der Karlsplatz war so gut wie leer. Ich merkte, dass ich einen meiner Ohrringe verloren hatte. Es waren die Ohrringe meiner Mutter, die sie bis zu ihrem Tod getragen hatte. Erst als meine Mutter vom Bestatter abgeholt wurde, nahm ich sie von ihren Ohren ab. Diese Ohrringe hatte ich in der Nacht auf dem Karlsplatz getragen. Einer war nun verloren. Wir suchten eine Weile, Norman und das Pärchen, das uns gefahren hatte. Zwei oder drei Polizisten standen ebenfalls dort. Keine Bereitschaftspolizei. Einer von denen hatte seine Brille verloren. Keine Ahnung, wie das passieren konnte. Den Ohrring fanden wir nicht. Wir gingen zu meinem Auto, fuhren zum Garten von Norman, wo sein Wohnwagen stand. Im Wohnwagen sah ich, dass ich überall blaue Flecken hatte.

Teil II.

2021

Justitia stellt sich taub

Gedächtnisprotokoll über den Zugriff durch die Bereitschaftspolizei am 31.12.2020:

Es war etwa 23:40 Uhr, als Rechtsanwalt Markus Haintz durch das Megaphon seine Hoffnung äußerte, dass die Versammlung weiterhin friedlich bleibt, bis zum Ende. Ich hatte mir gewünscht, mit allen Freunden hier und der Polizei auf dem Karlsplatz in Stuttgart zum Jahreswechsel zu tanzen. Mit meiner Love-Wins-Flagge lief ich auf dem Platz herum, war gerade rechts von der Reiterstatue, als junge Polizisten zu dritt direkt auf mich zukamen, darunter eine Polizistin. Sie näherten sich so weit an, dass ich sie bat Abstand zu halten. „Der Abstand ist jetzt nicht wichtig", sagte die Polizistin. Sie wollte meine Personalien kontrollieren.

Ich hatte keinen Personalausweis dabei, was ich ihr auch sagte. Sie fragte, ob ich mich durch Führerschein oder anderes ausweisen kann, was ich verneinte. Daraufhin wollte sie mich durchsuchen. Ich sagte ihr meinen Namen und meine Anschrift. Das reichte ihr nicht. Sie blieb dabei, mich durchsuchen zu wollen. Ich sagte zu ihr: „Sie fassen mich nicht an." Soweit ich mich erinnere, fragte ich nach der rechtlichen Grundlage für diese Maßnahme. Sie sagte, da ich mich nicht ausweisen kann, will sie schauen, ob ich in meinen Taschen etwas habe, womit ich mich ausweisen kann, da sie mir wohl nicht glaubte. Daraufhin wiederholte ich meinen Namen und meine Anschrift. Ich schlug vor, mich auszuziehen, damit die Polizistin sah, dass ich nichts dabei hatte, womit ich mich ausweisen konnte. Ich gab Norman, der links von mir stand, meine Flagge und griff in meine linke Manteltasche, woraus ich unter anderem einen roten Lippenstift und ein Bonbon holte. Mit meiner rechten Hand wollte ich meinen Mantel öffnen.

Als ich die Gegenstände in meiner linken Hand hielt und überlegte, wohin ich sie legen sollte, ergriff die Polizistin überraschend meinen linken Oberarm. Ich konnte mich befreien. Markus Haintz kam dazu und sagte, die Flagge soll erst einmal weg. Ich nahm Norman meine Flagge ab und drehte mich nach rechts hinten um, fragte, wer meine Flagge nehmen könnte. Als ich sie abgegeben hatte und mich wieder nach vorne drehte, ergriff die Polizistin wieder meinen linken Arm und jemand von hinten meinen rechten Arm. So wurde ich abgeführt Richtung Straße. Ich betete zu Freya und sah den Vollmond. Dann ließ ich mich zu Boden sinken, lag auf meiner rechten Seite zusammengekrümmt. Meine Augen hatte ich geschlossen. Macht mit mir, was ihr wollt. Nur keine Kopfverletzungen und nichts brechen, waren meine letzten Gedanken. Ich fühlte nichts mehr. Gedämpft hörte ich die Rufe „Keine Gewalt!", sah mich von außen in meiner grünen Leggins und in meinem gelben Kleid. Mein Körper wurde an den Beinen und Armen hochgezogen und weggetragen. Dann wurde ich abgelegt.

Mein linker Arm war schlapp. Jemand bückte sich von rechts über mein Gesicht. Ich hörte ihn stark schnaufen. Mein Puls wurde links gefühlt. „Puls stabil", hörte ich. Jemand leuchtete in meine Augen. Ich wurde nach links in die stabile Seitenlage gelegt, mein Kopf nach oben gekippt. Ich hörte: „RTW angefordert", wenig später, „RTW unterwegs." Ich hörte, wie etwas ausgepackt wurde und knisterte. Irgendwie wurde ich auf diese Rettungsdecke gelegt. Ich wurde zwischen den Beinen und in meinen Kleidertaschen durchsucht. Jemand kniete rechts hinter meinem Rücken und hielt mich in der Position. Dann sagte jemand: „Sie sinniert." Jemand anderes sagte: „Sie hat sich bewegt." Ich hörte das alles, konnte aber bis dahin weder sprechen noch die Augen öffnen oder mich bewegen. Nun drehte ich mich auf den Rücken, streckte meine Beine aus und öffnete meine Augen. Um mich herum standen Polizisten. Ich sagte: „Kann ich jetzt gehen?" Ein Polizist kniete links von mir und fragte mich, wie ich heiße, wo ich geboren bin, welcher Tag heute sei und welches Jahr, was ich alles beantwortete. Die Polizisten gingen weg. Die junge Polizistin, die nach mir gegriffen hatte, blieb und fragte mich nach meiner Adresse und meinem Geburtsdatum, was sie aufschrieb. Ich fragte sie, ob ich nun aufstehen dürfe, was sie verneinte. Mir war kalt.

Ich sah meinen Mantel etwa zwei Meter links von mir entfernt liegen. Ich sagte der Polizistin, dass mir kalt ist, und fragte sie, ob ich meinen Mantel anziehen darf. Sie sagte: „Nein", und versuchte die Rettungsdecke, die unter mir lag, links über mich zu legen, und sagte, dass diese besser sei. Aber der Deckenrest war viel zu kurz, um mich damit zuzudecken. Egal. Ein Polizist kam und sagte, ich könne nun aufstehen. Das tat ich und wurde zu einem Polizeibus geführt, in den ich steigen sollte, was ich tat. Da saß ich. Ich fragte, weshalb ich nicht gehen kann. Meine Angaben mussten noch überprüft werden, war die Antwort. Das gelang nicht. Ich wurde gefragt, wie lange ich an meiner Anschrift wohnte, und ich wiederholte meine Angaben. Ich fragte, wohin ich gebracht werde. Man sagte mir, dass ich mit zur Polizeiwache muss, um dort erkennungsdienstlich behandelt zu werden. Ich sagte, dass dies ohne richterliche Anordnung nicht erlaubt ist. Das wird noch geprüft, sagte der Polizist. Ich wollte meinen Mann informieren, ihm meinen Mantel, das Handy und den Autoschlüssel geben. Ich versicherte, dass ich sofort wiederkomme. Das wurde mir verweigert. Man sagte, mein Mann müsse zu mir kommen. Ich schaute aus dem Fenster. Dort standen Polizisten Schulter an Schulter. Ich glaube, sogar in zwei

Reihen. Ich konnte niemanden auf dem Karlsplatz sehen. Die Tür wurde geschlossen und das Auto fuhr los.

Keine Ahnung, wohin wir fuhren. Mir war alles egal. Als das Auto hielt, wurde die Schiebetür geöffnet und ich stieg aus. Vor mir lief die Polizistin, hinter mir der Polizist. Es ging die Treppen hoch. Ich war erschöpft, schlapp. Mein linker Arm hing herunter, kraftlos. Die Polizistin schloss die rechte Tür auf. Wir gingen einen Gang entlang in ein kleines Zimmer. Dort wartete eine Polizistin am Schreibtisch sitzend auf mich. Sie erfragte meine Personalien. Ich wurde gefragt, ob ich eine Maske möchte, was ich verneinte. Es dauerte. Tränen schossen mir in die Augen. Die Polizistin fragte mich, was los sei. Ich sagte unter Tränen: „Dieses Unrecht." Ein junger Polizist kam herein, als die Polizistin zum Telefonieren das Zimmer verließ. Viele Polizisten kamen in das Gebäude und liefen den Gang hinter mir entlang. Dann kam die Polizistin zurück und sagte, dass mein Mann informiert sei und mich abholt. Ich fragte, ob ich gehen kann, um draußen zu warten, was mir verwehrt wurde. Ich solle hier drinnen warten. Es klingelte. Ich dachte, das sei Norman. Es geschah jedoch nichts. Da kam eine Lautsprecherdurchsage: „Herr S. möchte seine Grazie abholen." Eine junge Polizistin begleitete mich zum Ausgang. Ich verabschiedete mich noch bei den jungen Polizisten, die rechts in einem Raum waren, mit guten Wünschen für das neue Jahr und dem Wunsch, beim nächsten Silvester zusammen zu tanzen. Die Tür hinter mir fiel zu.

Ich stand draußen. Norman war nicht da. Ich sah unten auf dem Parkplatz ein rotes Auto stehen, dessen Türen sich öffneten. Ein Mann stieg aus, dann eine Frau. Die Stasi. Angst war in mir. Die Tür hinter mir war zu. Norman nicht da. Der Mann rief: „Ronja!", und lief in meine Richtung. Da erkannte ich ihn und fragte, wo Norman sei. Er sagte, dass Norman da oben sei. Als ich mich umdrehte, sah ich wie die linke Tür aufging und Norman herauskam. Er kam zu mir, nahm mich in den Arm. Ich brüllte: „Dieses Unrecht!" Wir fuhren zurück zum Karlsplatz, wo mein Auto stand. Dort suchte ich meinen goldenen Ohrring mit Perle, den ich während der Maßnahme verloren hatte. Er ist ein Erbstück meiner verstorbenen Mama. Leider fanden wir ihn nicht mehr. Gegen 1:30 Uhr fuhren wir nach Hause.

Das Protokoll fertigte ich an, weil ich gegen die Polizistin, die mich an dem Abend misshandelte, Anzeige erstatten wollte. Sie hätte mich nicht greifen dürfen. Es war unverhältnismäßig, denn ich hatte ihr meine Personalien korrekt angegeben. Abgesehen davon gab es keinen Grund, einfach so die Personalien festzustellen und mich dann so zu behandeln. Auch wenn man davon ausging, dass ich mich hätte wehren oder weglaufen wollen: Es war so viel Polizei da, um mich herum und überall auf dem Karlsplatz. Weit wäre ich sicher nicht gekommen. Ich schrieb alles auf, um gegen die Polizistin Strafanzeige zu stellen, und das tat ich dann auch. Was man mir antwortete, war unglaublich.

Als Norman und ich in seinem Wohnwagen waren, sah ich, dass ich blaue Flecken hatte. Mein Oberarm schmerzte, mein linker Arm war immer noch schlapp und voller Blutergüsse. Auf meinem linken Schulterblatt war ein großer Bluterguss und auch an den Unterarmen. Was ich mir nicht erklären konnte, war das große Hämatom auf dem linken Schulterblatt. Ich konnte mich nicht erinnern, gefallen zu sein. Es musste also durch den polizeilichen Zugriff passiert sein. Norman machte von meinen Verletzungen Fotos.

Noch in der Nacht rief Karl Hilz an. Er erkundigte sich, wie es mir ging, und wünschte mir gute Besserung. Karl sagte mir auch, dass ich mich an Markus Haintz wenden sollte, damit er mich juristisch vertritt. Diese

Polizeigewalt geht einfach nicht, sagte Karl. Für die Menschen, die um uns herum standen und alles miterlebt hatten, musste es furchtbar ausgesehen haben. Sie alle ergriffen für mich das Wort. Später sagten immer wieder Menschen zu mir, die dabei waren, dass es damals nur Markus Haintz zu verdanken war, dass es nicht zu einem Angriff auf die Polizisten kam. Markus ging zwischen die Demonstranten und die Polizisten und versuchte, die Demonstranten zu beruhigen. Die Menschen waren derart aufgeregt über diesen feigen Zugriff auf mich, dass es schwierig war, die Menge ruhig zu halten.

Der 1. Januar war ein Freitag. Am Abend fand eine Demo in einem kleinen Ort in der Nähe von Stuttgart statt. Ich hatte Angst, die Bereitschaftspolizei zu sehen. Es ist aber so: Wenn man einen Motorradunfall oder einen Reiterunfall hat, soll man danach so schnell wie möglich wieder auf das Motorrad bzw. das Pferd steigen, um die Erfahrung des Unfalls zu überwinden. Tut man das nicht, kann es sein, dass man nie wieder Motorrad fährt oder reitet. Der Übergriff durch die Polizei machte natürlich etwas mit mir. Auch heute merke ich das noch. Wenn ich Bereitschaftspolizei sehe, bin ich automatisch wachsam, schaue nach Fluchtwegen. Als ich im Dezember 2021 an einem Montag in einer Fußgängerzone spazieren ging, lief hinter mir ein kleiner Trupp Bereitschaftspolizei. Ich unterhielt mich gerade mit jemandem, als ich ihren Gleichschritt hörte, und sogleich bekam ich Atembeschwerden, die ich seit dem Tod meines jüngsten Kindes habe. Wenn ich psychischen Stress habe, reagiert mein Körper sofort. Das hat sich bis heute nicht geändert.

Die Angst vor der Bereitschaftspolizei war da, trotzdem versuchte ich, sie durch gute Erfahrungen zu überwinden. Etwa Mitte Januar 2021 war für mich klar, dass ich eine Therapie machen musste, um diesen Schock aufzuarbeiten. Von selbst ging das nicht weg. Ich ging weiter auf Demos und merkte, welche Angst ich hatte. Es kam darauf an, wie nah sie mir kamen, welche Möglichkeiten ich hatte, abzuhauen. Trotzdem wollte ich mich durch diese Angst nicht in meinem Handeln und meinen Entscheidungen beeinflussen lassen und einfach zu Hause sitzen. Es war weiterhin wichtig, auf die Straße zu gehen. Das war ein innerer Konflikt, den ich hatte. Trotzdem sagte ich mir: Der Übergriff auf mich war Unrecht, die Politik, die die Polizei umsetzte, ebenso. Der Wille, sich gegen dieses Unrecht zu wehren, musste stärker sein als meine Angst.

Warum handelt die Polizei unrecht? War der Polizistin in Stuttgart einfach ein Fehler unterlaufen? Als ich ihr Name und Anschrift mitteilte, hätte sie das prüfen oder mir sagen müssen, dass ich meinen Personalausweis holen sollte. Bei ihrem Vorgehen hätte es sich dann um einen Fehler gehandelt, wenn es tatsächlich ihre Absicht gewesen wäre, einfach meine Personalien aufzunehmen. Später wurde mir klar, dass Druck auf mich ausgeübt werden sollte. Ich hatte gehofft, dass sie von mir ablassen würde. Das tat sie aber nicht. Daher vermute ich, dass die Frau vom Ordnungsamt, die sich an dem Abend überall einmischte und uns bei unserer friedlichen Meinungsbekundung störte, veranlasst hatte, meine Personalien festzustellen. Der Ausgang meiner Erlebnisse in der Silvesternacht 2020/2021 in Stuttgart auf dem Karlsplatz war damit eigentlich eine persönliche Angelegenheit zwischen dieser Frau und mir gewesen. Sie wollte wissen, wer die Frau mit der Love-Wins-Flagge war, die ihr Amtsmissbrauch vorwarf. Sie wollte mir ihre Macht demonstrieren. Die Polizistin und die anderen Bereitschaftspolizisten waren nur ihre Handlager. Sie bekommen Befehle und führen sie wie Marionetten aus. Wenn sich das Personal der Polizei und des Ordnungsamts noch untereinander kennt, ist es so gut wie ausgeschlossen, dass man es auf interne Konflikte ankommen lässt.

Medial hatte man uns Demonstranten ja bereits zum Abschuss freigegeben. Für uns würde niemand Gerechtigkeit fordern. Wer hätte für *Querdenker* auch nur ein Haar riskiert? Genauso die Strafanzeige, die ich später stellte. Stuttgart ist ein Kaff. Wie konnte ich erwarten, dass jemand gerecht war, wenn die Menschen befangen waren, weil sie einander kannten und zusammen arbeiteten? Als Außenstehender kann man sich wahrscheinlich nur schwer vorstellen, wie tief so ein Klüngel gehen kann. Mit der Bereitschaftspolizei ist das für einfache Bürger doppelt gemein. Dass die sich gegenüber Bürgern wie mir fair verhalten, kann man vergessen.

Am 2. Januar ging ich zu meinem Arzt. Er ließ mich über den Vorfall alles erzählen und dokumentierte meine Hämatome fotografisch. Am 3. Januar fuhr ich nach Heidelberg, wo es eine Ambulanz für Opfer von Straftaten gibt, die zur Universitätsklinik gehört. Auch dort dokumentierte eine Ärztin meine Verletzungen. Bei einer juristischen Auseinandersetzung kann das zu Hilfe gezogen werden. Wenn es zu einer Verhandlung vor Gericht kommen würde, wollte ich möglichst glaubwürdig sein.

Am 3. Januar schrieb ich handschriftlich um 12 Uhr mittags nieder, was mir zugestoßen war. Zudem malte ich einen Plan der Szene, noch bevor ich den Lagebericht in meinen Computer eintippte. Die Strafanzeige stellte ich online am 24. März 2021. Warum so spät? Ich hatte vorher nicht die Kraft. Das für mich zuständige Polizeipräsidium war Darmstadt. Auf der Webseite des Präsidiums gab ich meine Daten, den Tatort und die Tatzeit an.

Als ich mich später nach dem Stand der Ermittlungen erkundigte, erhielt ich zur Antwort, dass man meine Strafanzeige zuständigkeitshalber an das Polizeipräsidium Stuttgart weitergeleitet hätte, und sie mittlerweile beim dortigen Dezernat 31, Amtsdelikte, bearbeitet werde. Eine Antwort des Führungs- und Einsatzstabs des Polizeipräsidiums Stuttgart erhielt ich am 03. Dezember 2021. Warum das so spät kam, weiß ich nicht. In der Zwischenzeit erreichte mich eine Ordnungswidrigkeit aus Stuttgart. In dem Schreiben vom 23. Februar 2021 warf man mir vor, in der Silvesternacht erstens keine Maske getragen zu haben, obwohl ich dazu verpflichtet gewesen wäre, und zweitens die Angabe meiner Personalien gegenüber der Polizei verweigert zu haben, wozu ich ebenfalls verpflichtet gewesen wäre. Das eine war falsch, das andere gelogen. Ich war nicht zum Tragen einer Maske verpflichtet gewesen und ich hatte meine Personalien gegenüber der Polizei angegeben, sogar mehrmals. Nun wusste ich aber wenigstens den Namen der Polizistin, die mich an dem Abend misshandelt hatte.

Mit dem beiliegenden Anhörungsbogen gab mir das Ordnungsamt die Möglichkeit, mich zu äußern. Auf das Schreiben reagierte ich aber nicht. Dann erhielt ich den Bußgeldbescheid vom 25. März 2021 mit den beiden Tatvorwürfen, zwei Tage, nachdem ich die Online-Strafanzeige gestellt hatte. Ich sollte 208,50 Euro bezahlen. Ich beantragte die Übersendung der Verfahrensakte, die mir im April zugeschickt wurde. Für zwölf Euro erhielt ich Akteneinsicht. Da ich das Bußgeld nicht zahlte, erhielt ich ein Schreiben mit der Mitteilung vom Ordnungsamt, dass man das Verfahren an die Justiz abgegeben hätte. Der Termin für die Hauptverhandlung wurde für den 22. September 2021 um 13:30 Uhr angesetzt. Ich beantragte beim Amtsgericht Stuttgart die Einstellung des Verfahrens. Begründung:

Ich habe am 31. Dezember 2020 an der genehmigten Versammlung „Mahnwache für die sterbende Gastronomie" auf dem Karlsplatz in Stuttgart teilgenommen. Vom Tragen einer Mund-Nasen-Bedeckung bin ich aufgrund eines Attests befreit, was ich in Kopie beifüge. Meine Personalien habe ich nach Aufforderung durch die Polizei umgehend mündlich glaubhaft gemacht, da ich keine Ausweispapiere bei mir führte. Meine Angaben waren korrekt. Ich habe sie mehrfach wiederholt. Die Vorwürfe, welche zum Bußgeldbescheid gegen mich geführt haben, entbehren meiner Meinung nach jeder Rechtsgrundlage. Die unverhältnismäßige polizeiliche Maßnahme, welche trotz meiner korrekten Angaben bis zum Ende durchgeführt wurde, hat mich körperlich und seelisch sehr verletzt. Dies führte sogar dazu, dass von der Polizei vor Ort ein Notarzt angefordert wurde.

Die Antwort der Justizangestellten hierauf lautete:

Es wird darauf hingewiesen, dass das im Schreiben vom 23.08.2021 vorgelegte Attest vom 22.09.2020 weder geeignet ist, den mit dem Bußgeldbescheid erhobenen Vorwurf zu entkräften, noch ist es ausreichend, um die Betroffene in der Hauptverhandlung von der Pflicht zum Tragen eines Mund-Nasen-Schutzes zu entbinden. Dem Attest ist keinerlei Information zu entnehmen, auf welcher Tatsachengrundlage die attestierende Ärztin zu ihrer Einschätzung gelangt.

Dem Schreiben vom 30. August 2021 hatte das Gericht eine Verfügung des Vorsitzenden vom 27. August 2021 beigelegt. In der Bußgeldsache gegen mich erging *zur Gewährleistung eines geordneten Ablaufs der Hauptverhandlung und aus Gründen des Infektionsschutzes* für die Hauptverhandlung am 22.09.2021 folgende *sitzungspolizeiliche Anordnung*:

1. Verfahrensbeteiligten und Zuhörern wird der Zutritt zum Sitzungssaal nur gestattet, sofern die betreffende Per-

son eine medizinische Mund-Nasen-Bedeckung oder eine Mund-Nasen-Bedeckung des Standards FFP2/Ka-95/N-95 oder vergleichbaren Standards dauerhaft über Mund und Nase trägt.

2. Ausgenommen von der Verpflichtung zum dauerhaften Tragen einer Mund-Nasen-Bedeckung gemäß Nr. 2 dieser Verfügung sind Verfahrensbeteiligte, sofern sie ein aktuelles und aussagekräftiges sowie schriftliches ärztliches Attest spätestens am Tag vor der Hauptverhandlung dem Amtsgericht Stuttgart zu dem konkreten Aktenzeichen vorlegen, aus dem sich ergibt, dass die betreffende Person vom Tragen einer Mund-Nasen-Bedeckung gemäß Nr. 2 dieser Verfügung bezogen auf den konkreten Hauptverhandlungstermin aus zwingenden medizinischen oder gesundheitlichen Gründen befreit ist. Das ärztliche Attest ist nur dann aussagekräftig, wenn die zugrundeliegende Einschränkung bzw. Erkrankung im Attest konkret angegeben ist.

Ferner müssen die für die betreffende Person zu erwartenden Folgen des Tragens einer Mund-Nasen-Bedeckung gemäß Nr. 2 dieser Verfügung in dem Attest konkret dargelegt werden. Aus dem Attest muss sich ferner ergeben, auf welcher Grundlage der attestierende Arzt zu seiner Einschätzung gelangt ist. Eine pauschale Bescheinigung, das Tragen einer Maske sei aus medizinischen bzw. gesundheitlichen Gründen unzumutbar, oder es bestünde aus medizinischen bzw. gesundheitlichen Gründen eine Befreiung, genügt diesen Anforderungen damit nicht.

3. Verfahrensbeteiligte, die von der Verpflichtung zum dauerhaften Tragen einer Mund-Nasen-Bedeckung nach Nr. 3 dieser Verfügung befreit sind, müssen eine Bescheinigung über einen tagesaktuellen (maximal 24 Stunden zurückgerechnet vom Beginn der Hauptverhandlung) negativen Covid-19-Schnelltest oder auch PCR-Test dem Amts-

gericht vorlegen. Selbsttests werden nicht akzeptiert. Im Falle eines positiven Testergebnisses ist unverzüglich das Amtsgericht telefonisch zu verständigen, damit rechtzeitig entsprechende Maßnahmen eingeleitet werden können.

4. Im Sitzungssaal sind im Hinblick auf die einzuhaltenden Abstandsregeln und Hygienemaßnahmen aus Gründen des Infektionsschutzgesetzes für die Öffentlichkeit nur begrenzte Sitzplätze freigegeben und entsprechend markiert. Für die Öffentlichkeit freigegebene Sitzplätze werden nicht reserviert, sie werden anhand der zeitlichen Reihenfolge des Zutritts vergeben. Haben so viele Zuhörer Zugang erhalten, wie der Saal unter Einhaltung des Infektionsschutzes Kapazität hat, wird weiteren Personen kein Zutritt mehr gestattet. Es ist jedoch sicherzustellen, dass freiwerdende Zuhörerplätze bei Bedarf alsbald wieder mit Zuhörern besetzt werden können.

5. <u>Zu Störung der Hauptverhandlung geeignete Gegenstände</u> – insbesondere Waffen und sonstige gefährliche Gegenstände – sind im Sitzungssaal <u>nicht gestattet</u>. Die Benutzung von Geräten, die der Kommunikation dienen oder mit denen Ton- und/oder Bildaufnahmen angefertigt werden können, ist im Sitzungssaal nicht gestattet. <u>Polizeibeamte im Dienst sind hiervon ausgenommen</u>. Ihnen wird das Tragen von Waffen im Sitzungssaal gestattet.

6. <u>Ton- und Bildaufnahmen im Sitzungssaal</u> sind ohne vorherige Genehmigung des Vorsitzenden nicht gestattet. Für <u>Ton- und Bildaufnahmen im Gebäude des Amtsgerichts</u> (außerhalb des Sitzungssaals) ist eine vorherige Genehmigung des Präsidenten des Amtsgerichts einzuholen. Den mit Presseausweisen versehenen Pressevertretern ist die Benutzung eines Laptops, Notebooks und Smartphones gestattet, sofern damit keine Ton- und Bildaufnahmen im Sitzungssaal gemacht werden.

Als Verfahrensbeteiligte musste ich also während der

gesamten Verhandlung eine Maske tragen. Nur wenn ich eine Maske trug, durfte ich überhaupt den Sitzungssaal betreten. Dass eine Begründung für das Attest gefordert wurde, widersprach eindeutig der ärztlichen Schweigepflicht. Die Punkte 4, 5 und 6 regulierten die Begrenzung der Sitzplätze für Zuhörer im Sitzungssaal und das Verbot von Waffen und Ton- und Bildaufnahme, selbst durch Pressevertreter.

Die sitzungspolizeiliche Anordnung selbst war durch nichts begründet. Sie bezog sich weder auf eine bestimmte Stelle im Infektionsschutzgesetz noch auf irgendeinen anderen Gesetzestext und war von niemandem unterschrieben worden. Die einzige Begründung für die Anordnung für meine Verhandlung lautete: *zur Gewährleistung eines geordneten Ablaufs der Hauptverhandlung und aus Gründen des Infektionsschutzes*. Es gab keine rechtliche Begründung, warum für meinen speziellen Fall diese Anordnung bestimmt worden war. Kein einziger Paragraph wurde genannt. Diese Anordnung hatten sie sich speziell für mich ausgedacht.

Ich sprach mit einem Rechtsanwalt für Strafrecht. Er sagte mir, ich hätte vermutlich einen Corona-Jünger als Richter vor mir sitzen, und da hätte ich keine Chance. Wie dieser Text juristisch einzuordnen ist, ob es üblich ist, derartige Anordnungen für einzelne Verhandlungen zu erlassen, weiß ich nicht. Für eine detailliertere Bewertung hätte ich einen Juristen bezahlen müssen, was ich damals nicht konnte.

Aus dieser Anordnung des Gerichts ging für mich mehr als deutlich hervor, dass es nicht gewünscht war, dass diese Hauptverhandlung vor dem Amtsgericht in Stuttgart stattfand. Sie wussten, dass ich ein Attest hatte, und sie wollten mich zwingen, eine Maske zu tragen oder einen Test zu machen. Ich hätte mich diesen Maßnahmen beugen müssen, was für mich nicht in Frage kam. Niemals würde ich eine Maske tragen. Ich überlegte. Sollte ich hingehen? Sollte ich zum Amtsgericht fahren und sagen, dass ich als Bürger das Recht hatte, mir Gehör zu verschaffen? Jedem Bürger in Deutschland muss es gegeben sein, ohne Bedingungen oder Voraussetzungen vor Gericht angehört zu werden. Zu dem Zeitpunkt hatte ich bereits Gerichtserfahrung gesammelt, in Schorndorf und in Waiblingen. Die Gerichte dort hatten mein Attest anstandslos akzeptiert. Ich hatte die Wahl, vor Gericht zu erscheinen und mich der Anordnung zu beugen oder die Strafe zu zahlen. Eine Maske aufzuziehen wäre in meinen Augen unglaubwürdig gewesen. Andererseits waren die Anschuldigungen falsch oder im Fall des Vorwurfs, ich hätte falsche Angaben gemacht, sogar gelogen. Das konnte ich glaubhaft machen, denn hierzu gab es Videoaufnahmen. Wenn es zu einer Verhandlung gekommen wäre, hätten sie mich freisprechen müssen. Am 2. September schrieb ich an das Amtsgericht:

Das Attest wurde von der Diplompsychologin Z. ausgestellt, welche in Stuttgart am 12.05.1999 ihre Approbation erhielt und deren Zulassungsnummer auf dem Attest steht. Frau Z. hat sich an die ärztliche Schweigepflicht zu halten. [...] Wie ich Ihnen bereits in meiner Stellungnahme vom 23.08.2021 mitteilte, habe ich meine Personalien umgehend, vollständig und korrekt den Polizisten mündlich angegeben und diese während der Maßnahme nochmals wiederholt. Auf der Polizeiwache, zu der ich dennoch mitgenommen wurde, wurden meine Angaben bestätigt. Hiermit beantrage ich nochmals die Einstellung des Verfahrens.

Ich erhielt keine Antwort. Einen Tag vor der Verhandlung rief ich beim Amtsgericht an. Doch die Entscheidung der Richterin blieb. Mir blieb nichts anderes übrig. Ich musste 208,50 Euro plus 24 Euro Gerichtskosten bezahlen. Ich überwies den Betrag unter Vorbehalt. Ich hoffte, dass ich das Verfahren zu einem späteren Zeitpunkt noch einmal aufgreifen kann, wenn man wieder ohne Maske einen Gerichtssaal betreten darf.

Im Dezember 2021 erhielt ich vom Polizeipräsidium Stuttgart eine Beschwerdeantwort. Was mir die Polizei Stuttgart auf meine Anzeige antwortete, war gelogen. Das ganze Schreiben war eine einzige Lüge. In meiner Enttäuschung verfasste ich einen Antwortbrief. Ich schickte ihn aber nie ab. Ich dachte, dass das sowieso keinen Sinn hat. Aus meiner Sicht war das Vorgehen der Polizei Körperverletzung und Freiheitsberaubung gewesen. Sie schrieben mir, dass ich Post von der Staatsanwaltschaft Stuttgart bekommen würde. Aber die Staatsanwaltschaft hat sich bis heute nicht geäußert. 2021 wurde gegen meine Psychologin Strafanzeige gestellt. Der Vorwurf: fälschlich ausgestellte Atteste. Infolge der Strafanzeige durchsuchte die Polizei ihre Praxis. Hier arbeiteten Staatsanwaltschaft und Polizei plötzlich nicht mehr so langsam.

Was ich aus der Erfahrung mit dem Amtsgericht Stuttgart zog, war leider viel Enttäuschung. Enttäuschung darüber, zu sehen, wie Personen bei der Polizei oder bei Gerichten logen. Es zeigte mir, dass selbst Richter der lange Arm der Politik sind, dass Exekutive, Legislative und Judikative, wenn es gegen einen von ihnen geht, gegen den Bürger zusammenhalten. Wenn sie dich als ihren Gegner verstehen, kannst du keine Fairness erwarten, was eigentlich das Mindeste in einem Rechtsstaat wäre. Wenn ein Richter nicht auf der Gesetzesgrundlage urteilen möchte, weil er es ablehnt, wenn sich Menschen gegenüber dem Staat oder den staatlichen Maßnahmen kritisch äußern, hast du als Bürger keine Chance, dagegen anzukommen.

2021

Ich danke Janko und Markus, Karl und Alexander, die an Silvester 2020 auf dem Karlsplatz in Stuttgart trotz der Provokation durch die *Ordnungshüter* und dem Unrecht gegenüber mir für Deeskalation gesorgt haben. Ich danke allen anwesenden Demonstranten, dass sie laut, aber friedlich gegen die Polizeigewalt protestiert haben. Und am allermeisten danke ich dir, Norman.

Jetzt erst recht

Im Januar 2021 ging ich zunächst auf mehrere kleine Demos. Am 6. Januar fand eine Demo an Dreikönig statt, in Stuttgart ein Feiertag. Ich hielt mich aber sehr im Hintergrund. Die Erlebnisse von Silvester steckten mir noch in den Knochen. Auf dem Königsplatz gab es wieder Polizei. Dr. Fiechtner hielt eine Rede. Ihn nahmen sie später mit. Norman und ich passten auf, dass die Polizei mich in Ruhe ließ.

Für den 22. Januar, ein Freitag, gab es den Aufruf, die Autobahnen in Deutschland als Zeichen des Widerstandes zu blockieren. Norman und ich wollten uns an dem Tag an der Blockade auf der A7 beteiligen. Der Plan war, dass sich genügend Autos zusammenfanden und so langsam fuhren, wie erlaubt war. Am Nachmittag trafen wir uns zu einer bestimmten Uhrzeit an Autobahnauffahrten und fuhren Richtung Norden. Es machten schon einige mit. Trotzdem waren wir zu wenige. Dann tauchte ein Polizeiauto auf, überholte uns. Sie sahen, dass da ein Konvoi im Schneckentempo fuhr, schalteten ihr Folgen-Schild ein und leiteten uns von der Autobahn auf einen Parkplatz. Während Norman dem Polizeiauto folgte, schrieb ich auf Telegram unseren Freunden, was passierte und wo wir waren. So konnten sie uns folgen und wir waren auf diesem Parkplatz mit der Polizei nicht allein. Womöglich deswegen ließ uns die Polizei in Ruhe und kontrollierte nicht einmal unsere Personalien. Dass die Kommunikation mit den Konvoi-Teilnehmern so toll geklappt hatte, war genial. Gemeinsam standen wir auf dem Parkplatz. Irgendwann schickte uns die Polizei einfach nach Hause.

Am 24. Januar waren wir auf der Demo in München. Erst nachts um zwei Uhr fuhren wir nach Hause. Auf dem Weg hielt uns die Polizei an und wollte wissen, woher wir kamen. Es herrschte nämlich Ausgangssperre. Wahrheitsgemäß sagten wir, dass wir von der Demo in München kamen. Wir waren müde und wollten einfach nach Hause. Ich sagte den Polizisten, dass sie uns einfach in Ruhe lassen sollten. Später erhielt ich einen Bußgeldbescheid, gegen den ich Einspruch erhob.

Für die Demo am 30. Januar in Wien suchte ich nach einer Mitfahrgelegenheit für mich und meine Söhne. Zwei Trommler nahmen uns mit. Norman ging nicht mehr mit mir auf Demos und ich fühlte mich wie ein Baum, dem ein Ast fehlte. Für mich war das eine einschneidende Veränderung und ich war sehr traurig. Zu diesem Zeitpunkt waren die Grenzen ohne bestimmte Nachweise für Ein- und Ausreisen geschlossen. Die hatten wir natürlich nicht und sie interessierten uns auch nicht. Acht Stunden waren wir unterwegs, eine ganz schöne Strecke. Ich wusste noch nicht, wo wir die Nacht über bleiben würden. Ein Hotel hätte ich mir nicht leisten können. Wir fuhren zu einem Aktivisten, der in der Nähe von Wien wohnte. Bei ihm konnten wir übernachten. Am nächsten Tag fuhren wir mit Alexander Ehrlich nach Wien. Es war der 31. Januar und es sollte eine große Demo werden.

Alexanders Auto war mit Lautsprechern ausgestattet. In der Nähe des Maria-Theresia-Platzes stellten wir es ab. In Wien war ich eine Fremde. Ich wusste nicht, wie die Polizei in Wien drauf war, welche Verordnungen galten und wie sie umgesetzt wurden. Ich hielt mich zunächst an Alexander und blieb in der Nähe seines Autos. Nach und nach kamen immer mehr Menschen. Mehrere Aufzüge fanden an dem Tag statt, auch mit Trommlern. Die Menschen kamen mit Flaggen und liefen auf einer vierspurigen Straße. Dann kam die Polizei, Schulter an Schulter, immer näher an uns heran. Alexander Ehrlich rief einen Gottesdienst aus und betete das Vaterunser. Die Polizei wollte aber die Straße von den Demonstranten freimachen. Alexander und die Polizei einigten sich darauf, dass die Demonstranten auf den Maria-Theresia-Platz gingen und dort den Gottesdienst abhielten. In Österreich ist es so, dass ein Gottesdienst nicht verboten werden darf. Vielleicht blieb die Polizei deswegen friedlich.

Auf dem Maria-Theresia-Platz erfuhren wir, dass andere Demonstranten auf dem Ring um die Wiener Innenstadt unterwegs waren. Ihnen schlossen wir uns an. In Wien fiel mir auf, wie viele junge Menschen unter den Demonstranten waren, im Alter Anfang bis Mitte zwanzig. Das kannte ich von unseren Demonstrationen in Deutschland nicht. Die Jüngsten bei uns auf der Straße waren in der Regel Familien ab dreißig Jahren. Die jungen Leute, die Studenten, gingen in Deutschland so gut wie gar nicht auf die Straße. In Wien war das vollkommen anders. Das war eine gute Erfahrung. Ich traf Demofreunde und auch die Trommler. Dann bekamen wir mit, dass die Polizei einige Demonstranten in der Nähe eines Bahnhofs eingekesselt hatte und festhielt. Bevor wir den Bahnhof erreichten, verließen meine Söhne und ich den Demonstrationszug. Ich nahm Kontakt mit den beiden Trommlern auf, mit denen wir nach Wien gefahren waren. Wir mussten schließlich noch am selben Tag wieder nach Hause zurückfahren. Sie sammelten uns ein und alles klappte gut. Die Polizei griff später noch ein und ich war froh, dass wir das nicht miterlebten.

Anfang 2021 fand in Stuttgart jeden Mittwoch ein Autokorso statt, an dem ich am 3. Februar teilnahm. Am 4. Februar war ich in Kirchheim, am 7. Februar in München.

Am 10. Februar war wieder ein Korso, am 11. war ich in Wendlingen, am 12. Februar in Schorndorf. Am 17. Februar war wieder der Korso in Stuttgart. Am 18. fand eine Demo in Schwäbisch Gmünd statt, am 19. war ein Korso in Ludwigsburg, am 20. eine Demo in Nürnberg am Kornmarkt, eine große, sehr schöne Demo. Organisiert hatte sie Adrian von *Schüler stehen auf.* Am 21. Februar war ich erneut auf einer Demo in Schwäbisch Gmünd. Dort hielt ich anlässlich des Todestags von Hans und Sophie Scholl eine Rede. Am 22. Februar 1943 hatte das Nazi-Regime die beiden Geschwister im Alter von 24 und 21 Jahren hingerichtet. Passend zum Anlass hatte ich ein Flugblatt vorbereitet.

In meiner Rede sprach ich über den Widerstand der Geschwister Scholl und ihr Erbe für die Nachwelt, wie ich es verstand. Hans und Sophie hatten in ihrer Zeit verstanden, dass die Dinge in ihrem Land grundsätzlich falsch liefen. Dagegen standen sie auf und riskierten für ihre Überzeugungen ihr Leben. Ich hatte ein Buch über sie gelesen und einen Spielfilm geschaut. Der Mut dieser beiden jungen Menschen beeindruckt mich tief. Manch einem mag es unangebracht erscheinen, den Nationalsozialismus und das Corona-Regime zu vergleichen. Für mich war beides totalitär. Staat, Medien und Wirtschaft arbeiteten zusammen, um den Bürgern etwas aufzuzwingen, was sie nicht wollten und ihnen schadete. In diesem Sinn sehe ich hier keinen Unterschied. Aber natürlich verstehe ich, dass ich heute im Gegensatz zu Hans und Sophie Scholl nicht mein Leben riskiere, wenn ich demonstrieren gehe. Dennoch wurde die Macht des Staates missbraucht, um gegen Dissidenten vorzugehen: mit Haus- und Praxisdurchsuchungen, mit Festnahmen, mit Festsetzungen im Gefängnis, mit Polizeigewalt, ganz zu schweigen von den Anfeindungen in der Presse, im

Privatleben, auf der Arbeit. Die Menschen im Widerstand werden nicht zum Tode verurteilt. Dies als einzigen Maßstab für persönliches Risiko zu nehmen und deshalb jeden Vergleich mit historischen Erfahrungen von Menschen zu verbieten, die sich gegen Diktaturen zur Wehr setzten, halte ich aber für falsch.

Im Nationalsozialismus wurde auch nicht von Beginn an jeder Dissident hingerichtet und im DDR-Sozialismus fand man auch andere Methoden, um mit Kritikern des Systems umzugehen. Die Elite im heutigen Deutschland achtet natürlich darauf, dass sie uns nicht zu hart anfasst. Das würde ihrem demokratischen und rechtsstaatlichen Selbstverständnis widersprechen, mit dem sie sich legitimiert. Ich halte es auch für unwahrscheinlich, dass in der Zukunft in der BRD wie früher im Nationalsozialismus Dissidenten hingerichtet werden. Dass man uns ins Gefängnis steckt, halte ich aber sehr wohl für möglich. Wenn es dem Staat zu viel wird mit den Menschen, die den Mund aufmachen und die sich wehren, dann wird er uns wegsperren. Während der Corona-Maßnahmen prügelte er uns nur mithilfe der Polizei nieder, sprach Platzverweise aus oder erteilte Ordnungswidrigkeiten, um uns finanziell zu schaden. Durch die Propaganda gegen uns sperrten Banken Privatkonten. Im Vergleich dazu war das Nazi-Regime ohne Frage gnadenlos. Die BRD hat nicht die Grundlage für derartige Verbrechen. Das ist gut, denn so lange wir friedlich bleiben, kann der Staat nach der heutigen Gesetzgebung gegen uns nicht mehr machen. Andererseits funktioniert Unterdrückung heute nicht mehr so, dass die Gegner an die Wand gestellt werden, und dann wird abgedrückt. Die Mittel der Unterdrückung sind subtiler geworden. Unliebsame Leute werden auch heute kaltgestellt, aber eben so, dass es weniger auffällt und Menschenrechtler ruhig schlafen können.

Was Hans und Sophie Scholl mit uns heute verbindet, ist, dass wir radikal im Widerstand sind. Wir sagten deutlich nein zur Corona-Politik, zur Abschaffung unserer Grundrechte und zum Unrecht. Wie die Geschwister Scholl waren wir im Widerstand gegen ein Regime, das seine Politik auf Lügen aufbaute. Ich weiß natürlich, dass Hans und Sophie Scholl sehr viel mutiger waren als ich. Gerade deswegen sind sie für mich ein Vorbild. Mit meiner Rede am 21. Februar wollte ich sie ehren. Ich wollte an sie erinnern und damit den Menschen, die mir zuhörten, Mut machen, damit sie weiterhin auf die Straße gehen. Es geht mir nicht darum, mich mit ihnen zu vergleichen. Das würde mir gar nicht in den Sinn kommen. Hans und Sophie Scholl sind Vorbilder im Kampf gegen das Unrecht. In dem Moment, in dem Unrecht geschieht, ist Mut zum Widerstand wichtig. Mut ist ansteckend. Daher muss man mutig vorausgehen, damit andere das sehen und auch ihre Kraft finden. Die Menschen sollen nicht in ihren vier Wänden sitzen und im Stillen sagen, es ist nicht in Ordnung, wie es ist. Sie sollen rausgehen und laut rufen, es reicht, was ihr tut, ist ein Verbrechen, und wir müssen es gemeinsam stoppen. Mut ist ansteckend, hat auch Julian Assange gesagt. Ich finde es furchtbar, dass Julian Assange schon so lange im Knast sitzt. Was sie mit ihm machen, ist ein Verbrechen. Und keiner kriegt ihn frei. Die Worte *Mut ist ansteckend* sind in meinem Geist und in meinem Herz fest verankert. Seit März 2020 bäume ich mich mit vielen anderen gegen das Unrecht auf. Mit meinem Handeln will ich ein Vorbild sein, wie andere ein Vorbild für mich sind. Ich will Mut machen, mit mir zusammen für unsere Freiheit und Selbstbestimmung auf die Straße zu gehen.

Am 22. Februar war Schepper-Demo in Waiblingen.

Jeden Montag trafen sich die Menschen für einen kleinen Aufzug durch die Stadt und schepperten mit allem, was laut war. Am 23. und am 24. Februar fanden Autokorsos in Stuttgart statt. Am 25. Februar gab es in Nürtingen eine Demo und einen Flashmob. Mit selbst gebastelten Schildern stellten sich die Menschen an eine stark befahrene Straße. Auf den Schildern stand in kurzen Worten zum Beispiel, dass wir keine Impfpflicht wollten oder dass die alten Menschen in den Altersheimen alleine gelassen wurden. Bei solchen Aktionen erhielten wir auch viel Zuspruch von den vorbeifahrenden Autofahrern. Bei der Polizei waren wir nicht gerne gesehen.

Am 26. Februar gab es einen Korso in Wernau. Am 27. Februar fuhr ich zum Frauenmarsch nach Berlin. Wir starteten am Brandenburger Tor und liefen bis zum Gendarmenmarkt. Natürlich sollten wir Masken tragen, doch ich tat das nicht. Die Polizei ließ uns aber in Ruhe. Vor dem Gendarmenmarkt gab es eine Kundgebung, es wurde musiziert und gesungen. Der Frauenmarsch war schön, aber wir hatten leider zu wenig Publikum. Auf dem Heimweg gab mein Auto den Geist auf. Die Steuerkette war kaputt.

Am 4. März war ich erneut auf einer Demo in Kirchheim und hielt eine Rede. Auf dieser Demo mussten wir gemäß der Auflagen nicht 1,5 Meter, sondern drei Meter Abstand zueinander halten. Albern. Am 5. März gab es eine Demo vor dem Landtag in Stuttgart und eine Demo in Schorndorf. In Stuttgart demonstrierten Bauern. Ich fuhr vorbei, aber sie hatten nur ihr eigenes Anliegen und wollten auch nicht, dass sich *Querdenker* ihrer Demo anschlossen. Am Abend desselben Tages fuhr ich nach Berlin. Am 6. März fand eine Demo an der Siegessäule statt. Am 7. März gab es eine Demo auf dem Alexanderplatz. Am 13. März fuhr ich auf eine Demo in Stuttgart, am 16. März nach Schwäbisch Gmünd. Am 19. März war ein Autokorso in Kassel, wohin ich meine Söhne mitnahm. Das war schön, denn am nächsten Tag sollte noch eine Demo stattfinden. Ich fuhr bereits einen Tag früher und traf viele, viele Freunde aus ganz Deutschland bereits am Vorabend, darunter Karl Hilz, Kaschi und ich weiß nicht, wen noch alles.

Die Demo am 20. März war für die Karlswiese angemeldet worden. Um dorthin zu gelangen, musste man über eine Brücke, aber dann war man raus aus der Innenstadt. Ich hatte ein komisches Gefühl mit dem genehmigten Veranstaltungsort. Ich vermutete, dass die Polizei einfach die Brücken dicht machen würde, und dann hätten wir auf der Karlswiese festgesessen. Unser Ziel war es aber nicht, irgendwo außerhalb der Stadt wie die Schafe auf der Weide zu stehen. Wir wollten raus aus unserer Blase, wir wollten Kontakt mit den Menschen von Kassel haben und auf unsere Anliegen aufmerksam machen. Ursprünglich sollte die Demo an der Orangerie stattfinden. Als wir morgens dort eintrafen, erwartete uns bereits die Polizei. Die Demo an der Orangerie war verboten worden und die Karlswiese wurde von der Stadt als Ersatzgelände ausgegeben. Ich schaute mir an, wo das war, lief aber zurück in die Stadtmitte. Andere Demonstranten dachten wohl wie ich, denn immer mehr Menschen versammelten sich in der Stadtmitte und irgendwann liefen wir auf der Straße, die einen Ring um die Innenstadt von Kassel bildet. Das war genial.

Das Wetter war super, die Menschen waren zahlreich gekommen. Es gab keine Anmeldung, dass wir in der Innenstadt demonstrierten. Doch wir liefen trotzdem. Eine ordentliche Demonstration war uns verboten worden, also demonstrierten wir wild. Nach Leipzig war es das zweite Mal. Dass wir frei durch Kassel demonstrierten, passte der Polizei überhaupt nicht. Sie versuchten immer wieder, uns aufzuhalten und setzten Pfefferspray ein. Auch ich bekam eine Ladung ab. Volle Kanne in die Augen. Furchtbar. Aber die Menschen ließen sich nicht aufhalten, liefen weiter und wichen den Straßensperren der Polizei aus. Die Berliner Freunde von der *Freedom Parade* um Captain Future wurden leider eingekesselt. Doch insgesamt war es eine erfolgreiche Demo. Zum Schluss musizierte Perin Dinekli, die Ärztin, und wir sangen und tanzten noch am Abend mit ihr zusammen. Kassel 2021. Wer dabei war, wird es nie vergessen.

Am 21. März fand die 100. Demo in Schwäbisch Gmünd statt. Zeitweise veranstalteten sie dort täglich Demonstrationen. Für mich war die Demo besonders schön, weil mir die Freunde dort auf dem Marktplatz alle zum Geburtstag gratulierten. Am nächsten Tag ging es schon weiter. Am 22. März gab es eine Demo in Schwäbisch Hall vor dem Landratsamt. Der Anlass war der Beschluss des Landrats, Ausgangsbeschränkungen einzuführen. Am 23. März war ich zurück in Schwäbisch Gmünd. Am 26. war Autokorso und am 27. März fanden in Ulm eine Kundgebung und ein Aufzug statt. Auf der Kundgebung auf dem Münsterplatz machte die Polizei Stress. Polizisten gingen durch die Menge und achteten haargenau auf die Einhaltung der Abstände.

Am 28. März war ich in Berlin. Auf dem Rosa-Luxemburg-Platz fand eine Demo zum einjährigen Bestehen des Demokratischen Widerstands statt. Das Motto: *Ein Jahr Verfassungsbruch, Notstandsregime, Erniedrigung und Demokratiebewegung – Das Grundgesetz gilt auch heute.* Bei mir zu Hause hängt an einem Schrank immer noch ein großes Plakat dieser Veranstaltung. An dem Tag war es so, dass immer mehr Menschen auf den Platz kamen. Man hatte eine kleine Bühne aufgebaut. Anselm Lenz und Hendrik Sodenkamp vom *Demokratischen Widerstand* hatten zu der Kundgebung aufgerufen und wollten sprechen. Der Platz ist groß genug, die Polizei sperrte ihn trotzdem ab und ließ irgendwann niemanden mehr durch. Ich kam leider zu spät, durfte nicht mehr auf den Platz und stand bloß am Gitter. Anselm forderte die Polizei dazu auf, den Platz wieder zu öffnen, was sie natürlich nicht tat. An der Absperrung standen auch Trommler. Was auf dem Rosa-Luxemburg-Platz passierte, konnten wir nicht hören und nicht sehen. Irgendwann entschieden die Menschen und die Trommler, die nicht auf den Platz durften, loszuziehen, und auf der Straße liefen die Demonstranten alle Richtung Alexanderplatz. Natürlich versuchte die Polizei, uns einzukesseln. Mehrmals schafften es die Demonstranten, rechtzeitig einem drohenden Kessel auszuweichen. Am Ende gelang es der Polizei aber doch, den Demonstrationszug zu zerschlagen. Es war trotzdem ein guter Tag. Denn die Menschen ließen sich nicht von der Versammlung ausschließen und sagten sich, dann laufen wir eben. Das war richtig und wir waren mal wieder viele gewesen.

Am 1. April war ich in Kirchheim. Am 3. April sollte eine große Demo in Stuttgart stattfinden. Vom 29. März bis zum 3. April organisierte ich mit Steve die Anreise der *Freedom Parade* mit Captain Future und den Berliner Freunden. Sie alle kamen am 2. April bei uns in Stuttgart an und ich fand für sie eine Übernachtungsmöglichkeit. In meinem Kalender steht für den Tag: *Party-Time!* Als ein ganzer Bus voller Berliner ankam, war das so cool, besonders, weil damals noch die Ausgangssperre galt und der Bus trotzdem ankam. Wir kochten zusammen, ich hatte große Portionen Tiramisu und Mousse au Chocolat zubereitet. Abends machten wir zusammen Musik, es gab Spaghetti und meinen Nachtisch. Es war ein toller

Abend. Am 3. April gab es eine ebenso tolle Demo mit Aufzug durch die Innenstadt zum Cannstatter Wasen. Dann fuhren die Berliner wieder nach Hause.

Am Sonntag, den 4. April, fuhr ich nach München zur Theresienwiese. Dort traf ich Karl Hilz, von dem der Aufruf stammte. Am selben Abend fuhr ich noch nach Konstanz. Ich hatte zugesagt, am Osterlauf um den Bodensee teilzunehmen. Das war Wahnsinn. Garry aus Konstanz hatte hierzu aufgerufen. Nana war auch dabei und der Lauf wurde auf Video aufgenommen. Es kamen aber leider keine zehn Läufer. Garrys Hoffnung war, über diese Läufe Sportler zu motivieren, für Freiheit und Frieden zu joggen. Leider funktionierte das nicht gut. Wir sollten eigentlich noch in die Schweiz rüber laufen. Ich lief aber nur bis zum Mittag mit und fuhr danach mit Zwischenstopp auf einer Demo in Augsburg zurück nach München. Eine unglaubliche Fahrerei. Heute würde ich das nicht mehr machen. Für mich bedeutete das sehr viel Stress und ich fragte mich, ob sich das jedes Mal lohnte. In München, das war der 5. April, hielt ich eine Rede. Es gab wieder so viel Polizei. Furchtbar. Dabei war die Theresienwiese nicht einmal voll. Nach der Demo in München wurde ich aber noch spontan auf eine Feier des Orga-Teams eingeladen, und für die fröhliche Atmosphäre bei Musik und Getränken hatte sich die Fahrerei am Ende doch gelohnt. Man darf nicht vergessen, dass das Bayern war. Hier war einfach alles verboten.

Am 6. April fand in Schwäbisch Gmünd ein Spaziergang statt. Am 8. April fuhr ich wieder nach Berlin. Am 10. April gab es eine Demo in Spandau. Nach der Demo waren wir bei einem Freund zu Hause und schmissen eine Fete. Wir waren bestimmt 30 Leute. In dem Haus, in dem wir nun verbotenerweise feierten, hatte früher einmal ein deutscher Schauspieler gelebt. Irgendwann bekam einer von uns mit, dass draußen die Polizei herumfuhr, und dann hieß es, die kommen tatsächlich auf unsere Party. Dabei hatte sie niemand eingeladen! Die meisten von uns traten sofort die Flucht an, liefen über die Terrasse in den Garten und suchten sich einen Weg, um zu entkommen. Ich kletterte eilig über den Maschendrahtzaun auf das Nachbargrundstück und zerriss mir dabei die Leggings. Das war mir in dem Moment aber egal. Ich sah eine Hütte ohne Tür, ein Schuppen für Werkzeug und alles Mögliche, kauerte mich in eine Ecke und wartete.

Die Hütte stand direkt am Zaun. An der Tür hörte ich ein Klirren, das nur eines heißen konnte: Die Polizei hatte die Party soeben gesprengt. In dem Moment dachte ich, scheiße, diese Brutalität, nur weil Menschen Musik machten und Spaß hatten. In meiner Hütte sah ich, wie sie mit Taschenlampen im Garten nach uns suchten. In meinem Versteck harrte ich weiter aus. Als die Luft rein war, verließ ich meine Hütte und ging zurück ins Haus.

Zu unserer Party gibt es auch ein Video. Steve filmte den Überfall durch die Polizei. Während sich die Beamten an der Tür zu schaffen machten, hagelte es vonseiten der Verbliebenen Spott. *Wir drehen hier gerade einen Film und brauchen noch Statisten*, lachten sie. Dann schlugen die Bullen die Scheibe der Haustür ein. Es war eine alte, schöne Jugendstil-Tür.

Nach und nach kamen auch die anderen zurück. Wir machten die Musik wieder an und die Feier ging weiter. Der Schauspieler, der in dem Haus gewohnt hatte, war Heinz Rühmann. Das Haus steht in Staaken, wo Rühmann das Fliegen lernte.

In derselben Nacht fuhr ich noch zurück nach Berlin rein und nahm ein paar Leute mit. Wir fuhren los und fast sofort hielten uns zwei Polizisten an. Sie sagten uns, sie hätten gehört, dass hier eine Party gestiegen wäre, und fragten mich, ob ich Alkohol getrunken hätte. Ich sagte, ne, ich trinke nie Alkohol. Das war die Wahrheit. Sie wollten meine Papiere sehen und fragten mich, ob ich bereit wäre zu blasen. Ich war peinlich berührt. Ich habe das noch nie gemacht, gab ich zur Antwort, und Steve neben mir lachte sich halbtot. Die Polizisten zeigten mir dann, wie das ging, gaben mir das Röhrchen, ich blies kräftig rein. Natürlich zeigte es nichts an. Sehen Sie, sagte ich, ich hab Ihnen doch gesagt, dass ich nicht getrunken habe. Wir durften weiterfahren. Dass ich da ein Auto voll mit vier Typen hatte, die alle aus verschiedenen Haushalten kamen, war den Polizisten ziemlich egal. Ich lud einen nach dem anderen aus und hatte zum Schluss noch Steve dabei.

Es war bereits 5 Uhr morgens und nur fünf bis zehn Minuten bis zu Steves Wohnung wurden wir erneut angehalten. Polizeikontrolle. Dieses Mal wollten sie mein Warndreieck und den Verbandskasten sehen. Das hatte ich alles dabei, kein Problem, und dann ließen sie uns weiterfahren. Ich fragte mich nur, Mensch, habt ihr nichts anderes zu tun, als morgens um fünf Uhr Autos anzuhalten? Ich sagte denen, wir sind müde, lassen Sie uns jetzt in Ruhe.

Am selben Morgen machte ich mich um 8 Uhr auf Richtung Frankfurt, wo *Ruf der Trommeln* für 14 Uhr zu einer Demo vor dem Hessischen Rundfunk aufgerufen hatte, und nahm noch Martin Lejeune mit. Am Abend wollten wir beide wieder in Berlin sein. Am Ende durfte die Veranstaltung aber nicht am geplanten Ort stattfinden. Wir mussten auf das Rebstockgelände am Stadtrand ausweichen. Dorthin kamen viel zu wenig Menschen, sodass wir keinen Aufzug machen konnten. Zudem waren wir so weit außerhalb der Innenstadt, das hätte sich nicht gelohnt. Dann wurde Hans auch noch auf dem Weg zum Rebstockgelände von der Polizei angehalten und erhielt einen Platzverweis für ganz Frankfurt. Die Polizei behauptete, dass die Versammlung verboten worden sei. Eine Lüge, denn die Kundgebung war bloß verlegt worden. Ich passte auf mich auf, denn an dem Tag war die Polizei knallhart. Eva Rosen und andere Aktivisten wurden brutal festgenommen. Danach fuhren Martin und ich zurück nach Berlin. Wieder so eine Wahnsinnstour.

Am Montag, den 12. April, war eine Demo vor dem Brandenburger Tor von 14 Uhr bis 20 Uhr angesetzt. Am 13. April fand eine Demo vor dem Reichstag statt. Ich erhielt einen Platzverweis und die Androhung einer Ordnungswidrigkeit. Post hierfür erhielt ich nie. Am 14. April fuhr ich nachts nach Hause und krachte mit 130 Sachen seitlich gegen die Mittelleitplanke. Im Gegensatz zur zerschrammten linken Seite meines Autos hatte ich in dem Moment einen Schutzengel gehabt. Am nächsten Abend fuhr ich zur Demo nach Alsdorf. Am 15. April fand die Demo vor dem Kultusministerium in Stuttgart statt. Am 16. fuhr ich für einen Autokorso nach Wernau.

Am 17. April sollte eine Demo auf dem Marienplatz in Stuttgart stattfinden, sie wurde aber verboten. Als ich dort ankam, sah ich, dass der Marienplatz komplett abgesperrt war. Es war Samstagmittag und überall stand Polizei. Selbst Leute, die einfach einkaufen gingen, mussten außenrum laufen. Auch der Wilhelmsplatz war abgesperrt. Der Aufzug der Antifa Richtung Stadtmitte durfte hingegen stattfinden. Auf dem Rotebühlplatz wurden unsere Trommler eingekesselt. Am Ende schafften wir es trotzdem, wenigstens einen kleinen Aufzug zu machen. Jemand hatte eine Musikbox dabei. Einmal hielt mich die Polizei an und sagte, sie hätten mich zu dritt mit anderen stehen sehen, ohne Abstand zu halten und Maske zu tragen. Man durfte aber nur zu zweit stehen, deswegen erteilten sie mir einen Platzverweis. Sie nahmen meine Personalien auf und dann wollten sie noch meinen Beruf wissen. Ich sagte, das ist unwichtig. Gegenüber der Polizei muss man gesetzlich nur angeben, wie man heißt, wann man geboren ist und wo man wohnt – also nur Informationen, die auf dem Personalausweis stehen. Der Beruf geht die Polizei überhaupt nichts an. Der Polizist sagte aber, wenn ich meinen Beruf nicht angebe, bedeute das eine zusätzliche Ordnungswidrigkeit. Das war mal wieder glatt gelogen. Ich sagte ihm, dass das nicht stimmte, fügte aber hinzu, ich bin Mutter aus Leidenschaft. Okay, sagte der Polizist, also Hausfrau. Damit wollte er mich natürlich herabwürdigen. Post für den Tag erhielt ich nie.

Am 18. April fuhr ich mit meinen Jungs nach Berlin. Für den 21. April war anlässlich des nächsten Infektionsschutzgesetzes breit aufgerufen worden. Am 19. April fand eine Demo vor dem Brandenburger Tor statt. Am 21. April folgte dann ab 10 Uhr die Demo im Regierungsviertel. Es war der Hammer. Die Polizei war so brutal, sogar für Berliner Verhältnisse. Sie jagten die Leute durch den Tiergarten und provozierten die Demonstranten ganz gezielt, indem sie sich einzelne Personen raussuchten, ihnen hinterherrannten, sie zu Boden schmissen und dann abführten. Ich passte auf mich auf. Zusammen mit einigen Trommlern schafften wir es irgendwie aus dem Tiergarten raus und liefen Richtung Potsdamer Platz. Einer unserer Aufzüge lief der Polizei in die Arme und wurde dort eingekesselt. Dann ging das alte Spiel los. Die Bereitschaftspolizei kam mit Helm und Knüppel, ging in die Menge rein, schubste und führte die Leute nach und nach ab.

Als erstes sind in der Regel die Musiker dran, Trommler und Gitarrenspieler, und Leute mit Megaphonen. Bei den Festnahmen gab es natürlich jedes Mal einen Aufruhr. Die Abgeführten taten ja nichts, was das Vorgehen der Polizei gerechtfertigt hätte. Sie spielten Musik, sie sangen und forderten ihre Rechte ein. Die Festgenommenen waren keine Verbrecher, sondern Bürger mit dem Recht zu demonstrieren. Doch die Polizei sperrt einfach ab, dann fängt sie an zu schubsen. Es gibt immer welche, die das nicht einfach hinnehmen wollen, die werden dann laut, schreien, *was soll das*, oder, *keine Polizeigewalt*. Und wenn du das tust, musst du damit rechnen, dass du der nächste bist, der abgeführt wird. Furchtbar. Am Potsdamer Platz standen noch viele andere Menschen, die die Einkesselung beobachtet hatten. Es sammelten sich immer mehr Menschen. Und ich dachte mir, was soll das denn, wir stehen hier rum und gucken zu, wie die anderen eingekesselt werden und nach und nach ihre Personalien festgestellt werden. Das war doch Quatsch! Es wäre besser gewesen, die Zeit, in der die Polizei beschäftigt war, zu nutzen und loszulaufen, auf die Leipziger Straße Richtung Alexanderplatz.

Am 25. April war noch eine Demo in Berlin-Gropiusstadt und am 26. April fuhren wir wieder nach Hause. Am 1. Mai wollte ich eigentlich nach München zur der Demo auf der Theresienwiese fahren. Aber dann war die Hausdurchsuchung beim Weimarer Familienrichter Christian Dettmer, der mittlerweile seines Amtes enthoben wurde. Natürlich protestierte bundesweit der Mainstream gegen das Urteil von Richter Dettmer, der Experten hinzugezogen und entschieden hatte, dass es Kindeswohlgefährdung war, wenn Kinder in der Schule Masken tragen, Abstand halten und Tests machen mussten, wie es mittlerweile üblich war. Ein Richter hatte es gewagt, Experten heranzuziehen, und dafür wurde er sofort von allen Seiten niedergemacht. Stattdessen bekam Richter Dettmer Besuch von der Polizei und er erhielt einen Rechtsbeugevorwurf. Ein Richter muss unabhängig vom Staat, von der Exekutive und der Legislative, urteilen dürfen. Politik und Polizei setzten ihn aber unter Druck. Folgen für die Schulen hatte sein Urteil leider nicht. Das Urteil konnte sich nicht durchsetzen. Stattdessen ging es um die Frage, ob das Familiengericht oder das Verwaltungsgericht für den Fall zuständig war. Die eigentliche Frage des Urteils spielte bald keine Rolle mehr.

In der Bewegung gab es den Aufruf, als Protest vor Gerichten weiße Rosen niederzulegen und nach Weimar zu kommen. Damit wollten wir unsere Solidarität mit dem Richter ausdrücken, der es gewagt hatte, ein Urteil zu fällen, das nicht dem entsprach, was die Politik von der Justiz erwartete. Ich legte ebenfalls eine weiße Rose vor dem Amtsgericht an meinem Wohnort nieder und fuhr danach nach Weimar. Noch auf der Autobahn versuchte die Polizei, uns die Zufahrt nach Weimar zu verwehren. Aber die Menschen sind ja nicht doof. Nach Weimar führen mehrere Zufahrtsstraßen. Man durfte eben nicht auf direktem Weg fahren. Wir schafften es nach Weimar, parkten das Auto und liefen zum Amtsgericht. Auch hier legten wir weiße Rosen nieder und zündeten Kerzen an. Björn Banane war gekommen und sang. Eine ganze Weile standen wir so vor dem Amtsgericht und irgendwann dachten wir: Was sollen wir hier rumstehen? Wir laufen jetzt los. Spontan bildete sich ein Demozug, den die Polizei umgehend blockierte. Wir liefen aber trotzdem, das Goethe-Schiller-Denkmal war unser Ziel. Beide Dichter stehen für Freiheit und Aufrichtigkeit, deutsche Werte. Leider kesselte die Polizei viele von uns ein. Im Anschluss fuhren wir weiter nach Erfurt. Dort wurden ebenfalls weiße Rosen niedergelegt und es gab eine Demonstration vor dem Verwaltungsgericht. Das Polizeiaufgebot war groß. Nach der Demo spazierten wir noch durch Erfurt und schauten uns die Stadt an.

Am 4. Mai gab es eine kleine Demo an der Konstablerwache in Frankfurt. Am 8. Mai sollte eine Demo in Schweinfurt stattfinden, sie wurde aber verboten und daraufhin nach Hof verlegt. Anselm Lenz war aus Berlin angereist und hielt eine Rede. Daniel Langhans war da. Später bekam er Probleme mit der Polizei, die mal wieder einen Zirkus veranstaltete. Wir wollten eigentlich einen Aufzug durch die Stadt machen. In Hof war es aber nicht möglich. Wir waren einfach zu wenige. Es war nichts los. Ich unterhielt mich mit Passanten und die sagten mir, dass in Hof, einer ehemaligen Grenzstadt zur DDR, an Samstagen um 14 Uhr die Bürgersteige hochgeklappt werden. Schön war, dass ich mit ein paar Leuten aus der Bewegung ins Gespräch kam. Mit Arne, dem Klavierspieler, mit Thomas, dem Busfahrer, Pepe und Björn Banane, dem Sänger. Sonst kannte man sich eben eher vom Sehen. Aber in Hof konnten wir uns einfach mal so unterhalten. Im Anschluss luden sie mich noch zum Griechen ein, worüber ich mich sehr freute.

Am 9. Mai war Muttertag. Ich fuhr zur Demo nach Kirchheim und hielt dort eine Rede. Manchmal fragte man mich, ob ich nicht kommen und sprechen wollte. Am 16. Mai kam meine langjährige Freundin aus Kiel zu Besuch. Wir gingen spazieren und sprachen über die Kinderimpfung, die damals langsam Thema wurde. Meine Freundin war skeptisch, ob es hierzu kommen würde. Aber so war es später.

Am 19. Mai fuhr ich mit meinen Söhnen für die Pfingstdemos nach Berlin. Am 21. Mai fanden mehrere Autokorsos statt. Aus fünf verschiedenen Richtungen fuhren die

Teilnehmer zur der Standdemo am Theodor-Heuss-Platz. Als die unzähligen geschmückten und mit Musikboxen ausgerüsteten Autos den Platz erreichten, gab es ein riesiges Hallo. Der Verkehr, den die langen, langen Korsos blockierten, staute sich bestimmt bis vor das Kanzleramt! Später zog mich die Bereitschaftspolizei aus der Demo, führte mich ab und stellte mich an die Wand. Ich hatte mein Attest und meinen Personalausweis dabei. Weshalb nehmen Sie mich denn mit, beschwerte ich mich laut. Zur Antwort bekam ich, dass ich nicht so herumschreien sollte. Ich sollte mich mit dem Gesicht zur Wand drehen, doch ich wollte dem Polizisten nicht zuhören. Dann drohten sie mir mit unmittelbarer Gewalt. Also drehte ich mich um. Sie machen ja doch, was ich will, sagte der Polizist trocken. Sie warfen mir Widerstand gegen die Staatsgewalt und Körperverletzung eines Polizisten vor. So ein Quatsch, sagte ich, wir sehen uns vor Gericht. An dem Abend zogen sie ganz viele Leute aus der Demo und stellten sie wie mich an die Wand. Das war wieder typisch für die Berliner Polizei und ihre Angstmacherei.

Am 23. Mai fand eine Mahnwache am Schloss Bellevue statt. Später war ich am Schloss Charlottenburg und abends im Treptower Park. Dort hatten Arne, Björn und Thomas eine Spontandemo angemeldet. Ich war mit meiner Flagge unterwegs, als plötzlich die Polizei angerannt kam. Ich hatte das Gefühl, dass sie es auf mich abgesehen hatten, also rannte ich. Ich versteckte mich unter einem Busch, versteckte meine Flagge und wartete, bis sie weg waren. Dann rannte ich in entgegengesetzte Richtung zu meinem Auto. Am nächsten Tag ging ich zurück in den Park, um meine Flagge zu holen. Zum Glück lag sie noch unter demselben Busch.

Am 24. Mai waren wir im Mauerpark. Dort verhaftete man Captain Future und Steve. Karl Hilz und Kaschi waren auch da und auch Max Eder, den ich an dem Tag persönlich kennenlernte.

Am Mittwoch, den 26. Mai, fuhr ich zur Demo nach Nürnberg von *Lehrer stehen auf*. Ich wusste, dass dort der Philosoph Gunnar Kaiser reden würde, und ich wollte ihn einmal in Person erleben. Leider kamen viel zu wenig Menschen. Es war so ein Häuflein, vielleicht 100 Personen. In Bayern war es mit der Polizei sowieso immer schwierig, deshalb hielt ich mich zurück und hörte aus der Ferne zu. Gunnar sprach aber nicht sehr lange. Am 29. Mai fuhr ich zum ersten Mal auf eine Demo von *Europeans United* nach Brüssel.

Wach auf, Europa

Die Demonstrationen in Wien und Frankfurt an der Oder hielt ich für wichtig, da wir hier staatenübergreifend gegen dasselbe Unrecht demonstrierten. Daher war es in meinen Augen eine besonders gute Idee, unseren Protest auch nach Brüssel zu tragen, der inoffiziellen Hauptstadt der Europäischen Union, und ich freute mich, als für den 29. Mai zum ersten Mal nach Brüssel aufgerufen wurde. Alle Europäer sollten kommen. Über *Europeans United*, von denen der Aufruf stammte, erfuhr ich über Telegram. Die Abstandsregeln, die Masken, die Impfnötigung betraf uns alle gleich. Die Maßnahmen konnten sich von Staat zu Staat unterscheiden. Mal waren die Grenzen eines Landes offen, dann wurden sie wieder geschlossen, dieses ganze Durcheinander eben. Doch Corona-Maßnahmen gab es praktisch in jedem Land und die europäischen Bürger mussten sich in ihrem Kampf gegen das Unrecht zusammentun.

Ich bin gegen eine Zentralregierung durch die EU. Ich halte es für wichtig, dass die europäischen Länder in ihren Grenzen bestehen bleiben. Die einzelnen Kulturen, wie sie gewachsen sind, sollen erhalten bleiben. Woran ich glaube, ist, dass wir Menschen in Europa gemeinsam an Zielen arbeiten müssen, die uns wichtig sind und die unsere Freiheit und Selbstbestimmung und den Frieden in Europa erhalten. Gegen die Verbrechen der Regierungen Europas müssen wir gemeinsam kämpfen. Wir sind stärker, wenn wir zusammen kämpfen, als wenn jedes Land das alleine macht. Ich fuhr auch deshalb nach Brüssel, weil ich hoffte, dass aus ganz Europa die Menschen nach Brüssel anreisen würden. In Deutschland war es ein

Bruchteil der Bevölkerung, der verstand, welche Veränderungen vor sich gingen. Wenn sich aber Menschen wie wir aus allen europäischen Völkern auf den Weg machen würden, kämen die kritisch denkenden Bürger an einem Ort zusammen. Deswegen hielt ich Brüssel als Ziel unserer Demonstration für richtig. Für mich war klar, ich fahre nach Brüssel, ich will dabei sein, ich will Gesicht zeigen, ich will meine Stimme erheben, gemeinsam mit allen Europäern. In vielen Kanälen von Querdenken wurde der Aufruf geteilt. Ich fragte, wer mitkommen wollte. Anton meldete sich spontan. Er war es, der meine Söhne und mich 2020 nach Hause gebracht hatte, als mein Auto auf dem Parkplatz in Darmstadt eingeschlossen war. Am 29. Mai sammelte ich ihn ein und es ging los. Probleme an der Grenze hatten wir nicht. Auch nach Brüssel reinzufahren, war kein Problem. Lediglich wegen der Regulierung der Schadstoffobergrenze musste man vorher sein Auto anmelden. Als wir in der Innenstadt von Brüssel ankamen, sahen wir bereits die Wasserwerfer.

Wir stellten das Auto ab und liefen in Richtung des Parks Bois de la Cambre. Polizei sah ich nicht, aber als ich am Eingang des Parks einen Wasserwerfer stehen sah, dachte ich, oh nein, das Gleiche wie in Berlin. Wir liefen an dem Ungetüm vorbei und weiter durch den riesigen Park. Wir trafen immer mehr Menschen. An einem Rondell warteten bereits Redner. Alexander Ehrlich aus Österreich war da, Karl Hilz mit Kaschi waren aus München angereist. Eine Gruppe Musiker mit klassischen Instrumenten spielte Musik, darunter das Lied *Danser encore*, das ab 2020 in unserer Bewegung sehr populär war. In Deutschland durfte man sich zeitweise nicht mit anderen Personen zu Hause treffen. Also trafen sich die Menschen auf Straßen, auf Marktplätzen, spielten *Danser encore* und tanzten und sangen dazu. Zu den Rednern gehörten Ärzte, Wissenschaftler und Aktivisten wie Willem Engel aus den Niederlanden. Gesprochen wurde auf Englisch oder Französisch. Ich traf Freunde aus Berlin, Roman von *Free People* und Renata und Eduard. Polizei gab es dann doch, die stand aber eher am Rand. Es war nicht so wie in Berlin, dass man Angst vor ihr haben musste. Die Polizei in Brüssel hat diese Schiffchen auf dem Kopf, keine Helme. Die sahen einfach nett aus.

Es war sehr schönes Wetter. Nach und nach füllte sich der Park mit Demonstranten. Ich traf immer mehr Freunde aus Deutschland. Irgendwann waren wir bereit für unseren Aufzug durch Brüssel und liefen los, mitten durch Brüssels Wohngebiete. Das Ziel war das Justus-Lipsius-Gebäude, der Sitz des Europäischen Rats. Bestimmt zwei bis drei Stunden waren wir unterwegs. Die Polizei hielt für unseren Aufzug die Kreuzungen frei. Florian aus München war mit seinem Friedensboot gekommen. Scheinbar war geplant, das Friedensboot am Europäischen Rat abzustellen und als Bühne für Reden zu nutzen. Auf dem Weg hieß es aber schon, dass es zu Schwierigkeiten gekommen war.

Als wir schließlich ankamen, war alles friedlich. Während der ganzen Zeit mussten wir keine Masken tragen, wir mussten keinen Abstand halten, gar nichts. Das war für mich sehr bemerkenswert. In Deutschland waren die Maßnahmen ja furchtbar und wurden akribisch durchgesetzt – in Brüssel genau das Gegenteil. Da hieß es, keine Vermummung, keine Maske, kein Abstand. Wir waren so viele Menschen, wir trugen unsere Flaggen, auch Länderflaggen, wir waren fröhlich, wir waren bunt, hauptsächlich Niederländer, Belgier, Franzosen, Deutsche, Österreicher.

Als wir durch einen Park liefen, tauchte berittene Polizei auf, und zum Schluss gab es doch noch Ärger. Was die Ursache war, weiß ich nicht. Ich wollte vermeiden, dass man uns einkesselte, auch weil ich die belgische Rechtslage nicht kannte, also liefen Anton und ich lieber wieder zurück zum Auto. Das war ein ganz schönes Stück, denn wir mussten den ganzen Weg wieder zurück. Der Aufzug zum Europäischen Rat war sehr schön, die erste Demo von *Europeans United* war ein Erfolg.

Die Idee von *Europeans United* kam von Tom. Tom ist Belgier und schon 2021 lernte ich ihn persönlich kennen. Nach der ersten Demo von *Europeans United* schrieb ich ihm eine Nachricht. So entstand der Kontakt.

Im Januar 2022 fragte mich Tom, ob ich jemanden kennen würde, bei dem er übernachten könnte. Er wollte mit zwei Freunden auf eine Demo am 19. Februar in Frankfurt kommen und zwei Nächte bleiben. Ich bot ihnen natürlich an, bei mir zu übernachten. Bei mir waren sie, das wusste ich, in guten Händen. Tom kam dann doch einen Tag später und traf uns auf der Demo in Frankfurt. Wir fuhren zur Taunusanlage und Tom und ein Mann aus seinem Team waren dabei.

In meinem Kanal teilte ich, dass *Europeans United* nach Frankfurt kommen würde. Alexander Ehrlich teilte es auch und ebenso Markus Haintz. So weit ich das mitbekam, war am Schluss aber keiner der großen Namen der Bewegung in Frankfurt, um Tom und sein Team wie eine Art Komitee willkommen zu heißen. Tom und sein Freund waren dadurch wie zwei unter vielen. Ich fand das einfach unfreundlich und ich konnte es nicht verstehen. Wenn man das Orga-Team von *Europeans United* einlud, musste man sich auch um sie kümmern. Die Organisatoren der Demo in Frankfurt hätten sie begrüßen und sprechen lassen müssen. Nichts in der Richtung war der Fall. Ich fand das beschämend. Die beiden Belgier fuhren einen weiten Weg und dann würdigte es niemand.

Wahrscheinlich muss man einfach alles selbst machen. In Frankfurt war ich auf eine solche Situation aber nicht vorbereitet gewesen. Ich stellte Tom meine Freunde vor. Mehr konnte ich an dem Tag aber nicht tun. Die Demo fand dann auch statt. Tom und sein Kollege gingen mit. Später waren wir vor der Paulskirche und auf dem Römerplatz. Bald war die Demo wieder beendet, uns war kalt, das Wetter war schlecht. Es gab einen Wagen, der Partymusik spielte, ähnlich wie die *Freedom Parade* aus Berlin. Tom konnte sich noch mit dem Veranstaltungsleiter austauschen. Dann sagte Tom, dass er nach Hause musste, weil es seiner Tochter nicht gut ging. Ich hatte aber auch den Eindruck, dass er und sein Freund die Nase voll hatten, dass der Tag bei uns für sie eine Enttäuschung gewesen war. Mein Englisch ist nicht besonders gut und Tom sprach kein Deutsch. Andererseits, wenn man miteinander offen reden kann, kann man auch sagen, wenn etwas nicht in Ordnung ist. Tom hatte mir ein riesiges Paket meiner Lieblingspralinen aus Brüssel mitgebracht. Bestimmt ein Kilogramm! Irgendwann nach der Demo bedankte ich mich noch einmal für die Pralinen und erkundigte mich nach seiner Tochter. Ich fragte ihn auch, ob er zufrieden mit Frankfurt war. Darauf antwortete er nicht.

Nach der Demo in Frankfurt fragte mich ein Freund, was ich davon halten würde, wenn *Europeans United* für den 31. Juli 2022 nach Berlin aufrufen würde. Ich war eigentlich immer gerne in Berlin. Aber Anfang 2022 machte das für mich angesichts der Auflagen, die noch in Kraft waren, keinen Sinn. Da wurdest du nur verprügelt und die Menschen kamen auch nicht mehr so zahlreich wie zwei Jahre zuvor. Berlin ist eben Regierungssitz und man hatte dort kaum eine Chance. Das müssten wir uns nicht grundlos antun.

Auf der Demo in Brüssel am 29. Mai 2020 fiel mir auf, dass unter den Demonstranten Reservisten mitliefen, die ihre Uniform trugen. Ich vermutete, dass das Niederländer waren. Ich sah auch, wie sich diese Reservisten als Schutzschild zwischen die Demonstranten und die Polizei stellten. Ganz vorne liefen sie mit. In Deutschland waren wir zu der Zeit schon froh, wenn man uns demonstrieren ließ. In Brüssel war es überhaupt nicht so. Was wir in Deutschland erreichen wollten, bekamen wir in Belgien sozusagen gratis. In Deutschland wollten wir demonstrieren, in Belgien durften wir es einfach. Was würde unser nächstes Ziel sein, wenn wir in Deutschland wieder ungestört und frei demonstrieren könnten? Liefen wir eigentlich ins Leere, während uns Politik und Medien durch ihre Propaganda an den Rand drückten? An diesem Punkt war ich mir uneins. Als wir zu viele wurden, zerschlugen sie unsere Aufzüge. Wir waren absichtlich nicht in den Medien. Die Masse der Bevölkerung bekam nicht mit, dass es unsere Bewegung gab, wenn sie uns nicht zufällig sah. Ein Freund von mir fragte mich einmal, was wollt ihr? Ihr seid doch nichts.

Aber warum dachte er so? Weil er einfach nicht mitbekam, wie viele Hunderttausend Menschen seit 2020 auf die Straßen gegangen waren, wie viele zeitweise jeden Montag und jedes Wochenende auf die Straße gingen, in wie vielen Städten es Demos und Spaziergänge gab. Offiziell wird so getan, als gäbe es uns nicht. Das raubt uns die Energie. 2021 haderte ich bereits damit, wie lange der Weg zu einer Demo sein dürfte, zu der ich fuhr. Auf der einen Seite wollte ich nicht zu Hause sitzen und schweigen. Auf der anderen Seite fragte ich mich, was ich mir da zumutete. Seit 2020 fuhr ich durch das Land. Das kostete mich Kraft. Es waren ja keine Spaßveranstaltungen. Ständig demonstrieren ist anstrengend. Die

Vorbereitung, auf der Straße zu sein, mit dem Auto zu fahren, ständig die Frage, wie finanziere ich das.

Manchmal fragte ich mich, für wen ich das eigentlich machte. Diese Frage muss am Ende aber jeder für sich selbst beantworten. Ich wusste, dass ich weiter auf die Straße gehen würde. Ich tat dies für mich und meine Kinder und unsere Zukunft. Andererseits gibt es viele Menschen in der Bewegung, die genug Knete haben und die es nicht viel kosten würde, bei jeder Demo dabei zu sein. Warum waren die nicht auf jeder Demo dabei? Warum war ich es? Warum hörte ich von den Leuten, he, Ronja, du bist ja immer unterwegs, dich sieht man überall. Ich sagte das diesen Leuten nicht. Aber meine Söhne und ich mussten schauen, wie wir über die Runden kamen. Anderen Leuten würde es leichter fallen. Warum gingen die nicht auf die Straße? Regelmäßig. Jedes Mal. Warum hatten wir es die ganze Zeit nicht geschafft, Teams zusammenzustellen, die sich ein Auto teilten und jede Woche gemeinsam fuhren? Solange wir es nicht schaffen, eine Gemeinschaft aufzubauen, die sich immer wieder trifft, austauscht, überlegt, wie es weitergeht, sich gegenseitig unterstützt, füreinander sorgt, sehe ich keine Zukunft. Dann werden wir in 20 Jahren noch rumdümpeln wie bisher und nicht vom Fleck kommen.

Manchmal wusste ich nicht, wie lange ich noch auf die Straße gehen würde. Immer noch trug mich die Hoffnung. Aber irgendwann würde ich wahrscheinlich sagen, Leute, ich habe Kinder, ich habe Familie, ich habe mein eigenes Leben. 75 Prozent der Deutschen bewegen sich nicht. Wir können sie nicht verändern. Wenn sie nicht bereit waren, über ihren Tellerrand zu schauen, konnten wir nichts machen. Es ist ein Irrtum zu glauben, dass man Menschen verändern kann, wenn sie selbst kein Interesse daran haben. Auch wenn es plausibel ist, was man sagt, und bestens erklärt, redest du am Ende gegen die Wand. Diese Trägheit machte mir nach zwei Jahren zu schaffen. Am Anfang lief ich einfach los. Ich hatte die Illusion, mit anderen ein besseres Deutschland errichten zu können. Heute denke ich, das war alles Spinnerei. Dann hatte ich wieder Momente wie auf einer Demo 2022 in Seligenstadt. Dort hörte ich Ralf Ludwig sprechen und ich denke, okay, es geht weiter. Weiter, weiter, weiter. Dann ist es eben so. Wir sind maximal 25 Prozent in den Köpfen, auf der Straße natürlich viel weniger. Aber wir müssen weiter, weiter, weiter machen. Denn unser Kampf war nicht umsonst. Und diejenigen, die ebenfalls kämpfen, kann ich nicht im Stich lassen. Ich telefonierte mit Markus, dem Polizisten aus Siegburg, der remonstriert hatte. Ich fragte ihn, ob er auch nach Berlin käme. Er antwortete, dass er an einer Strafanzeige für Den Haag mitarbeiten würde. Es bewegte sich also etwas und jeder einzelne von uns ist ein Sandkorn des Ganzen. Jedes Sandkorn ist wichtig.

Auch wenn wir nicht alles erreichten, was wir wollten: Es war trotzdem wichtig, auf die Straße zu gehen, um Menschen zu mobilisieren, aufzuwecken, ihnen zu sagen, steht auf und wehrt euch, kämpft für eure Freiheit. Wenn wir schweigen, setzt die Politik ihre Pläne viel einfacher durch. Die Politiker versuchen trotz unseres Widerstands alles, was sie wollen, durchzudrücken, wenn es sein muss, hinter unserem Rücken. Die Impfpflicht ging in Deutschland nicht durch. Anfang 2022 war mir klar, dass sie das nicht schaffen würden. In Deutschland werden sie keine Impfpflicht durchsetzen können. Trotzdem war es wichtig, dass wir weiterhin Menschen erreichten, die den Impfzwang ablehnten, die sich nicht impfen lassen wollten, sich aber dem System gegenüber ohnmächtig fühlten. Wer ab 2020 auch nur einmal auf der Straße war, wird sich, wenn die Politik noch einmal mit dem Impfzwang droht, wieder mobilisieren lassen. Sie waren schon einmal auf der Straße und sie werden es wieder tun. Es wird einen Aufruf geben und alle werden kommen. Wenn du etwas Neues machst, kostet das Überwindung. Wenn du etwas bereits mehrmals gemacht hast, überlegst du nicht mehr. Dann weißt du, kämpfen ist unsere einzige Chance. Es geht nur um den ersten Schritt.

Unter dem Label *Selbstbestimmung und Freiheit* ist alles abgedeckt, was wir erreichen wollen. Dazu brauchen wir einen Friedensvertrag, wir brauchen eine Verfassung, die amerikanischen Waffen müssen endlich aus Deutschland und Europa abgezogen werden. Die Regierungen Europas müssen die Interessen der Bevölkerung vertreten. Regierungen dürfen kein verlängerter Arm von globalistischen Wirtschafts- und Machtinteressen sein. Diese Debatte war in der Bewegung nicht einmal stark ausgeprägt und trotzdem wird sie von staatlichen Stellen beobachtet. Die Politiker sind auch nicht ganz doof. Ihr Instinkt für Macht hat sie schließlich auf ihre Posten gebracht. Sie wissen, was es geschlagen hat; dass sie den Geist nicht mehr in die Flasche zurückbekommen werden. Am Anfang waren wir nur kritisch gegenüber den Corona-Maßnahmen. Daraus entstand mit der Zeit mehr. Die Menschen sagten bald, es geht nicht nur um die Corona-Maßnahmen und dass die endlich beendet werden. Es geht um unsere Freiheit. Es geht um den Frieden in Europa. Das nannten immer mehr Menschen beim Namen. Die einen etwas offener, mutiger, die anderen etwas leiser. Denn sobald man die Systemfrage stellt, muss man damit rechnen, dass man abgeführt wird. Lange konnten wir froh sein, dass niemand aus unserer Bewegung in den Knast kam. Im Laufe von 2022 hat sich das leider geändert. Wir müssen aufpassen, was wir sagen. Wenn wir die Parole rufen: *Baerbock, Lambrecht, Scholz und Co. – ihr alle seid ein Griff ins Klo*, dann kann es sein, dass man dafür angezeigt wird und für Beleidigung verurteilt wird. Wenn man aber sagt: *Wir brauchen neue Politiker*, ist das etwas anderes. Das erste ist natürlich direkter, das zweite ist weichgespült.

Nach wie vor entwickeln sich die Bewegung und jeder einzelne weiter. 2022 gab es bereits Menschen, die Angestellte suchten, die ungeimpft waren, die keine Maske trugen, die das Ganze durchschaut hatten, auch im Gesundheitsbereich. Anders ausgedrückt bildeten sich seit zwei Jahren Parallelgesellschaften aus. Ich glaube aber nicht, dass das die Lösung ist, wenn sich diese Parallelgesellschaften einfach vergrößern. Ich hätte lieber, dass sie ein Gegengewicht zum Mainstream bilden. Vielleicht kippt es irgendwann zu unseren Gunsten, weil die Menschen merken, dass sie sich in der Parallelgesellschaft mehr verwirklichen können und wertgeschätzt werden, während sie im Mainstream nur benutzt werden. Der slowakische Autor Václav Havel hatte etwas Ähnliches zum Leben unter dem Kommunismus gesagt. Er sagte, wir können in der offiziellen Gesellschaft nicht mehr leben, weil wir dort unterdrückt werden. Also leben wir in Parallelgesellschaften, wie wir wollen. Es geht darum, etwas aufzubauen und mit Menschen zusammenzuarbeiten, die das System durchschaut haben und es nicht länger unterstützen wollen. Das ist natürlich schwierig, weil du über die Steuern immer noch vom Staat abhängig bist. Das Ziel muss eigentlich sein, dem Staat das Geld zu entziehen. Wenn die Politiker keine Steuern mehr haben, können sie keine Waffen kaufen.

Als Christian Lindner zur Finanzierung des Sondervermögens für die Bundeswehr gefragt wurde, *wo kommt das Geld her*, und seine Antwort lautete, *das kommt von Ihnen, die Steuern zahlen, von den Bürgern und der Wirtschaft*, war er im Grunde ehrlicher als erlaubt. Eigentlich zielte die Frage darauf ab, aus welchen staatlichen Haushalten das Geld kommen würde, wie das Finanzkonzept aussehen sollte. Das war die Intention der Frage und Lindner antwortete unverblümt falsch, aber doch richtig. Ja, die Bürger bezahlen ihre Unterdrückung selbst. So dumm-ehrlich sind unsere Politiker mittlerweile.

Einmal sprach ich mit meiner Freundin Nina. Auch sie sagte mir, dass wir schauen müssten, dass wir weiter unter dem Radar taten, was möglich war, den Staat nutzten, wo wir ihn brauchten. Aber wenn das alle so machen, führt das einfach zu Korruption. Ich fürchte, dass es darauf in Deutschland allgemein hinauslaufen wird. Im Moment ist es wichtig, dass wir standhaft bleiben, uns weiter vernetzen, und das passiert zum Glück weiterhin. Auch wenn die Medien uns totschweigen, können uns die anderen Menschen sehen. Wir müssen weitermachen.

Am 3. Juni 2021, Fronleichnam, fand eine Demo in Karlsruhe statt. Querdenken Karlsruhe hatte das in Form eines Familienfests in einem Park organisiert. Ich nahm meine Söhne mit und Freunde und deren Kinder fuhren ebenfalls. Es war schönes Wetter. Man hatte eine Bühne aufgebaut, es gab Musik, Perin Dinekli war gekommen. Leider gab es viel Polizei und wir erhielten die Anweisung, dass wir alle auf unseren Picknick-Decken sitzen mussten. Wenn wir aufstehen und rumlaufen wollten, mussten wir eine Maske tragen. Wenn man auf der Decke saß, aber nicht. Es galt ein Haushalt pro Decke, und zwischen den Decken sollte 1,5 Meter Abstand sein. Einfach nur dumm. Wir waren unter freiem Himmel, es war heiß. Trotzdem hatten wir einen tollen Tag. Als wir nach Karlsruhe reinfuhren und einen Parkplatz suchten, sah ich, wie ganz viele Fahrradfahrer vorbeifuhren, das war Antifa. Scheiße, dachte ich, hier kann ich mein Auto unmöglich stehen lassen. Auf meinem Passat klebten Aufkleber mit eindeutigen Botschaften. Und natürlich sahen die, dass wir unseren Bollerwagen auspackten, mit Megaphon und Fahne und allem, was man so brauchte. Also parkte ich schnell um. Ich hatte einfach Sorge, dass diese Gegendemonstranten etwas an meinem Auto kaputtmachten. Das war ja schon vorgekommen.

Irgendwann kamen die Antifa-Gegendemonstranten über die Wiese und wollten die Versammlung und die Reden stören. Da stellte sich die Polizei tatsächlich vor uns, bildete eine Mauer und forderte die Antifa zum Verschwinden auf. Wer nicht freiwillig ging, wurde sogar eingekesselt und musste die Personalien angeben. Das tat uns gut, dass einmal wir diejenigen waren, die zuschauen konnten, wie die Polizei mit den Gegendemonstranten umging, wie sie es sonst mit uns machte. Später sollte es noch von uns eine spontane Versammlung am Bahnhof von Karlsruhe geben, für die Freiheit von Julian Assange. Ein Aufzug zum Bahnhof wäre schön gewesen. Es gab die Ansage, wir trommeln noch und laufen zu der anderen Versammlung. Man konnte nicht sagen: *Wir machen jetzt einen Aufzug.* Dann hätte die Polizei sofort eingegriffen. Die meisten Menschen, die an dem Tag da waren, verstanden das entweder nicht oder wollten mit ihren Kindern lieber nach Hause gehen. Unser Grüppchen lief noch zum Bahnhof, dort trafen wir noch einmal Perin und Karl und Kaschi. Wir holten uns ein Eis, trafen noch weitere Freunde und dann fuhren auch wir nach Hause.

Am 5. Juni war eine Demo in Berlin, am 6. Juni war ich in Stuttgart, am 11. Juni war wieder eine Demo auf dem Karlsplatz und im Schlossgarten in Stuttgart. Am 12. Juni gab es eine Demo in Öhringen bei Heilbronn.

Wach auf, Europa

Da unterhielt ich mich auf dem Versammlungspatz mit einem älteren Polizisten. Er sagte mir, dass bei der Polizei keiner gezwungen wäre, sich impfen zu lassen. Er habe sich impfen lassen, aber wer das nicht wollte, müsste es nicht. Nach der Demo gingen wir noch bei Freunden essen, die ein kleines Hotel besaßen. Stefan Lanka hielt einen Vortrag darüber, dass Viren eigentlich noch nie nachgewiesen wurden. Viren seien für die Wissenschaft eher etwas wie Denkmodelle. Am 18. Juni war ich wieder in Berlin. Am 19. Juni hatte jemand aus der spirituellen Ecke zu einer Demo im Tiergarten aufgerufen und ich verlas auf dieser Veranstaltung eine Rede, in der ich den Rücktritt der Regierung forderte.

Am 26. Juni fuhr ich nach Düsseldorf und freute mich sehr, als ich Roman aus Berlin dort antraf. In Düsseldorf musste man keine Maske tragen. Auf dem Heimweg besuchte ich noch eine Freundin und ihre Familie in Koblenz. Am 3. Juli fuhr ich zur Demo nach Bochum, wo ein Aufzug durch die Stadt stattfand. Karl Hilz war auch dort. Die Demo war gut, die Münchner waren zur Unterstützung gekommen. Bodo Schiffmann war aus Tansania angereist und hielt eine Rede. Ihn wollte ich auch sprechen hören. Am nächsten Morgen frühstückte ich gemeinsam mit Kaschi und Karl. Dann fuhr ich zur Demo nach Mönchen-Gladbach. Martin Schwab, Lehrstuhlinhaber an der Universität Bielefeld, Rechtsanwalt Dirk Sattelmaier und die Soziologin Mona Aranea hielten dort Reden.

Vom 14. auf den 15. Juli war das Hochwasser im Ahrtal. Davon erfuhr ich am 18. Juli. Am 16. war der Anfang der Sommerferien. Ich bekam den Aufruf, ins Ahrtal zu fahren und dort den Menschen mit den Folgen der Flut zu helfen. Am 19. Juli machte ich mich auf nach Ahrweiler.

Im Ahrtal

Am 18. Juli erhielt ich die Nachricht, dass in Ahrweiler in einer Grundschule ein Hilfscamp aufgebaut wurde. Die Flut vom 14. auf den 15. Juli hatte auf ihrem Weg schlimme Verwüstungen angerichtet. Die Keller der Häuser waren überflutet, überall war Schlamm, die Menschen brauchten Hilfe. Die Nachricht über das Camp erhielt ich von Karl Hilz. Er sagte mir, dass Maximilian Eder, ein ehemaliger Oberst der Bundeswehr, das Camp organisierte. Es waren Sommerferien. Eigentlich hatte ich geplant, in der Zeit Freunde zu besuchen. Karls Nachricht empfand ich aber als seine persönliche Bitte an mich, dort hinzufahren und zu helfen. Damit war das für mich keine Frage mehr. Maximilian Eder hatte ich an Pfingsten in Berlin kennengelernt und einen guten Eindruck von ihm gewonnen. Wenn Maximilian etwas organisierte, würde es Hand und Fuß haben. Damit fühlte ich mich berufen, im Ahrtal mitzuhelfen. Ich hatte keine Ahnung, was mich erwarten würde.

Am 19. Juli, einem Montag, fuhr ich los, fünf Tage nach der Flut. Als ich in Ahrweiler ankam, sah ich, dass der Schlamm auf der Straße bereits angetrocknet war. Die ganze Hauptstraße von Ahrweiler war voller Staub. Rechts und links am Straßenrand stapelten sich Müll und Schutt. Ich stellte das Auto auf dem Parkplatz eines Supermarktes ab und lief von dort zu Fuß erst einmal zur Schule, wo ein Hilfscamp aufgebaut wurde. Nasser Schlamm, übereinander getürmte Autos wie auf einem Schrottplatz, Autos in den Gärten, kaputte Zäune. Es war furchtbar. Die Fassaden der Häuser hatten im ersten Stock braune Ränder. So hoch stand zeitweise das Wasser.

Man konnte es sich nicht vorstellen.

Noch auf dem Weg nach Ahrweiler telefonierte ich mit einer Freundin. Sie wohnte in der Gegend des Ahrtals, aber auf dem Berg. Am Telefon sagte sie mir, stell dich auf alles ein, es ist furchtbar hier. Ihr Elternhaus in Heimersheim war zerstört. Sie schickte mir ein Video, das ihr Neffe am Abend aufgenommen hatte, als das Wasser kam. Das Wasser riss alles mit. Meine Freundin sagte mir auch, stell dich drauf ein, dass immer noch Leichen in den Bäumen hängen. Als das Wasser in der Nacht kam, barsten die Fenster, die Autos schlugen in der Flut gegen die Regenrinnen, die Öltanks in den Häusern liefen aus, die Fäkalien aus der Kanalisation, die Menschen wurden in ihren Betten aus dem Schlaf gerissen, teilweise in den Tod. Man kann sich nicht vorstellen, welche Kraft das Wasser hat. Mit jedem Schritt auf die Schule zu wurde es schlimmer. Es verschlug mir den Atem. Angesichts der Zerstörung konnte man einfach heulen.

In der Aula der Schule war ein provisorisches Büro eingerichtet worden. Dort arbeitete das Organisationsteam und es waren schon Helfer vor Ort. Ich ging zu Max und fragte, was ich tun könnte. Max sagte, ich solle eine Excel-Tabelle erstellen. Das hatte ich aber noch nie gemacht. Ich kann alles machen, sagte ich ihm, aber bitte nichts am Computer. Da war Max, glaube ich, etwas enttäuscht. Die anderen standen alle unter Strom, weil es sehr viel zu tun gab. Die ganzen Spenden, die bereits innerhalb weniger Tage angekommen waren, mussten von den LKW abgeladen und in die Schule oder die Turnhalle gebracht werden. Das war das Erste. Auch in der Aula waren Lebensmittel abgestellt worden, die unsortiert waren. Man musste schauen, was man kalt essen konnte und was man aufwärmen musste. Das war meine Aufgabe an dem Nachmittag. Alles mögliche wurde gespendet.

Die Menschen im Ahrtal hatten keinen Strom, kein fließendes Wasser. Wo das alles herkam, weiß ich nicht. Aus ganz Deutschland wurden diese privaten Spenden auf LKW angefahren. Die Leute packen einfach Sachen: Kuscheltiere, Kleidung, sie kauften Zahnbürsten, Zahncreme und Seife in der Drogerie und packten einfach alles ein. Wahrscheinlich spendeten auch Geschäfte. All das wurde in Ahrweiler zu der Schule gebracht und musste möglichst schnell ausgeladen werden, denn es kamen immer wieder neue Autos.

Abladen, in die Schule bringen, wegfahren. Den ganzen Tag ging das so. Was von den Hilfsgütern nötig war und was nicht, das überlegte in so einer Situation, glaube ich, keiner. Das geht dann so schnell und man muss schnell handeln. Die Spender meinten es gut, dachten unter Umständen aber nicht daran, dass die Menschen im Ahrtal gar keinen Strom hatten, um Essen aufzuwärmen. Es gab keine übergeordnete Organisation für die Spenden. Vor Ort waren das alles Leute, die privat anpackten. Die Politik tat nichts. Bis die etwas bürokratisch auf den Weg brachten, dauerte es viel zu lang. Das THW war am Dienstag bereits am Nürburgring. Sie standen da und warteten auf ihren Einsatz, während unten jede Hand gebraucht wurde, um die Keller leer zu schöpfen. Wenn man darauf gewartet hätte, dass jemand anderes etwas organisierte, wäre vielleicht bis heute noch nichts passiert. Das THW wartet auf den Einsatzbefehl und so lange machen die nichts. Bei der Polizei und der Feuerwehr ist das genauso. Bei uns einfachen Menschen ist das anders. Jemand brachte Eimer und Schaufeln, und die Menschen, die zur Hilfe kamen, warfen die auf Schubkarren, gingen in die Häuser und machten dort sauber. Jemand sagte, wir brauchen fünf Leute da und dort, wer kommt mit. In den nächsten Tagen wurde in der Schule eine Telefonnummer eingerichtet. Das Telefon war besetzt, man konnte anrufen und sagen, wir brauchen das und das, so und so viele Leute, und dann ging es los.

Im Orga-Team bestand ein Kontakt zu jemandem, der in der Straße der Schule wohnte und zwischen dem Schulleiter, dem Hausmeister und dem Orga-Team vermittelt hatte. So war es möglich, ab Samstag die Schule zu nutzen. Die Schule war nicht so stark von der Zerstörung betroffen. Vom Keller bis zum ersten Stock war es auch dort überflutet gewesen. Aber man konnte die Räume nutzen. Der Schulhof bot sich als Anfahrstelle an, die Turnhalle als Lager. So weit ich weiß, erlaubte der Schulleiter, das Hilfscamp aufzubauen. Da wurde nicht erst die Stadt gefragt, sondern das ging dann ruckzuck. Hilfe war bitter nötig und es war keine Zeit zu verlieren. Für die Menschen aus Ahrweiler, die aus ihren zerstörten Wohnungen oder Häusern mussten, war das auch gut, dass sie genau wussten, dass sie sich in der Schule Lebensmittel holen konnten. Die Supermärkte in Ahrweiler waren geschlossen, die Autos und die Fahrräder waren weggeschwommen. Die Menschen, die im selben Haus wie ich halfen, waren fast ausnahmslos Fremde. Die kamen nicht einmal aus dem Ahrtal. Gleich am ersten Tag prasselten eine Menge Eindrücke auf mich ein. Du kamst nicht zum Nachdenken, du hast einfach nur gemacht. In der Aula der Schule schmierte ich für die ganzen Helfer Brötchen, die jemand mit anderen Backwaren gebracht hatte, damit die Helfer zwischendurch kamen und etwas essen konnten. Es gab Käse und Wurst. Ein ganzes Klassenzimmer war voll mit Mineralwasser in Ein-Liter-Plastikflaschen. Hier konnten sich die Helfer zu trinken holen. Haribo spendete Süßigkeiten. Die Menschen brachten einfach.

Am Montagabend traf ich ein paar Menschen, die ich aus der Freiheitsbewegung von der Straße kannte. Steffi aus Stuttgart und noch andere kamen, *Querdenker*, wie ich das mal als Überbegriff nennen möchte, weil aus der Freiheitsbewegung dazu ausgerufen wurde. Ich selbst bekam ja ebenfalls die Info über das Camp über Karl Hilz. Nicht vom Diakonischen Werk oder der Caritas. Aus unserer Bewegung wurden die Menschen ins Ahrtal gerufen, um zu helfen. Später erfuhr ich, dass Bodo Schiffmann Spendengelder gesammelt und für die Hilfe im Ahrtal zur Verfügung gestellt hatte.

Natürlich hatte die Hilfe nach der Flutkatastrophe mit unserer eigentlichen politischen Agenda, den Corona-Maßnahmen, nicht viel zu tun. In der Friedens- und Freiheitsbewegung war es aber klar, dass es unsere Aufgabe war, sich gegenseitig zu unterstützen. Wenn sich so eine Katastrophe ereignete, war klar, dass man half. Ich muss aber auch sagen: Wenn zum Beispiel die Caritas aufgerufen hätte, weiß ich nicht, ob ich ins Ahrtal gefahren wäre, einfach aus dem Grund, weil ich so etwas wie im Ahrtal noch nie gemacht hatte. An der Oder gab es auch vor Jahren eine Überschwemmung, da fuhr ich auch nicht hin, sondern spendete einen Geldbetrag. Ich fuhr ins Ahrtal, weil in der Bewegung zur Hilfe aufgerufen wurde. Karl Hilz hatte wahrscheinlich nicht nur mir, sondern allen seinen Kontakten den Aufruf zugeschickt. Meine Mitmenschen waren betroffen, die Bewegung hatte aufgerufen, also machte ich das, da musste ich nicht lange überlegen. Andere Gründe, wie sie uns unterstellt wurden, gab es meiner Meinung nach nicht. Es ging um Unterstützung von Mensch zu Mensch. Es musste schnell geschehen. Die Betroffenen konnten nicht auf irgendein Wunder warten. Manche haben bis heute nicht die finanzielle Unterstützung erhalten, die die Politik ihnen versprach. Erstmal durfte man Anträge stellen. Der bürokratische Weg ist viel zu lang. Da muss sofort gehandelt werden. Genau das taten wir.

Für Fälle von Katastrophen ist die Bundeswehr auch ausgebildet. Nach der Flut an der Oder halfen Bundeswehrsoldaten. Sie haben große Zelte, können in Feldküchen kochen, wissen, wie man ein Camp aufbaut, organisiert, woher man Feldbetten bekommt. Max als ehemaliger Offizier konnte das eben auch. Mit seinem Wissen, seinem Erfahrungsschatz war er ideal. Er war im Einsatz im Kosovo gewesen. Das Netzwerk, das ursprünglich mal von Querdenken ausging, verselbstständigte sich, wurde unabhängig von seinem ursprünglichen Zweck und suchte sich neue Aufgaben. Die Flut war da und die Menschen in der Friedens- und Freiheitsbewegung sagten einfach, wir machen's. Maximilian Eder sagte, ich kann das Camp aufbauen, wer hilft noch mit? Ein Orga-Team bildete sich und dann legten sie los. Das war toll. Es waren viele Menschen dort, die einfach anpackten, Frauen und Männer, von morgens bis spät abends, bis wir nicht mehr konnten. Und ich ging da mit Kleid und Leggins hin, wie ich auch auf die Demos gehe, und mit meinen Entengummistiefeln, die ich von zu Hause mitgenommen hatte, und so half ich am ersten Tag. In einem anderen Camp gab es schon Arbeitskleidung und irgendwann holte ich mir von dort eine Arbeitshose und Arbeitsschuhe.

Am Montagabend ging ich mit zu einem Haus in der Schützenstraße, in dem sieben Parteien lebten. Dort half ich Wasser schöpfen. Wir lernten den Besitzer eines Hauses kennen. Der war ziemlich fertig. Die ersten zwei Tage hatte ihm niemand geholfen. Andere hatten Familie oder Freunde. Seine Schwester war selbst unterstützungsbedürftig, er selbst hatte keine Frau, keine Kinder und stand alleine im Keller und schöpfte das Wasser. Donnerstag, Freitag, Samstag. Am Samstag kamen die ersten Helfer von der Schule, als er bereits bis zu Erschöpfung gearbeitet hatte und einfach umkippte.

Währenddessen trug kein Mensch eine Maske. Maske, Impfung, Abstand, das war einfach kein Thema. Kein Mensch sprach darüber. Keiner trug eine Maske, obwohl es hier sogar geholfen hätte. Es war warm und staubig. Die Luft war sicher nicht gesund. Hier wäre eine Maske sogar sinnvoll gewesen. Kein Mensch hielt Abstand. AHA-Regeln? Nichts. Das Thema Corona gab es nicht. Es wurde auch niemand krank. Diese Belastung durch die verdammten Corona-Verordnungen war einfach weg, von jetzt auf gleich. Wir konnten uns frei bewegen. Alle Leute, die in das Camp gekommen waren, wussten, Corona ist eine Lachnummer. Da mussten wir uns sogar zurückhalten, denn die Anwohner hatten gerade ganz andere Sorgen. Sie waren auch ganz normale Menschen, die vom Mainstream beeinflusst waren. Als wir uns einmal auf die Art unterhielten, begann der Hausbesitzer, mit uns zu schimpfen. Er sagte, dass wir endlich die Klappe halten sollten. In Pausen hatten wir Späße über die Dummheit der Maßnahmen und der Menschen gemacht, die sie blind befolgten. Er wollte das nicht hören und wir nahmen mehr Rücksicht auf ihn. Menschen wie er waren psychisch gerade einfach am Ende. Man kann das nicht begreifen, wie sehr die Anwohner unter Schock standen. Ich merkte, wie die Situation sogar mich mitnahm, die nicht alles verloren hatte. Es war anstrengend, jeden Tag die Zerstörung zu sehen und zu wissen, dass da noch Leichen in den Häusern lagen und Vermisste gesucht wurden. Toilettenspülung gab es nicht. Wir trugen Wasser ins Haus nach oben, um die Toilette benutzen zu können. Die Menschen mit ihren Schmutzstiefeln trugen den Schlamm durch das Haus, das sowieso schon verdreckt war. Es gab so viel zu tun und man musste versuchen, die Nerven zu bewahren, um nicht verrückt zu werden. Es war wie ein Riesenberg, den man abtragen musste, und ich fragte mich, wie wir das nur schaffen sollten.

Viele Häuser waren verlassen. Die Türen und Fenster im Erdgeschoss waren kaputt. Alles war offen. Es hieß dann auch, dass man wegen Plünderern aufpassen musste. Die Polizei fing irgendwann an, nachts durch die Straßen zu fahren und zu kontrollieren. Es kam tatsächlich zu Plünderungen. Die Türen vieler Häuser standen Tag und Nacht offen. Jeder hätte da einfach reinspazieren können. Wir Helfer schliefen im Haus, in dem wir arbeiteten, in einer Wohnung unter dem Dach. Am Donnerstag kam endlich das THW und stellte vor die Häuser, in denen gearbeitet wurde, riesige Wasserkanister, die immer wieder aufgefüllt wurden.

Am Abend des Mittwochs, dem 21. Juli, fuhr ich nach Hause, um meine Kleidung zu wechseln. Am Donnerstag fuhr ich zurück nach Ahrweiler. Bei meiner Ankunft sah ich in der Schützenstraße einen Wasserwerfer. Was ist denn hier los, dachte ich. Die Medien verbreiteten bereits die Nachricht, dass sich Querdenker in der Schule von Ahrweiler breitgemacht und die Schule besetzt hätten. Polizei wäre angerückt und lauter solche Sachen. Geschichten eben. Ich konnte nicht mehr mit dem Auto in die Stadt fahren. Ich musste es außerhalb abstellen und laufen. Eine Gasleitung sollte kaputt sein, es gab Alarm, mit Auto ließ die Polizei niemanden mehr durch. Auch zu Fuß durften eigentlich nur die Anwohner in die Stadt. Es hieß, dass keine privaten Helfer mehr in die Stadt gelassen würden, nur noch staatliche. Jetzt war viel Polizei im Ort und ich wusste nicht, ob sie mich als Fremde durchlassen würden. Überall stand die Bereitschaftspolizei.

Es sprach mich aber niemand an. Ich trug eine gelbe Weste, auf die hatte ich hinten *Doula, Team Helfende Hände Ahrtal* geschrieben, und vorne meinen Namen. So lief ich schnurstracks durch zur Schule. Die Weste hatte mir der Hausmeister gegeben. Auch Norman kam und jeden Tag halfen wir zusammen in der Schützenstraße. An die Hauswand schrieben wir, dass noch helfende Hände gebraucht wurden, und die Leute kamen. Ich erinnere mich an einen Vater mit seinen erwachsenen Töchtern, Gläubige aus einer christlichen Gemeinde. Die Hauptaufgabe war, die Keller des Hauses leer zu schöpfen. Einmal waren wir so viele, dass wir eine Kette bilden konnten. Der erste machte den Eimer voll mit Schlamm und Wasser und dann ging es mit der Kette von Hand zu Hand die Treppe hoch, nach draußen und von der Straße in die Kanalisation. Zusammen sangen wir das Lied *Von guten Mächten wunderbar geborgen* von Dietrich Bonhoeffer. Dieses Lied schrieb Bonhoeffer 1944 in Haft und es wird immer noch in Kirchen gesungen. Ich hatte erfahren, dass die Männer im Chor ihrer Gemeinde sangen, und sagte, lasst uns doch etwas gemeinsam singen. Da stimmten sie dieses Lied an. Wir standen im Keller im Dunkeln mit Stirnlampen, schöpften das Wasser, sangen das Lied. Die singenden Männerstimmen berührten mich tief. Es war ein ergreifender Moment. In der Not halfen alle. Nichts anderes war wichtig. Alle waren Menschen und in der Not hielten wir zusammen. Es gibt natürlich immer jene, die wegschauen. Die gibt es immer. Ich gehörte aber zu denen, die halfen, und das war ein gutes Gefühl. Abends waren wir einfach kaputt und schliefen sofort ein.

Trotz dieser schönen Momente war es psychisch eine sehr anstrengende Zeit für mich. Eine ganze Woche, bis zum 27. Juli, blieb ich in Ahrweiler. Am Abend des 26.

Juli merkte ich, ich kann nicht mehr. Ich war psychisch am Ende und hätte nur noch heulen können. Ich hatte das Gefühl, ich muss raus, ich halte es nicht mehr aus, ich muss weg. Auch wenn es schön war, mit den Menschen zusammen zu arbeiten, war die Belastung immens. Da kann man nichts machen. Rückblickend würde ich diese Zeit aber nicht missen wollen.

Dem Hausbesitzer war die psychische Belastung natürlich auch anzusehen. Er war bald nicht mehr in der Lage, selbst zu arbeiten. Er saß im Innenhof auf seinem Stuhl, schrieb etwas auf oder trank Kaffee. Er konnte nicht mehr. Er war nur noch eine Hülle. Tagelang trug er dieselbe Kleidung. Es gab ja keine Waschmaschine. Er hatte keine Verwandtschaft, die ihm helfen konnte. Viele Häuser in der Schützenstraße waren leer. Die Menschen, die dort gewohnt hatten, kamen tagsüber mit ihren Helfern und fuhren abends wieder ab. An einem Abend kam eine Truppe Helfer noch bei uns vorbei. Sie sahen, dass im Erdgeschoss Laminatboden lag. Der musste entfernt werden. Also bildeten die Männer eine Kette, rissen das Laminat aus dem Boden und schmissen es durch die Fenster raus, die sowieso kaputt waren. Innerhalb von kurzer Zeit war das an dem Abend erledigt. Das ging zack, zack, zack, fertig. Für ihre Arbeit bekamen sie vom Besitzer Bier und freuten sich.

Als nächstes mussten Keller und Erdgeschoss komplett entkernt werden. Das Wasser mit dem Dreck und den Fäkalien hatte sich in den Wänden abgesetzt, im Boden, in jeder kleinen Ritze. Das musste alles weg, was noch nicht weggespült wurde.

Der Hausbesitzer erzählte mir, wie er in der Nacht der Flut den Mieter aus der Souterrain-Wohnung rausgeholt hatte. Dieser hatte versucht, mithilfe von Handtüchern die Fenster abzudichten, damit das Wasser nicht reinfloss.

Als der Hausbesitzer das sah, fiel er aus allen Wolken und rief nur: *Raus! Sofort!* Der Mieter war ein junger Mann, in seiner Wohnung stand ein Schlagzeug, er hatte viele CDs, Anlage, Musikboxen. Alles wurde weggespült, nichts blieb zurück. Der junge Mann rettete sich in die Wohnung im zweiten Stock. Im Erdgeschoss lebte eine türkische Familie mit ihrer Tochter. Die Frau hatte vor kurzem einen Unfall gehabt und trug eine Beinprothese. Der Hausbesitzer rannte auch zu ihnen und rief, dass sie raus mussten, die Flut kommt, das Wasser kommt, und er brachte sie in den ersten Stock, die Frau nahm er auf den Rücken. Ihre Prothese fanden sie später zum Glück wieder. Im anderen Teil des Hauses wohnte im Erdgeschoss ein weiterer Mann. Weil das Wasser bereits zu hoch stand, konnte er die Wohnungstür nicht mehr öffnen. Der Hausbesitzer auch nicht. Er konnte nichts tun und brachte sich selbst in Sicherheit. Am nächsten Morgen kam die Feuerwehr, ging durch die Straßen und sagte dem Hausbesitzer, dass sie die Tür zu der Wohnung öffnen müssten. Sie schlugen die Wohnungstür ein, gingen ins Wohnzimmer und da fanden sie den Bewohner, ein älterer Mann, wie er nackt auf einer Kommode saß, die im Wasser stand. Die ganze Nacht hatte er im Dunkeln auf dieser Kommode ausgeharrt, in der Hoffnung, dass das Wasser nicht noch weiter stieg. Als die Feuerwehr ihn rausholen wollte, sagte er, er suche sein Hörgerät. Er hatte keine Kleidung, alles war nass und zerstört. Die Feuerwehr nahm ihn mit und brachte ihn ins Krankenhaus. In dieser Straße verloren sieben Menschen in der Nacht ihr Leben. Eine Frau wurde vermisst und man vermutete, dass sie im Nachbarhaus unter den Trümmern lag. Polizisten mit Hunden kamen und suchten nach ihr.

Es war viel. Die Helfer im Camp taten, was sie konnten. Es gab eine Morgen- und eine Abendbesprechung.

Morgens wurden die Aufgaben abgesprochen, wie viele wo am besten helfen sollten. Auch im Camp selbst fielen Aufgaben an. An einem Tag machte ich alle Toilettenhäuschen sauber und füllte Toilettenpapier, Desinfektionsmittel und Wasser nach. Irgendwann wurden auch Nachtwachen eingeteilt. Die Verpflegung klappte allgemein gut. Es gab bald ein Küchenzelt. Ein Mann kümmerte sich darum, kaputtes Werkzeug zu reparieren. Die Wasserleitungen waren kaputt. Damit das Wasser nicht aus den kaputten Wasserleitungen lief, musste man die abdichten. Im Camp gab es jemanden, der sich darum kümmerte, der wusste, welche Verschlüsse man brauchte. Im Camp gab es auch Benzin für die Wasserpumpen. Die Leute brauchten Solarakkus, um ihr Handy aufzuladen. Der Hausbesitzer schrieb eine Liste und ich schrieb meinen Kontakten in Telegram, ob jemand helfen könnte. Spendengelder wurden gesammelt und man kaufte, was er benötigte. Die Baumärkte vor Ort waren entweder geschlossen oder die Sachen waren ausverkauft. Aber ein Freund aus dem Rems-Murr-Kreis machte sein Auto voll, fuhr ins Ahrtal, lud bei uns alles ab und fuhr zurück nach Hause. Ich fragte einfach, wer kann helfen, und innerhalb von sehr kurzer Zeit legten die Menschen Geld zusammen. Unter den Sachen war sogar ein Säuberungsgerät von Kärcher, zu denen jemand Kontakt hatte. Der Hausbesitzer, dem wir halfen, hatte wirklich Glück im Unglück.

An einem der Abende, dem 25. Juli, fuhren einige Helfer zum Waschen in ein Feuerwehrhaus. Dort gab es auch einen großen Raum mit Verpflegung und Kleidung. Aus dem Raum hörte ich, wie ein junger Feuerwehrmann aus einem anderen Bundesland laut vorlas, dass *Querdenker* das THW mit Gegenständen beworfen hätten. Das stand in der Zeitung. Ich fragte den jungen Mann, was sind denn *Querdenker*? Er fragte, wissen Sie denn nicht, was *Querdenker* sind? Ich sagte, nein. Er erzählte mir, dass es die seit den Corona-Maßnahmen gibt. Ich fragte, an was erkennt man denn die *Querdenker*? Und der Feuermann antwortete, die haben T-Shirts an mit komischen Aufschriften.

Ich wusste nicht, ob ich lachen oder heulen sollte. Ich ging raus und entschied mich für das zweite. Ich heulte wie ein Schlosshund. Ich überlegte wirklich, ob ich ihm sagen sollte, he, vor dir steht ein *Querdenker*. Ich lege meine Hand dafür ins Feuer, dass kein Querdenker das THW bewerfen würde, wie es in den Zeitungen stand. Später erzählte mir jemand, was tatsächlich passiert war. Das THW war sehr spät angekommen: eine Woche nach der Flut. Und die Anwohner waren so wütend, dass sie das THW beschimpften oder bewarfen. Das war passiert. Weil sie einfach in Not waren und keiner ihnen half. Und daraus machten die Medien, dass das *Querdenker* waren. Als ich das hörte, dachte ich, das gibt es nicht, und musste schon wieder heulen. Diese Lügen in der Presse sind so furchtbar und ich kann es nicht verstehen. Auch wenn ich nicht selbst betroffen war, tun diese Lügen einfach weh. Ich weiß nicht, was man dagegen tun kann, außer es auszuhalten. Ich will es aber nicht aushalten, weil es gelogen ist. Ich bin so vielen Menschen in dieser Bewegung begegnet und sie waren alle herzensgute Menschen. Alle. Wir fanden uns genau deshalb zusammen, weil wir mit dem Herzen auf die Straße gingen. Vielleicht waren auch Menschen dabei, die sich selbst bereichern oder sich in die erste Reihe stellen wollten, um Aufmerksamkeit zu bekommen. Aber die meisten in der Bewegung sind ganz normale Menschen, die kritisch sind, die wach sind, die ein großes Herz haben. Das ist Querdenken. Und es tut mir weh, wenn die Medien diese Lügen verbreiten.

Im Feuerwehrhaus von Ahrweiler war es das erste Mal, dass ich das unmittelbar erlebte, wie diese Lügen zustande kamen. Dieser junge Feuerwehrmann, was sollte ich ihm erzählen? Sollte ich mich mit ihm streiten? Ihm etwas erklären? Dafür hatte ich nicht die Kraft. Wenn die Menschen sich nicht informieren und hinterfragen und überlegen, was da eigentlich geschrieben wird, was sollte ich tun? Wenn sie nicht fragten: Kann das wirklich sein? Warum wird dauernd schlecht über Querdenken geredet? Warum werden die so denunziert? Das musste ja einen Grund haben. Hier begriff ich: Das Problem sind die Medien. Sie sind die Handlanger der Politik, sie wollen sich wichtig machen, sie wollen reißerische Überschriften, damit die Zeitung gekauft wird. Es sind so viele Lügen, die verbreitet werden. Wenn ich heute noch Zeitung lese, dann nur mit Distanz. Ich glaube nichts mehr, was in den Zeitungen steht oder im Fernsehen berichtet wird. Ich vermeide das aber auch, so gut ich kann. Ich will von dem Schwachsinn und den Lügen, an denen andere verdienen, nichts mehr wissen. Der Fernseher bleibt aus.

Spaziergänge

Am 30. Juli fuhr ich mit meinen Söhnen nach Berlin. Spät abends kamen wir an. Ich rief Norman an, der wieder auf Demos ging und ebenfalls nach Berlin gefahren war. Sein Auto hatte er auf der Straße des 17. Juni geparkt. Norman und ein paar andere sollten auf ein Aggregat für die Bühne aufpassen, die man am nächsten Tag aufbauen wollte. Wir trafen uns und hielten Nachtwache. Am nächsten Morgen wachten wir auf, als es an die Fensterscheiben klopfte. Déjà-vu? Draußen standen Polizisten und wollten wissen, was wir hier machten. Zuerst hatten die an das Auto geklopft, in dem meine Söhne schliefen. Die öffneten natürlich und wurden gefragt, wo ihre Eltern waren. Uns sagten sie, dass die Demo am 1. August verboten worden war, und beschlagnahmten das Aggregat. Sie nahmen es uns einfach weg und wir konnten nichts machen. Dazu erteilten sie uns einen Platzverweis für die Stadtmitte. Das war ihnen offenbar immer noch nicht genug, denn nun wollten sie noch unsere Personalien aufnehmen – und sogar die meiner Söhne! Das geht Sie gar nichts an, sagte ich ihnen, das sind meine Kinder. Wie die sich aufführten! Ich sagte ihnen die Namen der Jungs und ihr Geburtsdatum, mehr nicht. Mit meinen Söhnen fuhr ich dann zu Freunden.

Eigentlich hätte vom 1. bis zum 28. August der *Sommer der Freiheit* stattfinden sollen. So hatte das Querdenken geplant. Doch kurz zuvor kam das Verbot für die Demo am 1. August und da sagte das Orga-Team von Querdenken, dass es keine weiteren Veranstaltungen mehr von ihnen geben würde. Am 31. Juli teilten sie das in einem Video mit. Auch ein Gerichtsentscheid hätte nicht geholfen. Das Ordnungsamt und die Politik wollten es einfach nicht. Das Orga-Team von Querdenken musste das akzeptieren. Jetzt lag es an uns, an jedem Einzelnen, einen Weg zu finden, mit dem Demonstrationsverbot umzugehen. Daraus ergab sich, dass viele sagten, gut, wenn wir nicht demonstrieren dürfen, dann treffen wir uns zum Spaziergang. Spaziergänge müssen nicht angemeldet werden, daher können sie auch nicht verboten werden. Freiheit lässt sich nicht verbieten.

Am 1. August sollte ein Autokorso ab dem Berliner Olympiastadion starten. Bodo Schiffmann, Ralf Ludwig, Samuel Eckert und andere waren mit dem Bus gekommen. Die Stadt war wieder mal voller Polizei. Wer zu Fuß kam, wurde bereits auf dem Weg drangsaliert und musste seine Personalien vorzeigen. Die Menschen kamen, aber als der Korso nicht starten durfte, entschieden die Menschen, zusammen auf die Straße zu gehen. Auf der Zufahrtsstraße zum Olympiastadion fand man sich zusammen und veranstaltete spontan einen großen Spaziergang durch die Stadt. Erst wollten wir zur Siegessäule. Die war aber abgesperrt und die Polizei machte Theater. Captain Future lief trotzdem später die Siegessäule bis ganz nach oben, dort wurde er festgenommen. Erneut jagten sie uns. Aber dieses Mal waren wir wie viele kleine Fische, die einzeln um den großen Hai herumschwammen, um sich danach wieder zum Schwarm zu vereinen. Ich war mit Linde unterwegs, einmal rannten wir gemeinsam durch einen Park vor der Polizei weg. Bis zum Abend schafften wir es tatsächlich bis zum Alexanderplatz, und viele von uns waren an dem Tag auf den Straßen Berlins und ließen sich ihr Demonstrationsrecht nicht verbieten.

Am 2. August packten wir das Auto für den Heimweg. Wir fuhren Richtung Siegessäule und da hatte ich spontan die Idee, ein Abschiedsfoto zu machen. Wir stellten das Auto in der Straße des 17. Juni ab und von dort lief ich mit einem meiner Jungs und dem Demoplakat *Sommer der Freiheit* zur Siegessäule. Das Plakat, die Säule, der Engel – so wollte ich das Foto. Wir standen auf der Insel zwischen den Spuren, mein Sohn machte gerade das Foto, da kam ein Mannschaftswagen der Polizei angefahren und hielt neben uns. Wir sind gleich weg, sagte ich sofort, wir wollen nur ein Foto machen. Die Versammlungen sind alle verboten, gab der Polizist zur Antwort und nahm mir mein Schild weg. Und ich wollte nur ein Foto machen! Ich fragte, was sie mir vorwarfen. Das ist eine verbotene Versammlung, sagten sie. Eine verbotene Versammlung. Mein Sohn und ich standen da zu zweit! Das interessierte die natürlich nicht und sie stellten noch meine Personalien fest. Mein Personalausweis ist in meinem Auto an der Straße des 17. Juni, sagte ich. Gut, sagten die Polizisten, dann laufen wir jetzt dort hin. Also liefen mein Sohn und ich und zwei oder drei Bereitschaftspolizisten zusammen zu meinem Auto. Auf dem Kreis gab es ein Café, in dem draußen Leute saßen. *Das ist Deutschland heute*, rief ich denen zu, sodass es alle hörten.

Wir erreichten das Auto, in dem mein zweiter Sohn saß und uns nur verwundert ansah. Schon wieder machte die Polizei wegen nichts Probleme. Unglaublich. Ich zeigte meinen Personalausweis vor und die Polizisten sagten, ich soll noch einmal zu ihrem Einsatzleiter mitkommen. Also liefen wir zurück zur Siegessäule, wo sie mich erst einmal warten ließen. Dann fragten sie mich, was ich hier machte, und ich sagte, ich wollte Berlin verlassen. Ich erhielt eine mündliche Mitteilung über eine Ordnungswidrigkeit für die Teilnahme an einer verbotenen Versammlung. Zufällig fuhren in dem Moment Anna und Anton in ihrem Auto vorbei. Sie hielten an, kamen zu mir und fragten, was los war. Fahrt lieber weiter, sagte ich zu Anton, nicht dass sie euch auch noch festnehmen. Sie blieben aber bei mir, Anna nahm mich in den Arm und da konnte ich die Tränen nicht zurückhalten. Dieses Unrecht! Ich wollte es nicht mehr! Die sollten uns endlich in Ruhe lassen! Ich machte ein Foto von der Siegessäule mit einem Schild, auf dem *Sommer der Freiheit* stand, und die Polizei machte so einen Aufstand! Zum Kotzen! Ich hatte die Schnauze voll!

Es macht mich wütend und traurig zugleich, dass Menschen sich für so etwas hergaben. Das werde ich nie verstehen. Es war auch eine Folge der Hetze durch die Medien. Sobald du irgendwo als *Querdenker* zu erkennen warst, und das war ich mit diesem Schild, warst du Freiwild und sie machten mit dir, was sie wollten. Sie schikanieren dich, sie behandeln dich, als wärst du kein Mensch. Das haben die Medien angerichtet. Das gleiche machen sie mit anderen Gruppen. Wo sind wir in Deutschland angekommen? Wo ist die Menschlichkeit? Wo ist das Gewissen? Heute verstehe ich, wie es damals so weit kommen konnte, dass sie die Synagogen anzündeten. Heute ist mir das klar. Ich war in dem Moment so wütend, dass ich den Polizisten sagte, ich werde für meine Kinder weiterhin auf die Straße gehen, ich werde niemals schweigen, ich bin Querdenkerin mit ganzem Herzen. Querdenken heißt für mich, ein kritischer Mensch zu sein. Einfach hinterfragen, mehr ist Querdenken nicht. Es sind kritische Menschen, die wachsam sind, die aufpassen und die etwas aus der Geschichte gelernt haben. Und da sagte einer der Polizisten zu mir, diese Meinung ist verboten. Genau diesen Satz hat er so gesagt. Natürlich wollte er mich provozieren. Anna und Anton sagte ich dann, alles ist gut, fahrt jetzt lieber. Ich hatte Angst, dass sie auch in die Maßnahme gerieten. Ich ging zurück zum Auto und fuhr weiter nach Potsdam. Björn Banane, Arne und Thomas, der Busfahrer, würden dort eine Demo machen. Weil das auf unserem Weg lag, wollte ich vorbeifahren und die Demo unterstützen.

Vom 8. bis zum 10. August war ich erneut im Ahrtal und danach noch einmal vom 19. bis zum 22. August. Am 14. August war ich in Straßburg. Das war eine ganz tolle Demo. Ohne Abstand, ohne Masken, mit vielen Menschen durch die Stadt, mitten im Sommer. Die Trommler waren da. Ganz entspannt. Zwischendurch hatte ich Gerichtsverhandlungen.

Am 27. August fuhr ich mit meinen Jungs erneut nach Berlin. Am 28. August fanden in Berlin Spaziergänge statt. Versammlungen waren allesamt verboten, also gingen die Menschen spazieren und es waren sehr viele. Hier fing es an mit den unangemeldeten Versammlungen. Es waren keine Reden angemeldet. Die Spaziergänger aus ganz Deutschland waren in Berlin. Das gefiel der Berliner Polizei natürlich überhaupt nicht und sie tat alles, um uns zu stören. Doch natürlich erkannten und fanden wir einander. *Umarmbar*, *Zeig mir dein Lächeln*, ein rotes Herz mit *Frieden, Freiheit, Liebe, Wahrheit* – man musste nur genau hinsehen. Pfeifen und Trommeln waren natürlich auch ein Erkennungszeichen. Mit Flaggen lief praktisch niemand mehr. Flaggen wären nur hinderlich gewesen. Demonstrieren war verboten. Wir gingen spazieren. Touristen gehen schließlich auch spazieren.

Vor allem in der Stadtmitte fanden die Spaziergänge statt. Die Trommler waren ein leichtes Ziel. Trommeln hörst du weit, und wenn ich irgendwo eine Trommel höre, gehe ich da hin, da ich weiß, dass das unsere Leute sind. So machten das andere auch, mit Trommeln und Trillerpfeifen. Es waren viele Menschen nach Berlin gekommen, die sangen und musizierten. Eine große Gruppe, die sich gefunden hatte, lief Richtung Potsdamer Platz. Dort kesselte die Polizei sie ein, die Musiker wurden abgeführt; die in Berlin üblichen Polizeimaßnahmen. Man versuchte, die Straßen abzusperren, die Menschen liefen trotzdem.

Es regnete leicht, die Menschen liefen Richtung Alexanderplatz. Der Zug teilte sich. Bis die Polizei reagiert, dauert es immer etwas. Die sind nicht so schnell. Sie müssen auf einen Befehl warten und meistens schaffen sie es nicht, sofort zu reagieren. Dann versuchen sie, die Züge zu teilen. Sie gehen mitten in den Zug rein und sperren ab oder sie kesseln Menschen ein. Über das Handy konnte man sich verständigen und so kamen noch mehr. Die Personalien der Eingekesselten wurden aufgenommen. Wer nicht im Kessel stand, unterstützte von außen mit Rufen. Auch das war gut. Außerhalb des Kessels standen aber bald so viele Menschen, dass es sinnvoller gewesen wäre, wenn sie weiter spazieren gingen. Wirklich helfen kann man den Menschen, wenn sie einmal gekesselt sind, nicht. Viele Menschen liefen dann tatsächlich die Leipziger Straße runter, die Polizei rannte hinterher. In so einer Situation muss man schnell überlegen, was man tut. Man kann weggehen, sich unter die Einkäufer und Touristen mischen und sich so in Sicherheit bringen. Einige von uns fanden sich später wieder zusammen und spazierten an anderer Stelle weiter. Abends trafen wir uns beim Italiener. Danach ging jeder seines Weges.

Am 28. August 2021 wollten wir vor allem ein Zeichen setzen. Wir zeigten den Menschen auf der Straße, es gibt uns, es gibt Menschen im Widerstand, die nicht bereit sind, sich gängeln zu lassen, die ihre Stimme erheben. Wenn man dann aber merkt, dass die Einsatzkräfte der Polizei sehr stark sind, wenn sie versuchen, Personalien aufzunehmen und dich in eine Polizeimaßnahme zu stecken, dann ist es besser, einfach zu gehen. Das macht keinen Sinn. Das muss man rechtzeitig erkennen.

Am 29. August ging es weiter. Erneut gingen die Menschen spazieren, in der Nähe des Mauerparks ging es los. Die Polizei weiß oft im Vorfeld, wo sich Menschen treffen. Wenn Captain Future in seine Gruppe schreibt, ich bin morgen da und dort, weiß die Polizei natürlich Bescheid. Die lesen ja in den Telegram-Kanälen mit. An dem Tag war die Situation, dass die Polizei hinter mir herlief. An dem Ort, wo ich stand, war fast niemand, und plötzlich kam mir ein Trupp Polizisten entgegengelaufen. Das war am Sonntagmittag. Ich suchte gerade Menschen, mit denen ich zusammen spazieren gehen konnte, und da sah ich sie auf mich zukommen. Wo wollten sie hin? Hinter mir war nichts. Ich bog in eine Seitenstraße ein, der Trupp lief nicht auf der großen Straße weiter, sondern bog ebenfalls ab, acht bis zehn Bereitschaftspolizisten im Laufschritt. Scheiße, dachte ich.

Natürlich hätte es Einbildung sein können, dass die hinter mir her waren. Ich wollte es aber nicht darauf ankommen lassen, bog um die nächste Häuserecke, nahm dort die Beine in die Hand und rannte, rannte, rannte. Da war eine Grünfläche, durch die ich huschte, und ich überlegte noch, ob ich in ein Haus gehen sollte, irgendwo klingeln und rein. Aber auf der anderen Seite der Grünfläche konnte man durch und so kam ich zurück auf eine große Straße. Weil ich mich in Sicherheit bringen musste, verpasste ich den Anschluss an die Spaziergänge. Später setzte starker Regen ein. Dass die Menschen an dem Wochenende in Berlin spazieren gingen, war eine wichtige Erfahrung. Die wilden Spaziergänge markierten die Überleitung zu den neuen Montagsspaziergängen. An diesem Wochenende *verlor der Spaziergang seine Un-*

schuld, wie sich unser Bundespräsident später einmal ausdrückte. Wer denkt sich so einen Unsinn nur immer aus?

Am 2. September fuhr ich nach Köln. Ich wurde gebeten, über meine Erfahrungen im Ahrtal zu sprechen, und ich stimmte zu. Die Demo sollte auf dem Heumarkt stattfinden und ich erwartete, dass der voll sein würde. Es wäre mir wichtig gewesen, dort insbesondere über meine Erfahrungen mit der Berichterstattung in den Mainstream-Medien zu reden. Dass die Presse Angst und Lügen verbreitete, welche Rolle der Informationskrieg seit zwei Jahren spielte. Doch als ich ankam, standen auf dem riesengroßen Heumarkt höchstens 20 Personen. Ich fuhr Hunderte Kilometer bis nach Köln, ließ meine Söhne alleine zu Hause und es waren kaum Menschen gekommen? Ich war sehr enttäuscht. Schön war, dass zwei Männer gekommen waren, die öfter nach Weißrussland reisten und über ihre Erfahrungen berichteten. Sie erzählten davon, wie schön Weißrussland ist und wie freundlich die Menschen sind. Wenigstens hierfür hatte sich der weite Weg gelohnt.

Die Organisatorin hatte einen VW-Bus mit Lautsprecherboxen für einen Aufzug organisiert. Da lief ich aber nicht mit. Ich rief meine jüngste Tochter an, die in Köln lebte. Wir verabredeten uns und da passierte gleich das nächste Desaster, als es zwischen uns zu einem riesigen Streit kam, auf offener Straße. Während der letzten eineinhalb Jahren waren wir uns fremd geworden und seit dem Treffen in Köln habe ich sie nicht mehr gesehen. So wie mir ging es vielen Frauen in der Bewegung. Immer wieder sprach ich mit Frauen, die mir, was ihre Kinder anging, ihr Leid klagten. Dass sie von ihnen ausgegrenzt, dass sie wegen ihrer politischen Sicht nicht mehr für voll genommen wurden. Dass sich ihre Kinder spritzen

Spaziergänge

ließen. Immer wieder hörte ich das und im Grunde war es die gleiche Erfahrung, die ich mit meinen eigenen Töchtern machte.

Am 4. September war ich erneut auf einer Demo in Straßburg. Am 11. September veranstaltete *Europeans United* in Brüssel einen Aufzug. Dorthin fuhr ich gemeinsam mit Anna und Anton. Es war eine große Demo, Markus Haintz war da, ebenso die Ärztin Margareta Griesz-Brisson aus London. Einfach eine schöne Demo ohne Gängelung durch der Polizei. In der Zeit war ich nicht mehr oft auf Demos. Ich wählte zunehmend aus, wo ich hinfuhr. Meine Söhne hatten wieder Schule.

Am 30. September fand eine Demo in Langen statt, wo sich das Paul-Ehrlich-Institut befindet. Dessen Aufgabe ist es eigentlich, Impfschäden zu sammeln und auszuwerten. Sie tun aber überhaupt nichts oder reden sich aus ihrer Verantwortung raus. Es wurden Reden gehalten, dann zogen wir durch Langen. Am 3. Oktober, dem Tag der Deutschen Einheit, war *Ruf der Trommeln* in Heilbronn. Keine Maske, aber Abstand. Die Polizei hielt sich zurück. Es war aber eigentlich Quatsch, einen Aufmarsch zu machen, da Sonntag war und die Menschen zu Hause waren. In den Herbstferien nahm ich an einer Schilder-Demo in Stuttgart teil. Ab Oktober half ich Freunden viel, einen Selbstversorgergarten aufzubauen, die Erde umzugraben, zu sieben. Das bereitete mir viel Freude. Am 20. Oktober fuhr ich nach Stuttgart zu einem Aufzug. Doch es war wieder einmal furchtbar. Die Leute mussten Maske tragen. Die Polizei ließ mich dieses Mal in Ruhe und akzeptierte mein Attest.

Am 21. Oktober fuhr ich mit meinen Söhnen Richtung Verdun. Ich wollte ihnen die Kriegsgräber der Franzosen und Deutschen aus dem Ersten Weltkrieg zeigen. Ich wollte ihnen zeigen, wie furchtbar es war, wenn Brüder sich bekämpften. Ich bin gegen Krieg, ohne Wenn und Aber. Ich wollte den Jungs die Kreuze zeigen, damit sie sich Gedanken über Krieg und Frieden machten. Ich stieg aus dem Auto, es nieselte leicht, und zündete eine Kerze an. Die Schützengräben waren alle längst mit Gras überwachsen, man konnte sie aber immer noch erkennen. Dann fuhren wir weiter nach Reims. Am Abend kamen wir an.

Reims ist eine schöne, große Stadt. Die Restaurants waren geschlossen, alles war dunkel, nur die Kathedrale war beleuchtet. Wenn die Innenstadt wie tot ist, weil keine Menschen auf den Straßen unterwegs sind, ist es einfach seltsam. Ob es an den Masken oder den grünen Pässen lag, man merkte einfach, dass es aufgrund der ganzen Verordnungen weniger Bewegung in den Straßen gab. Das gesellschaftliche Leben war seit dem Beginn der Corona-Maßnahmen schlicht zusammengebrochen. Auch in Frankreich fiel mir das auf. Wir übernachteten in der Nähe des Château de Fère, einer Ruine. Am nächsten Tag fuhren wir weiter nach Paris.

Mittags kamen wir an und schauten uns die Stadt an. Es war ein wunderschöner Tag. Wir besuchten Notre Dame. Die Pariser liefen mit Maske rum. Vor den Geschäften standen sie in Schlangen, weil nur eine bestimmte Anzahl Menschen gleichzeitig einkaufen durfte. Mitarbeiter brachten den Menschen, die draußen warteten, Tee oder Kaffee. Unglaublich, dass sie sich dafür hergaben. Sie stellten sich in die Schlange, um irgendetwas Teures zu kaufen, und standen mit Maske und Abstand vor den Geschäften. Was für ein Irrsinn, dachte ich. Verstanden die Menschen überhaupt nichts? Niemals würde ich mich für ein nutzloses Statussymbol auch noch mit Maske, Abstand und Handtasche in so eine Sklavenschlange stellen, um den nächsten Schwachsinn zu kaufen.

Am 23. Oktober waren wir in Maastricht. Ohne Probleme fuhren wir durch Belgien und die Niederlande. Aber ich fuhr nicht auf der Autobahn über die Grenzen, sondern in kleinen Ortschaften.

Am 6. November war eine Demo in Leipzig, die auf dem Augustusplatz stattfinden sollte. Die Polizei machte Theater und sperrte alles ab. Ich hatte das Gefühl, dass sie uns einkesseln wollten, weshalb ich nicht auf den Augustusplatz ging. Die Menschen wollten dann in Leipzig spazieren gehen und es gelang auch mehrmals, so wie es bereits ein Jahr zuvor gelungen war. Es war eine erfolgreiche und schöne Demo, auch wenn nicht so viele Menschen wie 2020 dabei waren. Von den schwierigen Situationen mit berittener Polizei in der Innenstadt erfuhr ich erst hinterher. Ich achtete darauf, dass ich nirgendwo eingekesselt wurde, wenn die Polizei es versuchte. Einmal konnten wir rechtzeitig vor der Polizei in ein Parkhaus flüchten, ein Katz-und-Maus-Spiel. An dem Tag merkte man mal wieder, dass es in keiner Weise um etwas wie Gesunderhaltung ging, wenn die Polizei immer wieder versuchte, unsere Aufzüge durch die Stadt zu verhindern. Als wir am Abend aus der Stadt rausfuhren, war gerade ein Fußballspiel zu Ende. All die Fans liefen ohne Maske und ohne Abstand aus dem Stadion zur S-Bahn. Kein Mensch schaute da, ob die Abstand hielten. Mit der Gefährdung des Gesundheitssystems hatten die Corona-Maßnahmen zu keinem Zeitpunkt etwas zu tun. Es waren politische Entscheidungen.

Am 13. November war ich mit den Darmstädter Freunden noch einmal in Straßburg. Am 19. November starb Karl Hilz, ein furchtbarer Schlag für die Bewegung. Am 4. Dezember sollte eine Demo in Frankfurt stattfinden und an der Alten Oper starten. Freunde aus Brüssel waren angereist. *Europeans United* hatte einen Stand. Ralf Ludwig hielt eine Rede. Die Polizei monierte die Abstände und überprüfte sie im Zweifelsfall mit Zollstöcken, die sie extra mitgebracht hatten. Am Ende wurde die Versammlung doch verboten. Teilweise gingen die Demonstranten dann zerstreut spazieren. Wasserwerfer standen bereit. Vorher war der Opernplatz voll gewesen. Aber es gab zu viel Polizei. Sobald sie irgendwo Musik hörten, kamen sie angerannt. Es war nichts möglich und bald fuhren wir nach Hause. Insgesamt war die Veranstaltung eher enttäuschend.

Nun begann die Hochphase der Montagsspaziergänge. Nun gingen die Menschen jeden Montag um 18 Uhr auf die Straße und in ihrem Wohnort spazieren. Ich selbst nahm zum ersten Mal am 27. Dezember an einem Montagsspaziergang an meinem Wohnort teil. Die Montagsspaziergänge wurden stetig mehr und in ganz Deutschland fanden sie statt. Vor allem Sachsen konnte sich hier hervortun. Die Sachsen ließen sich von der Polizei nicht aufhalten. An meinem Wohnort versuchte die Polizei, bei den Menschen, die sich schon um 17:30 Uhr auf dem Marktplatz trafen und gemeinsam sangen, die Personalien aufzunehmen. Da liefen die Leute einfach los. Die Polizei versuchte, sie einzukesseln, und nahm die Personalien von denen auf, die sie erwischen konnte. So fing es an. Aber später gingen die Menschen jeden Montag spazieren und die Polizei sperrte nichts mehr ab. Sie fuhren nur noch mit dem Auto neben den Spaziergängern entlang. Ich weiß das auch von anderen Städten, wo die Polizei die Spaziergänge erst verhindern wollte. In München war es ganz furchtbar. Dann war es aber doch so, dass man in den meisten Städten Deutschlands spazieren ging. Manchmal wurde es angemeldet. Dann gab es aber wieder Auflagen, Maske tragen, Abstand halten. Die Montagsspaziergänge in der DDR wurden auch nicht angemeldet. Man sollte gar nichts mehr anmelden und am besten jeden Tag an seinem Heimatort spazieren gehen. Diese Gängelei durch die Ordnungsämter, die unsinnigen Vorgaben, an die man sich zu halten hatte, wenn man kein Bußgeld riskieren wollte, sollten endlich aufhören. Wir mussten unsere Stimme weiterhin erheben, unser Gesicht zeigen und nichts mehr anmelden. Spazieren ist immer erlaubt, man kann sich dabei mit den Menschen unterhalten. Um sich untereinander kennenzulernen und Netzwerke zu bilden, ist das ideal.

Meine Erkrankung

Seit der Einführung der Corona-Maßnahmen durch den Staat, war ich auf unzähligen Demonstrationen gewesen, die gegen sie protestierten. Während der gesamten Zeit begegnete mir nicht einmal jemand, der an Covid-19 erkrankt war. Im Frühjahr 2020 war in aller Munde, wie gefährlich das Coronavirus war. Im italienischen Bergamo sollte Corona der Grund gewesen sein, dass viele Menschen dort innerhalb kurzer Zeit starben. Die Bilder gingen durch alle Medien, Bilder, die zeigen sollten: Achtung, das ist ein *Killervirus*. Das ist es, was uns in Deutschland seitdem bis heute erzählt wird.

Ab Juni 2020 ging ich immer häufiger auf große Demonstrationen, da ich die staatlichen Verordnungen und die Maßnahmen, die vor der Verbreitung des Virus schützen sollten, für ungeeignet hielt. Die Maßnahmen betrafen viele Menschen, die nicht erkrankten und keine Risikopatienten waren, vor allem die Kinder. Dies schloss ich auch aus meiner eigenen Erfahrung. Meine eigenen Kinder wurden selten krank. Meine ungeimpften Kinder wurden, als sie kleiner waren, meiner Erinnerung nach sogar noch seltener krank als meine geimpften Kinder. Zum Beispiel bekamen meine ersten drei Kinder öfter eine Mittelohrentzündung. Für sie war das jedes Mal furchtbar. Ich versorgte sie dann mit einem Zwiebelkissen, damit kam ich gut zurecht. Auf schulmedizinische Medikamente musste ich nicht zurückgreifen. Meiner Erfahrung nach waren Impfungen und Schulmedizin für die Behandlung einfacher Krankheiten nicht nötig.

In der Bewegung begegnete mir nicht einmal jemand, der mir erzählte: Du, ich war vor zwei Wochen total erkältet, fühlte mich elend, hatte Angstzustände, dass das mein Ende sein könnte. Das war nicht einmal der Fall, weder 2020 noch 2021. Was ich aber merkte, war, wie das System, die Politik zusammen mit den Mainstream-Medien, eine Unmenge Angst vor etwas verbreitete, das ich nie erlebte. Ich war auf unzähligen Demonstrationen, ich umarmte die Menschen, die ich immer wieder traf und die mir zu Freunden wurden. Weder wurde ich krank und hatte Covid-19-Symptome, noch erfuhr ich etwas in der Art über andere. Zeitweise war ich jedes Wochenende auf mindestens einer Demo und dazu auch unter der Woche. Pro Monat konnten es zwischen acht und zwanzig Demos unterschiedlicher Größe sein. Manchmal waren es Aufzüge, manchmal Standdemos. Manchmal waren sehr viele Menschen da und dann standen wir sehr eng beieinander. Abstand halten ging da allein aus praktischen Gründen nicht. Vor allem aber umarmten wir uns. Wenn wir uns begrüßten oder verabschiedeten, nahmen wir keine Rücksicht auf Abstände. Das war gerade das Schöne: Jeder entschied für sich selbst und tat, wie er es für richtig hielt.

Natürlich ging ich auf Demos. Ich war gesund, ich hatte keine Krankheitssymptome, es gab keinen Grund, nicht zu gehen oder eine Maske zu tragen. Viele der Demonstranten hielten das genauso wie ich. Jeder muss sich selbst um seine Gesundheit sorgen. Das war klar, das war die Haltung, die uns zusammenbrachte. Wer auf die Demonstrationen kam, wollte selbst über sein Leben entscheiden. Das ist die Aufgabe, die jeder einzelne hat und die der Staat für die Bürger weder übernehmen kann noch soll. Das geht nicht. Das wäre utopisch. Es ging uns darum, unser Recht einzufordern und die Verantwortung für unsere Gesundheit und die unserer Kinder zurückzuerlangen. Denn *ich* lebe mit ihnen zusammen, *ich* weiß,

Meine Erkrankung

was sie brauchen, um gesund zu bleiben, und der Staat und seine gleichgültigen, gesichtslosen Behörden wissen das nicht. Bei über 80 Millionen Menschen ist überhaupt nicht möglich, für jeden das Richtige zu finden. Ich war auf vielen Demonstrationen, ich hatte in der Bewegung viele Kontakte, die ihrerseits gut vernetzt waren. Nichts kam mir zu Ohren, dass jemand krank wurde. Und es hätte keinen Grund gegeben, das zu verheimlichen.

Dann, am 19. November 2021, starb überraschend Karl Hilz. Die Nachricht traf mich wie der Schlag. Karl Hilz war Polizeihauptkommissar außer Dienst, ein erfahrener Polizist. Er hatte sich der Friedens- und Freiheitsbewegung angeschlossen und setzte sich dafür ein, dass das Grundgesetz eingehalten wurde. Auf vielen Demonstrationen redete er den Polizisten ins Gewissen. Er sagte, dass die Polizisten die Aufgabe haben, sich schützend vor das Volk zu stellen, und nicht gegen das Volk. Immer wieder sagte Karl, dass es nicht sein kann, dass Polizisten Aufträge erfüllen oder Befehle ausführen, die sich gegen die Bürger und ihre Rechte richten. Auf den Demonstrationen wandte er sich direkt an die anwesenden Polizisten, an die Bereitschaftspolizei und verurteilte ihren Einsatz von Gewalt gegen die Bürger. Karl gründete auch den Verein *Polizisten für Aufklärung* und die *Mutigmacher*. Damit gehörte er zu den sehr Engagierten in der Bewegung. Er stammte aus der Umgebung von München. Da war er zu Hause.

Ich kann nicht mehr sagen, auf welcher Demonstration ich ihn das erste Mal sah. Irgendwann lernte ich ihn persönlich kennen. Seit dem Sommer 2020 trafen wir uns immer wieder auf den Demonstrationen und für mich hatte er etwas Väterliches. Er sagte immer *Na, Mädchen?* zu mir und nahm mich zur Begrüßung in den Arm. Er war so ein herzlicher Mensch. Als ich an Silvester 2020 in

Stuttgart in diese Polizeimaßnahme geriet, rief er mich nachts noch an, fragte mich, wie es mir ging, und redete mir gut zu. Ich hatte immer das Gefühl: Wo Karl ist, da ist es gut zu sein, denn Karl ist ein aufrechter und ein mutiger Mensch. Er wurde für mich zu einem Vorbild und ich gewann ihn einfach lieb.

Als ich von seinem Tod erfuhr, hatte ich ihn erst im Oktober, etwa vier Wochen zuvor, noch in Aschaffenburg und Miltenberg getroffen, auf einer Veranstaltung, bei der es um den Volksentscheid in Bayern ging. Im Volksentscheid wurde gefordert, dass Söder und die bayrische Regierung zurücktreten sollten. Das war das Ziel. Den Volksentscheid hatte Karl zusammen mit Rechtsanwalt Ralf Ludwig und anderen initiiert. Sie reisten von Stadt zu Stadt, um die Einwohner von Bayern auf den Volksentscheid aufmerksam zu machen und um sie zu motivieren, sich zu beteiligen. Als ich im Oktober in Aschaffenburg war, wusste ich nicht, dass dort auch Karl sein würde. Ich war mit Freunden gekommen, um die Veranstaltung zu unterstützen. Danach fuhren wir nach Miltenberg. An dem Tag unterhielten wir uns noch. Ich hätte niemals gedacht, dass Karl vier Wochen später nicht mehr unter uns sein würde. Dass er tot sein sollte, konnte ich lange nicht fassen.

Auf den vielen Demonstrationen, auf denen er war, wurde Karl immer wieder von der Polizei abgeführt. Die Polizisten schubsten ihn und stießen ihn zu Boden. Einmal in München wurde er mitgenommen und gegen seinen Willen wurde ein PCR-Test an ihm durchgeführt. Für die Polizei war er wie ein Staatsfeind, so wurde er behandelt. Auf einer Veranstaltung hatte die Polizei im Grunde nur darauf gewartet, dass er das Mikrofon in die Hand nahm, um zuzugreifen und ihn am Sprechen zu hindern. Die Politik wollte nicht, dass Karl sprach, und ihr langer Arm, die Polizei, führte diesen Willen aus. Meines Wissens nach hatte Karl sehr viele Ordnungswidrigkeiten am Hals. Trotzdem war er immer ein positiv denkender Mensch und blieb es auch. Er setzte sich für unsere Grundrechte ein und es war immer schön, ihn zu sehen. Er hat immer gelacht. Wie es ihm gesundheitlich ging, wusste ich nicht; auch nicht, wie es ihm persönlich ging. Dafür war die Zeit einfach zu kurz, die man auf den Demos zusammen verbrachte.

Ich erinnere mich an ein gemeinsames Frühstück mit ihm und Kaschi, die auf den Demonstrationen immer an seiner Seite war. Wir frühstückten zu dritt an einem See, es war ein Sonntagmorgen im Sommer 2021 in der Nähe von Mönchen-Gladbach. Sie hatten etwas zu essen dabei, Wurst und Brötchen oder Brot und Butter, und Karl lud mich ein, mit ihnen zu frühstücken. Ich hatte nichts dabei, da ich auf die Übernachtung nicht vorbereitet gewesen war. Morgens an einem See teilten sie ihr Frühstück mit mir und es war einfach schön. Karl war ein Herzensmensch. Ein mutiger Herzensmensch und er hat bestimmt nicht nur in mir, sondern auch in vielen anderen Menschen etwas hinterlassen. Er war ein großes Vorbild dafür, die Stimme zu erheben, angesichts des Unrechts nicht zu schweigen, niemals, dafür, sich für unsere Grundrechte einzusetzen und unser Grundgesetz zu verteidigen. Das ist unsere Aufgabe und das hat er uns als sein Erbe hinterlassen.

Karl war es auch, der mir eine Nachricht von der Flutkatastrophe im Ahrtal geschickt hatte, der mir Bescheid gesagt hatte, dass in Ahrweiler ein Hilfscamp aufgebaut würde. Ich fühlte mich angesprochen, fuhr noch am nächsten Tag nach Ahrweiler in dieses Camp und brachte mich ein. Ich weiß nicht, ob ich das ohne die Nachricht von Karl getan hätte. Sie kam eben von ihm. Es waren schon Sommerferien, aber nach der Nachricht war klar, dass ich da auf jeden Fall mithelfen würde, um vor Ort die Menschen zu unterstützen. Insgesamt verbrachte ich im Ahrtal drei Wochen.

Am 19. November 2021 starb Karl. Leider habe ich bis heute mit niemandem aus seinem engsten Umfeld gesprochen. Irgendwo las ich, dass er einer Lungenentzündung erlegen war. Ob das stimmt, weiß ich nicht. Egal, was der Grund war, er ist nicht mehr unter uns Lebenden. Im Herzen sind wir weiterhin verbunden, aber ich musste akzeptieren, wie es war. Wie schwer fiel mir das. Ich machte mir Gedanken, wie es sein würde, wenn ich auf eine Demo gehe und Kaschi sehen würde, und er wäre nicht dabei. Dieser Gedanke war furchtbar.

Bis Dezember hatte ich kein Auto, wollte aber gerne mit auf eine Demonstration nach Frankfurt. Ilka, eine Demofreundin, bot mir an, mich einzusammeln und mitzunehmen. Auf die Demonstrationen ging sie immer zusammen mit ihrer Tochter und ihrer Enkeltochter. Manchmal war auch ihr Mann mit Hund dabei. Ich habe Ilka oft getroffen. Ich traf sie in Leipzig, ich traf sie in Berlin, in Darmstadt und sie war auch in Brüssel bei der Demo von *Europeans United*. Sie war eine sehr rührige Dame und eine Kämpferin. Ilka nahm kein Blatt vor den Mund. Sie war eine echte Hessin. Ich selbst bin ja in Offenbach zur Welt gekommen, lebte dort mehrere Jahre als Kind, meine Cousins und Cousinen stammen alle aus Hessen und sprechen Hessisch. Es war immer schön, Ilka in diesem urig-hessischen Dialekt reden zu hören. Darüber habe ich mich immer gefreut. Und Ilka brachte mir ein Stück weit Bewunderung entgegen, weil sie es mutig fand, dass ich meine Söhne vor den Maßnahmen in der Schule schützte, sie zu Hause ließ, damit sie nicht diesen krank machenden Abstand oder die Maske oder irgendwelche Tests mitmachen mussten. Bei der Demo in Frankfurt fragte mich Ilka, ob ich nicht bei ihr mitfahren wollte. Dann ergab es sich aber, dass ich mit anderen Freunden mitfuhr. Das war der 4. Dezember 2021.

Weihnachten rückte näher. Von einem Freund aus Köln erfuhr ich, dass es ihn erwischt hatte, dass er an Corona erkrankt war. An Weihnachten schrieb er mir, er habe Fieber und schon seit elf Tagen mit dieser Krankheit zu kämpfen. Und da machte ich mir Sorgen um ihn. Er ist nicht direkt ein Bär. Aber er ist zäh, und als ich seine Nachricht las, wusste ich, dass er nicht übertrieb. Köln war jedoch zu weit weg, ich hatte kein Auto, ich konnte nichts machen. So weit ich wusste, hatte er keine Familie, mit der er zusammenlebte. Ich machte mir wirklich Sorgen und hoffte, dass ihn irgendjemand versorgen würde.

Zu Weihnachten richtete ich Ilka Grüße über Telegram aus. Ein paar Tage später beantwortete Ilkas Tochter die Weihnachtsgrüße. Sie schrieb mir, ihr Papa sei erkrankt, bereits Mitte Dezember, er sei aber schon auf dem Weg der Besserung. Ihre Mama hatte es schlimmer erwischt. Ilka war bei einer Ärztin gewesen und hatte ihre Lunge röntgen gelassen. Ihre Lunge wäre aber frei und alles wäre in Ordnung. Zudem hätten sie sich *Ivermectin* im Ausland bestellt. Ilka sei auch gut mit verschiedenen anderen Mitteln versorgt, die bei positiv Getesteten helfen sollten, den Körper bei der Genesung zu unterstützen. Dies schrieb sie mir zwischen Weihnachten und Neujahr.

Auch von einem Freund aus Darmstadt erfuhr ich, dass es ihn erwischt hatte. Mit ihm war ich über *Zoom* in Kontakt und hier machte er nicht den Eindruck, dass er todsterbenskrank war. Er befand sich in Quarantäne, steckte die Symptome gut weg und war auf dem Weg der Besserung. Ich merkte, dass es wohl äußerst unterschiedlich war, wie der Einzelne auf die Krankheit reagierte. Die Symptome und die Stärke der Symptome waren unterschiedlich. Die Leute, mit denen ich Kontakt hatte, waren alle ungeimpft. Mit Geimpften hatte ich kaum Kontakt. Bei Geimpften schien das aber genauso zu sein.

Ein Freund von mir lebte zusammen mit seiner Partnerin und seinen zwei Töchtern. Seine Partnerin war geimpft, er selbst und seine Töchter nicht. Alle vier steckten sich im November mit Corona an. Alle hatten Krankheitssymptome, aber meinen Freund erwischte es schlimm. Über längere Zeit hatte er sehr hohes Fieber. Er ist ein sehr sensibler Mann, dazu sehr schlank. Er kann nicht viel essen, weil er gegen bestimmte Lebensmittel allergisch ist. Die Nahrung, die er zu sich nimmt, ist ganz ausgewählt. Seine Partnerin hingegen ist sehr viel robuster. Die ältere Tochter hatte ebenfalls einen schwereren Verlauf. Wegen einer chronischen Krankheit nahm sie regelmäßig Medikamente ein. Damals sagte er mir, was ihm geholfen hatte: hochdosiertes Vitamin-C und hochdosiertes Vitamin-D, aber kombiniert mit Vitamin-K, da das Vitamin-D so besser aufgespalten werden kann.

Anfang September sagte mir eine Freundin, dass ihre Tochter, die so alt wie meine Söhne ist, mit einem positiven Test von der Schule nach Hause gekommen sei. Auch der PCR-Test war positiv. Sie hatte bald Krankheitssymptome, aber nur für zwei Tage. Wegen der Quarantäne blieb sie zwei Wochen zu Hause. Die Eltern verbrachten mit ihrer Tochter ganz normal die Zeit, wurden selbst aber nicht krank. Es hätte ihnen nichts ausgemacht, wenn sie sich angesteckt hätten. Doch egal, wie nah sie ihrer Tochter waren, sie steckten sich nicht an. Ihre Tochter ist ein sensibles Mädchen mit einer chronischen Hauterkrankung, Corona verkraftete sie aber gut.

Ab September hatte ich in meinem Bekanntenkreis

also plötzlich mehrere Fälle von Corona und machte mir natürlich Gedanken. Von verschiedenen Stellen erfuhr ich, wer mit welchen Symptomen wie umging und wie unterschiedlich sie ausfielen. Dann, an einem Abend zwischen den Jahren, hatte ich auf einmal schlimme Kopfschmerzen.

Ich hatte an dem Tag Popcorn gegessen und mich an einer Popcornschale verschluckt, die mir irgendwie Richtung Luftröhre gerutscht war und nun da festhing. Und egal, wie stark ich auch hustete, um die Schale loszuwerden, denn sie störte mich natürlich und reizte an der Stelle, ich bekam sie nicht raus. Es half kein Husten und kein Trinken. Es war Samstagabend, die Schale steckte fest und ich merkte, dass ich von dem vielen Husten Kopfschmerzen bekam. Auch dort, wo Luftröhre und Lunge in einander übergehen, tat es mir weh.

Am Sonntag wachte ich mit Rückenschmerzen auf. Ich wunderte mich darüber, was das war. Der ganze Rücken tat mir weh und ich dachte, dass auch das vom Husten kam. Von der Rückseite der Lunge strahlte der Schmerz in den Rücken aus. Ich kochte mir Tee, hatte keinen Hunger, ruhte mich aus. Ich versuchte weiter, diese Schale rauszuhusten. Ich dachte, ich muss unbedingt diese Maisschale loswerden. Am Sonntagnachmittag maß ich meine Temperatur. Ich fühlte mich ganz seltsam. Meine Stirn war warm und ich hatte tatsächlich 38,5 Grad Fieber. Irgendetwas schien nicht in Ordnung zu sein. Konnte es wirklich eine Reaktion meines Körpers auf die Anstrengung wegen dieser blöden Popcornschale sein? Ich kam einfach nicht darauf, dass es zum Beispiel eine Erkältung war. Ich kam einfach überhaupt nicht auf die Idee. Woher sollte ich sie haben? Bei uns zu Hause waren wir sozusagen in unserem Biotop. Um Weihnachten hatte ich keinen engen Kontakt zu anderen Menschen gehabt. In meinem Umfeld kannte ich niemanden, der krank war. Ich kam gar nicht auf die Idee, dass es Corona sein könnte.

Dann war Mittwoch. Direkt nach dem Aufstehen kam einer meiner Jungs zu mir und sagte, er hat Kopfschmerzen. Das war kurz vor Silvester. Am Abend desselben Tages kam auch der zweite zu mir: Kopfschmerzen. Was ist das denn jetzt, dachte ich nur. Woher sollten denn die Jungs die Kopfschmerzen bekommen. Die hatten schließlich keine Popcornschale im Hals stecken. Erst da begann ich zu realisieren, dass es das Virus war, das bei uns umging. Wenn uns das jetzt erwischt hat, was mache ich dann, dachte ich. Zum Glück war unsere Hausapotheke gut ausgestattet. Ich hatte verschiedene Hustensäfte zu Hause, Angocin zur Infektabwehr, Heiltees, Ingwer und Zitronensaft. Von meinem Freund hatte ich den Tipp mit dem hochdosierten Vitamin-C erhalten. Das hatte ich zum Glück alles zu Hause. Ich fing damit an, uns einen heißen Zitronensaft mit Ingwer und Honig zu machen, und das tranken wir dann jeden Tag. Doch ich merkte, wie ich langsam in eine Angst reinrutschte, Angst vor Corona.

Ich weiß, dass diese Angst psychisch war. Meine Jungs versuchte ich, da außen vor zu lassen. Gegenüber ihnen sprach ich nicht darüber. Ich versorgte sie einfach damit, was ich zu Hause hatte. Auch bei ihnen hatte ich Fieber gemessen. 38,5 Grad, genau wie bei mir. Höher stieg das Fieber zum Glück nicht. Damit war klar, dass wir Silvester zu Hause verbringen würden. Eigentlich wollten wir Silvester mit Freunden feiern, aber die hatte es auch erwischt. Die ganze Familie war ebenfalls krank geworden, nur etwas später als wir. Immer wieder kochte ich für uns Tee. In der Zeit aßen wir kaum. Wir hatten keinen Appetit. Ich schmeckte und roch nichts. Bei meinen Jungs war das nicht so. Die konnten riechen und schmecken, aber bei mir war das weg. Ich achtete darauf, keinen Zucker zu essen. Zucker und Weißmehl tun dem Körper nicht gut, das wissen wir ja.

Ich überlegte, ob es nicht gut wäre, einen Test zu machen. Ich hatte das vorher nie gemacht. Dieses Massengeteste lehnte ich ab. Erst machte ich einen Schnelltest, der war positiv. Dann machten meine Jungs und ich den PCR-Test. Zwei Tage nach dem Test kam das Laborergebnis per E-Mail: Wir waren alle drei positiv. Das war am 5. Januar 2022, einem Mittwoch.

Am Donnerstag klingelte das Festnetztelefon. Es war das Gesundheitsamt und eine Frau wollte unsere Daten überprüfen, Geburtsdatum, Wohnort und die E-Mail-Adresse. Sie sagte noch, dass sie mir Informationen zuschicken würde, wie ich mit Corona umgehen sollte, sowie ein Formblatt. In das Formblatt sollte ich unsere Symptome eintragen und es zurück an das Gesundheitsamt schicken. Ja, mache ich, sagte ich der Frau. Dann fragte ich sie: Was mache ich jetzt am besten, um unsere Krankheit zu behandeln? Was sollte ich tun? Wie war mit Corona am besten umzugehen? Die Antwort der Dame lautete: desinfizieren, lüften und ausruhen. Was ich desinfizieren sollte, verstand ich nicht, wahrscheinlich die Hände. Aber wir waren doch zu Hause. Uns ausruhen und die Zimmer lüften, machten wir sowieso. Ich fragte, ob es nicht bestimmte Medikamente gab, die helfen würden. Sie sagte mir, nein, wenn es mir schlechter gehen werde, sollte ich mich an einen Arzt wenden. Das war alles.

Was die Frau mir am Telefon sagte, klang zwar logisch. Aber ich dachte, dass mir die Mitarbeiter eines Gesundheitsamts etwas mehr Informationen geben könnten als das, was ich selbst bereits wusste. Sie waren schließlich die Anlaufstelle für Tausende von Informationen. Die mussten mir doch sagen können, was sich bei anderen Erkrankten bewährt hatte. Wie konnte es sein, dass das Gesundheitsamt keine Informationen darüber hatte, wie man mit Corona umging? Und als kranker Mensch mit Fieber ging ich doch nicht in eine Arztpraxis. Ich fühlte mich allein gelassen. Diese Ahnungslosigkeit war für mich schwer zu glauben. Jetzt weiß ich, warum die ganzen Menschen sterben, dachte ich. Weil sie alleine waren. Weil man sie alleine gelassen hatte.

Ich habe Freundinnen, zum Beispiel, die mir helfen konnten, die etwas für mich besorgen konnten. Aber es gibt viele Menschen, die niemanden haben, den sie fragen können, den sie um etwas bitten können. Wie konnte es sein, dass die Menschen mit einer Krankheit alleine gelassen wurden, nachdem fast zwei Jahre lang berichtet wurde, wie todbringend sie war und wegen der die halbe Welt auf den Kopf gestellt wurde? Das fand ich unverantwortlich von den Behörden. Die Frau vom Gesundheitsamt fragte mich noch, ob ich jemanden hätte, der für mich einkaufen gehen könnte. Ich sagte, ja, ja, ist schon gut, das kriege ich hin. Was wäre gewesen, wenn ich nein gesagt hätte? Da wäre sicher nicht jemand vom Gesundheitsamt gekommen, um für uns einzukaufen. Die sitzen in ihrer Behörde, füllen die Formulare aus und dokumentieren die Kranken. Aber sie helfen ihnen nicht, und wer sich selbst nicht hilft, bleibt allein. Angesichts der ganzen Panikmache, der Einschränkungen durch die Politik, der Berichterstattung, wie schlimm Corona war, angesichts all dessen, machte es erst recht wenig Sinn, dass die Behörde, die für Gesundheit zuständig ist, die Erkrankten nicht informierte und keine Hilfe anbot. Die Parole, die man ständig ausgab, dass jedes Leben zählte, erwies sich mal wieder als komplett gelogen. Die Frau, die mich anrief, machte einfach ihren Job. Sie persönlich verantwortlich zu machen, bringt nichts. Aber warum hatte sie nichts zur Hand, was sie uns mitgeben konnte, um mit der Krankheit zurechtzukommen? Das war unverantwortlich.

Ich konnte nicht abschätzen, wie sich meine Symptome weiter entwickeln würden. Dass der Druck auf der Lunge nicht von dem Maiskorn kam, war mir nun klar. Ich wusste nicht, ob es nicht noch schlimmer werden würde. Was sollte ich dann tun? Ins Krankenhaus mit den resistenten Keimen und anderen kranken Menschen wäre ich auf keinen Fall gegangen. Im Krankenhaus bist du einfach eine Nummer, das einzelne Leben zählt da nichts. Die haben viel Arbeit, haben nicht nur mich als Patienten, ich bin den Keimen ausgesetzt und ich bekomme eine Fließbandbehandlung. Nur im äußersten Fall käme für mich in Frage, ins Krankenhaus zu gehen. Ansonsten würden mich keine zehn Pferde da reinkriegen. Dann nehme ich mein Schicksal lieber an und sterbe zu Hause – was ich natürlich nicht will, da ich Kinder habe. Ich will nicht sterben. Aber wenn es mein Schicksal will...

An diesem Punkt legte ich mein Schicksal, ich sage es, wie es ist, in Gottes Hände. Ich betete und hoffte, dass mein Körper stark genug wäre, mit der Krankheit zurechtzukommen. Diese Angst, die ich am eigenen Leib spürte, dass ich nicht wusste, ob mein Körper es schaffte, mit den Symptomen zurechtzukommen, war das Allerschlimmste. Eine solche Angst hätte ich früher nie gehabt, da bin ich mir sicher. Vorher hatte ich nie Angst, krank zu werden. Jetzt spürte ich, dass mich nicht nur diese Krankheit erwischt hatte, sondern auch die Angstmaschine, die seit März 2020 auf Hochtouren lief. Obwohl ich mich gegen sie gewehrt hatte, obwohl ich mich psychisch gegen sie gewappnet hatte, rutschte ich, als ich Symptome hatte, am Ende doch in die Angst. Ich hatte Angst, weil ich an meine Kinder dachte, für die ich Verantwortung trug, die ich nicht zurücklassen wollte. In diesem Moment der Angst half es, mich daran zu erinnern, dass mein Leben nicht in meinen Händen liegt. Ich kann tun, was ich will. Aber wenn es bestimmt ist, dass ich gehen muss, dann muss ich gehen. Dieser Gedanke, das anzunehmen, half mir sehr.

Ich trank weiterhin viel Tee und Zitronensaft, mehrmals am Tag. Ich atmete tief. Ich versuchte, die ganze Luft auszupressen, durch die Nase die ganze Luft auszuatmen, und dann frische Luft wieder einzuatmen, damit die Lunge sich weitete. Die Lunge ist ein großes Organ. Ich wollte, dass bis in den untersten Lungenflügel frische Luft gelangte. Das wiederholte ich dreimal hintereinander mehrmals am Tag, um die Lunge zu stärken. Um die Lunge hatte ich Angst. Fieber, Husten und Schnupfen, das ist alles halb so schlimm. Aber bei der Lunge konnte ich nicht einschätzen, wie schlimm es war, was passieren würde, wenn die Lunge verklebt, wie schnell das geht. Ich hatte gehört, dass das die Gefahr bei Corona war, dass die Lungenflügel verklebten.

Eine Freundin von mir brachte uns frischen Thymian. Auch damit machte ich Tee gegen den Husten. Unseren Tee tranken wir mit Honig. Dann telefonierte ich mit einer anderen Freundin. Sie erzählte mir, dass ihr Mann geimpft war. Sie hatten vier Kinder, alle nicht geimpft. Und im Herbst 2021 wurden sie krank. Ich fragte sie, was sie meinte, wie sie sich angesteckt hatten. Ihre Antwort war, dass das wahrscheinlich ihr Mann von der Arbeit mitgebracht hatte, auf die er wie üblich ging. Er war ja geimpft. Und von der Arbeit brachte er das Virus mit nach Hause. Von einer Freundin hatte sie Artemisia-

Tropfen bekommen, Beifuß, eine alte Heilpflanze, das wusste ich, und ein bitteres Kraut. Bittere Kräuter, so auch Löwenzahn, helfen, damit die Lunge nicht verklebt. Meine Freundin sagte mir, dass sie noch *Artemisia annu* hätte, einjährigen Beifuß als Tropfen, und fragte mich, ob sie die Tropfen vorbeibringen sollte. Ja, sagte ich, ja, das wäre toll.

Sie brachte mir das Fläschchen vorbei und ich nahm es ein. Ich gab es auch den Jungs, obwohl deren Symptome nicht so lange anhielten wie bei mir. Bei mir zogen diese Gliederschmerzen einmal durch den ganzen Körper, bevor sie verschwanden. Der kleine Finger an der linken Hand tat mir eine Weile so sehr weh, dass ich mich fragte, ob er gebrochen war. Das war er aber nicht. Es waren Schmerzen im Finger, als kämen sie direkt aus den Knochen. Nicht aus der Muskulatur, sondern aus den Knochen. In einer Nacht schwitzte ich so stark, dass mein Bett am nächsten Tag ganz nass war. Dann taten mir die Beckenknochen weh, die Knochen, nicht die Muskulatur. Diese seltsamen Schmerzen wanderten durch den ganzen Körper. Als ich die Artemisia-Tropfen von meiner Freundin erhielt, war ich so froh. Wie angegeben nahmen wir sie dreimal täglich ein. Ich hatte das Gefühl, dass die Tropfen meine Rettung waren. Für meine Psyche waren sie das auf jeden Fall. In dem Moment, als ich wusste, dass ich Beifußtropfen zu Hause hatte, wusste ich, dass ich keine Angst mehr zu haben brauchte, dass es schlimmer würde.

Ich merkte, wie stark die Angst auf meine Psyche gedrückt hatte. Ich wehrte mich lange gegen dieses Märchen, das man Covid-19 nannte. Doch als ich selbst krank war, merkte ich, welche Macht die Angst über einen haben kann. Ich glaube, dass die Angst und der Stress, den Politik und Medien bei den Menschen erzeugten, für viele schon das Todesurteil bedeutet haben könnten. Deswegen habe ich eine starke Wut auf all diejenigen Menschen, die unverantwortlich diese Angst in der Welt verbreitet haben; die mithilfe der Angst Menschen nötigten, sich impfen zu lassen. Keiner wusste zu Beginn, was der Impfstoff mit den Menschen machen würde. Im eigenen Freundeskreis erlebte ich, dass die Menschen nach der Impfung nicht vor der Krankheit geschützt waren, wie erst behauptet wurde. Das war die große Ankündigung gewesen: Lasst euch impfen, dann seid ihr sicher. Später hieß es, dass das nie behauptet wurde. Aber das ist gelogen. Gelogen, um nicht zugeben zu müssen, dass man gelogen hat. Dann hieß es, eine Impfung schützt vor einem *schweren Verlauf*. Aber was heißt denn *schwerer Verlauf*? Was bedeutet das?

Bei wem ich mich selbst ansteckte, kann ich nur vermuten. Ich weiß es nicht, aber meine Vermutung ist, dass es bei einer älteren Dame geschah, die vermutlich geimpft war. Dass Geimpfte ansteckend sind, weiß man mittlerweile auch. Ich würde die Frau niemals beschuldigen. Wir trafen uns auf der Straße und ich freute mich, sie wiederzusehen. Wir gingen ein Stück zusammen, unterhielten uns, und als wir uns verabschiedeten, nahmen wir uns in den Arm. Ich hatte keine Angst, daher dachte ich auch nicht darüber nach. Ihr zu begegnen und mit ihr ein Gespräch zu führen, war schön, und ich will solche Erfahrungen nicht missen. Niemals würde ich jemandem die Schuld für meine Erkrankung geben. Ich bin froh, dass ich sie überwunden habe, dass ich daraus gelernt habe, dass ich verstanden habe, was Angst den Menschen antut, auch mit Menschen wie mir, die eigentlich keine Angst haben, nicht vor Corona und nicht vor dem Tod. Ich bin kein ängstlicher Mensch. Und trotzdem erwischte mich die Angst in einem schwachen Moment. Das war für mich eine neue Erfahrung. Ich wurde gesund, am 17. Januar 2022 war der letzte Tag meiner Quarantäne und vom Gesundheitsamt erhielten meine Jungs und ich die Bestätigung unseren Genesenenstatus.

An die Quarantäne hielt ich mich, einfach deswegen, weil ich wieder fit werden wollte. Ich spürte, dass mein Körper noch geschwächt war. Ich freute mich aber sehr, dass er mit der Krankheit zurechtgekommen war. Ich fühlte mich stark. Mir brauchte nun keiner mehr erzählen, was für eine todbringende Krankheit Corona doch war, und dass es besser war, sich impfen zu lassen. Ich würde das niemals machen. Ich war 57 Jahre alt und gehörte damit zu denjenigen, die die Politik im Frühjahr per Gesetz zwangsimpfen wollte. Mit mir würden sie das niemals machen. Ich habe die Krankheit überstanden. Sie war anstrengend und schwächte mich. Die Symptome waren neu. Aber ich hatte es geschafft, ich fühlte mich körperlich stark und das nächste Mal würde ich es genau so machen. Nur in die Angst möchte ich nicht wieder reinrutschen. Das hoffe ich sehr, egal, welche Krankheit auch kommt. Es ist, glaube ich, das Allerschlimmste, wenn Menschen solche Angst haben, dass sie nicht mehr klar denken können, nicht mehr überlegen können, was ihnen gut tut, was sie brauchen. Das habe ich an mir selbst beobachtet. Mein Kopf war auf dem Höhepunkt der Symptome wie im Nebel. Ich konnte nicht mehr klar denken. Die Gedanken waren die ganze Zeit am Kreisen, als wäre da ein Riesendurcheinander. Ich schaffte es kaum, sie zu ordnen. Aus dem Chaos im Kopf versuchte ich auszubrechen, indem ich anfing, Bücher zu lesen. Das half. Während der ersten Wochen dieses Jahres las ich so viel wie das ganze letzte Jahr nicht. Das Lesen half, aus diesem Durcheinander im Kopf herauszukommen, um wieder klare Entscheidungen zu treffen. Seit 2020 konsumiere ich kaum mehr Mainstream-Medien. Ich schaue keine Nachrichten mehr. Ich hielt es nicht aus, dauernd mit dieser Krankheit konfrontiert zu werden. Ich bin mir sicher, dass viele Menschen in Deutschland immer noch regelmäßig diese krankmachenden Nachrichten konsumieren. Ich kann das nicht mehr. Ich schaue deswegen keine Nachrichten mehr, weil ich nicht will, dass sie mich kaputtmachen. Obwohl ich mich schützte, hatte die Krankheit einen starken Effekt auf meine Psyche. Während ich krank war, war ich nicht mehr so souverän wie die Zeit zuvor.

Anfang Januar schrieb ich Ilka an und fragte sie, ob bei ihr alles wieder gut war. Ich wollte wissen, ob sie über den Berg war. Ich wünschte ihr alles Gute für das Neue Jahr 2022 und schrieb ihr, dass ich mich riesig darauf freute, wenn ich sie, ihre Tochter und ihre Enkeltochter wieder auf der Straße treffen würde. Wir würden weiter unsere Stimme für die Gerechtigkeit erheben. Auf meine Nachricht an sie erhielt ich keine Antwort. Später bekam ich Besuch von einer Freundin. Sag mal, weißt du etwas von Ilka, fragte ich. Und dann sagte die Freundin zu mir: Weißt du denn nicht, dass sie gestorben ist? Nach dem Tod von Karl Hilz war das bereits die zweite Nachricht in kurzer Zeit, die mich traf wie der Schlag. Die Haustür war noch offen, wir standen in der Tür, da erfuhr ich es. Es war furchtbar. Ilka, die mich im Dezember mit nach Darmstadt zur Demo nehmen wollte, war tot. Ich weiß bis heute nicht, ob sie ins Krankenhaus ging, und dort starb oder zu Hause. Ich habe es nicht geschafft, mit ihrer Tochter zu telefonieren, obwohl ich ihre Handynummer habe. Ich hatte nicht die Kraft, sie anzurufen. Später erfuhr ich noch von einer älteren Dame, mit der ich in Kontakt war, dass auch sie erkrankte. Sie und ihr Mann ließen sich ins Krankenhaus einweisen, weil die

Sauerstoffsättigung nicht mehr gegeben war.

Als ich mich wieder besser fühlte, ging ich spazieren. Ich hielt es in der Wohnung nicht mehr aus. Ich zog mich warm an und spazierte langsam, vier Stunden lang. Die Luft war kalt. Es regnete leicht. Als ich wieder nach Hause kam, merkte ich, dass der Druck von der Lunge weg war. Die Lunge war wieder frei, ich konnte wieder normal atmen. Bald traute ich mir auch wieder, joggen zu gehen. Ich hatte Corona komplett überstanden.

Wer Corona bekommt, darf keine Angst haben. Man sollte es auch nicht auf die leichte Schulter nehmen. Normalerweise passt sich das Lebenssystem der Menschen und Tiere Veränderungen an, seien es Bakterien, Viren oder Keime. Ich zweifle daran, dass Corona natürlichen Ursprungs ist. Aber noch schlimmer als die eigentliche Krankheit waren seit März 2020 die Medien mit der ständigen Verbreitung ihrer Angst. Diejenigen, die diese medialen Angstkampagnen zu verantworten haben, die statt kritischer Diskussion nur die Propaganda des Staates und der Pharmaindustrie verbreiteten, die sind in Wirklichkeit gemeine Verbrecher. Sie haben den Menschen so viel Angst gemacht, dass sie nicht in der Lage waren, gut für sich zu sorgen. Zudem zeigte sich, dass die Menschen, die in Angst vor Corona lebten, bereit waren, den anderem ihre eigenen Angstreaktionen aufzuzwingen, sei es Abstand halten, Maske tragen oder die Impfung. Die Diskriminierung der Andersdenkenden, zum Beispiel der Querdenker, beruht zu einem großen Teil auf der Angst von Menschen. Die heutige Politik hat Angst vor gesunden Menschen, vor Bürgern, die nicht in Angst leben, sondern Vertrauen in ihre persönliche Stärke haben. Aus der Angst vor den Gesunden erwuchsen die schlimmsten Lügen. Die Kirche nannte es *Impfen ist Liebe*, der Staat nannte es *Impfen ist Solidarität*. Ob der Impfstoff wirkt oder nicht, spielt da keine Rolle. Wenn Menschen massenweise in Angst leben und denen, die frei von Angst sind, ihre Sicht aufzwingen, läuft etwas falsch, in Deutschland und jedem Land der Welt. Wie Medien, Politik oder sogenannte Experten mit den Ängsten der Bürger spielten, lehne ich entschieden ab.

Es wäre besser gewesen und hätte den Menschen mehr geholfen, wenn man ihnen gesagt hätte, wie sie mit den Symptomen am besten umgehen. Es wäre besser gewesen, ihnen ihre Verantwortung nicht wegzunehmen, um sie an den Staat zu delegieren. Die Politik hätte die Bürger in ihrer Verantwortung stärken müssen, damit sie in der Lage sind, sich gut um sich selbst zu sorgen. Dasselbe gilt für die Kinder. In den Schulen herrschten Verordnungen, die psychisch und physisch gesundheitsschädigend waren. Das war für jeden, der Augen im Kopf hatte, von Anfang an ersichtlich. Stundenlang eine Kunststoffmaske vor dem Gesicht zu tragen, schadet der Sauerstoffzufuhr. Das Gesicht der Mitschüler und Lehrer nicht erkennen zu können, schadet der Psyche. Es wäre richtig gewesen, den Kindern beizubringen, wie sie sich gesund ernähren, wie sie ihr Abwehrsystem stärken können. Gute Ernährung ist die Grundlage jeder einzelnen Zelle im Körper. Stattdessen sperrte man die Menschen seelisch und körperlich ein und fuhr millionenschwere Medienkampagnen; erst, um zu verhindern, dass sie das Haus verließen, dann, damit sie sich impfen ließen.

Eine zurückhaltende, maßvolle und bescheidene Politik wäre richtig gewesen. Eine Politik, die zugeben kann, dass sie nicht in der Lage ist, für über 80 Millionen Menschen die Entscheidung zu treffen, was gut für sie ist. Unsere Politiker sind jedoch das Gegenteil von maßvoll. Sie sind überheblich, arrogant und unverschämt.

Das Problem der Gesundheit in unserer Gesellschaft

ist aber allgemeiner. Was wurde die ganzen Jahre vor Corona getan? Wer sich krankschreiben lässt, muss innerhalb kurzer Zeit nachweisen, dass er wirklich krank ist. Dabei ist das bei uns Menschen einfach so. Jeder wird einmal krank. Ein Arbeitgeber, der seine Mitarbeiter schätzt, könnte sagen: In Ordnung, ruht euch aus, bleibt zu Hause, ihr müsst euch erholen. Aber was machen die Menschen, wenn sie krank werden? Sie versuchen, möglichst schnell an ihren Arbeitsplatz zurückzukehren und nehmen hierfür irgendwelche Medikamente. Das ist Ausbeutung der menschlichen Gesundheit. Dieses ungesunde Verhalten wird uns seit Jahrzehnten eingetrichtert. Wenn sich jemand krank meldet, sollte man ihm genug Zeit dafür geben, dass sein Körper mit der Krankheit zurechtkommt, damit er ausheilen, wieder genesen kann, und dann ist er wieder stark genug für die Belastung in der Firma. Wenn Mitarbeiter Kinder haben, muss es möglich sein, dass die Eltern ohne Probleme zu Hause bleiben können, wenn die Kinder krank sind. Hier könnte der Staat sehr wohl regulieren. Diese Ausbeutung zu verhindern anstatt sie auszubauen, wäre die Aufgabe des Staates. Aber daran hat die heutige Politik kein Interesse. Stattdessen treibt er uns in die Abhängigkeit und die Ausbeutung durch Pharmakonzerne.

Im März 2020 wurde der Staat selbst offen zum Lobbyisten für Pharmainteressen. Milliarden an Steuergeldern wurden von uns gestohlen, sei es in Form von *Hilfen* an große Konzerne, sei es für den Kauf von *Impfstoffen*. Ich wünsche mir, nachdem dieses Lügensystem aufgedeckt wird, nachdem die Verantwortlichen ihre gerechte Strafe erhalten, dass unsere Gesellschaft die echte Gesunderhaltung der Menschen zur Aufgabe des Staates macht. Es ist besser, wenn die Menschen ihren Körpern die Zeit geben können auszukurieren, damit er eigene

Antikörper bildet. Das stärkt den Körper besser als jede Impfung. Ich wünsche mir, dass die Krankheit als etwas Wichtiges anerkannt wird, dass sie uns stärker macht und einen besseren Schutz bildet als eine Impfung. Ich wünsche mir, dass junge Menschen verstehen, dass es ihre Verantwortung ist, für ihren Körper so zu sorgen, damit er auch im Alter gegen Krankheiten gewappnet ist.

Jeder unserer Körper altert und wird irgendwann sterben, das können wir nicht verhindern. Auch wenn manche das nicht einsehen wollen: Das Leben ist irgendwann zu Ende. Wann es passiert, weiß keiner von uns. Ob es durch einen Autounfall passiert oder eine Krankheit, liegt nicht in unseren Händen. Das Leben ist irgendwann zu Ende und wir müssen den Tod akzeptieren als natürliches Ende eines Körpers, der seine Aufgaben erfüllt hat. Natürlich muss man die Alten oder Schwachen unterstützen, ihnen geben, was ihre Gesundheit stärkt. In einer Gesellschaft, die an ihre Zukunft glaubt, steht aber das Wohlergehen und die gesunde Entwicklung der Kinder an erster Stelle. Durch die Verordnungen hat die Politik den Kindern und den jungen Menschen einen Abschnitt ihres Lebens weggenommen, angeblich, um die Alten zu schützen. Das kann nicht richtig sein, das ist nicht der richtige Weg. Als viele Menschen an Aids erkrankten, hat der Staat da etwa den Sex verboten? Nein, er hat aufgeklärt, dass durch Kondome die Übertragung verhindert wird.

Wichtig ist, an unsere Selbstbestimmung zu glauben. Auch ein älterer Mensch muss für sich sorgen, und das hohe Alter eines Menschen bestätigt, dass er dazu in der Lage ist. Es ist seine Entscheidung, ob er sich impfen lässt, ob er sich gesund ernährt, ob er auf der Couch vor der Glotze sitzt oder doch spazieren geht. Für die Gesundheit des Einzelnen, egal welchen Alters, kann nicht die gesamte Bevölkerung verantwortlich gemacht werden. Und die meisten Menschen in Deutschland können für sich selbst entscheiden. Es gibt einen relativ geringen Anteil von Menschen, die ein Handycap haben oder aus anderen Gründen nicht für sich selbst entscheiden können. Da kann man nur hoffen, dass die Verwandten dieser Personen die richtige Entscheidung treffen. Aber es ist nicht die Aufgabe des Staates. Die Aufgabe des Staates ist, den Bürger durch Bildung zur Gesunderhaltung und Selbstbestimmung zu befähigen. Die Aufgabe des Staates ist, die Voraussetzungen zu schaffen, dass der einzelne selbstbestimmt entscheiden kann. Die Entscheidungsfähigkeit des Menschen ist heilig.

Dennoch muss ich zugeben: In Bezug auf Corona musste ich einen Teil meiner Haltung revidieren. Eine Zeit lang nahm ich diese Krankheit auf die leichte Schulter. Ich dachte, dass die Menschen übertreiben. Ich hatte erfahren, dass eine Nachbarin krank geworden war. Ihre Kinder waren draußen. Sie spielten und erzählten: Mama ist krank, der PCR-Test war positiv. Ich habe das damals belächelt. Heute schäme ich mich dafür. Das muss ich zugeben. Nachdem ich selbst erfahren hatte, wie sich die Krankheit anfühlen kann, tut es mir Leid, dass ich es bei anderen auf die leichte Schulter genommen habe, und ich kann nur jedem Menschen empfehlen, das nicht zu tun. Wenn jemand Symptome hat, ist es wichtig, dass er sie wahrnimmt und sich wirklich ausruht. Auf der anderen Seite macht das auch jeder vernünftige Mensch. Wer ging vor Corona bitte mit Grippe auf eine Party? Das geht gar nicht. Ich lag tagelang im Bett und stand nur auf, um Tee zu trinken. Ansonsten schlief ich, weil ich so müde war.

Ich will aber auch deutlich sagen, dass ich auch in

Zukunft von mir aus keinen Abstand halten werde. Und natürlich werde ich weiter auf Demos gehen. Mein Körper hat schließlich Antikörper gebildet, sodass mich so schnell nichts mehr umwerfen wird. Ich habe es geschafft. Ich bin dagegen angekommen. Und ich habe keine Angst mehr.

Um die Menschen, die es nicht geschafft haben, tut es mir Leid. Es tut mir Leid. Für die Angehörigen und Freunde ist der Tod eines geliebten Menschen furchtbar. Es tut mir Leid. Aber unser Leben liegt nicht in unseren Händen. Es liegt in Gottes Händen. Was soll ich sonst sagen? Das ist so. Unser Leben liegt nicht in unseren Händen. Wir können tun, wir können für uns sorgen, das ist unsere Aufgabe, deswegen sind wir auf der Erde. Ernährt euch gut, sorgt für euch, aber versteht, dass das Ende irgendwann kommt.

Die kritischen Leser werden jetzt sicher die Frage im Kopf haben: Was ist, wenn jemand an Corona gestorben ist, und er hat sich nur angesteckt, weil jemand den Abstand nicht eingehalten hat? Was ist, wenn nur durch ein wenig Abstand halten, ein bisschen Maske tragen etc. das Leben eines anderen Menschen länger gewesen wäre? Wäre es dann nicht wert gewesen, den Verordnungen zu folgen?

Was wann passiert wäre, das wissen wir nicht. Wir werden es niemals wissen. Was-wäre-wenn-Überlegungen zur Grundlage von Entscheidungen zu machen, wäre töricht. Unser menschliches Bedürfnis nach Nähe ist zu groß: dass wir uns gegenseitig in den Arm nehmen wollen, dass wir unser Gegenüber ansehen wollen. Nähe ist lebensnotwendig, ein Grundbedürfnis. Niemals werde ich das ändern, niemals werde ich mir vorschreiben lassen, ob ich jemanden umarme oder nicht. Ich kann mir so ein Leben nicht vorstellen, ein Leben aus Verboten,

Abstand und ständiger Angst. Niemals werde ich mich hierzu zwingen lassen.

Wenn ich nach meiner Krankheit wieder rausgehe, nehme ich die Menschen in den Arm. Wenn mir jemand sagt, ich möchte dir nicht zu nahe kommen, werde ich das wie früher auch akzeptieren. Aber von mir aus freute ich mich schon. Wenn wir, die krank waren, wieder gesund waren, würden wir alle gemeinsam eine große Party feiern. Wir würden uns in den Arm nehmen, wir würden lachen und wir würden uns freuen, dass wir den ganzen Scheiß überstanden haben. Ich würde wieder tanzen, ich würde wieder joggen gehen und bei schönem Wetter würde ich wieder Rad fahren. Das Leben ist schön. Doch eine Gesellschaft, die das Leben jedes Einzelnen um jeden Preis so lange wie möglich verlängern will, ist krank. Sie ist krank aus Angst vor dem Tod und ihre Angst wird ihren Tod noch schneller herbeiführen.

Als ich wieder gesund war, ging der staatlich verordnete Unsinn aber sofort weiter. Als ich die Genesenenbescheinigung erhalten sollte, war diese gerade willkürlich verkürzt worden. Wer einen positiven PCR-Test hatte, musste zwei Wochen in Quarantäne. Dann mussten 28 Tage vergehen. In der Zeit sollten sich die Antikörper bilden. Dann galt man als genesen und man bekam eine Genesenenbescheinigung, die sechs Monate gültig war. Als ich genesen war, galt in Deutschland so gut wie überall noch die 2G-Regel. Wer nicht geimpft oder genesen war, durfte sehen, wo er blieb. Und plötzlich wurde die Dauer der Quarantäne verkürzt und die Gültigkeit der Genesenenbescheinigung auf drei Monate halbiert. Wie die Politiker feststellen wollten, dass man das nun verkürzen musste? Keine Ahnung. In meinen Augen war das mal wieder reine Willkür.

Diejenigen aber, die die Erkrankung durchgemacht

hatten, hatten Antikörper gebildet. Diese körpereigenen Antikörper bieten einen viel besseren Schutz als jede Impfung, da sie durch die Kraft, die aus dem Körper kommt, gebildet wurden. Und diese Menschen, die einen viel besseren Schutz gegen Corona hatten, sollten nur noch drei Monate als genesen gelten? Unglaublich. Nach dieser Entscheidung hätten eigentlich alle, die geimpft waren und trotzdem krank wurden, zusammen mit den Genesenen auf die Barrikaden gehen müssen. Weil irgendein Politiker oder Pharmabürokrat entschied, dass sie nur drei Monate als genesen gelten, dass sie gesund waren und trotzdem diskriminiert wurden. Diese Willkür war unglaublich. Dass die Menschen das nicht schnallten, verstehe ich bis heute nicht. Es gab keine Evidenz für die Überlegenheit der Impfung, es gab keine Grundlage für diese Verordnung. Wie lange lassen sich die Menschen noch an der Nase herumführen? Ich weiß es nicht, aber auf die Antwort bin ich sehr gespannt.

Frankfurt, Paulskirche, 2. Mai 2020

Erfurt, 1. Mai 2021

Darmstadt, Arkade der Grundrechte

Flutkatastrophe im Ahrtal, Juli 2021

Maastricht, Europeans United, Oktober 2021

Straßburg, Europeans United, September 2021

Brüssel, Europeans United, Januar 2022

Brüssel, Europeans United, Sommer 2021

Stuttgart

Berlin, 21. Mai 2021

Berlin, Karl Hilz, Pfingsten 2021

Ulm

Stuttgart

Stuttgart

Berlin, September 2020. Love wins!

Teil III.

Staatsdiener

Richter und Gerichte

Es waren wohl nicht so viele Menschen, die Ordnungswidrigkeitenverfahren hatten. Die meisten Menschen, die ich kenne, erhielten jedenfalls keine und hatten auch keine Gerichtsverfahren. Für den überwiegenden Teil der Menschen auf der Straße war das die Ausnahme. Ich selbst war gleich mehrfach wegen Ordnungswidrigkeiten vor Gericht. Mich fragte mal jemand, ob ich einen Anwalt hätte. Ich sagte, nein, dass ich alles alleine gemacht hatte, und weshalb. Da zogen sie den Hut vor mir. Ich dachte lange, dass viele die gleichen Erfahrungen wie ich machten. Scheinbar waren das gar nicht so viele, die vor Gericht mussten. Die Polizei schaut sich vermutlich genau an, wem sie eine Lektion verpasste, wen sie abstrafte und wen nicht. Die suchten nach Personen, die ihnen auffielen, und die pickten sie sich für ihre Polizeimaßnahmen heraus.

Das Attest, das mich von der Maskenpflicht befreite, hatte ich bereits seit dem Sommer 2020. Ausgestellt hatte es meine Psychotherapeutin, eine approbierte Diplom-Psychologin mit kassenärztlicher Zulassung. Seitdem nutzte ich das Attest vor allem für Einkäufe. Wenn mich dann jemand fragte, warum ich keine Maske trug, konnte ich auf das Attest verweisen. Auf Demonstrationen zeigte ich mein Attest bald nicht mehr vor. Ich sagte nur noch, dass ich eines hatte. Aus Angst, dass die Polizei mein Attest mir wegnahm, ließ ich das Original im Auto oder gleich zu Hause liegen.

Die Gerichte gingen mit meinem Attest unterschiedlich um. In Frankfurt wurde mein Attest anerkannt und das Verfahren wurde eingestellt, ebenso einmal in Schorndorf. Auch wie die Richter mit Maskenbefreiungsattests umgingen, war unterschiedlich. In Stuttgart und Berlin wurde mein Attest nicht anerkannt. In Stuttgart hätte ich ohne einen tagesaktuellen PCR-Test nicht einmal den Verhandlungssaal betreten dürfen.

Insgesamt hatte ich neun Ordnungswidrigkeiten, die alle zu Bußgeldbescheiden führten. Gegen jeden Bescheid legte ich Einspruch ein, was entweder zur Einstellung des Verfahrens oder zu einer Gerichtsverhandlung führte – oder ich zog meinen Einspruch zurück. Von den neun Verfahren wurden fünf eingestellt. Zweimal wurde ich verurteilt, zweimal zog ich den Einspruch zurück, einmal aufgrund einer *sitzungspolizeilichen Anordnung* für die Hauptverhandlung.

Das erste Mal, dass meine Personalien aufgenommen wurden, war im Mai 2020 vor der Paulskirche. Ich wurde nach meinem Personalausweis gefragt. Ich zeigte ihn vor, die Polizisten nahmen ihn mit und brachten ihn wieder zurück. Am 25. Oktober 2020, meine erste Erfahrung mit Polizeigewalt, warf man mir Gefangenenbefreiung vor.

Am 18. November 2020, als es um die Abstimmung im Bundestag über das Infektionsschutzgesetz ging, also um die Einschränkung unserer Grundrechte, erfolgte frühmorgens der Zugriff durch die Polizei an der Marschallbrücke. Man stellte unsere Personalien fest, weil wir zur Demo gehörten und keine Maske trugen. Was in der Begründung zum Bußgeldbescheid stand, war alles gelogen. Den Bescheid erhielt ich am 13. April 2021. In den Anhörungsbogen schrieb ich wahrheitsgemäß, dass ich ein Attest hatte, das mich vom Tragen einer Maske befreite, dass ich mich zur Zeit des Zugriffs nicht auf der Straße Unter den Linden aufgehalten hatte, dass es zur Zeit des Zugriffs keine Demonstration gab und dass uns die Polizei nicht mehrfach aufgefordert hatte, die Maske zu tragen. Eine Kopie des Attests legte ich bei.

Das Gerichtsverfahren wurde auf den 21. Dezember 2021 gelegt, kurz vor Weihnachten. Die zuständige Richterin am Amtsgericht Tiergarten wollte das Attest in Kopie nicht akzeptieren. Am Montag, einen Tag vor Prozesstermin, sprach ich sogar noch mit der Richterin am Telefon. Sie eröffnete mir, dass es nicht üblich sei, dass Richter die Angeklagten anriefen. Sie fragte mich, ob ich das Original des Attests hätte. Das wollte sie sehen. Doch dafür hätte ich nach Berlin fahren müssen, was mich rund 100 Euro Fahrtkosten gekostet hätte, ungefähr die Höhe des Bußgeldes. Warum sie das Original sehen wollte, begründete sie nicht. Sie sagte mir nur, dass die Verhandlung dafür da wäre, dass man sich sieht und miteinander spricht. Das Verfahren einfach so einstellen, könnte sie nicht. Das stimmte nicht, denn in Frankfurt hatte das zuständige Gericht genau das getan, nachdem ich mein Attest in Kopie vorlegte. Auch das Ordnungsamt von Berlin-Pankow stellte mein Verfahren ein, nachdem sie eine Kopie meines Attests vorliegen hatten, und es kam zu keiner Gerichtsverhandlung.

Die Richterin vom Amtsgericht Tiergarten hatte also Entscheidungsspielraum. Sie wollte aber, dass ich zur Verhandlung komme, und aus Kostengründen entschied ich mich dagegen. Es hätte nämlich sein können, dass ich für 100 Euro nach Berlin fahre, das Attest zeige und dann trotzdem verurteilt würde. Ich nahm meinen Einspruch zurück und hatte 83,50 Euro plus 20,50 Euro Verwaltungsgebühr zu bezahlen, insgesamt 104 Euro für einen ungerechtfertigten, weil erlogenen Vorwurf. Ich zahlte, wie alle Bußgelder, unter Vorbehalt der Rückforderung. Ralf Ludwig sagte mir jedoch einmal auf einer Demo in Fulda, dass ich da keine Chance hätte, das zurückzubekommen. Mit dem Vorbehalt auf Rückforderung konnte ich bloß unterstreichen, dass ich den Schuldspruch nicht akzeptierte. Das war mein erstes Ordnungswidrigkeitsverfahren.

Mein zweites war vom 12. Dezember 2020 in Frankfurt, als eine Querdenken-Demo verboten worden war, Freunde und ich uns aber entschieden, doch zu fahren, um einen Weihnachtsbummel zu machen. Die Polizei, die uns später an die Wand stellte, warf mir vor, dass ich keine Maske trug. An gleich zwei Orten wurde ich polizeilich in Gewahrsam genommen, einmal um 12:15 Uhr in der Wiesenhüttenstraße und einmal um 12:40 Uhr am Bahnhofsvorplatz. Wir gerieten also von einer Polizeikontrolle direkt in die nächste. Ich bekam vom Ordnungsamt der Stadt Frankfurt ein Bußgeldbescheid über 128,50 Euro. Daraufhin legte ich Einspruch ein und beantragte Akteneinsicht. Die Vorwürfe wies ich zurück.

In einem Antwortschreiben schilderte ich die Situation aus meiner Sicht und wies darauf hin, dass ich vor Ort glaubhaft gemacht hatte, dass ich vom Tragen einer Maske durch ein Attest befreit gewesen war. Das Attest legte ich in Kopie bei und ich beantragte die Einstellung des Verfahrens. Am 4. Mai 2021 antwortete mir das Amtsgericht Frankfurt, dass mein Verfahren eingestellt wurde. Die Kosten des Verfahrens trug der Staat. Keine Gerichtsverhandlung, das war gut. Erstens war es ein Gewinn, zweitens sah ich nun, was möglich war. Es musste keine Verhandlung geführt werden, wie mir die Berliner Richterin später weismachen wollte. Was am Amtsgericht Frankfurt möglich war, ging auch an den Amtsgerichten Berlin und Stuttgart, falls die Richter es wollten. Die Entscheidung des Amtsgerichts Frankfurt war für mich daher sehr wichtig.

Es ging gleich weiter. 14. Dezember 2020, Waiblingen, Baden-Württemberg. Mir wurde vorgeworfen, um

18 Uhr auf dem Elsbeth- und Hermann-Zeller-Platz den vorgeschriebenen Mindestabstand von 1,5 Meter nicht eingehalten zu haben. Was sie mir vorwarfen, ereignete sich vor der Demonstration, vor Beginn der Versammlung. Ich begrüßte Freunde, umarmte sie, wie man das unter Freunden macht und wie es unter Menschen, die sich kennen und gern haben, durchaus üblich ist. Die Polizei erwartete uns. Mit meiner Flagge war ich auffällig und die Polizisten kamen gezielt zu mir. Für die Begrüßung meiner Freunde erhielt ich ein Bußgeldbescheid über 70 Euro zuzüglich Gebühren, insgesamt 98,50 Euro. Ob die Polizei dabeistand oder nicht, ich begrüßte meine Freunde sowieso. In Baden-Württemberg konnte das zu dem Zeitpunkt aber sehr teuer werden, wie ich erfahren musste. Wir nahmen trotzdem keine Rücksicht auf die Polizei. Wir hielten uns einfach nicht an die Verordnung, krank wurde dadurch von uns niemand. Ich legte Einspruch gegen das Bußgeld ein und beantragte Akteneinsicht. In meiner Begründung verwies ich auf den rechtskräftigen Beschluss des Verwaltungsgerichts Berlins, demzufolge es zu keiner Übertragung von SARS-CoV-2 kommen kann, wenn man an jemandem vorüberging und sich kurz begrüßte. Meine Verteidigung baute darauf auf, dass in Baden-Württemberg ein ganz anderer Maßstab galt als in Berlin. Das konnte nicht richtig sein. Das Virus war überall gleich.

Am selben Tag erhielten noch andere Bußgeldbescheide, darunter Andrea, deren Ehemann sich gut mit der Juristerei auskennt. Für seine Frau setzte er ein Schreiben für das Gericht auf. Das gab mir Andrea, damit auch ich es nutzen konnte, und ich schickte es an die Stadt Waiblingen. Dort ging man auf mein Schreiben aber überhaupt nicht ein und antwortete einfach nicht. Auch die Akte schickten sie mir nicht zu. Das macht jedes Gericht, wie es gerade will. Nur vor Ort durfte ich sie einsehen. Ich musste einen Termin vereinbaren und zum Amtsgericht fahren. Ich durfte auch keine Kopien oder Fotografien anfertigen, sondern musste alles per Hand abschreiben.

Die Verhandlung wurde für den 12. Juli 2021 festgelegt. Ohne Maske betrat ich das Amtsgericht. Ich hatte mein Attest dabei, aber der Beamte am Eingang akzeptierte es nicht. Er bat mich, auf der Straße zu warten. Später betrat ich das Gebäude durch einen Hintereingang.

Es war meine erste Gerichtsverhandlung und ich war sehr aufgeregt. Draußen waren Freunde, vor mir hatte Andrea ihre Verhandlung gehabt. Ihr Verfahren wurde eingestellt. Für mein Verfahren hatte ich mir mehrere Fragen notiert. Ich wollte wissen, zu wem ich keinen Abstand eingehalten hätte. Denn die Ordnungsbehörde hätte ja nicht nur meine Personalien aufnehmen müssen, sondern auch die desjenigen, den ich umarmt hatte. Auch wollte ich wissen, wer durch mein Verhalten eigentlich geschädigt worden sein sollte. Hatten die Zeugen, also die Polizisten, den Abstand eingehalten? Das taten sie nämlich nicht, weder gegenüber mir noch untereinander. War das Vorgehen der sofortigen Personalienfeststellung durch die Polizei verhältnismäßig? Hier wollte ich auf ein Urteil des Amtsgerichts Ludwigsburg verweisen.

Doch der Richter ließ mich überhaupt nicht zu Wort kommen. Er fragte mich nach meinen finanziellen Verhältnissen. Dann trug er vor, was mir vorgeworfen wurde. Dann fragte er mich, ob es stimmte, dass ich den Mindestabstand nicht eingehalten hatte. Das bejahte ich. Dann befragte der Richter den Zeugen, einen Polizisten. Der sagte, dass ich durch meine Flagge aufgefallen wäre, dass sie mich beobachtet hätten und dass ich den Mindestabstand nicht eingehalten hätte. Der Richter trug selbst eine Maske im Gerichtssaal und ihm war deutlich anzumerken, dass er überhaupt kein Interesse daran hatte, mich anzuhören. Dann sagte er, dass sich das Gericht zur Urteilsfindung zurückzieht. Ich saß im Gerichtssaal zusammen mit den Polizisten. Dann kam der Richter zurück und sagte, dass das Gericht entschieden hätte, dass ich zu einer Geldstrafe von 70 Euro verurteilt werde, derselbe Betrag wie im Bußgeldbescheid. Dazu kamen Auslagen, insgesamt 132 Euro. Damit hatte ich sehr viel mehr Kosten, zumal ich noch extra nach Waiblingen gefahren war.

Während der Verhandlung war ich sehr aufgeregt gewesen. Bestimmt sagte ich, dass ich eigentlich nur Freunde begrüßt hatte. Ich hätte noch mehr sagen können, aber ich war zu aufgeregt. Der Richter fragte mich noch, auf was ich plädierte. Ich sagte, dass ich einen Freispruch wollte. So überzeugt war ich, dass ich nicht verurteilt werden konnte, weil ich gegenüber Freunden nicht 1,5 Meter Abstand eingehalten hatte. Dann verurteilte er mich und für mich war das wirklich schlimm. Nach der Gerichtsverhandlung war ich am Boden zerstört. Es war so unsinnig. Wenn ich Freunde umarme, spielt es doch keine Rolle, ob die Polizei dabei ist oder nicht. Ich machte das ja sowieso. Ich begrüße Menschen, die ich gerne habe, und umarme sie. Ich war so überzeugt, dass das dem Richter auch klar sein müsste, auch nach dem, was ich ihm schriftlich zuvor mitgeteilt hatte. Die Unterlagen hatte er ja. Meinen Einspruch musste er gelesen haben. Andrea wurde nicht verurteilt. Ich war bei ihrer Verhandlung nicht dabei. Ich vermute aber, dass sie sich besser anstellte als ich. Sie war an jenem Tag zudem Ordnerin gewesen und sagte, dass sie deswegen den Mindestabstand nicht einhalten konnte. Ich hingegen gab alles zu, und das war doof von mir. Dass ich meine Schuld zugab, war naiv gewesen.

Im nächsten Verfahren ging es um den Vorfall auf dem Karlsplatz in Stuttgart am 31. Dezember 2020. Die Verhandlung sollte am 22. September 2021 um 13:30 Uhr am Amtsgericht Stuttgart stattfinden. Ich war zur Teilnahme an der Hauptverhandlung verpflichtet, hätte aber einen Antrag auf Nichtteilnahme stellen können. Dann hätte mich ein Anwalt vertreten müssen. Ich fragte auch zwei Anwälte. Einer hatte keine Zeit, der andere wollte, dass ich wenigstens die Anfahrtskosten für ihn zahlte. Das konnte ich zu der Zeit leider nicht. Ich hätte auch Zeugen mitnehmen können, von denen es auf dem Karlsplatz genug gegeben hatte. Ich wollte aber niemanden in die Sache hineinziehen. Von der Gegenseite war die Polizeikommissarin geladen, die mich aus meiner Sicht in jener Nacht misshandelt hatte. Zum Einladungsschreiben erhielt ich noch eine Mitteilung über die im Gerichtsgebäude geltenden *Corona-Schutzmaßnahmen*. Am 23. August beantragte ich die Einstellung des Verfahrens. Als Begründung führte ich an, dass ich am Tag des Vorfalls vom Tragen einer Maske durch ein Attest befreit gewesen war. Eine Kopie des Attests legte ich bei.

Am 30. August erhielt ich die Antwort, in der mir mitgeteilt wurde, dass mein Attest weder die Vorwürfe gegen mich entkräften noch mich in der Hauptverhandlung von der Maskenpflicht befreien würden. Zudem erhielt ich auf Verfügung des Vorsitzenden speziell für meine Verhandlung eine *sitzungspolizeiliche Anordnung*. Das Gericht schrieb hier, dass es nur ein *ärztliches* Attest akzeptieren würde. Außerdem sollte in dem Attest der genaue Grund für die Befreiung von der Maskenpflicht angegeben werden, also wie der Arzt zu seiner Einschätzung gelangt war, sowie die konkreten Folgen für mich, falls ich eine Maske tragen würde. Das waren alles Forderungen nach Informationen, die der ärztlichen Schweigepflicht unterliegen. Und wenn ich so ein ärztliches Attest gehabt hätte, das alle Forderungen des Richters erfüllte, hätte ich, um an der Verhandlung teilnehmen zu dürfen, einen tagesaktuellen negativen PCR-Test vorzeigen müssen. Es gab noch viele weitere Punkte wie ein explizites Waffenverbot und ein explizites Aufnahmeverbot von Bild und Ton.

Was mussten die am Gericht gedacht haben, das sie veranlasste, so eine *sitzungspolizeiliche Anordnung* gegen mich zu erlassen? Dachten sie, dass ich im Gerichtssaal mit Hunderten bewaffneten Live-Streamern und Pressevertretern aufkreuzen würde? Offenbar hatte man beim Amtsgericht Stuttgart tierische Angst vor dieser Verhandlung. Vielleicht wussten sie, dass die Anschuldigungen gegenüber mir erlogen waren. Die Verfügung des Vorsitzenden galt speziell für mich und meine Verhandlung. Sie hatten Angst, weswegen sie diese ganzen verrückten Maßnahmen verfügten. Jeder einzelne Punkt war dafür gedacht, entweder die Verhandlung nicht stattfinden zu lassen oder meinen Widerstand zu brechen. Sie konnten sich denken, dass ich keine FFP2-Maske tragen würde. So etwas Fieses. Ich zog meinen Einspruch zurück, einen Tag vor der angesetzten Hauptverhandlung. Durch die *sitzungspolizeiliche Anordnung* wurde mir verwehrt, meine Aussagen vor Gericht zu machen – ein Unrecht.

Am 1. Januar 2021 erhielt ich gleich die nächste Ordnungswidrigkeit. Waiblingen, 18 Uhr. Nach der Demo fuhren wir noch auf ein privates Gartengrundstück. Wir waren rund 15 Personen. Zu der Zeit galt in Baden-Württemberg eine Ausgangssperre. Erlaubt waren parteipolitische Veranstaltungen, da zu der Zeit Wahlkampf war. Gegen die Kälte gab es ein Lagerfeuer. Dr. Heinrich Fiechtner war geladen, um einen Vortrag zu halten. Plötzlich kamen aus der Dunkelheit von allen Seiten Polizisten.

Es waren etwa zwanzig Stück, mindestens hatten wir eine Eins-zu-eins-Betreuung. In den Garten gingen sie einfach rein.

Noch während der Polizeiführer mit dem Besitzer des Grundstücks im Gespräch war, fingen die Polizisten an, unsere Personalien aufzunehmen. Der Besitzer erklärte, dass sich die Polizei unerlaubt auf Privatbesitz befand. Mit dem Polizeiführer handelte er aus, dass wir gehen durften und es keine Folgen für uns haben würde. Manche hatten dann bereits Angaben gemacht, andere noch nicht. Der Polizistin, die meine Personalien aufgenommen hatte, sagte ich noch, dass sie meine gemachten Angaben vernichten solle. Es war von ihr ziemlich gemein, dass sie, noch bevor etwas geklärt wurde, eigenmächtig handelte. Ich hätte eigentlich sagen müssen, dass ich keine Angaben mache, solange ihr Chef noch im Gespräch mit dem Grundstücksbesitzer war. Den Zugriff des Vorabends auf dem Karlsplatz hatte ich aber noch lebhaft in Erinnerung. Ich hatte meine Erfahrung gerade erst gemacht, was Polizisten mit einem anstellen, der ihnen nicht passt. Ich brauchte mir ja nur meine blauen Flecken an meinen Armen und am Rücken anzusehen.

Am 21. Januar 2021 erhielt ich Post vom Ordnungsamt Waiblingen mit den Vorwürfen, Zeugen usw. Ich erhob Einspruch, beantragte Akteneinsicht und das Verfahren ging an die Staatsanwaltschaft. Die Hauptverhandlung sollte am 8. November 2021 um 9:30 Uhr stattfinden. Auf diese Mitteilung hin beantragte ich die Einstellung des Verfahrens. Ich schilderte die Situation aus meiner Sicht und verwies auf einen Freund, gegen den die gleichen Vorwürfe erhoben wurden und dessen Verfahren bereits eingestellt worden war. Am 22. Oktober teilte man mir mit, dass die Einstellung des Verfahrens für meinen Fall nicht in Betracht komme. Darauf antwortete ich, dass nach der zu diesem Zeitpunkt geltenden Corona-Verordnung mir keine Vorwürfe gemacht und damit kein Bußgeld gegen mich für mein Verhalten am 1. Januar erhoben werden könnte. Ich verwies auf Paragraph 4 Absatz 3 des Ordnungswidrigkeitengesetzes: Wird das Gesetz, das bei Beendigung der Handlung gilt, vor der Entscheidung geändert, so ist das mildeste Gesetz anzuwenden – in meinem Fall also keines. Ich beantragte erneut die Einstellung des Verfahrens. Doch das Gericht ging darauf nicht ein. Das Verfahren wurde nicht eingestellt.

Weil ich zum Zeitpunkt der Verhandlung kein Auto hatte, fuhr mich ein Freund extra nach Waiblingen. Es war derselbe Richter, der mich bereits am 12. Juli verurteilt hatte. Dieses Mal wusste ich, wer er war. Er zeigte mir die Filmaufnahmen der Polizei und fragte mich, ob ich das sei. Ich bejahte das natürlich. Dann fragte er mich, ob ich etwas sagen wollte. Ich sagte ihm, dass ihm der Tathergang doch bereits von dem Freund bekannt war, dessen Verfahren eingestellt worden war. Der Richter meinte aber, dass das keine Rolle spiele. Jedes Mal würde wieder neu verhandelt. Ich kannte mich juristisch nicht aus. Was sollte ich einem Richter also entgegnen? Er konnte mir ja sagen, was er wollte. Wieder hatte ich keine Chance. Einmal stellte er das Verfahren ein und gegen mich hielt er es aufrecht? Außer böser Absicht konnte ich keinen Grund sehen. Alles, was ich noch zu meiner Verteidigung sagte, war ihm egal, und er verurteilte mich nach der nicht mehr gültigen Corona-Verordnung zu einer Geldbuße über 100 Euro. Ursprünglich hätte ich 185 Euro plus 18,50 Euro Gebühr und Auslagen zahlen müssen. Mit den Gerichtskosten zusammen zahlte ich am Ende 169 Euro statt 213,50 Euro. Das war immer noch eine saftige Strafe. Vor allem aber war es Unrecht.

Mein Freund Matthias zahlte nicht einen Cent, meine Freundin Andrea ebenfalls nicht. In meinem Kalender vermerkte ich mir an diesem Tag: *Die schlimmste Art der Ungerechtigkeit ist die vorgespielte Gerechtigkeit*, ein Zitat von Platon. Was der Richter entschieden hatte, war ungerecht.

Am 4. Januar 2021 galt in Baden-Württemberg Ausgangssperre, sogar tagsüber. Es waren Weihnachtsferien. Die Bürger durften nur nach draußen, um Sport zu treiben, mit dem Hund Gassi zu gehen, Familienmitglieder zu besuchen oder um einzukaufen. Ansonsten waren die Menschen eingesperrt. Sie durften das Haus nicht verlassen. Es war ein Sonntag, die Geschäfte hatten geschlossen. Schorndorf war wie ausgestorben. Auf dem Marktplatz spazierte ein Paar mit Kinderwagen. Norman hatte die Idee, sich mit meinem Schild *Corona-Maßnahmen beenden*, einer Grabkerze und Musik aus dem Widerstand auf die Treppen des Rathauses zu stellen. Eines der Lieder, das er abspielte, war *Wenn der Wind sich dreht*. Ich war von der Idee nicht sehr begeistert. Norman fand es aber wichtig, dass wir unser Gesicht zeigten und uns nicht einsperren ließen. Also standen wir da, ich mit meiner Flagge. Dann kam ein Mann, sah uns und fing mit Norman ein Gespräch an. Dann kam ein Polizeiauto angefahren. Die Polizisten stiegen aus, eine Frau und ein Mann, kamen auf uns zu und fragten, was wir hier machten. Natürlich wollten sie unsere Personalien feststellen, weil wir gegen die Corona-Verordnung verstießen. Die Vorwürfe, die ich später per Post erhielt, lauteten: ohne *triftigen* Grund auf der Straße, kein Mindestabstand, keine Maske. Geldbuße: 150 Euro plus 25 Euro Gebühr und 3,50 Euro Auslagen. Insgesamt 178,50 Euro wollte die Stadt Schorndorf haben. Ich legte Einspruch ein und beantragte Akteneinsicht.

Ich fuhr nach Schorndorf und schaute in die Akten. Um in das Gebäude zu kommen, musste ich mich an die Hygienemaßnahmen halten, also brachte ich mein Attest mit. Das war kein Problem, die Frau in der Stadtverwaltung war sehr freundlich und hatte Verständnis für meine Haltung. Da ich ein Attest hatte, wurde der Tatbestand *keine Maske* aus dem Bußgeldbescheid gestrichen. Auf die Höhe der Geldbuße hatte das aber keinen Einfluss. Im Gegenteil: Die Auslagen hatten sich nun auf sieben Euro verdoppelt. Ich legte erneut Einspruch ein und am 4. Juni 2021 wurde der Fall an das Amtsgericht übergeben. Am 17. Juni erhielt ich die Ladung vor Gericht für den 11. August 2021 um 11 Uhr. Ich schrieb an das Amtsgericht Schorndorf am 14. Juli und bat darum, den Termin zu verlegen. Am 11. August hatte ich geplant, mit meinen Söhnen in ihren Sommerferien zu verreisen. Wir wollten mit Freunden nach Kroatien fahren. Zudem beantragte ich die Einstellung des Verfahrens und ich beantragte die Erstattung der Kosten für die Anreise zum Gerichtstermin, falls das Verfahren nicht eingestellt werden sollte, da ich Leistungen nach SGB II bezog. Damit das Gericht die Terminverlegung akzeptierte, hätte ich aber belegen müssen, dass wir tatsächlich in den Urlaub fuhren, zum Beispiel durch Buchungsunterlagen. Zudem, hieß es, *möge die Betroffene zur Nachvollziehbarkeit durch das Gericht darlegen, inwiefern ihr die Anreise zu diversen Demos in Baden-Württemberg und Bayern und gegebenenfalls ein auswärtiger Urlaub finanziell möglich ist, aber nicht das Aufbringen der Kosten für die Anreise zum Verhandlungstermin.*

Auf Bayern kam sie wegen des zweiten Vorwurfs, der ebenfalls am 11. August verhandelt wurde. Am 25. Januar 2021 waren Norman und ich nachts von einer Demo in München in Schorndorf von der Polizei angehalten worden, während immer noch Ausgangssperre galt. Wahrheitsgemäß antwortete ich, dass der Urlaub im Haus von Freunden stattfinden würde. Im Fall der Demos würden zur Senkung der Kosten in der Regel Fahrgemeinschaften gebildet. Hierauf bekam ich keine Antwort mehr und wir fuhren nicht nach Kroatien.

Dafür fuhr ich am 11. August zur Verhandlung nach Schorndorf. Zu der Zeit war die allgemeine Situation in Deutschland etwas entspannter als noch im Winter 2020/21. Die zweite Verhandlung war für 8:30 Uhr angesetzt. Ich zeigte am Eingang mein Attest vor und durfte ohne Maske ins Gericht. Ich betrat den Gerichtssaal und sprach mit der Richterin. Ich schilderte noch einmal die Situation in der Nacht vom 25. Januar. Dann wurde einer der Polizisten befragt. Er sagte aus, dass wir unfreundlich gewesen wären, was eindeutig stimmte. Wir waren müde, wir hatten Hunger, es schneite, wir wollten nur nach Hause und dann nervte uns auch noch die Polizei mit ihrer Ausgangssperre. Die Richterin fragte, ob der Polizist uns gefragt hätte, wohin wir fahren wollten. Der Polizist sagte, nein, das hätte er nicht. Damit hatte sich der Polizist nicht ausreichend erkundigt, warum wir unterwegs waren. Die Beamten hatten in der Nacht schludrig gearbeitet, was dazu führte, dass sich die Richterin dafür entschied, das Verfahren einzustellen. Die Geldbuße war eigentlich auf 225 Euro festgesetzt worden. Weil wir uns nachts außerhalb der Wohnung ohne *triftigen* Grund aufgehalten hatten. Unglaublich. Plus 25 Euro Gebühren und 3,5 Euro Auslagen. 253,5 Euro, die ich mir zum Glück sparen konnte.

Um 11 Uhr folgte das Verfahren wegen der Sache vor dem Rathaus von Schorndorf. Ich sagte, dass ich zu Norman keine 1,5 Meter Abstand halten musste, und dass wir draußen gewesen waren, um uns zu bewegen. Die

Richterin sagte, dass sie nicht auch noch dieses Verfahren einstellen könnte. Der Polizist, der als Zeuge geladen war, bestätigte, was ich gesagt hatte, und dann stellte die Richterin das Verfahren doch ein. Ich empfand das als ein Entgegenkommen. An beiden Tagen hätten wir ja nicht draußen sein dürfen. Die Frage war, was ein *triftiger* Grund ist. Das war aber eher eine menschliche Entscheidung durch die Richterin. Zum Zeitpunkt der Verhandlung waren die Ausgangssperren längst aufgehoben. Die Richterin fragte mich noch, ob es für mich in Ordnung wäre, wenn die Benzinkosten nicht vom Gericht übernommen würden. Ich sagte nur, ja, denn das war mir schon egal. Ich war einfach froh, dass beide Verfahren eingestellt wurden. Mir war schon alles egal. Die Richterin fragte mich zum Schluss, ob ich noch ein Verfahren hätte. Etwas beschämt sagte ich, ja, und da ging es um 500 Euro.

Am 15. Januar 2021 trug ich während eines Aufzuges und der Standdemo in Schorndorf keine Maske. An dem Tag war auch Michael Ballweg vor Ort. Als die Demo zu Ende war, verließ ich mit Freunden den Marktplatz und ging zum Auto. Plötzlich tauchten Polizisten auf und rannten mir hinterher. Ich hatte das Versammlungsgelände schon verlassen, aber sie hielten mich an, stellten mich an eine Wand, Feststellung der Personalien. Sie wollten meinen Personalausweis sehen, ich hatte aber keinen dabei. Norman sah, dass ich schon wieder umringt von Polizisten an einer Wand stand. Ich bat ihn, zum Auto zu gehen, um meinen Ausweis zu holen. Er ging los, wurde aber ebenfalls von der Polizei festgehalten, weil er keine Maske trug. Er sagte den Polizisten, dass er erst meinen Ausweis holen müsste, und dann könnten sie ruhig auch seine Personalien aufnehmen. Wenigstens das erlaubten sie. Währenddessen standen außenrum die

Freunde und fragten: *Ronja, was hast du nun schon wieder angestellt? Immer du!* Da mussten wir alle lachen und machten unsere Späße über die Polizisten. Die Polizisten hatten mich während der Veranstaltung beobachtet und griffen erst hinterher zu. Hätte ich gewusst, dass die auch so etwas machten, wäre ich natürlich schneller unterwegs gewesen. Nun sollte ich 500 Euro Bußgeld zahlen, plus 25 Euro Gebühr und 3,50 Euro Auslagen, insgesamt 528,5 Euro. Dabei hatte ich an dem Tag noch teilweise mein Bandana über das Gesicht gezogen. Ich hatte einfach Schiss, dass die Polizei wieder etwas in der Art wie an Silvester versuchen würde.

Gegen den Bußgeldbescheid legte ich Einspruch ein und schickte gleich eine Kopie meines Attests mit. Die Verhandlung sollte am 14. Januar 2022 um 13 Uhr stattfinden. Zu dem Zeitpunkt war ich aber krank und in Quarantäne. Der Termin wurde auf den 11. Februar um 9:45 Uhr verschoben. An dem Tag fuhr ich zum Amtsgericht und durfte das Gebäude wieder mit Attest ohne Maske betreten. Der Richter hörte mich an. Zu meinem Attest sagte er, dass es sich um kein ärztliches Attest handele. Ich verwies darauf, dass meine Therapeutin eine kassenärztliche Zulassung hatte und sicher wusste, warum sie mir das Attest ausgestellt hatte. Weil ich dem Attest aber vertraut hatte, ließ es der Richter gelten und stellte das Verfahren ein. Draußen saß ein Polizist als Zeuge, den rief er nicht einmal in den Saal. Seine Abschiedsworte an mich waren mit einem Augenzwinkern: *Aber jetzt schmeiße ich Sie ganz schnell aus dem Gerichtssaal raus, weil Sie ja keine Maske tragen.* Ich war ihm so dankbar. Über 500 Euro hätte ich zahlen müssen! Das Bußgeld war so hoch, weil man ein Exempel statuieren wollte. Der Richter bestätigte das, als er mir sagte, dass 500 Euro die oberste Grenze bei Ordnungswidrigkeiten sei. Michael Ballweg hatte auch keine Maske getragen. Den hatten sie auch zu 500 Euro verdonnert. Sein Verfahren fand ein paar Wochen vor meinem statt und es war ebenfalls eingestellt worden.

Das letzte Bußgeldverfahren betraf den 7. März 2021 in Berlin. Es gab einen Aufzug zum Ernst-Thälmann-Park. Als wir am Park ankamen, kamen zwei Polizisten auf mich zu und fragten, weshalb ich keine Maske trug. Ich sagte, dass ich ein Attest hatte. Ich hatte es natürlich nicht dabei, bot ihnen aber an, es wenn nötig vorzulegen. Die Polizisten sagten, dass sie in dem Fall eine Ordnungswidrigkeit aufnehmen müssten, und ich könnte das dann mit dem Ordnungsamt klären. Ich gab meine Personalien an. Als ich den Bußgeldbescheid über 55 Euro erhielt, legte ich Einspruch ein. Im Anhörungsbogen schrieb ich gleich, dass ich ein Attest hatte, das mich vom Tragen einer Maske befreite, und legte eine Kopie des Attests bei. Am 3. November erhielt ich vom Bezirksamt Pankow eine Rechnung über 83,5 Euro. Erneut legte ich Einspruch ein und gab dieselbe Begründung an. Ich fügte eine Kopie des Attests bei und beantrage die Einstellung des Verfahrens. Das war das einzige Mal, dass ich es riskierte, mein Attest an das Ordnungsamt zu schicken. Am 16. November erhielt ich die Antwort, dass der Bußgeldbescheid zurückgenommen und das Verfahren eingestellt wurde. Vielleicht hätte ich so schon vorgehen sollten, als es um das Bezirksamt Mitte ging. Ich handelte eben unterschiedlich und abhängig von meiner Erfahrung. Das war mein letztes Verfahren.

Insgesamt hätte ich nach neun Ordnungswidrigkeitsverfahren rund 1800 Euro zahlen müssen. Tatsächlich zahlte ich 637,50 Euro, rund ein Drittel der ursprünglichen Beträge. Fünf von neun Verfahren wurden eingestellt, zweimal wurde ich verurteilt. Bei den Verurteilungen sparte ich etwa elf Euro, die Benzinkosten nicht einberechnet. Zweimal musste ich den Einspruch zurücknehmen.

In Stuttgart wurden im April 2021 noch einmal meine Personalien aufgenommen. Post hierfür erhielt ich nicht. An dem Tag hatte die Polizei 500 Personen eingekesselt. Wahrscheinlich sind sie immer noch mit denen beschäftigt. Wegen des Vorfalls an Pfingsten 2021 in Berlin hörte ich lange nichts. Anfang März 2023, fast zwei Jahre später und kurz vor Fertigstellung dieses Buches, erhielt ich einen Strafbefehl über 120 Tagessätze à 15 Euro, insgesamt 1800 Euro.

Meine Ordnungswidrigkeiten waren alle auf den Winter 2020/2021 konzentriert. Die Hochzeit, als ich auf die meisten Demos ging, begann Ende August 2020 und ging bis Mai 2021. Manchmal hatte ich Glück, dass ich in keine Kontrolle kam. Mit der Zeit lernte ich dazu. Am 1., am 28. und am 29. August 2021 in Berlin und mehrmals in Karlsruhe passte ich auf mich auf. Ich sah sofort, wenn die Polizei ankam, und konnte ihnen ausweichen. Ich wusste nun besser, was ich tun musste, um in keine Polizeimaßnahme zu geraten. Mit der Zeit wird man einfach wachsam. Gleichzeitig entspannte sich die allgemeine Situation. In Frankfurt Anfang 2022 schauten sich Polizisten mein Attest an und akzeptierten es.

Meiner Erfahrung nach hängt der Ausgang von Ordnungswidrigkeitsverfahren vom Richter ab. Vorher kann man kaum wissen, ob es eingestellt wird oder man doch das Bußgeld zahlen muss. Es liegt an den Richtern. Eine Freundin aus Heilbronn hatte ein Strafverfahren wegen Widerstands gegen die Staatsgewalt. Sie wurde verurteilt. Das Strafmaß blieb unter 90 Tagessätzen. Damit war sie nicht vorbestraft. Ein anderer Freund hatte ebenfalls ein Strafverfahren und wurde freigesprochen. Ihm wurde vorgeworfen, am 25. Oktober 2020 eine Polizeikette durchbrochen zu haben: Widerstand gegen die Staatsgewalt. Einer anderen Freundin wurde ebenfalls Widerstand gegen die Staatsgewalt und Körperverletzung eines Polizisten vorgeworfen. Im Rennen ließ sie ihr Megafon fallen und man warf ihr vor, es geworfen zu haben. Noch eine Freundin wurde wie ich an Silvester niedergerungen. Ein Polizist, der viel stärker war als sie, soll hierdurch eine Körperverletzung erlitten haben, und klagte gegen sie. Sie wurde tatsächlich zu einer Geldstrafe verurteilt. Oft wurden Personen, die eine Versammlung angemeldet hatten, zur Rechenschaft gezogen, wenn die Versammlungsteilnehmer sich nicht an die Auflagen hielten. Die mussten dann dafür bezahlen, weil man ihnen vorwarf, dass sie die Auflagen nicht durchgesetzt hätten.

Es war nicht immer vorteilhaft, einen der *Anwälte für Aufklärung* an seiner Seite zu haben. Es konnte heißen, dass das Gericht gegenüber dem Beschuldigten voreingenommen war. Am Ende konnte man nicht wissen, wie das Gericht entschied. Meiner Beobachtung nach sind Gesetze bei weitem nicht die einzige Grundlage, auf der Richter Urteile fällen. Der Unsinn der Corona-Verordnungen wurde die ganze Zeit nicht erkannt. Alles, was einem helfen kann, ist ein mutiger Anwalt.

Wolfgang Greulich sagte Demoteilnehmern in Murnau, sie könnten ihre Masken abnehmen, sie hätten sowieso keinen Sinn. Dafür wurde er angeklagt. Wolfgangs Anwalt lud einen Aerosol-Forscher vor Gericht, der ein wissenschaftliches Gutachten zur Wirkung der Maske vorlegte. Daraufhin wurde er freigesprochen. Man braucht eben Geld. Das kann sich nicht jeder leisten. Die meisten Leute, die auf der Straße im Widerstand sind, konnten nur hoffen, dass die Verfahren gegen sie eingestellt wurden. Wichtig wären Urteile gewesen. Dann könnte sich der Nächste hierauf beziehen. Das ließen die Gerichte aber in den seltensten Fällen zu. Was will man da machen?

Eine Zeitlang hatte ich jeden Tag auf dem Weg zum Briefkasten Angst davor, ihn zu öffnen. Ich hatte Angst, wieder einen gelben Brief vorzufinden, und wieder und wieder. So ging ich noch länger zum Briefkasten und hoffte jedes Mal, dass er leer war. Wer weiß, was noch kommen würde, was sich die Behörden noch aus den Fingern saugten. In Berlin begann die Polizei im August 2021, Demonstranten in polizeiliche Maßnahmen zu ziehen und ihnen Rädelsführerschaft vorzuwerfen. So etwas denken sie sich vorher aus. Ein Freund sagte mir das, nachdem er 2022 seine Verhandlung wegen der Demo am 25. Oktober 2020 hatte. Ein Polizist habe ausgesagt, dass er von seinem Einsatzleiter den Befehl erhalten hatte, jetzt Menschen in polizeiliche Maßnahmen zu nehmen. Die Versammlung war zu dem Zeitpunkt schon beendet. Weil sie aber den Befehl erhielten, schauten die Polizisten, wen sie noch schnappen konnten: Friederike, Markus, Norman und mich – einfach, damit sie jemanden hatten. Für unbescholtene Bürger klingt das unglaublich und überhaupt nicht nach Rechtsstaat. In unserem Staat, in der die Polizei das Recht und die Ehre mit Füßen tritt, kann ich mir aber gut vorstellen, dass so ein Vorgehen *legal* ist. Eine Polizeimaßnahme setzt einem zu. Alle vier Polizeimaßnahmen am 25. Oktober in Berlin, am 18. November in Berlin, in Frankfurt am 12. Dezember und am 31. Dezember in Stuttgart setzten mir psychisch zu. Jede von ihnen war unrecht.

Durch meine ganzen Erfahrungen mit der Polizei, den Ämtern, den Gerichten wurde ich vorsichtiger. Nicht nur psychisch, sondern auch finanziell nahmen sie mich mit. Ich war jedes Mal froh, wenn mir jemand half. Sonst hätte ich nicht gewusst, wie ich das schaffen sollte. Es war immer richtig, Einspruch einzulegen. Ich wurde dadurch in mir klarer. Ich lernte viel dazu, besonders durch die Gerichtsverhandlungen. In jede weitere Verhandlung ging ich entspannter. Für die Gerichtsverhandlung für meine Söhne im Oktober 2021 hatte ich viel Erfahrung gesammelt. Ich konnte klar und ehrlich sagen, was Sache war. Wenn ich von etwas überzeugt bin, muss ich es gut in Worte fassen können. Das konnte ich nun, als es um die Schule ging. Ich verteidigte mich selbst und würde es in erster Instanz jederzeit wieder tun. Bei den Ordnungswidrigkeiten in Waiblingen, für die ich verurteilt wurde, hätte ich Einspruch gegen die Urteile einlegen können. Für die zweite Instanz hätte ich aber einen Anwalt gebraucht. Das wusste der Richter und er wusste, dass ich kein Geld hatte. Er konnte davon ausgehen, dass ich nicht in Berufung gehen würde, wenn er mich verurteilte. Das ist natürlich auch gemein. Bei Ordnungswidrigkeitsverfahren bekommt man keine Prozesskostenhilfe. Pustekuchen. Die Verhandlung fand statt, weil ich Einspruch eingelegt hatte, nicht weil ich angeklagt war.

Von seinen demokratischen und rechtsstaatlichen Rechten und Grundrechten Gebrauch zu machen, ist damit auch eine Klassenfrage. Man muss es sich leisten können. Nach der Frage des nötigen Kleingeldes ist es auch eine Frage der Nerven. Man muss sich hinsetzen, schreiben, formulieren, recherchieren. Verfahren sind auch eine psychische und zeitliche Belastung. Das merkte ich sehr schnell. Und am Ende hängt man doch vom Wohlwollen des Richters ab. Wenn ein Richter einen verurteilen will, und ich glaube, dass die sich das vorher schon überlegen, dann verurteilt er dich. Egal, was du vorbringst. Es sind Menschen, und wo Menschen sind, gibt es keine Objektivität.

Ein Richter kann sich dazu entschließen, fair zu sein. Es gibt einen Spielraum. In Schorndorf kam mir das zu Gute, in Waiblingen fiel es mir auf die Füße. Dort war der Richter noch recht jung. Ich würde gerne mal wissen, weshalb er mich in Wahrheit verurteilt hatte. Die Politik spielte hier natürlich eine große Rolle, und ich vermute, dass er mit seinem Urteil politisch Stellung bezogen hatte. Vielleicht wollte er sich beweisen, weil er noch jung war, wollte zeigen, dass er die Autorität des Staates besaß, dass er ein verlässlicher Staatsdiener war. Nachdem er sein Urteil gesprochen hatte, verließ er schnurstracks den Gerichtssaal. Ich bekam den Eindruck, dass er sich meinem Blick entziehen, dass er ganz schnell weg wollte, ähnlich wie später der Hausmeister in der Schule. Das war schon auffällig. Da war nicht noch ein Plausch nach dem Urteil möglich.

Trotz allem ist es wichtig, gegen das Unrecht weiter aufzubegehren. Weiter, weiter, weiter. Bei mir wird sich das nie wieder ändern. Mich werden sie nie wieder zum Schweigen bringen. Den Menschen, die sich ebenfalls entscheiden, gegen das Unrecht aufzubegehren, kann ich sagen: Seid kritisch, hinterfragt, erhebt eure Stimme und zeigt euer Gesicht. Wir müssen kämpfen, um die Demokratie zurückzugewinnen. Gerichte, Polizei, Ungerechtigkeit, Ordnungswidrigkeiten, drohende Strafverfahren sollen euch schwächen und entmutigen. Die Erfahrung der Auseinandersetzung mit ihnen macht euch aber stärker. Vielleicht habe ich leicht reden. Außer meinen Kindern hatte ich nichts zu verlieren. Man kann mir nichts nehmen, da ich nichts habe. Vielleicht konnte ich dadurch leichter Widerstand leisten als jemand, der noch sein Haus abbezahlt oder seine Arbeit verlieren kann. Ich wollte vor allem verhindern, dass meinen Kindern Schaden zugefügt wurde.

Es bleibt unsere Aufgabe, auch die der nachfolgenden Generation, auf die Straße zu gehen und gegen den Staat, wo er ungerecht ist, anzutreten, auf welche Art auch immer es sich zeigt. Ich fand es die ganze Zeit über schade, dass vor allem die jungen Menschen in Deutschland nicht den Mut hatten, für ihre Interessen einzutreten. Dass sie sich einfach fügten und sich an die unsinnigen Verordnungen hielten. Jetzt geht es um den Krieg in der Ukraine. Wer geht mit den Russen, die in Deutschland diskriminiert werden, auf die Straße? Nein, man geht lieber für die Ukrainer auf die Straße, weil man hier nichts befürchten muss und es politisch opportun ist. Wir müssten alle gemeinsam für den Frieden auf die Straße gehen, gegen den Krieg, gegen die Waffenlieferungen! Wo sind die ganzen jungen Menschen? Warum stellen sie sich auf die Seite der Ukraine, ohne zu hinterfragen, ohne zu recherchieren? Ein Problem sind die Massenmedien. Die Mehrheit folgt den Massenmedien und leistet Folge. Sie glauben, dass das Fernsehen die Wahrheit überträgt und die Zeitung die Weisheit druckt.

Wer sich entscheidet, echten Widerstand zu leisten, und mit den Rechts- und Strafbehörden in Kontakt kommt, dem kann ich sagen: standhaft bleiben, die eigene Haltung vertreten, selbst gegenüber Polizisten. Friedlich bleiben, aber standhaft. Es ist sehr wichtig, friedlich zu bleiben. Man darf sich von den Polizisten nicht provozieren lassen. Die lügen wie gedruckt. Trotzdem. Einspruch erheben. Vor Gericht die eigene Haltung ehrlich und wahrheitsgemäß vertreten, wahrhaftig bleiben. Dass die Richter sahen, dass ich ehrlich war, half mir. Ich glaube, dass Aufrichtigkeit in Deutschland noch wertgeschätzt wird. Achtsamkeit, Wahrhaftigkeit, Ehrlichkeit, Ordentlichkeit, Zuverlässigkeit, diese Werte werden immer noch geschätzt, auch vor Gericht. In meinen Verfahren wurde meine politische Haltung nie thematisiert. Man fragte mich nicht und ich sprach nicht darüber. Ich hielt das auch nicht für wichtig. Es ging mir um die Grundrechte und um das Menschsein. Heutzutage ist alles zu einer politischen Frage geworden. Ob ich mit dem Flugzeug fliege, ob ich Fahrrad fahre, ob ich Fleisch esse, ob ich dauernd shoppen gehe oder alte Sachen repariere. Da finde ich es wichtiger, die übergeordneten Werte zu verstehen. Es geht um Achtsamkeit gegenüber dem Menschen und der Natur. Dass es mir zuerst um Werte ging und danach um Politik, konnte ich, denke ich, vor Gericht rüberbringen. Das war auch immer meine Absicht. Ich wusste, dass die Menschen, die mir vor Gericht gegenüber saßen, eine gewisse Bildung hatten. Ich wollte mich mit ihnen auf Augenhöhe unterhalten. Ich denke, dass mir das gelang. Außer in Waiblingen, da spielte die Politik im Hintergrund eine zu große Rolle. Der Richter sah in mir nur die *Querdenkerin*. Die anderen Richter hingegen sahen mich als Menschen. Also: nicht aufgeben, ehrlich sein und auf einen fairen Richter hoffen.

Schule

Nach den Osterferien 2020 blieb die Schule geschlossen. Anhand der Maßnahmen in den Schulen sieht man genau, welcher Irrsinn die Menschen ergriff. Es war die Folge der Bilder aus Bergamo, die falsch dargestellt wurden. Aber die Menschen glaubten fortan, dass in den Krankenhäusern der Notstand ausgebrochen war. Die erste E-Mail, die ich wegen Corona erhielt, war vom 23. März 2020. Sie stammte von der Schulleiterin. Wie alle ihre folgenden Mitteilungen an die Schulgemeinschaft war diese E-Mail vor allem eines: beschwichtigend.

Auffallend war, dass die Schulleiterin in dieser ersten E-Mail die Schüler adressierte und in der Folge auch ansprach. Wie viele Schüler haben eine E-Mail-Adresse und nutzen sie zum Lesen der E-Mails der Schulleiterin? Abgesehen von Oberstufenschülern machen Schüler so etwas nicht. Als Jugendlicher hat man Besseres zu tun. Wer diese E-Mail sicher las, waren die Eltern, und sie informierten dann ihre Kinder. Wer mit Kindern arbeitet, kann sich so etwas denken und rechnet eventuell sogar damit. Indem die Schulleiterin die Kinder adressierte, war es ihr möglich, auch gegenüber erwachsenen Personen, den Eltern, einen pädagogischen Ton anzuschlagen. Was Politik und Medien beschlossen bzw. verbreiteten, wurde unhinterfragt übernommen und unmündigen Menschen braucht man komplizierte Hintergründe eines Sachverhalts nicht erläutern, da sie sowieso nicht zur Debatte stehen. Dies betraf nun Kinder und Erwachsene gleichermaßen.

Der pädagogische Ton der Schulleiterin war gepaart mit überfreundlichen Floskeln darüber, wie gut das *Ho-*

meschooling funktioniere und wie viel Unterstützung Schüler von ihren Lehrern erwarten dürften. Diese Kommunikationsstrategie war schlau, da sie Kritik vorgriff, um sich unangreifbar zu machen. Bereits den ersten Corona-Brief der Schulleiterin der Schule meiner Söhne hielt ich daher für vielsagend. Meine Antwort auf dieses erste Schreiben der Schulleiterin lautete:

Da nun der Unterricht online weitergeht und soeben bereits für sechs Fächer von den verschiedenen Lehrern Aufgaben für meine Söhne per Mail eingegangen sind, wende ich mich nun direkt an Sie: Diese außergewöhnliche Situation der Pandemie und ihre Folgen wirken sich seit Wochen auf uns aus. Sie sind eine Herausforderung für uns Erwachsene, wie auch für unsere Kinder.

Was ist wirklich bedeutend und wertvoll im Leben? Wie gestalten wir innerhalb der Familie den Alltag, sodass er Struktur hat und uns gut tut? Ich bitte darum, dass Arbeitsaufträge nur an den Tagen den Kindern zugeschickt werden, an denen sie auch diesen Unterricht haben, und nur so viel, wie es für sie ohne Unterstützung der Eltern bis zur nächsten Unterrichtsstunde zu bewältigen ist.

Außerdem gebe ich zu bedenken, dass nicht alle Schüler über einen eigenen Laptop und Internetzugang verfügen, wie dies bei meinen Söhnen der Fall ist. Meine Jungs haben noch nie an einer Zoom-Konferenz teilgenommen, wissen also auch nicht, wie dies geschaltet wird.

Ich wünsche mir, dass die Arbeitsaufträge vernünftig, sinnvoll und realisierbar für die Schüler erstellt werden, und bitte Sie, dies mit dem Kollegium zu besprechen.

Das war unser erster Briefkontakt am 20. April 2020. Die Antwort, die ich erhielt, war aus meiner Sicht erneut beschwichtigend. Es war so, dass die Kinder das Lernmaterial und die Aufgaben über meinen E-Mail-Zugang zugeschickt bekamen. Ich gab das immer an meine Söhne weiter, sie machten die Aufgaben und dann scannten wir die Ergebnisse ein und schickten sie zurück an die Lehrer. Plötzlich gab es einen Aufgabenplan von jedem Lehrer am Anfang jeder Woche. Ziemlich bald wurde alles umgestellt. Ab dem 14. März war die Schule geschlossen. Ab dem 16. März gab es keine Schule mehr. Ab dem 20. April war Online-Unterricht bis zum 4. Mai vorgesehen. Am 24. April erhielt ich den Elternbrief per E-Mail mit Verhaltensregelungen und Hygieneplan im Anhang. Wir sollten Geduld haben, hieß es.

Zu den Vorgaben für den Präsenzunterricht schrieb die Schulleiterin, dass das Gebot der Stunde *Abstand halten* sei. Man wolle in der Schule praktizieren, dass es möglich sei, physisch Abstand zu halten, aber emotional eng beieinander zu sein. Zur neuen Leistungsbewertung der Schüler hieß es, dass es keine Klassenarbeiten geben würde. An ihrer Stelle sollten die Schüler Lernübungen machen. Zudem versicherte sie uns, dass die Schüler durch den fehlenden Präsenzunterricht keinen Nachteil für die kommende Schulzeit haben würden. Hatte die Schulleiterin eine Glaskugel, die ihr die Zukunft vorhersagte? So viel Schönfärberei in so wenigen Zeilen. Sie versuchte etwas schön zu reden, was für alle Scheiße war.

Die Wochenpläne waren für meine Söhne viel. Sie wurden an meine E-Mail-Adresse geschickt und mein Postfach war ständig voll. Ich musste dann die ganzen Aufgaben ausdrucken. Was ich da an Druckerpatronen und Papier verbrauchte. Jeder Lehrer schickte einfach, was ihm einfiel. Ich hatte den Eindruck, dass der eine Lehrer überhaupt nicht wusste, was der andere Lehrer tat. Erst als ich die Menge an Aufgaben, die da kam, ansprach, erfuhr ich, dass meine Söhne das nicht gleich machen sollten, sondern Zeit hatten. Es war trotzdem viel, aber meine Söhne kamen nun besser zurecht. Die Lehrer unterschätzten in der Anfangszeit, glaube ich, einfach, wie viele Aufgaben sie den Kindern schickten. Sie haben ja nicht nur einen Lehrer, sondern sechs, sieben, acht. Von anderen Kindern erfuhr ich, dass sie das genauso empfanden. Wir hatten das Gefühl, dass die Lehrer dachten, dass uns langweilig war.

Weil wir alles über meinen Laptop erhielten, musste ich immer schauen, ob nicht gerade eine neue E-Mail mit neuen Aufgaben kam. Es war nicht nur für meine Söhne, sondern auch für mich als Mutter einfach anstrengend. Die E-Mails kamen nicht alle pünktlich Sonntagabend um 20 Uhr. Die kamen irgendwann und ich musste ständig mein Postfach prüfen. Nicht jeder sitzt aber täglich rund um die Uhr vor dem Computer. Es wäre schon etwas anderes, wenn man gesagt hätte, dass die Arbeitsaufträge für eine Woche alle spätestens am Sonntagabend da sein müssen, und was nicht da war, hätte nicht gemacht werden müssen. Das wäre auch eine Ansage an die Lehrer gewesen, ihre Arbeit zu machen, die sowieso auf ein Minimum geschrumpft war. Dann hätte man einmal pro Woche zu einer festen Uhrzeit die E-Mails prüfen und alles ausdrucken können. Das war aber nicht der Fall. Stattdessen wurde von den Eltern erwartet, dass sie jederzeit online waren und auf die Aufgaben warteten. Meine Söhne hatten damals keinen Laptop und das war richtig so. Andere Kinder hatten in ihren Zimmern schon die eigenen Geräte stehen. Ich wollte das aber nicht. Nun wurde ich durch die Umstände gezwungen, die Arbeit der Schule zu übernehmen.

Ich konnte mich nur um alles kümmern, weil ich zu Hause war. Eltern, die beide arbeiten müssen, konnten das doch gar nicht leisten. Es stand immer dabei, bis wann man die Aufgaben zurückschicken sollte. Meine

Söhne und ich erledigten das also alles zusammen. Das ging nur, weil ich meinen Alltag nach diesen Vorgaben ausrichtete. Eigentlich unglaublich. Die Lehrer hatten weniger Arbeit und bekamen dasselbe Gehalt wie früher. Die Eltern bekamen natürlich nichts für die zusätzliche Arbeit oder die Belastung. Druckerpatronen, Papier und Strom musste ich selbst bezahlen. Leuten, die genug Geld haben, ist so etwas natürlich egal. Die interessiert das nicht, ob sie eine Patrone mehr oder weniger kaufen müssen. Wenn ich für 36 Euro eine neue Druckerpatrone kaufen muss, überlege ich mir das zweimal. Für uns waren 36 Euro die Hälfte dessen, was wir manchmal pro Woche für Lebensmittel zur Verfügung hatten. Das können sich eine Schulleiterin und vom Staat bezahlte Lehrer nicht vorstellen. Ich will mich aber auch nicht beklagen und jammern. Denn dann heißt es in Deutschland schnell, man habe sich die Situation ja selbst ausgesucht. Doch auch das Finanzielle war ein Grund, warum die Situation für uns eine Belastung war. So war es einfach.

Hinzu kam, dass ich mir Gedanken darüber machen musste, wie wir nun den Alltag gestalteten. Ich wollte natürlich nicht, dass meine Kinder einfach rumhingen. Von Anfang an achtete ich auf eine klare Struktur. Jeden Tag verbrachten wir gemeinsam Zeit an der frischen Luft und in der Wohnung. Das war mir einfach wichtig.

In diesem Moment hätte ich mir gewünscht, dass Eltern in die Entscheidungen, die uns betrafen, involviert gewesen wären. Das einzige, was wir erhielten, waren E-Mails von der Schule und das war's. Wer aber Teil einer Gemeinschaft ist, sollte auch an ihren Entscheidungen beteiligt sein. Bei einer Schule könnte das relativ einfach umgesetzt werden. In unserer Gesellschaft werden Entscheidungen aber vor allem autoritär entschieden, von oben nach unten. Die Antwort, die ich auf meinen Einwand hin erhielt, den ich per E-Mail an die Schulleiterin geschickt hatte, lautete dementsprechend: *Wir* hätten das bereits besprochen und entschieden. Nur einmal gab es eine E-Mail, in der die Eltern gefragt wurden, wie die Situation für sie war. Die Kinder saßen zu Hause und der Lehrer schaltete sie in einem *Zoom-Meeting* zusammen, ein virtueller Raum, über den man sich sehen und sprechen konnte. Das war kein Unterricht, sondern dafür, dass die Kinder Fragen stellen konnten und der Lehrer sie beantwortete. An den *Meetings*, die nun regelmäßig stattfanden, nahmen wir überhaupt nicht teil. Ich bekam das technisch gar nicht hin. Ich kannte mich damit nicht aus und meine Söhne auch nicht. Davon abgesehen war ich nicht bereit, mich dazuzusetzen, wenn meine Kinder *Meetings* hatten. Ich musste ja dabei sein. Ich wollte sie nicht alleine an meinen Laptop lassen. Meine Söhne waren da nie dabei und es war nicht so, dass sie deswegen etwas verpassten.

Am 4. Mai, als der Distanzunterricht enden sollte, wandte sich die Schulleiterin erneut mit einer E-Mail an die Schüler. Es waren die gleichen oberflächlichen Worte und Beschwichtigungen, im Grunde Politikersprech, der niemandem half.

Am 12. Mai erhielt ich ein Schreiben über Informationen zur Einführung von Microsoft Office-365. Über die Rückkehr zum Präsenzunterricht, der am 14. Mai für manche Klassen stattfand, schrieb die Schulleiterin eine E-Mail, in der sie auf die geltenden Hygieneschutzregeln hinwies: Abstandhalten, Hände waschen, kein *face-to-face*-Kontakt. Der Schutz der Gesundheit aller sei in der Schule das *oberste Gebot*. Regelunterricht würde daher auch weiterhin nicht in vollem Umfang stattfinden. Zudem sollte auf *Begrüßungsrituale* verzichtet werden, die die Abstandsregeln verletzten. Dies sei keine *Option*, sondern müsse *Selbstverpflichtung* sein. In der Auflistung der *Hygieneregeln und deren Umsetzung* ging es auch um die Wegführung innerhalb des Gebäudes in Form von Einbahnstraßen. Ich las diese E-Mails bald nicht mehr. Ich hatte meine Entscheidung schon getroffen, weshalb es mir egal war, was sie aus der Schule schrieben. Diesen Schwachsinn zu lesen, hätte mich nur belastet. Heute mit dem Abstand kann ich darüber lachen.

Vom Mai bis zu den Sommerferien 2020 hatten die Kinder ein Wechselmodell. Die Klasse wurde in zwei Gruppen geteilt, die sich tageweise im Präsenzunterricht abwechselten. So hatten meine Söhne um die fünf Schultage, an denen sie in die Schule hätten gehen müssen. Sie gingen aber nicht in die Schule und ich entschuldigte sie für die Fehltage bei der Klassenlehrerin.

Am 15. Mai schrieb ich eine E-Mail an die Schulleitung und an die Klassenlehrerin meiner Jungs, an das ich ein Schreiben anhängte, das ich wiederum von einer Freundin erhalten hatte: die *Stellungnahme zur Situation von Kindern und Jugendlichen in der Corona-Pandemie 2020, pädagogisch-medizinische Arbeitsgruppe Witten/Herdecke*. Eine Gruppe Pädagogen und Fachärzte für Kinder- und Jugendmedizin sowie Kindergarten- und Schulärzte hatten sie unterschrieben. Sie beschäftigten sich mit der Frage, *wie wir zeitnah Kinder und Jugendliche in der aktuellen Weltlage zu angemesseneren und sicheren Lebensumständen verhelfen sowie psychosozialen Gesundheits- und Entwicklungsgefährdungen vorbeugen können. Solidarität ist keine Einbahnstraße. Kindern wird gerade sehr viel abverlangt, während ihre eigenen Bedürfnisse und Belange kaum ernst genommen und berücksichtigt werden.*

Ich dachte, dass ich so der Schulleitung und der Klassenlehrerin die Möglichkeit gab, sich über die Pandemie von einer anderen Seite, nicht nur aus dem Mainstream und dem Kultusministerium, zu informieren. Das hätten sie natürlich auch ohne mich machen können. Aber so erhielten sie sogar von mir eine E-Mail mit einer alternativen Herangehensweise. In der Schule sah man das vermutlich anders. Aber sie können heute nicht sagen, dass sie es nicht besser gewusst hätten. Man muss sich beidseitig informieren. Diese Möglichkeit hatten sie auch deswegen, weil ich ihnen das angeboten hatte. Ich wollte erreichen, dass sich die Schulleitung und die Lehrer einmal Gedanken um das machten, was mit den Kindern passierte, was sie ihnen mit den ganzen Regeln und Vorschriften zumuteten. Das war mir wichtig und es wäre im Rahmen ihrer Möglichkeiten gewesen, das anzunehmen. So über andere Menschen zu denken, ist natürlich sehr optimistisch.

Es geht in der Schule um die Kinder. Zumindest sollte es das. Die Erwachsenen haben in der Schule die Bildung und die Gesundheit der Kinder in den Mittelpunkt zu stellen. Nicht umgekehrt. Viele Erwachsene sehen das aber immer noch so, dass sich Kinder um jeden Preis nach den Erwachsenen richten müssen. Nein. Die Erwachsenen müssen ein Vorbild sein und den Kindern während ihrer Entwicklung die Hand geben. Sie können nicht die Kinder in die Richtung ziehen, die sie heute für richtig halten, und morgen in eine andere. Die Kinder müssen die Chance haben, sich in einer geborgenen Umgebung zu entwickeln. Wir Erwachsene wissen bereits, wie das Leben funktioniert. Wir sind in der Lage, oder sollten es sein, uns zurückzunehmen. Kinder dürfen sich noch nicht zurücknehmen müssen. Kinder müssen nicht auf ihre Großeltern Rücksicht nehmen. Die Großeltern haben ihr Leben größtenteils gelebt. Die Kinder haben es noch vor sich. Die Forderungen der Politik war von Anfang an unmöglich. Es war verantwortungslos und egoistisch von jeder Oma und jedem Opa, die ihre Enkel anhielten, eine Maske zu tragen und Abstand zu halten oder den Kontakt gleich abbrachen, die ihre eigene Gesundheit über die ihrer Enkel stellten.

Auf mein Schreiben erhielt ich von der Klassenlehrerin eine Antwort, aus der für mich hervorging, dass sie für meinen Standpunkt Verständnis hatte. Weil ich aus alten E-Mails der Elternvertreter die E-Mail-Adressen der anderen Eltern hatte, erlaubte ich mir, die obige Stellungnahme auch an sie zu schicken. Ich dachte, ich mache das jetzt einfach. Mir war das wichtig. Von einem Vater und einer Mutter erhielt ich auch Rückmeldungen. Die Mutter ist, so weit ich weiß, mit ihrer Familie im Dezember 2020 ausgewandert. Wir hatten infolge ihrer E-Mail an mich noch Kontakt und da erzählte sie mir das. Der Vater, der mit antwortete, hatte einen Sohn, der Risikopatient war. Er antwortete mir, dass er hoffe, dass es meinen Söhnen und mir gut gehe, und dass die Verfasser der Stellungnahme wichtige Punkte genannt hätten. Mit seiner Familie verbringe er momentan viel Zeit in der Natur, vielleicht ein positiver Nebeneffekt des *Lockdowns*. Zu den Maßnahmen in der Schule schrieb er, dass man mit den Kindern vielleicht lieber einen Tag in den Wald gehen sollte, anstatt ihn im *Hochsicherheitstrakt* Schule zu verbringen.

Dieser Vater nahm die Gefahr des Virus durchaus ernst. Aber er sah auch, dass es besser wäre, diesen ganzen Quatsch in der Schule nicht mitzumachen. Das war auch meine Einstellung. Ich hatte keine Angst vor irgendeinem Virus und ich wollte nicht, dass meine Jungs diesen Maßnahmen ausgesetzt waren. Was für Verrücktheiten noch folgen würden, konnte ich nur ahnen. Aber ich entschied früh, dass es überhaupt nicht in Frage kommen würde, dass meine Kinder in diese Schule gehen, solange die Pandemie in den Köpfen der Menschen herrschte. Die E-Mails dieser Mutter und dieses Vaters waren die einzigen Antworten, die ich von den Eltern der Klasse erhielt.

Im Mai 2020 war bereits die Rede von einem Impfstoff. Heute mit dem Abstand von über zwei Jahren sieht man, dass es damals eine Menge Menschen gab, die ahnten, was auf uns zukommen würde. Vieles hat sich bestätigt. Es gab genug Fachleute, die vor den falschen Entscheidungen warnten. Doch die Forderungen nach einer offenen Diskussion über den richtigen Weg wurden von Anfang an im Keim erstickt. Jedes Loch, durch das eine andere Meinung hätte dringen können, wurde umgehend gestopft. Was ich mir gewünscht hätte, war, dass die Schulleiterin, als sie mein Schreiben in ihrem Posteingang fand, es zur Information – einfach nur zur Information – weitergeleitet hätte. Sie hätte schreiben können, dass das nicht ihre Meinung wäre. Es sollte aber nicht einmal die Idee in den Köpfen der Menschen auftauchen, dass es Alternativen gab – weder im Kleinen noch im Großen. Nur wenige Wochen nach Verkündung der Pandemie waren die allermeisten bereits gleichgeschaltet. Die Schulleiterin unterstand dem Kultusministerium, das Kultusministerium unterstand der Landesregierung, die Landesregierung war auf Linie der Bundesregierung, die sich an die Weisungen des Filzes aus Behörden, internationalen NGO, Stiftungen und Konzernen hielt.

Als Menschen haben wir die Freiheit zu entscheiden. Aber warum den eigenen Posten riskieren? Um Mut zu zeigen? Von echten Menschen könnte man das erwarten, von reinen Funktionsträgern aber nicht. Die Schulleiterin erwies sich während der gesamten Pandemie als eine ausgezeichnete Funktionsträgerin. In der Hinsicht erfüllte sie ihren Job natürlich zu 100 Prozent. Es ist nicht der Job eines Funktionsträgers, kritisch zu sein. Es ist nicht sein Job, Meinungen weiterzugeben, die nicht der des eigenen Brotgebers entsprechen. Das wäre ja subversiv. Idealerweise hätte eine Schule die Aufgabe, für die Bildung unserer Kinder zu sorgen. Aus allem, was die Gesundheit betrifft, hätte sich die Schule rauszuhalten, denn das ist die Aufgabe der Eltern. Dennoch wurden die Kinder an der Schule meiner Söhne und an allen Schulen Deutschlands gesundheitsschädigenden Maßnahmen eingesetzt. *Gesundheit* war nicht nur ein Teil, sondern Voraussetzung für die Teilnahme an der Schulgemeinschaft. Aus meiner Sicht haben sich die Schulen in Deutschland mitschuldig an den Schäden gemacht, die wir heute sehen. Das ist für mich keine Frage. Die Vorgaben von oben lauteten: Hygienemaßnahmen durchsetzen und dafür sorgen, dass alle das Maul halten. Am 15. Mai schrieb ich der Klassenlehrerin:

Ich habe den Elternbrief zum Präsenzunterricht von [der Schulleiterin] erhalten. Zu diesen Verordnungen des Hessischen Kultusministeriums habe ich eine andere Meinung. An oberster Stelle muss nach wie vor die Einhaltung unseres Grundgesetzes stehen. Die Würde des Menschen ist unantastbar. Unter den im Elternbrief genannten Bedingungen, die ganz offensichtlich schädliche psychische Auswirkungen auf die Kinder haben werden, ganz abgesehen davon, dass niemand eine Infektion mit Covid-19 innerhalb der Schulgemeinschaft ausschließen kann, werden [meine Söhne] nicht am Präsenzunterricht teilnehmen. Ich bitte dafür um Verständnis. Als Mutter ist es meine Pflicht, alles zu tun, um eine gesunde Entwicklung, die dem Wohl meiner Kinder dient, [ihnen] zu ermöglichen.

Beide sind gut mit den Arbeitsaufträgen zurechtgekommen. Ich bitte darum, mir auf diesem Weg weiterhin die Arbeitsaufträge der verschiedenen Fächer, welche am Prä-

senztag stattfinden, zuzusenden. Zu Office-365: Ich habe einen Laptop, den ich beruflich sowie privat nutze, der nicht den neusten Ansprüchen genügt, mir jedoch ausreicht. Für meine Nutzung reichen auch meine technischen Kenntnisse. [Meine Söhne] besitzen keinen Laptop mit Internetzugang, der aktuellen Standards entspricht. Ich habe in den letzten Wochen viel Zeit damit verbracht, meine Kinder darin zu unterstützen, dass sie ihre Arbeitsaufträge bekommen, vielfach ausgedruckt und die Ergebnisse eingescannt an die Lehrerinnen und Lehrer zurückgeschickt.

Momentan ist es mir finanziell nicht möglich, eine neue Druckerpatrone zu kaufen, was vielleicht unvorstellbar klingt. Die Anschaffung eines Laptops, der ausgestattet ist mit Office-365, ist für mich unmöglich. Es besteht in Hessen Lehrmittelfreiheit. Wenn also die Schüler über Office-365 unterrichtet werden sollen, dann bitte ich um die Bereitstellung eines damit ausgestatteten Gerätes durch die Schule, damit [meine Söhne] nicht aufgrund unserer finanziellen Situation benachteiligt werden.

Sie können sicher sein, dass ich meinen Kindern alles ermögliche, was in meinen Händen liegt, sinnvoll und wertvoll für sie ist, und bitte Sie als ihre Klassenlehrerin, dabei um Unterstützung.

Ab hier war ganz klar, dass meine Jungs nicht mehr am Präsenzunterricht teilnehmen würden. Sie blieben zu Hause, bekamen ihre Aufgaben und erledigten sie. Währenddessen *vergaß* man wohl in der Schule, sich weiter mit meinen Söhne zu befassen. *Einen* Querulanten kann man getrost ignorieren. Meine Jungs erledigten ja ihre Aufgaben. Da wollte sich keiner Stress machen. Dann ging es um die Zeugnisse. Auf einer Wiese außerhalb der Schule verabschiedeten sich die Eltern und die Schüler von der Klassenlehrerin und überreichten ihr ein Geschenk. Im Zeugnis meiner Söhne sah ich, dass die Tage, an denen sie fehlten, alle als unentschuldigt eingetragen waren – obwohl ich sie entschuldigt hatte, wozu ich das Recht hatte und keine Begründung benötigte. Dann waren Sommerferien und wir hofften alle, dass der Spuk nach den Sommerferien 2020 vorbei wäre.

Von dem Verein *Klagepaten* gab es ein Musterschreiben zum Tragen einer Maske in der Schule. Das Musterschreiben enthielt im Anhang eine Checkliste mit rechtlichen Voraussetzungen für das Tragen einer Maske in der Schule. Man konnte die Webseite besuchen, das Musterschreiben ausfüllen, die Anschrift der Schule angeben, unterschreiben und dann ging beides direkt an die Schulleitung. Im Muster stand:

Laut Artikel 6 Absatz 2 Grundgesetz sind Pflege und Erziehung der Kinder das natürliche Recht der Eltern und zuvörderst ihnen obliegende Pflicht. Im Rahmen meines Pflege- und Erziehungsauftrags stelle ich fest, dass mein Kind vom Tragen der Mund-Nasen-Bedeckung in der Schule ausgenommen ist. Die Verpflichtung meines Kindes, eine Mund-Nasen-Bedeckung zu tragen, ist zur Minderung des Übertragungsrisikos von Sars-COV-2 nicht geeignet und stellt einen unverhältnismäßigen Eingriff in die Grundrechte meines Kindes aus Artikel 2 Absatz 1 und Artikel 2 Absatz 2 Satz 1 des Grundgesetz dar.

Mein Kind wird daher jedenfalls so lange keine Mund-Nasen-Bedeckung tragen, bis die Schule sicherstellt, dass sie Aufsicht über das ordnungsgemäße Tragen einer Mund-Nasen-Bedeckung durch das Lehrpersonal in der von mir vorgeschriebenen Form laut Anliegen der Checkliste genommen wird. Dies ist durch Unterschrift der Checkliste zu bestätigen. So weit für mein Kind von der Pflicht, eine Mund-Nasen-Bedeckung zu tragen nicht abgesehen wird, bitte ich um Übersendung eines rechtsmittelfähigen Bescheides und werde sodann einstweiligen Rechtsschutz in

Anspruch nehmen.

Das füllte ich für meine beiden Söhne aus und ließ es an die Schulleitung senden, zusammen mit der Checkliste. Ich wollte natürlich nicht, dass die Jungs auf Grundlage dieser Checkliste eine Maske trugen. Die Checkliste zeigte nämlich, dass kein Lehrer rechtlich oder praktisch in der Lage gewesen wäre, die Verantwortung zu übernehmen, dass seine Schüler in der Schule eine Maske trugen. Was ich wollte, war eine Grundlage zu schaffen, dass meine Kinder nicht in die Schule mussten, solange diese Pandemieregeln galten. Ich wollte verhindern, dass sie mitmachen mussten. Ich wollte natürlich, dass sie ihre Bildung bekamen. Und was ich auf jeden Fall wollte, war, dass sämtliche Maßnahmen in den Schulen umgehend eingestellt wurden. Das zu fordern, hätte ich alleine nicht geschafft. Ich konnte nicht erreichen, dass die Schule die Maßnahmen aufhob. Die Anweisungen kamen vom Kultusministerium und von der Regierung. Aber dann wollte ich wenigstens, dass meine Jungs daran nicht teilnehmen mussten. Ich wollte, dass sie körperlich und seelisch gesund blieben.

Hierfür zu sorgen war meine Aufgabe als Mutter. Die Schule konnte das während der Pandemie nicht gewährleisten. Im Gegenteil: Sie zwang die Kinder zum Abstand, zur Maske, zu Tests, zur ständigen Desinfektion. Dabei sind die Kinder am gesündesten, die auf dem Bauernhof groß werden und im Mist spielen. Das Schreiben der Klagepaten nahm ich, um meine Entscheidung juristisch zu stärken. Die Schule übernahm nicht die Haftung. Das konnte sie gar nicht und deswegen blieben meine Söhne zu Hause. Die Schulleitung jedoch interessierte das Schreiben überhaupt nicht. Man habe vom Hessischen Kultusministerium die Anordnung erhalten und setze sie um. Das war die Reaktion der Schule. Darauf antwortete ich:

Meine Söhne werden bis zum Ende der Corona-Pandemie und Aufhebung aller Maßnahmen nicht am Unterricht teilnehmen, da von keiner Seite gewährleistet werden kann, dass meine Jungs sich mit Covid-19 infizieren und auch nicht, dass sie die Schulgemeinschaft infizieren. Eine Schutzwirkung der Mund-Nasen-Bedeckung vor der Übertragung von SARS-CoV-2 ist nicht nachgewiesen. Als verantwortungsbewusste Mutter übernehme ich für die Gesundheit meiner Kinder die Verantwortung. Um dem Recht auf Bildung meiner Kinder nachzukommen, bitte ich um Mitteilung, wie dies vonseiten der Schule vorgesehen ist.

Das Recht auf Bildung lag mir am Herzen. Das war von Anfang an klar. Es ging nicht darum, den Kindern die Bildung vorzuenthalten. Ich hatte tatsächlich weniger Angst, dass sie sich infizierten und krank wurden. Ich hoffte, wenigsten mit einem Mainstream-Argument überzeugen zu können, aus Sicht der Menschen, die Angst hatten. Es stimmte aber. Die Schule konnte nicht gewährleisten, dass meine Söhne sich oder andere nicht doch ansteckten. Dass ich keine Angst hatte, war in dem Zusammenhang egal. Das war nicht ganz ehrlich. Mir war es aber wichtig, dass meine Söhne vor den Maßnahmen geschützt waren. Und in dem Fall musste die Ehrlichkeit hinten anstehen. Ich merkte, dass die Schulleitung in keiner Weise bereit war, irgendwie einzulenken, Verständnis zu zeigen oder mir entgegenzukommen. Ich wusste, die setzten einfach alles durch, was sie von oben gesagt bekamen. Gegenüber solchen Menschen sah ich mich nicht mehr verantwortlich, mein ganzes Gesicht zu zeigen. Meine Söhne und ihre Gesundheit waren mir in diesem Fall wichtiger als Aufrichtigkeit und Ehrlichkeit. Die Schulleitung würde nicht einlenken und ich würde es nun auch nicht.

Am Ende der Sommerferien wurden meine Söhne krank. Sie hatten einen Magen-Darm-Virus und blieben zu Hause. Ich hatte für sie ein ärztliches Attest und schickte das an die Schule. Vier Wochen lang blieben die Jungs krankgeschrieben, bis Mitte September. Zu dem Zeitpunkt wusste ich nicht, wie es weiter gehen sollte. Am 3. September teilte mir die Schulleiterin mit, dass die Klassenkonferenz der Klasse 8a eine amtsärztliche Attestpflicht für weitere Fehltage meiner Söhne beschlossen hätte.

Was eine Klassenkonferenz war, wusste ich nicht.* Aufgeklärt darüber wurde ich ebenfalls nicht. Würden meine Söhne nicht bis zum 7. September wieder am Unterricht teilnehmen oder ein amtsärztliches Attest vorlegen, das sie vom Unterricht befreite, würde man sich an das Schulamt wenden. Zu dem Gespräch, das sie mir anbot, war ich nicht bereit. Hierfür hätte ich die Schule betreten müssen, wo Maskenpflicht herrschte. Die Zusendung des Protokolls der Konferenz wurde mir ebenfalls verwehrt. Ich könnte es in der Schule einsehen, hieß es. Die Einladung zu einem Gespräch in die Schule war in meinen Augen eine reine Machtdemonstration. Es ging nicht darum, mit mir in einen Dialog zu treten. Denn damit es

---

*Auszug Hessisches Schulgesetz: Die Klassenkonferenz berät über alle Fragen der Unterrichts- und Erziehungsarbeit in der Klasse. Sie entscheidet im Rahmen der Rechts- und Verwaltungsvorschriften insbesondere über 1. Versetzung, Kurseinstufung, Zeugnisse und Abschlüsse sowie die Beschreibung des Arbeits- und Sozialverhaltens von Schülern, 2. Empfehlungen für den weiteren Bildungsgang des Schülers, 3. Umfang und gleichmäßige Verteilung der Hausaufgaben und Lernerfolgskontrollen, 4. die Koordination der Arbeit der Fachlehrer sowie fächerübergreifender Unterrichtsveranstaltungen, 5. Angelegenheiten der Zusammenarbeit von Eltern, Schülern sowie Lehrern sowie die Einzelheiten der Mitarbeit von Eltern im Unterricht oder bei sonstigen Veranstaltungen, 6. Beantragung von Ordnungsmaßnahmen.

zu einem Gespräch kommen konnte, hätte ich mich der Corona-Verordnung unterordnen müssen. Außerhalb der Schule hätte ich mich jederzeit mit dem Klassenlehrer oder der Schulleiterin getroffen. Auch dass ich mich an einen Amtsarzt zu wenden hätte, kam für mich nicht in Frage. Was sollte ich da? Wir hatten einen Kinderarzt und wir haben in Deutschland freie Arztwahl. Das Protokoll der Klassenkonferenz hätte ich nur vor Ort, also in der Schule, einsehen und kopieren dürfen, was vollkommen unnötig war. Ohne jeden Aufwand hätten sie mir eine Kopie per E-Mail schicken können. Dies bestätigte meinen Verdacht, dass die Schulleiterin mir ihre Macht demonstrieren wollte. Bewusst ließ sie die Situation eskalieren. Eine andere Erklärung hatte ich nicht für ihr Verhalten. Es ging darum, dass ich mich ihren Bedingungen, das heißt des Staates, den sie vertrat, fügen sollte. Eine Übergabe des Protokolls per E-Mail hätte beträchtlich zur Entschärfung der Situation beigetragen. Das tat sie aber nicht. Deswegen schrieb ich am 9. September, dass weder meine Söhne noch ich zur Vermeidung potentieller Ansteckungsrisiken das Schulgelände betreten würden.

Erneut war ich auf das Argument der Corona-Paniker umgeschwenkt. Manchmal muss man jemanden eben mit seinen eigenen Waffen schlagen. Was die Schulleiterin vorgab, dass sie scheinbar das Beste für die Schüler ihrer Schule im Sinne hatte, war aus meiner Sicht vollkommen geheuchelt. In ihren Rundbriefen tat sie offen und freundlich, ermunterte Fragen zu stellen. Doch in dem Moment, als jemand ernsthafte Einwände hatte und mit Forderungen an sie herantrat, stellte sie auf komplett autoritär um und setzte alles in Bewegung, um ihre Macht zu demonstrieren und sich unangreifbar zu machen. So erhielt ich noch am selben Tag die Ankündigung, dass nun die vorgesetzte Dienststelle miteinbezogen würde. Bald darauf erhielt ich tatsächlich von der vorgesetzten Dienststelle, dem Kreisschulamt, einen Bußgeldbescheid.

Rückblickend war es beinahe eine komische Situation. Durch wen wurde die amtsärztliche Attestpflicht bitte angeordnet? Ein paar kleine Beamte, die die Gesundheit meiner Söhne nichts anging, hielten eine Konferenz ab und spielten Gesetzesvertreter? Heute und mit dem Abstand, dass meine Entscheidung von damals richtig war, dass es gut war, dass ich standhaft geblieben war, kann ich darüber lachen. In den Schreiben der Schulleitung kann man aber klar erkennen, was für einen Druck man auf mich ausübte. Ich wollte keine Eskalation. Bis auf eine verärgerte Reaktion meinerseits auf einen weiteren Elternbrief war dies zunächst der letzte Kontakt, den ich mit der Schulleitung hatte. Zeitweise wurden offenbar ganze Klassen mitsamt den Lehrern wegen positiver Tests in Quarantäne geschickt und die Schulleitung und das Gesundheitsamt hatten nun alle Hände voll mit der *Kontaktverfolgung* nach den Vorgaben des Robert-Koch-Instituts zu tun. Nun jagte man den Infektionsketten hinterher. In einer Rundmail wünschte die Schulleiterin den *positiv Getesteten*, dass sie schnell gesund wurden. Einen sarkastischen Kommentar konnte ich mir da nicht verkneifen:

Herzlichen Dank für Ihre guten Wünsche. In der Tat fühle ich meine Jungs gut bewahrt. Dies ist allerdings ausschließlich der Tatsache geschuldet, dass ich sie rechtzeitig in eigene Obhut genommen habe. Und so wird es auch zum Wohl meiner Kinder bleiben. Ich gehe davon aus, dass Sie ihre Meldung an das Jugendamt sowie die Ordnungswidrigkeitsanzeige hiermit gegenstandslos geworden sind und umgehend von Ihnen zurückgenommen werden.

Meine Söhne bereiteten nach den Sommerferien 2020

zu Hause selbstständig den Unterricht nach. Die Schulbücher erhielten sie über eine Mitschülerin, die ihnen auch regelmäßig per WhatsApp mitteilte, welche Hausaufgaben sie in welchen Fächern zu erledigen hatten. Sie war eine gute Schülerin und wohnte bei uns in der Stadt. Von der 5. bis zur 7. Klasse brachten sich meine Söhne und sie häufig gegenseitig die Hausaufgaben, wenn einer von ihnen krank war. Das war toll, dass sie das weiterhin machte, und ganz und gar nicht selbstverständlich. Meine Söhne konnten so ihre Hausaufgaben machen. Währenddessen erhielt ich weiterhin Elternbriefe von der Schule. Wenn man das heute liest, sieht man, welches Durcheinander an Regeln die ganze Zeit über herrschte.

Nach den Herbstferien hörte die Mitschülerin auf, meinen Söhnen die Hausaufgaben zu bringen. Ich wollte sie nicht mehr belästigen. Ich fragte die Mutter eines Mitschülers, die mir auf meine E-Mail an die anderen Eltern geantwortet hatte, was die Kinder gerade an Stoff behandelten. In Deutsch lasen sie Gottfried Kellers *Kleider machen Leute*. Die Kinder sollten die Personenbeschreibung üben. Ich kaufte die Lektüre und die Jungs lasen sie. Auch in Mathe, Englisch und Latein arbeiteten sie selbstständig weiter. In ihren Büchern machten sie Aufgaben und sie lernten die Vokabeln. Währenddessen fiel in der Schule immer wieder Unterricht aus. So ging das bis zum 16. Dezember. Dann wurde die Schule aufgrund der hohen Inzidenz bis Ende Januar geschlossen und auf Online-Unterricht umgestellt. Meine Söhne hatten immer noch keinen Laptop, obwohl ich den noch vor den Sommerferien 2020 beantragt hatte. Und auch vor den Weihnachtsferien 2020, am 13. Dezember, bat ich in einem Schreiben an die Schulleitung um einen Laptop. Die Antwort lautete, dass es derzeit keine Laptops gebe, außerdem erwarte man meine Söhne im Präsenzunterricht (der drei Tage später eingestellt wurde).

Am 10. Februar 2021 erhielt ich endlich die Mitteilung, dass für meine Söhne nun Laptops zur Teilnahme am Distanzunterricht zur Verfügung stehen würden. Ein Dreivierteljahr hatte es gedauert, bis meine Jungs die notwendigen Laptops erhielten. Ich bekam nun auch Kontakt zum neuen Klassenlehrer. Die Jungs erhielten Ende Februar die Laptops und nahmen am Online-Unterricht teil, jeden Schultag von morgens um 8 Uhr bis mittags um 13 Uhr.

Wenn meine Söhne in der Zeit Gespräche mit ihren Lehrern hatten, hielt ich mich raus. Ich las auch nicht den Schriftverkehr zwischen den Jungs und den Lehrern, wenn es um Aufgaben ging. Ich überließ das den Jungs vollständig selbst. Ich fand es wichtig, dass sie in ihrem Alter mit ihren Lehrern selbst kommunizierten. Sie mussten in die Verantwortung gehen. Sie mussten lernen, dass sie, wenn sie etwas wissen wollen, auf ihre Lehrer zuzugehen hatten. Die erste Woche, als die Kinder Online-Unterricht hatten, und meine Söhne zum ersten Mal seit etwa einem Jahr zugeschaltet wurden, saß ich dabei, in jedem Fach einmal. Ich hatte den Eindruck, dass meine Söhne tolle Lehrer hatten und alles klappen würde. Ich musste künftig nicht dabei sein, ich musste nicht aufpassen. Ich hatte das Gefühl, die Lehrer waren korrekt. Nur bei der Englischlehrerin hatte ich den Eindruck, wenn die einen nicht mochte, hatte man verloren. Ihr Lehrstil war: Sie steht vorne, sie ist die Lehrerin und sie sagt, was zu tun ist. Vielleicht war sie der Ansicht, dass man so mit den Kindern in dem Alter umgehen musste. Ich hatte das Gefühl, dass sie zu den Kindern fies war. Meinen Söhnen sagte ich, dass sie in Englisch aufpassen mussten, dass sie hier besonders darauf achteten, ihre Leistungen zu erbringen. Wenn es jemanden geben würde, der ihnen schaden könnte, dann wäre das sie. So war mein Eindruck. Ich achtete in der Folge darauf, dass es in Englisch keinen Grund geben würde, dass die Lehrerin etwas an ihnen und ihrer Leistung auszusetzen fand. Dann kam aber trotzdem im Herbst von ihr diese E-Mail.

Natürlich konnte jeder Lehrer immer mehr machen, als es seine Arbeit von ihm verlangt. Jeder Lehrer kann, wenn er einen Schüler sieht, der hinterherhinkt, der Unterstützungsbedarf hat, das aufnehmen und sich vermehrt um einen Schüler kümmern. So weit ich das beurteilen konnte, war unter den Lehrern aber niemand, der erkannte, dass meine Söhne in einer besonderen Lage waren, weil sie nicht in die Schule kamen, dass sie sich alles zu Hause selbst erarbeiten mussten, was die anderen im Unterricht vorgekaut bekamen. Von verschiedenen Lehrern gab es aber auch an meine Söhne das Angebot, dass sie sich melden sollten, wenn sie Fragen oder Probleme hätten.

Der Online-Unterricht ging bis zu den Osterferien 2021. Am 12. Mai schrieb mir der Klassenlehrer meiner Söhne eine E-Mail, in der er mir mitteilte, dass (wie im Jahr zuvor) der Präsenzunterricht im Wechselmodell anlaufen würde. Er wies mich darauf hin, dass ich eine Unterrichtsbefreiung beantragen müsste, sollten meine Söhne nach wie vor nicht in die Schule kommen. Andernfalls würden sie als unentschuldigt gelten. In der Folge erhielt ich das entsprechende Formular, das ich unterschreiben sollte. Das wollte ich aber nicht. An die Schulleiterin schrieb ich am 15. Mai:

Ich werde das mir zugesandte Formular zur Abmeldung vom Präsenzunterricht nicht unterschreiben, da die Schule verpflichtet ist, das Recht auf Bildung meiner Kinder zu gewährleisten, ohne dies an Bedingungen wie den Nachweis eines Tests auf Covid-19 zu knüpfen. Die Formulierung

Ihres Formulars lässt darauf schließen, dass die Schule mit meiner Zustimmung meinen Kindern ihr Recht auf Bildung vorenthalten will. Dem werde ich nicht zustimmen. Ich möchte, dass meine Söhne am Präsenzunterricht teilnehmen, sobald die Schule gegenüber mir garantiert, dass meine Söhne den Unterricht besuchen können, ohne zur Vorlage eines Covid-19-Tests verpflichtet oder anderweitig diskriminiert zu werden. [Meine Söhne] sind Schüler Ihrer Schule. Stellen Sie sich hinter sie und unterstützen Sie sie gegen unsinnige staatliche Maßnahmen und Übergriffe.

Das Formular füllte ich am Ende aber doch aus. Ich war gezwungen, das zu tun, sonst hätte ich weiterhin das Problem mit dem Schulamt gehabt. Zu dem Zeitpunkt hatte ich zwei Ordnungswidrigkeitsbescheide pro Kind. Zudem erwartete mich ein Gerichtsverfahren, weil ich gegen die Bescheide Einspruch eingelegt hatte. Das Verfahren fand im November 2021 statt. Im Frühjahr 2021 wollte ich nicht, dass die Situation noch schlimmer würde. Die Frage, ob die Maßnahmen gerechtfertigt waren oder nicht, musste man mit Gutachtern und einem Rechtsanwalt klären. Den hatte ich nicht. Deswegen sagte ich im Mai 2021, dass es mir wichtig war, dass die Jungs weiterhin zu Hause blieben. Das hatte bislang gut funktioniert, für mich und für meine Söhne, die lieber von zu Hause aus lernten, wo sie ihren Alltag selbst gestalten konnten. Sie machten ihre Aufgaben und taten alles, um sie zu erfüllen, indem sie beim Lehrer nachfragten oder selbst recherchierten.

Ich meldete sie also vom Präsenzunterricht ab. Damit tat ich juristisch das, was die Schule bzw. das Kultusministerium von mir wollte. So weit ich weiß, war Hessen sogar das einzige Bundesland, wo das zu dieser Zeit überhaupt möglich war. In keinem anderen Bundesland konnte man seine Kinder vom Präsenzunterricht abmelden. Nur in Baden-Württemberg war dies bis Anfang 2021 möglich gewesen. Danach ging das nur noch in Hessen. In der Hinsicht hatten wir also ziemliches Glück und die Abmeldung war auch eine Erleichterung. Egal, was die in den Schulen für einen Schwachsinn machten, ob Maske, dreimal oder fünfmal Test oder Quarantäne: Das betraf uns fortan nicht mehr. Das war uns einfach egal. Am 18. Mai 2021 schickte ich das Formular mit den Worten ab:

Im Anhang sende ich Ihnen das von Ihnen geforderte Schreiben zur Abmeldung vom Präsenzunterricht meiner Söhne, wozu ich mich durch Sie genötigt fühle. Meine Forderung nach Teilhabe meiner Söhne am Präsenzunterricht ohne daran geknüpfte Bedingungen aufgrund von Verordnungen erhalte ich aufrecht.

In meiner Haltung blieb ich ganz klar und das gilt bis heute. Erst wenn alle Bedingungen in der Schule aufgehoben waren, würden meine Söhne wieder in die Schule gehen. Nach den Osterferien 2021 durften die Schüler wieder in die Schule gehen, mussten sich aber ständig testen lassen. Meine Söhne waren nicht dabei. Dem Klassenlehrer schrieb ich:

Auf Ihren Hinweis hin habe ich am 18. Mai die Abmeldung vom Präsenzunterricht aufgrund der Testungen [an der Schule] unterschrieben an [die Schulleiterin] geschickt. Ich gehe davon aus, dass Sie als Klassenlehrer meiner Söhne darüber informiert wurden. Im Anhang schicke ich Ihnen die Formulare zu Ihrer Info zu. Bisher hat es prima geklappt, dass [meine Söhne] am Online-Unterricht teilnehmen konnten. Beide Jungs sind zuverlässig und rechtzeitig zu Unterrichtsbeginn online. Ihre Aufgaben erledigen sie selbstständig und gewissenhaft.

Leider können sie dadurch die in den kommenden Tagen vorgesehenen Klassenarbeiten nicht innerhalb des Präsenz-

unterrichts mitschreiben. Ich hoffe, dass dafür eine Lösung von Seiten der Schulleitung vorgesehen ist, gegebenenfalls das Angebot von Ersatzleistungen für [meine Söhne] durch die Lehrer. Zum Wohle aller Kinder bete ich, dass sämtliche Verordnungen endlich beendet werden und meine Jungs wieder bedingungslos am Unterricht teilnehmen können.

Die Antwort des Klassenlehrers war verständnisvoll und entgegenkommend. Die Lateinlehrerin meiner Söhne von der 5. bis zur 7. Klasse war auch ihre Klassenlehrerin gewesen. Die Jungs hatten von Anfang an Spaß am Lateinunterricht. Sie machen Latein einfach gern. Viel hängt hier auch einfach von den Lehrern ab. Ihr neuer Klassen- und Lateinlehrer ab der 8. Klasse sagte mir nie etwas in der Art, dass ich meine Söhne in die Schule schicken müsste. Er war immer freundlich. Von ihm fühlte ich mich auf Augenhöhe angesprochen, als Mutter seiner Schüler. Wir redeten nicht über die kritischen Themen. Ich schrieb ihm aber durchaus meine Meinung und dass ich meine Jungs unterstützen würde, jedoch von zu Hause aus. Es kam aber nie ein Vorwurf mir gegenüber. Der E-Mail-Kontakt mit dem Lehrer blieb immer freundlich. Somit hatte ich Vertrauen, dass er ein Mensch war, dem ich meine Kinder anvertrauen konnte. Er war immerhin ihr Klassenlehrer.

Bis zum Ende des Schuljahrs im Sommer 2021 war das Thema vonseiten der Schulleitung erledigt. Was machten die übrigen Lehrer? Welche Unterstützung gaben sie meinen Söhnen? Was blieb von der viel beschworenen Solidarität, wenn es zu Problemen kam? Es wäre im Rahmen ihrer Möglichkeiten oder zumindest denkbar gewesen, dass sie zwar meine Entscheidung nicht gut hießen, aber an einer Verbesserung der Situation interessiert waren. Nachdem der Unterricht wieder im Präsenzunterricht/Wechselmodell stattfand, blieb es dabei, dass meine

Jungs in Englisch ihre Aufgaben bekamen, sie wurden aber nicht mehr zugeschaltet. In Musik und Geschichte war das ebenso. Meine Söhne empfanden das nicht als Diskriminierung. Sie waren einfach noch zu jung. Sie kamen nicht auf die Idee, dass ihnen jemand etwas Böses wollte. Aber ich merkte das. Der Geschichtslehrer kümmerte sich aber sehr gut um die Versorgung meiner Jungs mit Arbeitsmaterialien. Ich war sehr froh, wenn sich Lehrer besondere Mühe gaben.

Vom Musiklehrer war ich sehr enttäuscht. Im Unterricht behandelten sie Richard Wagners *Der Fliegende Holländer*. Musik war ein Fach, das meinen Söhnen nicht gerade lag, Kunst ebenfalls nicht. Ich selbst konnte im Musikunterricht in der Schule auch nie glänzen und mogelte mich durch. Tonleitern und Dreiklänge bestimmen mochte ich überhaupt nicht. Meinen Söhnen wollte der Musiklehrer keine Note geben, da er seiner Ansicht nach nichts hatte, was er bewerten könne. Zudem hätten meine Jungs während der Teilnahme am Videounterricht meist die Kamera ihrer Laptops ausgeschaltet. Das stimmte. Die Jungs hatten ihre Kamera ausgeschaltet, weil der Musiklehrer ihnen das als Option offenließ. Wenn ihn das so gestört hatte, warum teilte er mir das erst kurz vor Ende des Schuljahres mit? Daraufhin schrieb ich ihm:

Ich bitte darum, meinen Kindern eine Ersatzleistung anzubieten. Meine Söhne haben seit der Bereitstellung des Laptops durch den Kreis Bergstraße an jeder Musikstunde teilgenommen, sich am Unterricht beteiligt und ihre Aufgaben zuverlässig erfüllt, darunter die Besprechung von „Der fliegende Holländer", die Analyse von verschiedenen Filmmusiken und der Quintenzirkel. Gerne scanne ich diese Ergebnisse ein und schicke sie Ihnen zu. Wie Sie wissen ist auch [ein Mitschüler] vom Präsenzunterricht befreit. Ich bitte darum, allen drei Schülern die gleichen Chancen zur

Beurteilung ihrer Leistungen zu unterbreiten.

Es war so, dass ein Mitschüler meiner Söhne Online-Unterricht von einer anderen Lehrerin erhielt, weil sein Bruder Risikopatient war. Meine Söhne wurden dagegen ausgeschlossen. Warum wurde nicht allen drei zusammen dieser Unterricht erteilt? Hier sah ich Diskriminierung und war sehr enttäuscht. Zu dem Zeitpunkt wurden meine Söhne zum Musikunterricht und zum Englischunterricht bereits nicht mehr zugeschaltet und damit von den Lehrern aktiv ausgeschlossen. Die anderen Lehrer boten hingegen weiterhin an, dass sie die Schüler, die zu Hause blieben, zuschalteten.

In der Folge fand ich es einfach fies, dass meine Söhne in Musik im Abschlusszeugnis der 8. Klasse keine Note erhielten – obwohl die technische Möglichkeit bestanden hätte, sie zuzuschalten. An den Lehrer schrieb ich eine sehr böse E-Mail. Meine Söhne hatten immer ihre Aufgaben erledigt und mehrere Leistungen erbracht. Er hatte definitiv etwas, das er bewerten konnte. In meiner E-Mail an den Musiklehrer sprach ich auch seine persönliche Lage an, was ich heute bereue. Was ich ihm eigentlich sagen wollte, war: Stellen Sie sich nicht über mich oder andere und beenden Sie die Diskriminierung. Ich wollte ihn auffordern, dass er sich Gedanken um seine Schüler machte. Meine Jungs hatten ihren Beitrag so gut es ging erfüllt. Das war von zu Hause aus schwierig. Sie gaben sich aber in den ganzen zwei Jahren immer Mühe, mit der Situation zurechtzukommen. In dem Alter gibt es immer Schüler, die einfach keine Lust auf Schule haben. Meine Jungs waren zum Glück nicht so. Ich war sehr glücklich darüber, dass sie zuverlässig waren, dass sie nie rummaulten, dass sie sich manchmal sogar zusätzlich Stoff aneigneten. Was sie leisteten, fand ich großartig. Und dann kommt ein Lehrer daher und gibt ihnen keine Note, so als ob sie am Unterricht nicht teilgenommen hätten? Darüber war ich sehr erbost. Das war kein Latein, kein Mathe, kein Deutsch, kein Englisch, sondern Musik! Es gab die technischen Möglichkeiten und trotzdem wurden die Jungs in drei Fächern von den Lehrern vom Unterricht ausgeschlossen, während ein Mitschüler unterrichtet wurde. Wie konnte das sein? Der Grund war vermutlich, dass die Lehrer den Grund für die Abwesenheit meiner Söhne nicht anerkennen wollten. Am Ende wäre es aber im Rahmen ihrer Möglichkeiten gewesen, die Lage für meine Söhne wenigstens nicht zu verschlimmern. Die konnten ja nichts für ihre *verrückte Mutter*.

Nicht nur in Musik, auch in Englisch erhielten sie keine Note. Im Gegensatz zum Musiklehrer hatte es die Englischlehrerin aber offenbar nicht einmal für nötig gehalten, mich im Vorfeld darüber zu informieren. Ich erfuhr erst davon, als ich die Zeugnisse in der Schule abholte. Ob die Lehrer meiner Söhne jemals über ihrer Abmeldung vom Präsenzunterricht informiert wurden, weiß ich nicht. Ihre Englischlehrerin schien das sogar erst in den Herbstferien 2021 gemerkt zu haben, obwohl sie sie schon seit dem Februar unterrichtete. Womöglich dachte sie die ganze Zeit, dass ich meinen Söhnen den Unterricht vorenthielt. Dabei war die Abmeldung vom Präsenzunterricht rechtlich vollkommen in Ordnung.

Am 4. November, nach den Herbstferien, schrieb die Englischlehrerin nämlich eine E-Mail, in der sie mir mitteilte, dass die Sprachkompetenz meiner Söhne nicht dem erforderlichen Niveau der 9. Klasse entspräche. Zugleich redete sie mir *von Mutter zu Mutter* ins Gewissen und warnte mich davor, dass meinen Jungs die Erfahrungen, die man als junger Mensch in der Schule mache und die man brauche, um zu sich zu finden und ein selbstbestimmtes Leben zu führen, fehlen würden. Abgesehen von dieser maßlosen Überschätzung des Schulsystems, die sich hier zeigte, argumentierte sie eigentlich sehr ähnlich wie ich. Als Lehrerin stand es ihr meiner Meinung nach aber nicht zu, mir ungefragt ihren Senf dazuzugeben. Hinzu kam, dass wir uns noch nie persönlich begegnet waren. Meine Antwort lautete:

Seit März 2020 müssen wir alle mit dieser Ausnahmesituation zurechtkommen, wobei die Gesunderhaltung meiner Söhne, ihre Bedürfnisse als Heranwachsende sowie ihr Bildungsanspruch mir als erfahrene Mutter von acht Kindern, darunter fünf Erwachsene, die alle [diese Schule] besuchten, am Herzen liegen. Was empfehlen Sie als Unterstützung, um das Niveau der Jungs in Englisch unter den gegebenen Umständen zu fördern? Welche Möglichkeiten haben Sie als Englischlehrerin, meine Söhne zu unterstützen? Ich wünsche mir eine gute Zusammenarbeit mit Ihnen zum Wohl von [meinen Söhnen].

Darauf erhielt ich keine Antwort. Am 19. November schrieb ich noch einmal:

Meine Söhne haben vor einigen Wochen die Klassenarbeit von zu Hause aus mitgeschrieben. Bis heute liegt mir das Ergebnis nicht vor. Für Dienstag ist die nächste Klassenarbeit in Englisch angesetzt. Welche Chance haben meine Söhne, aus ihren Fehlern in der Klassenarbeit für die nächste zu lernen, wenn Sie ihnen die Arbeit nicht korrigiert zurückgeben? Weshalb haben die Mitschüler die Klassenarbeit längst zurückbekommen, [meine Söhne] jedoch nicht?

Ich bitte Sie umgehend darum, [meinen Söhnen] die letzte Klassenarbeit zuzuschicken, so wie den Schülern der Klasse 9a auch, und den Stoff für die anstehende Klassenarbeit mitzuteilen, damit sie sich gezielt bis Dienstag darauf vorbereiten können. Bestätigen Sie meinen Eindruck, dass

Ihnen nichts daran liegt, dass meine Söhne ihr Englisch durch Sie als Ihre Lehrerin verbessern? Wenn ja, weshalb? Bis heute habe ich von Ihnen keine Antwort auf meine Mail an Sie erhalten, in der ich Sie um eine Zusammenarbeit zum Wohl meiner Jungs bat.

Vielleicht würde ein außerschulisches Kennenlerntreffen eine Brücke ermöglichen, damit [meine Söhne] in dieser außergewöhnlichen Situation trotz der Befreiung von der Präsenzpflicht von Ihnen als Ihre Schüler angenommen werden. Sehr gerne lade ich Sie dazu zu uns ein. Sollten meine Söhne am kommenden Dienstag die Englischarbeit nicht wie gehabt online mitschreiben dürfen, was die Jungs trotz zusätzlichem technischen Aufwand bei der letzten Arbeit gemeistert haben, so bitte ich um Zusendung einer Aufgabe als Ersatzleistung dafür.

Auch wenn ich das nicht einmal von Pädagogen erwarten kann, so bitte ich Sie als erfahrene Mutter um Empathie gegenüber den Ihnen anvertrauten Schülern. [Meine Söhne] möchten ihre Sprachkenntnisse in Englisch verbessern. Sie lesen täglich in der Lektüre und tauschen sich untereinander dazu aus und ich bin überrascht, wie sie mit dieser anspruchsvollen Geschichte umgehen. Zusätzlich arbeiten sie im Workbook und Klassenarbeitstrainer, die ich besorgte. Es wäre sehr schade, wenn beide die Motivation, Englisch zu lernen, im Zusammenhang mit Ihnen verlieren würden.

Nachdem die Englischlehrerin mir jedoch mitteilte, dass sie sich nur noch mit mir austauschen würde, um Termine festzulegen, überließ ich die Angelegenheit meinen Söhne und mischte mich nicht mehr ein. Ich habe keine bösen Gefühle ihr gegenüber. Womöglich hatten wir uns einfach missverstanden, und da sie so eine harte Linie fuhr, mich als Mutter angriff und dabei weder mich noch meine Söhne persönlich kannte, kam es zu dieser

Situation. Wie die Lehrer reagieren würden, wenn meine Söhne wieder in die Schule gingen, darauf war ich sehr gespannt.

Am 16. Juli 2021 um 11:30 Uhr erschien ich in der Schule zum Termin, um die Zeugnisse abzuholen und die Schulbücher zurückzubringen. Das war schon während der Sommerferien. Ich hatte mein Attest, das mich von der Maskenpflicht befreite, und so betrat ich ohne Maske das Schulgebäude. Im Sekretariat nannte ich mein Anliegen. Die Sekretärinnen wussten schon Bescheid, und ich stand nun auf dem Gang und wartete.

Während ich wartete, ging eine Frau vorüber und sagte mir, ich solle eine Maske aufsetzen. Ich sagte ihr, dass ich keine Maske trage, und fragte sie, wer sie denn sei. Ihre Antwort lautete, sie gehöre zur Schulgemeinde. Ich weiß nicht, ob das eine Lehrerin war, eine Mutter oder eine Putzfrau. Auf jeden Fall hatte sie sich berufen gefühlt, mich vor dem Zimmer doof anzumachen. Da sie sagte, dass sie zur Schulgemeinde gehörte, nehme ich an, dass es sich um die Mutter eines Schülers und nicht um eine Lehrerin handelte. Ein Lehrer hätte mir einfach gesagt, dass er Lehrer an der Schule wäre. Damit, dass die Frau mir sagte, dass sie zur Schulgemeinde gehörte, wollte sie mir offenbar zu verstehen geben, dass sie das Recht hatte, mir Vorschriften zu machen. Faktisch ging es sie natürlich einen feuchten Kehricht an, ob ich eine Maske trug oder nicht.

In solchen Situationen habe ich leider nicht immer die Gelassenheit, die ich mir wünsche. Wenn mich jemand angreift, gehe ich eher in eine Verteidigungsstellung und bin nicht immer gleich so schlagfertig. Mit der Zeit ging ich aber immer gelassener mit blöden Sprüchen um. Es kam ja immer wieder vor, dass mich Leute angingen, wenn ich zum Beispiel keine Maske trug. In der Pandemie habe ich viel dazugelernt. Ich rechnete aber dennoch nicht ständig damit, dass da jemand kam und mich so anmotzte. Ich selbst hatte das Schulhaus nicht mit einer aggressiven Haltung betreten. Ich wusste aber schon, dass mir Verschiedenes entgegengeschleudert werden konnte. Und wenn es dazu kommt, halte ich nicht noch meine zweite Wange hin.

In der Zwischenzeit kam die Schulleiterin aus dem Sekretariat und betrat den Raum gegenüber. Auch sie sprach mich nun darauf an, dass ich keine Maske trug. So kam es zu unserem ersten persönlichen, sehr kurzen Gespräch. Auch ihr sagte ich, dass ich keine Maske trage und dass ich ein Attest hätte. Aus dem kurzen Gespräch wurde ein Streitgespräch. Nun konnte ich ihr einmal direkt sagen, dass ich es unmöglich fand, zu was die Kinder durch die Verordnungen gezwungen waren, dass die Verordnungen über das Grundgesetz gestellt wurden. In dem Zusammenhang sagte die Schulleiterin den Satz, der mich heute noch fassungslos macht: *Ich bin Staatsdienerin.* Darauf entgegnete ich: *Und ich bin Aktivistin im Widerstand.* Das kam wie aus der Pistole geschossen und damit war das Gespräch vorbei. In dem Moment hatte es mir gereicht.

Die Sekretärinnen liefen hin und her und ließen mich praktisch stehen. Sie waren natürlich noch mit anderen Dingen beschäftigt. Aber wenn diese Pandemie so todbringend war, hätten sie doch dafür sorgen müssen, dass ich möglichst schnell das Schulgelände wieder verließ. Ich trug ja keine Maske. Hinzu kam, dass ich einen Termin hatte. Ich war pünktlich, ich wusste ja um die Angst der Menschen. Es waren zwei Zeugnisse. Wie schwer konnte es sein, die ausfindig zu machen? Rausgeben, Bücher annehmen, auf Wiedersehen. Im Normalfall dauerte das keine 30 Sekunden. Ich stand aber trotzdem weiter auf dem Gang. Am Ende kam noch der Hausmeister vorbei. Ich kannte ihn von früher, als meine älteren Kinder noch auf die Schule gingen. Ich fand ihn immer sympathisch. Wenn man sich begegnete, war es immer ein freundschaftlicher Umgang gewesen. Als ich sah, dass er die Maske trug, schossen mir die Tränen in die Augen.

In diesem Anflug von Emotionen sagte ich etwas zu ihm, wie: *Was ist hier los? Wie könnt ihr da alle mitmachen?* Es überkam mich einfach die Enttäuschung, dass sich alle den Maßnahmen fügten. Es ist immer noch für mich unfassbar. Menschen, die eigentlich herzlich waren, die nicht komplett verkopft waren, auch sie machten mit. Er aber sagte zu mir etwas wie, ich solle das nicht so ernst nehmen und mich behandeln lassen. Dann ging er weiter. Diese Reaktion hätte ich nie erwartet und verstand sie auch nicht. Ich blieb zurück und war auf einmal völlig aufgelöst. Was er mir im Vorbeigehen gesagt hatte, war ja, dass ich psychisch krank war. Weil ich die Corona-Maßnahmen in Frage stellte? Weil ich traurig wurde, wenn ich Menschen, die ich mochte, mit Maske sah?

Wenn ich mich an den Moment zurückerinnere, spüre ich immer noch, wie es damals war. Ich sehe uns beide auf dem Gang vor dem Sekretariat stehen und ich dachte, er trägt die Maske, weil er muss, und dass er mich verstand. Ich war schockiert, dass er so reagierte. Er wiederum konnte offenbar nicht verstehen, warum für mich die Corona-Maßnahmen so schlimm waren. Dass er mir sagte, ich solle mich behandeln lassen, war vermutlich eine Abwehrreaktion auf meine emotionale Reaktion. Es war zudem kein echtes Gespräch. Er sagte es, um schnell von mir wegzukommen, um Distanz zwischen ihm und mir aufzubauen, damit es gar nicht erst zu einem Gespräch kam. Meine Tränen, mein Gefühlsausbruch, das war ihm zu viel.

Wahrscheinlich verstand er wirklich nicht, was ich so schlimm fand. Dann trug man eben eine Maske, was soll's? So sah es ja die Mehrheit. Um gehorchen zu können, musste man bloß alle Widersprüche der Pandemie unter den Tisch kehren. Der Hausmeister reagierte wie viele Menschen, die sich nicht um die Frage kümmern wollten, ob die Corona-Verordnungen womöglich Unrecht waren. Er und ich hatten immer ein gutes Verhältnis gehabt, und dann diese Reaktion? Ich fragte mich, ob vielleicht über meine Haltung in der Schule gesprochen wurde. Es gab sicher nicht viele Eltern wie mich, die ihre Kinder aus der Schule genommen hatten. Zehn wären viel gewesen.

Für alle Bundesländer und die Kreise gab es Organisationen wie *Eltern stehen auf* und *Lehrer stehen auf*. So konnte man sich vernetzen. Wie ich von einer Freundin erfuhr, trafen sich diese Gruppen auch. Ich wollte aber nicht dazukommen. Da ich auf viele Demos ging, wollte ich nicht, dass man mich womöglich erkannte und meinen Wohnort herausfand. Ich wollte nicht, dass meine Jungs diskriminiert wurden, weil sie eine *Querdenker-Mutter* hatten. Dann bräuchte es nicht viel mehr und die Mutter wäre auch *Reichsbürgerin*, *Neonazi* und weiß Gott, was noch. Auch davor wollte ich meine Söhne bewahren.

Was ich die ganze Zeit über vermeiden wollte, war, dass die Schulleitung wusste, dass ich von Anfang an bei Querdenken dabei war. An meinem Wohnort hielt ich mich sehr bedeckt. Im Frühjahr 2022 war ich nur einmal bei den hiesigen Montagsspaziergängen dabei. Ich hielt zwei Jahre durch. Ich stand vor Gericht. Der Richter konnte mich nicht freisprechen, weil es einfach das Hessische Schulgesetz gab, gegen das ich verstoßen hatte.

Seit Mai 2022 gilt in der Schule meiner Jungs keine Maskenpflicht mehr, nur noch eine Empfehlung. Viele trugen weiterhin Maske, weil nun nach zwei Jahren auf *Eigenverantwortung* gepocht wurde. Viele waren nun *eigenverantwortlich* brav. Nun ließen sie sich vom Staat nicht vorschreiben, die Maske abzusetzen, sondern *entschieden selbst*. Um meinen Jungs den Weg in die Schule wieder zu bahnen, hielt ich es für gut, mit ihnen und dem Klassenlehrer gemeinsam ein Gespräch zu führen.

Seit dem 2. Mai 2022 nehmen meine Söhne wieder regulär am Präsenzunterricht als gute Schüler teil. Ob die Schulleiterin und ich unseren Konflikt jemals beilegen werden? Wer weiß. Ich hatte vorher keine Vorbehalte gegenüber ihr. Als ich sie kennenlernte, fand ich sie nett. Ich unterstützte die Schule immer gerne in der Cafeteria und würde mich eigentlich gerne wieder einbringen. Ob ich das schaffen werde, weiß ich noch nicht.

Schulamt

Die ersten Schreiben vom Schulamt, je eines pro Sohn, erhielt ich am 6. Oktober 2020. Mir wurde vorgeworfen, als Erziehungsberechtigte an zwölf Tagen nicht für den Unterrichtsbesuch meiner Söhne gesorgt zu haben, nach dem Hessischen Schulgesetz eine Ordnungswidrigkeit. Ohne die Tage, für die ich von unserem Kinderarzt ein Attest hatte, wären es sieben Fehltage gewesen.

Ich machte hierzu keine Aussage, denn mit dem Schulamt wollte ich nicht verhandeln. Es hätte mich nur Kraft gekostet und ich ging nicht davon aus, dass das Schulamt das Verfahren einstellen würde. Was ich zudem einer Behörde mitteile, würde womöglich notiert und später falsch dargestellt werden. Lieber ließ ich es auf ein Gerichtsverfahren hinauslaufen. Es ist ein riesiger Unterschied, vor einem Richter oder vor einer Behörde zu reden. Die Behörde vertritt ihre Gesetzgebung und wird ihr Mögliches tun, um mich als ihren *Gegner* ins falsche Licht zu rücken.

Die ersten Bußgeldbescheide erreichten mich am 16. Oktober 2020, wieder jeweils eines pro Sohn, in Höhe von 90 Euro zuzüglich 25 Euro Gebühr und 3,50 Euro Zustellungskosten. Insgesamt 237 Euro. Auf dieses Schreiben ging ich nicht ein. Am 19. Oktober erhielt ich vom Schulamt das nächste Schreiben, in dem ich mit *Sehr geehrter Herr …* angeschrieben wurde. Sollte das gegenüber mir eine absichtliche Frechheit sein oder doch war es ein Versehen? Der Brief war immerhin von Hand unterschrieben. Ich wurde aufgefordert, die Bußgeldbescheide bis zum 26. Oktober zu begleichen. Am 21. Oktober legte ich fristgerecht Einspruch gegen beide Bußgeldbescheide ein. Nun würden die Verfahren an die zuständige Staatsanwaltschaft übermittelt werden. Das war der übliche Vorgang bei Ordnungswidrigkeiten und ich war mir hierüber bewusst.

Dann erhielt ich noch ein Schreiben, in dem es um weitere 30 Fehltage ging, vom 23.09.2020 bis zum 19.11.2020. Da sie meine Daten schon hatten, reagierte ich hierauf nicht. Am 15. Dezember erhielt ich für die 30 Fehltage die Bußgeldbescheide in Höhe von 300 Euro, pro Fehltag wurden also 10 Euro angesetzt, plus 25 Euro Gebühr und 3,50 Euro Zustellungskosten, insgesamt 657 Euro. Gegen das Schreiben legte ich am 18. Dezember erneut fristgerecht Einspruch ein, wie immer per Einwurfeinschreiben.

Aufgrund der Weihnachtszeit kam das Schreiben verspätet beim Schulamt an. Am 6. Januar 2021 erhielt ich ein Schreiben von der Sachbearbeiterin des Schulamts, in dem sie mir eröffnete, dass ich meinen Einspruch nicht fristgerecht eingereicht hätte und er deswegen nicht gültig wäre. Das war aber nicht richtig, worauf ich sie in einem erneuten Schreiben hinwies. Die Sachbearbeiterin des Schulamts versuchte hier, das unterstelle ich ihr, denn sie hätte es besser wissen müssen, meinen Einspruch nicht mehr zu akzeptieren und zwar unter dem Vorwand, dass ich die Frist verpasst hätte. Bei der Sachbearbeiterin handelte es sich um eine noch relativ junge Frau und ich fand ihren mutmaßlichen Versuch, mich zu linken, eine Frechheit. Sie sah vermutlich nur einen Verstoß gegen das Hessische Schulgesetz, dass eine Mutter ihre Kinder nicht in die Schule schickte. Natürlich wusste sie, dass Feiertage waren, und sie sah den Beleg des Einwurfeinschreibens. Aber vielleicht hoffte sie, dass ich den Beleg nicht mehr hatte, und sie versuchte, mir Ärger zu machen. Das war eine Sauerei von einem jungen Ding, das sich wahrscheinlich profilieren wollte. Am Ende blieb ihr nichts anderes übrig, als meinen Einspruch zu akzeptieren.

Das Verfahren für die zwölf Fehltage wurde für den 6. Juli 2021 festgelegt. Für das Verfahren über die 30 Fehltage wurde ich für den 26. Oktober 2021 geladen. Zur Hauptverhandlung hatte ich persönlich zu erscheinen. Am 15. Juni schickte ich eine Stellungnahme an das Gericht und beantragte die Einstellung des Verfahrens. Ich wollte dem Richter am Amtsgericht glaubhaft machen, dass ich meinen Kindern nicht die Bildung vorenthalten wollte und es nicht meine Absicht war, gegen das Hessische Schulgesetz zu verstoßen. Ich hatte die Gesunderhaltung meiner Kinder über die damals geltenden Corona-Verordnungen gestellt, gleichzeitig aber für die Bildung meiner Kinder selbst gesorgt. Das schrieb ich in die Stellungnahme in der Hoffnung, dass der Richter verstand, dass die Kinder ihre Bildung erhalten hatten, ich also für Gesunderhaltung *und* Bildung sorgte, während in der Schule nicht für beides garantiert worden wäre. Ich legte sogar verschiedene Nachweise bei. Auf die Stellungnahme erhielt ich aber keine Antwort. Stattdessen erhielt am 1. Juli 2021 vom Amtsgericht die Nachricht, dass der Termin für die zwölf Tage wegen *massiven personellen Problemen in der Straf- und Ordnungswidrigkeitenabteilung* auf den 16. November 2021 verschoben wurde, also um fünf Monate. Als ich das erfuhr, war ich natürlich erstmal froh.

Am 29. Juli schrieb ich ein weiteres Mal an das Gericht und beantragte, beide Verfahren zu verbinden, damit es nur einen Gerichtstermin geben würde. In beiden Verfahren ging es schließlich um denselben Vorwurf. Auch auf dieses Schreiben erhielt ich keine Antwort. Die Verfahren wurden weder eingestellt noch zusammengeführt, sodass es am 26. Oktober vor dem Amtsgericht um 14:30 Uhr zur Verhandlung kam. Ich war sehr aufgeregt. Ich wusste nicht, was mich erwarten würde. Ich konnte es einfach nicht einschätzen. Es kann nämlich sein, dass man vor Gericht steht und in der Gerichtsverhandlung wird erkannt, dass man sich strafbarer gemacht hat, als bisher festgestellt wurde. Unter Umständen kann man dann gleich in Untersuchungshaft kommen. Ich hatte also schon Bammel. Dass sie mir die Kinder wegnahmen, schwebte zudem die ganze Zeit als Damoklesschwert über mir; dass man ohne mein Wissen das Jugendamt eingeschaltet hatte und alles bereits ausgeklüngelt war. So etwas würden Behörden ja nicht vorher an die große Glocke hängen. Damit war ich auf das Schlimmste gefasst, auch darauf, dass womöglich bei mir eine Hausdurchsuchung stattfinden könnte. Wegen meiner Demoaktivität seit 2020 konnte ich das nicht ausschließen. Ich wusste einfach nicht, was kommen würde.

Gerne hätte ich einen Rechtsanwalt an meiner Seite gehabt. Schon 2020 hatte ich Christiane Ringeisen angefragt, eine Juristin aus Rüsselsheim, ob sie mich vertreten würde. Sie gehörte zum Verein *Anwälte für Aufklärung* und war im Bereich Schule sehr aktiv. Ich hatte ihr schon eine Vollmacht erteilt. 2021 sah ich dann aber, dass die *Anwälte für Aufklärung* zu viel zu tun hatten. Zudem hatte ich nicht das Geld, um einen Anwalt zu bezahlen, denn umsonst vertraten sie auch niemanden. Ich schrieb die Klagepaten an und fragte Tina, die für die Klagepaten arbeitete und selbst Mutter von zwei Kindern ist, ob es möglich war, einen Förderantrag zu stellen. Als ich den Gerichtstermin hatte, stellte ich am 12. Oktober 2021 den Antrag. Die Voraussetzung hierfür wären jedoch Versuche gewesen, mit Schulamt und Schule im persönlichen Gespräch eine Lösung zu finden. Doch was sollte ein

Gespräch ändern? Die Schulleiterin hatte die Zustimmung zum Onlineunterricht, den ich für meine Söhne beantragt hatte, verweigert. Da ich nicht zur Kooperation mit der Schulleitung bereit gewesen wäre, lautete die Einschätzung der Klagepaten, dass eine Entscheidung des Gerichts zu meinen Gunsten unwahrscheinlich wäre. Ich wusste, dass die Anwälte für Aufklärung vor allem bei den Strafverfahren von Aktivisten wichtig waren. Da ging es um ganz andere Summen und womöglich auch um Gefängnisstrafen. Ich hatte ja *nur* ein Ordnungswidrigkeitenverfahren. Ich entschied mich dann, dass ich mich selbst vertreten würde. Deshalb war ich auch nicht enttäuscht, als mein Antrag auf Förderung von den Klagepaten abgelehnt wurde. Meine Haltung war weiterhin klar. Dass ich das Bußgeld nicht bezahlt hatte und Einspruch eingelegt hatte, hieß für mich, dass ich den Vorgang als Unrecht empfand. Ich war davon überzeugt, dass ich als Mutter richtig handelte.

Gut war, dass ich zur Gerichtsverhandlung am 26. Oktober 2021 bereits Erfahrung in vorhergehenden Gerichtsterminen im Sommer 2021 gesammelt hatte. In Waiblingen und in Schorndorf hatte ich mich bereits alleine verteidigt, was in der ersten Instanz möglich ist. Nun nahm ich es, wie es war, und ich dachte, ich als Mutter, die die Entscheidung selbst getroffen hatte, ihre Kinder zu Hause zu lassen, kann mein Anliegen besser ausdrücken als ein Anwalt. Ich konnte mich natürlich nicht auf irgendwelche Paragraphen beziehen. Aber ich konnte besser glaubhaft machen, was meine Absicht war; nicht gegen das Hessische Schulgesetz zu verstoßen, sondern die Gesunderhaltung meiner Kinder zu gewährleisten. Das konnte ich besser rüberbringen als ein Anwalt, der sich bloß auf Paragraphen berufen konnte, dachte ich. Natürlich sind Anwälte wichtig und ich schätze, was sie leisten. Ich entschied mich aber, solange es nicht um eine Strafsache ging, dass ich mich auf jeden Fall selbst verteidigen würde. Es ging nur um einen Einspruch. Und ich hatte wirklich kein Geld für einen Anwalt. Bei einer anderen Sache hatte ich noch meinen Anwalt Christian gefragt. Er wollte aber wenigstens die Fahrtkosten bezahlt bekommen, was ja absolut berechtigt war. Nicht einmal das hatte ich zu dem Zeitpunkt. Manche können sich das vielleicht nicht vorstellen, aber es war wirklich so.

Am Tag der Hauptverhandlung fuhr ich zum Gericht. Ich hatte mein Attest dabei, das mich vom Tragen der Maske befreite, und beim Betreten des Amtsgerichts zeigte ich es vor. Es gab überhaupt kein Problem. Der Polizist am Eingang sagte mir, wo das Zimmer war. Ich ging in den ersten Stock, dort saß ich eine Weile alleine vor dem Gerichtssaal. Kurze Zeit nach mir tauchte eine Frau in einem grünen Mantel auf. Sie war vielleicht im selben Alter wie ich, sah aber älter aus. Sie ging direkt zur Tür des Gerichtssaales, klopfte und ging hinein. Ich hatte keine Ahnung, wer das war. Ich war rechtzeitig gekommen, es war noch nicht 14:30 Uhr, die Tür zum Gerichtssaal war noch geschlossen und ich wartete weiter.

Dann kamen ein Mann mit Aktentasche und eine junge Frau die Treppe hoch. Zuerst dachte ich, der Mann ist ein Anwalt und die Frau seine Klientin. Es gab mehrere Säle nebeneinander und im Wartebereich mehrere Tische und Stühle. Ich saß an einem Tisch und der Mann und die Frau setzten sich an den zweiten. Ich fragte den Mann und die Frau, ob man zur Gerichtsverhandlung aufgerufen würde oder wie das war. Denn es war schon 14:30 Uhr, und bevor die beiden gekommen waren, verließen zwei Männer den Saal, der auch für meine Verhandlung vorgesehen war, und stiegen die Treppe hinunter. Der

Mann und die Frau antworteten mir, dass man aufgerufen würde. Da wunderte ich mich, warum die Frau im grünen Mantel den Saal bereits betreten hatte, ohne dass man sie aufgerufen hatte. Wer war sie, dass sie das einfach durfte?

Dann ging die Tür auf und wir wurden hereingebeten. Der Mann und die Frau vom Nebentisch gingen ebenfalls in den Gerichtssaal. Da verstand ich: Die waren vom Schulamt. Das waren also praktisch meine Gegner, Kläger und Vertretung. Wir betraten den Saal und ich sah die Frau im grünen Mantel, die als einzige auf der Zuhörertribüne saß. Der Richter war da, ebenso eine Gerichtsschreiberin. Ich setzte mich. Der Richter trug eine Maske, die beiden vom Schulamt ebenfalls. Ich nicht. Ich dachte über die Frau im grünen Mantel: Oh Gott, die ist bestimmt vom Jugendamt. In dem Moment bekam ich doch Schiss. Es war eine öffentliche Verhandlung, es hätte sich also jeder da hinsetzen können. Im Vorfeld hatte ich selbst überlegt, ob ich meine Söhne mitnehmen sollte. Meine Überlegung war, dass es ganz gut sein könnte, wenn der Richter einen Eindruck meiner Jungs bekommen würde. Ich fragte sie selbst, ob sie mitkommen wollten. Ich entschied mich aber dann dagegen. Es wäre eine zu große Belastung für sie gewesen. Ich merkte ja, wie die nahende Verhandlung mich belastete.

Die Verhandlung begann. Der Richter verlas den Fall. Ich wurde immer nervöser. Was ich im Einzelnen in der Gerichtsverhandlung sagte, weiß ich nicht mehr. Meine Stellungnahme kam zur Sprache. Ich hatte ein Buch dabei, aus dem ich zitierte: *Die 7 Wege zur Effektivität für Jugendliche. Ein Wegweiser für mehr Erfolg* von Sean Covey. Die Stelle, die ich vorlas, handelte davon, Gruppendruck standzuhalten. Ein tolles Buch, wie ich finde, auch für Erwachsene. Das Kapitel besprach, wie wichtig es ist, in schwierigen Augenblicken stark zu sein und sich für andere einzusetzen. Das Kapitel heißt: *Lass dich nie von deinen Ängsten leiten.* An einer Stelle heißt es:

Der Dichter Robert Frost schrieb: „Zwei Wege trennen sich im Wald und ich, ich nahm dann den, der kaum begangen war. Das war der einzige Unterschied." Oft stehen wir in unserem Leben an Weggabelungen. Oft wissen wir nicht, für welchen Weg wir uns entscheiden sollen. In schwierigen Augenblicken müssen wir uns entscheiden, ob wir das Richtige oder das Einfache tun wollen. Davon, welchen Weg wir wählen, kann unsere ganze Zukunft abhängen. Schwierige Augenblicke sind die wahren Prüfungen des Lebens, die Schlüsselmomente.

Mit einem Zitat aus dem Buch machte ich dem Richter deutlich, für wie wichtig ich es hielt, dass wir alles hinterfragten. Am Abend vor dem Gerichtstermin hatte ich mit meinen Söhnen den Film *Die Welle* geschaut. Auch hierüber sprach ich vor Gericht. Ich sagte, dass es gut wäre, wenn jeder hier im Gerichtssaal sich den Film anschauen würde. Auch so machte ich dem Richter meine Haltung klar. Ich war eine kritisch denkende Mutter und übernahm Verantwortung für meine Entscheidungen. Ich glaube, das kam beim Richter an.

Als es zum Urteil kam, sagte der Richter, dass er dafür wäre, das erste Verfahren einzustellen, und fragte den Vertreter des Schulamts, ob er das ebenfalls so sähe. Der sagte, ja. Die Termine fanden ja verkehrt herum statt und ich befand mich in der Hauptsitzung für die 30 Fehltage. Ich vermute, dass sich der Richter und der Mann vom Schulamt vorher abgesprochen hatten. Die Antwort des Mannes war ein Abnicken. Sie hatten besprochen, das erste Verfahren einzustellen, und für die 30 Tage würde es ein Bußgeld geben. Da bin ich mir ziemlich sicher. Sie hatten vor dem Verfahren miteinander kommuniziert und die junge Frau, die dabei war, war wahrscheinlich die Sachbearbeiterin des Schulamts, die mit mir in Kontakt gewesen war. Sie saß nur als Beiwerk dabei. Der Mann und die Frau hatten sich während der Verhandlung unterhalten, sie selbst hatte aber nichts zu sagen. Sie war dabei, weil sie den Schriftverkehr mit mir geführt hatte.

Zu den 328,50 Euro Bußgeld pro Verfahren sagte der Richter, dass er von der Höhe des Bußgeldes runtergehen würde. Statt 300 Euro pro Kind sollten es nur 100 Euro sein, und er fragte mich, ob ich damit einverstanden wäre. Natürlich war ich einverstanden. Der Richter sagte, das machen wir gleich in Ratenzahlungen zu 20 Euro pro Monat. Er wusste vorher schon genau, was er machen würde. Die Verhandlung war eine Formsache, um mich noch einmal anzuhören. Aber zum Schluss wollte mich der Richter doch aufs Glatteis führen. Während der Verhandlung sagte ich, dass unser Grundgesetz über allem stehe, alles andere seien nur Verordnungen. Am Ende hatte ich den Eindruck, dass der Richter noch einmal hören wollte, wie ich zu den Verordnungen stand, und vielleicht auch, ob ich eine *Corona-Leugnerin* war. Dann sind die Jungs ja auch nicht geimpft, fragte er. Dabei hatte das Thema überhaupt nichts mit der Verhandlung zu tun. Ich sagte, nein, und dass das jeder für sich selbst entscheiden sollte. Ich sagte ihm, dass ich es für wichtig hielt, dass man eigenverantwortlich handelt und selbstbestimmt entscheidet. Womöglich wollte er mich hier testen. Ich ging darauf nicht ein. Ich sagte nichts zur Politik oder zum Impfzwang.

Insgesamt glaube ich, dass das Schulamt und der Richter schauen wollten, was für eine Person sie vor sich hatten. Und im Nachhinein glaube ich, dass ich mich gut präsentieren konnte. Ich vertrat klar meine Haltung und fasste sie in nachvollziehbare Worte. Sie sahen, dass ich keine Mutter war, vor der man ihre Kinder schützen musste. Nach der Verhandlung verschwand das Thema, dass man mir die Kinder wegnahm, dass das Jugendamt sich einmischte, aus meinem Kopf. Ich hatte keine Angst mehr. Das war alles weg, weil ich vor Gericht selbst für meine Haltung eingestanden hatte. Es war die richtige Entscheidung gewesen, ohne Anwalt hinzugehen und für mich und für meine Kinder selbst zu sprechen. Ich würde das immer wieder tun, so lange es nicht um eine Straftat geht. Wer die Frau im grünen Mantel war, löste sich später auf. Tatsächlich hatte es sich bei ihr um eine Reporterin der Regionalzeitung gehandelt. Ihr Bericht über meinen Prozess wurde veröffentlicht und ich hob ihn auf. Es blieb nur noch das Bußgeld zu zahlen.

Zwei Tage nach der Verhandlung lag im Briefkasten bereits Post vom Schulamt, in der es hieß, dass ich bis zum 1. November 20 Euro überweisen sollte. Das war Teil eines Ratenplans, den die Frau vom Schulamt beigelegt hatte. Die gute Frau musste sich direkt nach der Verhandlung in ihrer Behörde an den Schreibtisch gesetzt haben, um das Anschreiben aufzusetzen und den Ratenplan zu erstellen. Der Ratenplan ging über 200 Euro. Ich hatte zu dem Zeitpunkt kein Geld auf meinem Girokonto, nicht einmal 20 Euro, die ich hätte überweisen können. Ich schrieb der guten Frau, dankte für den Ratenplan, ließ sie aber wissen, dass ich erst auf das Kindergeld warten müsste, um die erste Rate zu bezahlen. Das Kindergeld würde erst zum 5. des Monats kommen. Ich legte einen Dauerauftrag für zehn Monate an. Damit, dachte ich, wäre alles erledigt.

Im Januar aber erhielt ich unerwartet Post von der Staatsanwaltschaft. Was ist das denn, dachte ich. Was wollten sie mir jetzt noch vorwerfen? Ich öffnete den

Brief und verstand, dass ich das rechtskräftige Urteil in der Hand hielt. Darin stand, dass für mich eine Geldbuße in Höhe von *100 Euro* festgesetzt worden war, die in Raten à 20 Euro gezahlt werden konnten, und zwar *ab Rechtskraft des Urteils*! Rechtskräftig war das Urteil am 5. November 2021. Das war vom Amtsgericht so festgelegt worden. Die Frau vom Schulamt hatte mir bereits in der Woche zuvor den Ratenplan geschickt und mir geschrieben, dass ich das Geld ab dem 1. November überweisen müsste. Grundlos hatte sie mir Druck gemacht.

Dann erhielt ich am 20. Dezember von der Staatsanwaltschaft die ordentliche Rechnung über 169 Euro. 100 Euro Bußgeld, 55 Euro Gebühr für die erste Instanz, 7 Euro Auslagen für die förmliche Zustellung, 7 Euro Auslagen aus dem Bußgeldverfahren. Bereits getilgt: 0 Euro. Jetzt verstand ich: Mit ihrem eigenmächtigen Handeln hatte sich die Frau vom Schulamt die Befugnisse der Staatsanwaltschaft angemaßt. Ein Unding. Ich erhielt von der Staatsanwaltschaft noch einen Stundungsbescheid. Hier war die erste Rate über 20 Euro auf den 1. Februar 2022 festgelegt. Am 4. Oktober 2022 waren die letzten 9 Euro fällig. Es ging am 1. Februar 2022 los, nicht am 1. November 2021 und es waren 169 Euro, nicht 200 Euro.

Hier wurde mir klar, dass die Frau vom Schulamt entweder einen persönlichen Feldzug gegen mich führte oder dass sie von ihrem Beruf und ihren Kompetenzen überhaupt keine Ahnung hatte. Wie konnte sie das Wort eines Richters auf sich beziehen, nichts von gerichtlichen Auslagen und Gebühren wissen und eigenmächtig einen Ratenplan erstellen? Woher nahm die Sachbearbeiterin eine Schulamts das Recht, Rechnungen der Staatsanwaltschaft aufzustellen? Eine andere Erklärung, als dass sie komplett hohl in der Birne sein musste, sich als Mitarbeiterin einer Kreis-Schulbehörde gerichtliche Autorität anzumaßen, habe ich nicht. Es kann nicht im öffentlichen Interesse sein, dass derartige Personen für Behörden tätig sind.

Als ich das Schreiben der Staatsanwaltschaft erhielt, hatte ich bereits zweimal 20 Euro auf das Konto des Schulamts überwiesen. Ich rief also am 25. Januar bei der Staatsanwaltschaft an, nachdem ich es erst erfolglos per Post versucht hatte, und wurde mit einer Mitarbeiterin verbunden, die ich fragte, wie ich mit dem Fall umgehen sollte. Die Antwort der Dame lautete, dass sie nicht wüsste, welche Bußgeldbescheide da noch offen wären. Ich sagte ihr wahrheitsgemäß, dass ich nur das Verfahren vom Schulamt hatte, und fragte erneut, wohin ich denn künftig das Geld überweisen sollte. Die Dame fragte nun, ob ich mit dem Schulamt schon telefoniert hätte. Ich sagte, nein, da ich erst die Antwort der Staatsanwaltschaft abwarten wollte. Erst da sagte die Dame, dass sie mit dem Schulamt in Kontakt treten würde. Es stand aber die erste rechtsgültige Februarrate an und ich dachte, wer weiß, wie lange das dauert, bis die das geklärt haben. Ich musste mich entscheiden: Zahlte ich am 1. Februar nach dem Stundungsbescheid der Staatsanwaltschaft auf das Konto der Staatsanwaltschaft oder auf das Konto, das mir das Schulamt gegeben hatte?

Am Ende dachte ich, egal, ich überweise das restliche Geld an die Staatsanwaltschaft. Dem Schulamt teilte ich dies schriftlich mit. Ich entschied, dass im Juni alles überwiesen war. Die 9 Euro überwies ich sofort am 28. Januar 2022. Ich wartete danach nicht mehr auf irgendein Schreiben, weder vom Schulamt noch vom Gericht. Bis heute erhielt ich nichts dergleichen. Keiner sagte danach noch irgendetwas zu der Sache. Im Juni 2022 tilgte ich meine letzte Schuld. Und wenn irgendjemand noch etwas wollte, sollte der sich melden. Für mich war das

Thema erledigt.

Am Ende zahlte ich nur 50 Euro Strafe pro Sohn plus die Gerichtskosten. So viel zahlte man für einmal auf der Demo die Maske nicht zu tragen. Dazu, dass ich meine Söhne aus der Schule rausgenommen hatte, gehörte meiner Meinung nach mehr Mut und Entscheidungskraft, als auf einer Demo ohne Maske erwischt zu werden. Mit seinem Urteil gab mir der Richter in gewisser Hinsicht Recht. Er sah, dass ich eine Mutter war, die sich um ihre Kinder kümmerte, die alles für sie tat, die ihnen nichts vorenthielt, die nicht wollte, dass ihnen die Bildung genommen wurde, die ihre Kinder schützte, was ihr gutes Recht war. Er musste mich aber verurteilen. Am Ende war alles gut. Sogar der Zeitungsartikel, den die Frau im grünen Mantel verfasst hatte, war recht positiv gehalten. Sonst war man von den Medien ja nur Hetze gewohnt.

Polizeigewalt

Zum Thema Polizeigewalt ist eigentlich alles gesagt. Die Bullen von der Bereitschaftspolizei erniedrigten uns. Das machten sie von Anfang an. Als sie zu mir sagten, dass meine Love-Wins-Flagge eine politische Aussage hätte, und mir drohten, dass sie sie mir wegnehmen, falls ich sie nicht einrollen würde, zeigten sie, dass sie die Macht haben. Das lassen sie immer raushängen. Dass sich Polizei so verhält, darf vor allem in Deutschland nicht sein. So werden sie aber geschult: dass sie von Anfang an dem Bürger gegenüber autoritär auftreten. Sie sind selbst Bürger. So verhalten sie sich gegenüber anderen Bürgern aber nicht.

Besonders die Bereitschaftspolizei führt sich als Herrenrasse auf, die sich herausnehmen kann, was sie will. Ein Problem sind vor allem die jungen Polizisten, die glauben, sie müssen noch Karriere machen. Sie sind keine 30 Jahre alt, haben keine Ahnung vom Leben, aber gegenüber den Bürgern auf der Straße mit Lebenserfahrung spielen sie sich auf. So eine Polizei ist eine Schande. Die Bereitschaftspolizei ist eine Schande für Deutschland. Wir waren auch in Frankreich auf der Straße, in Straßburg. Dort setzte sich die französische Polizei dafür ein, dass die Straße für unseren Zug frei war. Sie trugen keine Helme und keine Kampfmontur. Von ihnen ging für uns nie eine Bedrohung aus. Als ich einmal in Wien war, erlebte ich keine Bedrohung durch die Polizei. Mit denen konnte man reden. Diese Knüppelhelden gibt es besonders in Deutschland und am schlimmsten in Berlin.

Zum ersten Mal erlebte ich Polizeigewalt am 1. August 2020 in Berlin. Die Polizei hatte die Versammlung auf der Straße des 17. Juni beendet. Viele Demonstranten blieben aber und setzten sich teilweise auf die Straße.

Am 22. August 2020 wurden wir in Darmstadt von der Polizei eingekesselt. Es war ein sehr heißer Tag, es gab keinen Schatten, selbst Familien mit Kindern wurden von der Polizei nicht aus dem Kessel gelassen. Zur Toilette in den Bahnhof durfte man nur in Begleitung der Polizei. Danach ging es zurück in den Kessel. Das zog sich über Stunden. Wer zufällig etwas zu trinken dabei hatte, hatte Glück. Die Polizei spielte ihre Macht wegen einer Ordnungswidrigkeit bewusst aus. Es ist immer die Frage, ob es sich um eine Ordnungswidrigkeit handelt oder um eine Straftat. Im Fall einer Ordnungswidrigkeit war dieses Verhalten der Polizei gegenüber Demonstranten, darunter Familien, unverhältnismäßig. Dass sie die Leute nicht aus dem Kessel ließen und ihnen ihre Personalien abforderten, war auch eine Form der Gewalt, wenn auch keine direkte. Mindestens war es Schikane. Wir alle erlebten den Druck der Bereitschaftspolizei.

Ende August 2020 in Berlin machten sie dasselbe wie in Darmstadt, nur im großen Stil. Der Aufzug sollte durch die Stadt gehen. Die Polizei machte vorne und an den Seitenstraßen dicht und sagte, dass die Abstände nicht eingehalten würden.

Normans Attest. Sie kontrollierten es, alles war gut. Dann kontrollierten sie es erneut und nahmen es ihm weg. Der Polizist sagte noch, dass er es zurückgeben würde. Das war niederträchtig, denn bestimmt wusste er bereits, dass es gelogen war. Dann nahmen sie Norman zu einem Polizeibus mit vergitterten Fenstern. Ich hatte Angst, dass sie Norman da reinschmissen und mitnahmen. Zum Glück passiert das nicht. Als Norman anbot, um sein Attest zurückzubekommen, den Therapeuten anzurufen, sagte die Polizei, da könnte ja jeder am Telefon sein. Wer hat denn so viel kriminelle Energie, extra einen falschen Therapeuten zu bestellen, der dann die Anrufe der Polizei beantwortet? So stellte uns die Polizei aber immer dar: als Kriminelle. Sie behandelten uns in jeder Situation wie Straftäter.

Am 21. April 2021 in Berlin waren die Menschen im Tiergarten. Die Polizei riegelte ihn weitgehend ab, sodass die Leute nicht raus konnten. Dann ging die Polizei wieder gezielt auf Leute zu und führte sie ab. Sie schauten, wählten sich ein Opfer aus, dann gingen sie in Vierertrupps auf die Person zu und nahmen sie fest. Das war ganz gezielt. Sie gingen durch die Menge zu dieser Person, die sie sich auserkoren hatten. Das verbreitete natürlich eine riesige Angst in der Menge. Wir standen ja alle relativ dicht. Wer würde der Nächste sein? Man wusste es nie. Die Bereitschaftspolizisten gehen nicht spazieren. Die laufen so schnell, wie sie in ihrer Kampfmontur eben können, auf eine Person zu, und du weißt nicht, wer es ist. An dem Tag erwischte es meine Freundin mit dem Megafon. Sie sah, wie ein Trupp auf sie zurannte. Sie selbst ist eine zierliche Frau. Sie bekam Angst, rannte weg und ließ das schwere Megafon fallen. Dafür erhielt sie die Anzeige wegen Widerstands gegen die Staatsgewalt und Körperverletzung eines Polizisten.

Am 1. August 2021 liefen die Menschen vom Olympiastadion auf der rechten Fahrspur der Bundesstraße stadteinwärts. Die Polizeiautos kamen angerast, eines hielt an. Ein Polizist stieg aus und schubste einen der Demonstranten von hinten einfach weg, sodass er zu Boden fiel. Nur, weil der Demonstrant nicht rechtzeitig aus dem Weg gegangen war. Für so einen Fall hat die Polizei ihre Sirenen. Der Polizeisirene weicht man allein deswegen aus, weil sie einfach in den Ohren wehtut, wenn sie direkt neben einem losheult. Der Polizist wollte offenbar zeigen, wie er *Platz machte*. So was kam öfters vor, auch ohne dass man auf der Straße lief. Man wurde von Polizisten einfach von hinten weggeschubst. Mir passierte das auch einmal, auf dem Ernst-Reuter-Platz. Sie kamen von hinten, ich bekam das nicht mit, und sie schubsten mich. Damit verbreiteten sie zusätzlich Angst. Es ging darum, die Menschen einzuschüchtern. Das war das Ziel ab Ende August 2020.

Ende August 2021 in Berlin war Ulle mit ihrem Fahrrad unterwegs. Auf einer breiten Straße gingen sie direkt auf sie zu, zogen sie vom Fahrrad und stellten sie in einen für Berlin typischen Hauseingang an die Tür. Die Tür ging auf, weil jemand aus dem Haus kam, und die Polizisten nahmen Ulle mit hinein in das Haus. Ulle sagte noch zu der Person, die die Tür geöffnet hatte: *Bleiben Sie bitte hier!* Sie hatte große Angst. Dieses Trennen von den anderen, danach ist man hilflos und genau so fühlt man sich auch. Die nehmen dich einfach mit, irgendwohin, wo niemand sonst ist. Und es waren Männer. Wenn man als Frau von Männern mitgenommen wird, ist das schrecklich. Wenn Polizisten das machen, grenzt das an psychische Folter.

Die Polizisten suchten sich Frauen aus, oft auch ältere Menschen. Vor Menschen mit Handycap schreckten sie ebenfalls nicht zurück. Damit lösen sie bei den Umstehenden natürlich den Reflex zu helfen aus, dass wir uns schützend vor sie stellen wollten. Genau das wollen sie provozieren, damit sie uns hinterher vorwerfen können, dass wir gewalttätig sind. Das auszuhalten, ist ziemlich schwer. Die Polizei suchte auch nach bekannten Gesichtern wie Captain Future. Jedes Mal wurde er abgeführt. Die wussten in Berlin ganz genau, dass er ein Attest hatte. Trotzdem war er jedes Mal dran, jedes Mal wurde er abgeführt. Einfach bösartig. Die Methoden der Polizei haben sich Sadisten ausgedacht, die wissen, wie man Menschen quälen kann, ohne dass es hinterher Beweise dafür gibt, sodass nichts auf die Polizisten zurückfällt. Psychologisch provozieren sie Situationen, sodass sie auch physisch zuschlagen können.

Steve hatte einen Presseausweis, weil er als Fotograf für den *Demokratischen Widerstand* arbeitete. Er wurde abgeführt, weil er keine Maske trug. Die Polizisten legten ihn auf den Boden, knieten sich auf ihn. Sie durchsuchten seinen Rucksack, fanden dort seine Tabakdose, öffneten die und schütteten den Tabak aus. Steve hatte echt nicht viel Geld. Er musste schauen, wie er über die Runden kam. Bei einer anderen Festnahme schlugen sie ihn ins Gesicht, dass er blutete.

Was ich von anderen hörte, war, dass die Polizei Menschen festnahm, in ein Polizeiauto setzte und sie durch die Gegend fuhr. Dann ließen sie dich irgendwo wieder raus. Captain Future wurde auf ein Revier mitgenommen und sie hielten ihn stundenlang fest. Als sie meine Freundin mit dem Megafon schnappten, nahmen sie sie mit und sperrten sie in eine Zelle, in der es nicht einmal ein Fenster gab, nur einen Sehschlitz. Weil sie nicht sehr groß ist, konnte sie nicht rausschauen. Man sagte ihr, dass man sie dem Richter vorführen würde. Sie wartete und wartete. Irgendwann sagten sie ihr: Sie können gehen. Sie wurde dem Haftrichter nicht vorgeführt. Erst hatte sie noch ihr Handy und rief mich sogar an. Das bekamen sie mit und nahmen ihr das Handy ab. Das alles nur wegen Ordnungswidrigkeiten. Die Straftatbestände warfen sie uns nur vor oder provozierten sie selbst.

Für mich persönlich war es sehr demütigend gewesen, als sie mich über den ganzen Alexanderplatz abführten wie eine Verbrecherin. Alle Menschen, die an dem Tag dort waren, sahen das. Rechts und links hielten mich die Polizisten unter den Armen und verdrehten mir das Handgelenk, damit ich meine Fahne losließ. Ich durfte noch aufrecht gehen, aber Hans drückten sie von unten die Nase in den Nacken. In der Polizeistraße stellten sie mich an die Wand. Ich wurde bewacht und hatte den Mund zu halten. Damit wollen sie einen einschüchtern. Dann wollten sie ein Foto machen und ich sollte das Schild mit einer Gefangenennummer selbst halten. Ich machte die Augen zu, denn ich konnte nicht in die Kamera schauen. Ich schämte mich und ich wollte nicht sehen, wie sie mich gegen meinen Willen fotografierten. Die Nummer hielt dann nicht ich, sondern ein Polizist. Allein die Aufforderung, dass ich selbst die Nummer halten sollte, war ein erneuter Versuch der Erniedrigung. Wozu war das Foto? Wozu die Nummer? Weil man es im Film so machte? Es war demütigend.

Innerhalb der Bewegung verstanden wir, dass wir die Probanden für die jungen, neuen Polizisten waren. Mit uns konnten sie in der Praxis üben. Sie konnten jede Schikane ausprobieren. Medial waren wir von Anfang an für vogelfrei erklärt worden. Keinen interessierte, was die Polizei mit uns machte. Für die waren wir ein super Testgelände. An uns konnten sie ihre Taktiken ausprobieren. Wir waren die Versuchskaninchen.

Die schlimmen Erfahrungen, die wir dadurch machten, vergisst man aber nicht. Auch wenn es teils zwei Jahre her ist, ist alles für mich noch sehr präsent. Meine Erinnerung ist wie ein Film. Ich weiß noch, was ich anhatte, welche Kleidung ich in Berlin trug. Eine weiße Hose, ein grünes Leinenkleid und meine Ordnerweste. In Berlin war das für mich die erste Erfahrung von Polizeigewalt. Es war furchtbar. Und für nichts. Genauso, als ich an einem anderen Tag zur Siegessäule laufen wollte, um nicht eingekesselt zu werden. Als die Polizei zu mir kam und mir befahl, meine Flagge einzurollen, weil sie eine politische Aussage hätte. *Liebe gewinnt* war eine politische Aussage? Damals hatte ich noch Angst und rollte die Flagge ein. Heute würde ich das nicht mehr machen. Bei kleineren Demos kamen die Polizisten gar nicht mehr zu mir. Sie wussten schon, dass sie mich nicht mehr einschüchtern konnten. In Kirchheim-Teck hörte ich einen Polizisten sagen: *Zu der müssen wir gar nicht erst gehen.* Viel, was die Polizei macht, ist Einschüchterung. Davon darf man sich nicht beeindrucken lassen.

In vielen Fällen konnte man nicht direkt gegen uns vorgehen. Deswegen war es für die Polizei wichtig, dass sie uns einschüchterte, dass sie uns so viel Angst machte, dass wir es uns das nächste Mal zweimal überlegten, ob wir demonstrieren gingen. Es ging aber auch um die Außenstehenden, die Unbeteiligten, die beobachteten, wie die Polizei uns behandelte, um die abzuhalten. Denen musste demonstriert werden, dass wir potentielle Gewalttäter waren. So wurden wir auch in den Mainstream-Medien dargestellt.

In Kassel sollte die Versammlung auf einer Wiese außerhalb der Stadt stattfinden. Manche von uns gingen dort hin, auch Redner. Andere gingen stattdessen in die Stadtmitte und liefen auf der Straße, unter ihnen die Trommler. Die Polizei versuchte, den Zug, der sich bildete, zu leiten, raus aus der Stadt, wo wir keine Aufmerksamkeit erregten. Sie bauten Polizeiketten und Absperrungen auf. Der Druck auf unseren Zug wurde von hinten immer stärker. Die Menschen kamen von hinten nach, vorne ging es nicht weiter. Plötzlich stand man den Polizisten gegenüber. Ich war auch vorne, ein Polizist zog Pfefferspray und sprühte das ohne Warnung auf uns. Wir hatten niemanden angegriffen. Wir standen uns einfach dicht gegenüber. Ich bekam eine volle Ladung ins Gesicht.

In Stuttgart passierte das auch einmal. Die Polizei baute eine Kette auf, zur Seite und nach hinten konnte man nicht weg. Dann wurde von hinten gedrückt. Die Straße in der Innenstadt war schmal und es wurde so lange gedrückt, bis die Menschen vorne an einer Stelle durch die Polizeikette brachen. Die Polizisten kümmerten sich dann um diese Stelle und machten damit die Kette auf, und hier strömten alle durch. Auch da versprühten sie Pfefferspray. Wer das abkriegte, war den Polizisten egal. Es waren auch Kinder dabei. Natürlich kann man fragen: Was sollen Kinder auf Demonstrationen? Unsere Demonstrationen waren aber immer friedlich. Von uns ging niemals Gewalt aus. Auch unsere innere Haltung war friedlich. Es ging uns darum, friedlich Widerstand zu leisten und immer mehr und immer mehr zu werden. Weil das dem System nicht passte, versuchte es mithilfe der Polizei Gewalt zu provozieren, damit wir nicht noch mehr würden und um diese Bewegung kaputt zu machen.

In Berlin auf dem Potsdamer Platz Ende August 2021 sangen wir in Richtung der Polizei: *Ohne Helm und ohne Knüppel seid ihr nichts!* An dem Tag holten die Polizisten nämlich ihre Knüppel raus und wedelten damit in der Luft herum. Sie hauten nicht drauf. Das sah ich nie. Es kam aber vor, dass sie drohten. Für ein demokratisches Land ist das ein Unding, Menschen, die sich weigern, eine Verordnungspolitik mitzutragen, mit Knüppeln zu bedrohen. In Kassel zogen sie ebenfalls ihre Knüppel. Dann sprühten sie Pfefferspray. Das abzubekommen, war so schmerzhaft, das werde ich nie vergessen.

Markus Haintz kennt sich als Anwalt mit den Gesetzen aus und nannte die Verstöße der Polizei beim Namen. Karl Hilz, als ehemaliger Polizist, sprach die Polizisten direkt an und redete ihnen ins Gewissen. Leute wie sie

Polizeigewalt

waren den Polizisten immer ein Dorn im Auge und wurden immer wieder brutal von der Polizei angegriffen. Musiker und Leute mit Megafonen waren auch bevorzugte Ziele für Polizisten. Guy Dawson ist ein Musiker aus Irland, der ursprünglich aus der Friedensbewegung kommt. Er war auch mehrmals in Berlin dabei. Ihn führte die Polizei einfach ab. Einfach, weil er sang, weil er musizierte und den Menschen auf seine Art Mut machte. Natürlich wollten die Polizisten uns damit provozieren, denn wir mussten zusehen, wie einer von uns, der Musik machte, der von ganzem Herzen friedlich war, einfach abgeführt wurde. Seine Frau war auch da. Sie protestierte und sie schubsten sie einfach zur Seite. Wenn du den Menschen ihre Musik wegnimmst, raubst du ihnen ein Stück ihrer Kraft und ihrer Hoffnung. Deswegen nahmen sie die Musiker mit. Captain Future hatte immer seine Musikbox dabei. Auch deswegen nahm die Polizei ihn mit. Die Musikbox, die Trommler, das hörst du durch die Straßen, die Menschen werden aufmerksam. Dann sehen sie die Schilder mit unseren Forderungen, hören unsere Rufe nach Frieden, Freiheit und Selbstbestimmung, und vielleicht liefen sie das nächste Mal mit oder sympathisierten mit uns. Das wollte der Staat unterbinden. Daran sieht man, dass das hier überhaupt keine Demokratie ist. Eine Scheindemokratie.

Arne, der Pianospieler, spielte auf den Demos Piano. Schon 2020 machte die Polizei sein Klavier kaputt. Ein anderes Mal beschlagnahmten sie es. Arne war auch immer Angriffsziel. Björn Banane, Thomas der Busfahrer, die Ärztin Carola Javid-Kistel, auch sie waren immer wieder Angriffsziele. Die ganzen Hausdurchsuchungen, die es seit 2020 gab. Bodo Schiffmann war einer der ersten. Jankos Wohnung wurde durchsucht und die ganze Technik mitgenommen. Auch hierdurch sollten die Menschen von Anfang an eingeschüchtert werden. Oder einfach durch Gewalt und Schmerzen. Meine blauen Flecken entstanden in Stuttgart nicht, weil man mich einfach mitgenommen hatte. Je häufiger man auf Demonstrationen ging, desto wahrscheinlicher wurde es, ebenfalls diese Gewalt zu erfahren. Wie viele Deutsche gingen seit 2020 mindestens einmal gegen die Corona-Maßnahmen auf die Straße? Zehntausende? Hunderttausende? Millionen?

Die Demonstranten forderten immer wieder zu runden Tischen auf, zu Gesprächen mit Politikern, mit Drosten, mit Wieler. Man versuchte immer wieder, ernsthaft ins Gespräch zu kommen, sich über die wichtigen Themen auseinanderzusetzen, sich auszutauschen. Es wurde abgelehnt. Michael Ballweg war mal in Bayern in einer Fernsehsendung. Gespräche mit uns waren aber die Ausnahme. In einem demokratischen Staat hätten die öffentlich-rechtlichen Fernsehsender dafür sorgen müssen, dass man verschiedene Seiten einlud und sie einander gegenüber setzte. Zum Beispiel Sucharit Bhakdi und Christian Drosten. Oder Karl Hilz, Markus Schlöffel, Bernd Beierlein und die Einsatzleiter der Polizei von Berlin, München und Stuttgart. Oder später in Bezug auf die Impfpflicht, dass man Ärzte mit unterschiedlicher Sichtweise diskutieren ließ. Oder dass man mal Schulmediziner und Naturmediziner an einen Tisch setzte. Damit sich die Menschen informieren konnten. Das wurde nicht gemacht. In Deutschland herrscht das Kapital, und das Kapital setzt sich mit niemandem an den Tisch.

An einem Demosamstag 2022 sprach ich in Frankfurt mit Ning, einem Chinesen, der mit uns auf die Demos ging. Ning sagte mir, seine Familie in China wäre ungeimpft und man würde immer einen Weg fingen. Ning trug keine Maske. In China sei es aber so, erklärte er mir, dass die Staubbelastung in der Luft ganz furchtbar wäre. Wenn man da nichts vor dem Mund trägt, werden die ganzen Atemwege angegriffen. Ich kann mir das gar nicht vorstellen. Scheinbar ist das da aber so. Eine Erzieherin im Kindergarten kümmerte sich in China um 50 Kinder. Wenn die Kinder nicht funktionierten, hätte sie überhaupt keine Chance, mit ihnen zu reden und ihnen etwas zu vermitteln. Die Kultur in China sei ganz anders als bei uns, sagte Ning, die Menschen seien kulturell anders geprägt. Wir lehnen aus unserer Sicht ab, was in China mit den Menschen gemacht wird, was die Chinesen aber gewohnt sind. Die fänden daran vielleicht gar nichts.

Das so zu hören, war für mich neu, und ich dachte mir, dass ich gerne einmal nach China reisen und mit den Menschen dort sprechen würde. Genauso wie wir nicht unsere Maßstäbe an arabischen Ländern anlegen dürfen, dürfen wir das wahrscheinlich genauso wenig in diesem riesigen Reich China. Was wir aus China erfahren, müssen wir in Frage stellen, besonders, wenn es unsere Medien berichten. Ich habe auch Vorbehalte gegenüber China. Daher war es gut, dass ich Ning auf der Demo traf, und ich wollte gerne mehr über die Chinesen erfahren. Nicht über die Kommunistische Partei. Wahrscheinlich ist es in China dasselbe wie bei uns. Die Verbrecher sitzen in den Regierungen. Gibt es einen Staat auf der Welt, dessen Regierung ihre Entscheidungen wirklich für das Volk trifft? Früher habe ich an unser Grundgesetz und den Rechtsstaat geglaubt. Willkür, Klüngelei und persönliche Meinung spielen jedoch eine größere Rolle als Recht und Gesetz. Ich sehe das Unrecht, gegen das ich auf die Straße ging, angefangen mit den Kindern, die 2020 Abstand halten und Maske tragen sollten, mittlerweile in einem größeren Rahmen. Es ist schwierig, dagegen anzukommen. Du kommst hier nur durch, wenn du schlau bist.

Ich werde weiter auf die Straße gehen. Das Unrecht hat mich stark gemacht. Die Polizisten logen auf jeder Demonstration. Überall, wo es Ärger gab, wo die Polizei eingriff, uns nicht loslaufen ließ, die Menschen abführte oder an die Wand stellte, die Gründe hierfür waren gelogen. Jedes Mal. Heute ist mir klar: Dass die deutschen Polizisten lügen, liegt daran, dass es ihnen so in ihrer Ausbildung beigebracht wird. Es hat mich sehr enttäuscht zu erfahren, dass diese häufig jungen Menschen vor ihrer Arbeit als Bereitschaftspolizisten sogar ein *Studium* absolvieren. Natürlich ist das kein echtes Studium. Der Mensch wird nicht gefördert, eigene Gedanken zu entwickeln, wie es bei einem Studium sein sollte. Stattdessen übernehmen sie einfach und lernen auswendig, was man ihnen vorsetzt. Wenn man sich brav an alles hält, wird das anerkannt. Im Dienst sind die Bereitschaftspolizisten wie Computer, ausführende Maschinen ohne Hirn, ohne Herz, ohne Verstand.

Die Gewalterfahrungen, die ich machen musste, härteten mich ab. Irgendwann wird man gegen die Polizeiwillkür und ihre Einschüchterungsversuche taub. Und man nimmt sie nicht mehr ernst. Gegenüber dem einen oder anderen Polizisten ist das wahrscheinlich ungerecht. Ich nehme diese Einsatzkräfte aber nicht mehr ernst. Keinen von denen. Für mich sind das Marionetten. Sie sind hörig, sie denken nicht selbst, sie entscheiden nicht selbst, sie bekommen einen Befehl und führen den aus. Ich habe keinerlei Respekt mehr vor diese Polizei. Polizei, dein Freund und Helfer? Das ist kaputt. Dem Ansehen der Polizei – bei mir und bei vielen anderen Bürgern – wurde seit 2020 ganz massiv geschadet. Die Polizei wurde politisch missbraucht. Vereinzelt gab es hier durch die

Polizeigewalt

Polizei Beschwerden. Doch insgesamt hat sich die Polizei politisch missbrauchen lassen. Deutschland ist ein Staat, vor dessen Polizei die Bürger Angst haben müssen. Aber unseren Politikern kann das sicher nur recht sein.

Was wir den Bereitschaftspolizisten vorsangen, war: *Ohne Helm und ohne Knüppel seid ihr nichts.* Genau so ist es. Es ist nicht so, dass ich gerne gehässig bin. Ich bin enttäuscht von diesen jungen Menschen, die für Geld und Karriere alles tun. Meistens sehen sie ganz hübsch aus in ihren Uniformen. Aber zugleich sind sie strohdumm. Sie tragen Waffen und wir als friedliche Menschen, die kritisch sind, die für Frieden und Freiheit auf die Straße gehen, haben gegen die Waffen, die sie tragen, keine Chance. Im schlimmsten Fall können wir uns gegen die nicht wehren. Wenn die den Auftrag kriegen zu schießen, dann schießen die. Wie oft haben wir sie damit konfrontiert, als sie ihr Pfefferspray rausholten? *Und wenn du jetzt den Auftrag kriegst zu schießen, schießt du dann auf mich?* Immer wieder fragten das die Demonstranten. Aber die Bereitschaftspolizisten tun so, als würden sie nichts hören. Unter ihren Helmen und Visieren schauen sie dich nicht einmal an. Auch das ist Teil ihrer Ausbildung. Denn es ist ein Reflex, dass du einen Menschen, der vor dir steht und dich anschaut, ebenfalls anschaust. Sie schauen absichtlich nicht in die Gesichter der Menschen.

Das fiel mir schon so oft auf. Dieser Reflex wurde ihnen in ihrem *Studium* systematisch abtrainiert, damit sie den Menschen, der vor ihnen steht, nicht sehen. Sie werden von Steuergeldern bezahlt, und dann stellen sie sich gegen die Bürger, gegen das eigene Volk. Vielleicht ist unsere einzige Chance, dass die Menschen, die in diesen Uniformen stecken, irgendwann aufwachen und sagen: *Ich mach das nicht mehr.* Aber leider sind das Staatsdiener genauso wie die Schulleiter Staatsdiener sind, und die

Lehrer und die Richter. Das macht die aktuelle Lage so schwierig. Sobald du dich kritisch gegenüber dem Staat äußerst und Verbesserung möchtest und dafür auf die Straße gehst, bekommst du Probleme.

In Stuttgart war es Anfang 2022 immer noch so, dass ein angemeldeter Aufzug nicht starten durfte, weil die Menschen im Freien keine Masken trugen. In München und Hamburg war es dasselbe. Bei der Demo in Frankfurt war der Aufzug ohne Maske komischerweise kein Problem. Teilweise liegt das am Einsatzleiter. Einsatzleiter wurden schon gerügt, weil sie nicht hart genug gegen Demonstranten vorgingen. Kein junger Mensch sollte unter den heutigen Umständen zur Polizei gehen. Unter den heutigen Umständen sollten alle ihre Uniformen an den Nagel hängen. Dann hätten wir die Chance, ein gesundes System aufzubauen, das sich wirklich Demokratie nennen darf. Es ist unsere Pflicht, unsere Stimme zu erheben und weiter auf die Straße zu gehen. Dafür werden wir auch in Zukunft keine Genehmigung brauchen.

Teil IV.

Resümee

* * *

Mit Beginn der Corona-Maßnahmen merkte man, wie sehr sich die Menschen in ihr Privatleben zurückzogen. Viele beschlossen, sich nicht mehr darum zu kümmern, was die Politik tat. Sie hielten den Kopf unten, machten alles mit und hofften irgendwie auf das Beste. Dieses Verhalten war ganz im Interesse der Politik und wurde durch die Mainstream-Medien noch befördert. Doch es war genau das Gegenteil von dem, was dem demokratischen Ideal entsprochen hätte – oder auch dem Ideal als Menschen. Als Menschen haben wir Verantwortung für unser Leben, für unsere Gesundheit, für unsere Kinder. Als Menschen haben wir aber auch Verantwortung über Alltag und Beruf hinaus. Die Berufsgruppen, auf die sich die Politik hauptsächlich stützte, um die Verordnungspolitik durchzusetzen – die Beamten, die Lehrer, die Ärzte, die Richter, die Journalisten, die Polizisten – übernahmen keine Verantwortung. Sie befolgten Befehle. Dies konnte nur geschehen, weil die Werte, die uns als Gesellschaft zusammenhalten, verloren gegangen sind. Die Menschen haben das Gute mit dem Gedanken an sich selbst ersetzt.

Als ich 2020 loslief, dachte ich wirklich, wir könnten die ganze Welt zum Besseren gestalten. Ich dachte, wir könnten in Deutschland beginnend über Europa in der ganzen Welt nach dem Vorbild der Soziokratie ein friedliches und achtsames Miteinander aufbauen. Dieses Ideal hatte ich fest vor Augen gehabt. Jetzt nach über zwei Jahren sehe ich es nicht mehr. Es gibt Momente, in denen ich denke, wir können nur versuchen, unser eigenes Leben zu gestalten, unser eigenes Leben zu retten. In der Weltpolitik geschehen zu große Dinge, die man alleine nicht durchschauen kann, bei denen man nicht weiß, wer welche Fäden zieht, wessen Spiel echt ist und welches falsch.

Die Soziokratie entstand ursprünglich in einem holländischen Familienbetrieb, wo sie nach dem Zweiten Weltkrieg ausprobiert und als Erfolg angesehen wurde. Im Kern geht es in der Soziokratie um die Frage, wie man Probleme angeht und sie effektiv löst. Die Antwort ist, dass Menschen, die an einem Problem arbeiten wollen, in sogenannte Kreisen zusammenkommen. Jeder, den das Problem betrifft, darf an dem Kreis teilnehmen, sich äußern und einen Lösungsvorschlag machen. So geht das reihum, bis jeder sich geäußert hat. Dann wird diskutiert. Ein Moderator sorgt für den geregelten Ablauf. Wurde ein Vorschlag angenommen, wird die Entscheidung an den nächst höheren Kreis delegiert oder zur Umsetzung freigegeben. Auf einen Staat angewandt handelt es sich um ein basisdemokratisches, streng föderales System, eine Weiterentwicklung der repräsentativen Demokratie und ihres Parteiensystems. Ein kleinerer Kreis wäre eine Schulklasse oder eine Schule. Hier besteht der Kreis aus den Schülern, aus den Eltern und aus den Lehrern. In Deutschland ist es die Regel, dass die Eltern in der Schule nichts zu sagen haben. Dabei sind es doch ihre Kinder, die zur Schule gehen, um etwas zu lernen.

Der Kreis ist nicht nur die Gruppe der Betroffenen, die ihr Anliegen gemeinsam diskutieren. Der Kreis ist auch eine Metapher für die Verbundenheit der Menschen und die Stärke und Harmonie, die man erreicht, wenn man gemeinschaftlich handelt. Zum Kreis gehört daher, dass sich seine Glieder respektieren und einander zuhören. Wird ein Glied der Kette nicht gehört oder übergangen, verliert der Kreis an Kraft oder wird kleiner, da die Glieder ihn verlassen. Um den Kreis zu stärken, müssen die Glieder eine gemeinsame Lösung entwickeln, sodass am

Ende möglichst ein Konsens entsteht. Im kleinen Kreis mit meinen zwei Söhnen habe ich das ausprobiert und es hat funktioniert. Da war das natürlich einfach, da wir eine Familie sind. Die Familie ist ein Wert, der für uns wichtig ist, weshalb es (meistens) leichter fällt, miteinander achtsam umzugehen. In der Soziokratie geht es auch darum, den Wert der Gemeinschaft mit dem Eigeninteresse des Einzelnen zusammenzuführen. Der Kreis ist ein Ideal, in dem es kein Oben und kein Unten, kein Außen und kein Innen gibt. Wo weder Gemeinschaft noch Einzelinteressen eine Bedeutung haben, wo die Menschen nur an sich denken und die anderen nicht achten, da hat die Soziokratie keine Chance.

Während der Pandemie hatte ich immer wieder das Gefühl, dass in allem Schlechten, was passierte, eine Chance für uns liegt, die Welt zum Positiven zu verändern und sie neu zu gestalten; herauszukommen aus den verknöcherten Machtstrukturen, die uns allen nicht gut tun. Ich fragte mich, welche Auswirkungen der Lockdown in Deutschland eigentlich auf andere Teile der Welt hatte. Zeitweise wurden ja zwangsweise weniger Waren zum Beispiel aus Asien gekauft, wo viel für unseren Markt produziert wird. Im Umkehrschluss hieße das für die Menschen dort weniger Arbeit und weniger Geld. Über die weltweiten Auswirkungen der Lockdown-Politik hat sich unter den Politikern keiner Gedanken gemacht. Ausgehend von der globalen Vernetzung, die wir heute erleben, war meine Idee, dass wir in Deutschland und in Europa den Blick auf unseren Konsum richten, auf die Abhängigkeiten, die wir weltweit erzeugen. Ich wollte, dass endlich Fairness herrscht, dass der Kapitalismus und die Ausbeutung der Menschen endet. Ich dachte, diese Veränderung in der Welt kann von Europa ausgehen. Zu Beginn der Pandemie hatte ich das starke Gefühl, dass die

Resümee

Verantwortung einer Veränderung in der ganzen Welt in Deutschland liegt und die Soziokratie hierzu unser Schlüssel ist.

Was war in Deutschland seit März 2020 eigentlich passiert? Die Regierung eines Staates hatte festgelegt, was die Menschen ab sofort tun durften und was nicht. Abstand halten, Maske tragen, nicht mehr einkaufen gehen, keine Menschen treffen. Menschen, die sich widersetzten, die hinterfragten, wurden systematisch aus jeder Debatte ausgegrenzt. Diese Art Ausgrenzung ist das Merkmal einer totalitären Gesellschaft, aber keiner Demokratie. Auch im NS-Deutschland wurden Bürger staatlich verordnet ausgegrenzt, auch in der DDR und heute in der BRD – natürlich überall mit unterschiedlicher Qualität. Die Gemeinsamkeit ist jedoch, dass die Ausgrenzung von höchster staatlicher Ebene legitimiert war. Unsere Aufgabe als freie Bürger ist es aber, eben dies zu verhindern. Wir haben alle in der Schule gelernt, dass wir aufpassen müssen, damit Menschen mit Macht diese nicht missbrauchen. Wir Deutsche müssen besonders hellhörig sein. Was sich seit März 2020 ereignete, angefangen auf dem Rosa Luxemburg-Platz in Berlin, als die Polizei den Bürgern untersagte, das Grundgesetz öffentlich zu zeigen – unsere demokratische Verfassung! –, als man sich nicht mehr frei in der Öffentlichkeit unseres eigenen Landes bewegen durfte, als man sich nicht auf eine Bank setzen durfte und all diese wahnsinnigen, unsinnigen und willkürlichen Dinge, gegen all das mussten wir uns als freie Bürger Deutschlands nach der Erfahrung zweier Diktaturen zur Wehr setzen. Gegen Willkür und Unrecht des Staates müssen wir uns jederzeit erheben und deutlich sagen: *Wehret den Anfängen.*

Die Einschränkung unserer bürgerlichen Freiheit wurde mit dem höheren Wohl begründet, mit der Gesundheit anderer, für die man sich selbst zurückzunehmen hatte. So wurde das uns gesagt. Wir haben alle erlebt, dass durch die Verordnungen überhaupt nichts in der Art erreicht wurde. Sie waren von Beginn an unsinnig und es gab keine rechtliche oder moralische Grundlage sie einzuführen. Es wurde irgendetwas beschlossen und Behörden und Polizei setzten das einfach um. Angefangen hatte es ja mit den Spielplätzen 2020, die mit Flatterbändern abgesperrt wurden. Es wurde einfach gemacht, man sollte es akzeptieren und die meisten Menschen haben es auch akzeptiert. Die Kinder wurden zur Akzeptanz gezwungen, wieder eine Generation, die gehorchen statt hinterfragen sollte. Die Eltern hielten sich an alles, weil es eben vorgeschrieben war. Dieses Nicht-Hinterfragen war für mich unglaublich. Und nach ein paar Wochen durften die Kinder alle wieder auf die Spielplätze. Die Absperrung war von Anfang an Unsinn. Und doch tat man so, als wäre es richtig gewesen.

Ich habe gedacht, man könnte das soziokratische Modell in Deutschland einführen. Ich wollte eine soziokratische Republik Deutschland gründen und die Werte der Soziokratie im Grundgesetz verankern. Die Soziokratie in eine neue Verfassung zu schreiben, geht aber nur, wenn das herrschende politische System an sein Ende gerät, wenn die Menschen aufbegehren: gegen Lobbyismus, gegen Machtmissbrauch, gegen Ausbeutung, gegen Kapitalismus. Wenn die Mehrheit der Menschen versteht, dass dieses System, das wir in Deutschland seit dem Ende des Zweiten Weltkriegs haben, gescheitert ist, erst dann könnte man eine soziokratische Republik ausrufen und die Soziokratie in der Verfassung als reformiertes, demokratisches Organisationsmodell verankern. Ich halte das aktuelle politische System bereits für gescheitert, weil ich ablehne, dass einige wenige Menschen in der

Resümee

Regierung über ein ganzes Volk herrschen, dass wenige festlegen, was richtig und was falsch ist. Das ist nicht in Ordnung und darf nicht sein.

Dass Menschen meistens die Macht nicht gerne abgeben, dafür habe ich keine Lösung. Die Menschen mit Macht sind weit weg vom Volk und dessen Alltag. Sie leben in ihrer eigenen Welt. Sie interessieren sich nicht dafür, was die Menschen auf der Straße denken. Auch ein Regierungswechsel kann das nicht ändern. Es sind zwar andere Gesichter, aber grundsätzlich ändert sich nichts. Die Politiker in der Regierung, die Staatsbeamten in den Ministerien haben keine Beziehung zu uns. Für die sind wir nur Verfügungsmasse. Während der letzten zwei Jahre ist mir das ganz klar geworden.

Es gibt natürlich Versuche, das zu ändern, wie das Volksbegehren in Bayern. Hier wollte man die Menschen motivieren, sich Gedanken über die Politik zu machen. Mein Optimismus ist in den zwei Jahren jedoch nach und nach verloren gegangen. In den Ministerien werden Entscheidungen getroffen und die Bürger sind überhaupt nicht involviert. Die Kinder und Schüler werden nicht gefragt. Immer wieder wurde seit 2020 darüber informiert, dass Schulen für das Infektionsgeschehen unerheblich waren, dass Kinder Covid-19 ohne schlimmen Krankheitsverlauf wegstecken. Doch es passierte nichts. Die Lügen haben sich durchgesetzt, Masken- und Testwahn blieben bis zum Schluss. Welcher Politiker, welcher Beamte hat während der Pandemie eine Schule besucht und sich nach dem tatsächlichen Infektionsgeschehen erkundigt? Wer hat die Kinder gefragt, was sie brauchen?

Als die Kultusministerin von Baden-Württemberg einmal eine Schule bei Stuttgart besuchte, stellten wir sie zur Rede. Wir fragten, wie es den Kindern mit der Maske in der Schule ging. Damals gab es an den Schulen noch keine Maskenpflicht, die Kinder wurden aber vom Schulpersonal zum Tragen der Maske genötigt, selbst auf dem Schulhof. Die Ministerin sagte, die Kinder kämen mit der Maske gut zurecht. Sie wären fröhlich gewesen und hätten gesungen. Als die Ministerin vom Gespräch mit uns genug hatte, ließ sie uns stehen und lief schnell zu ihrer von einem Haufen Polizisten bewachten Limousine.

Ob mit den Kindern oder mit den Alten, in unserer Gesellschaft war die Solidarität nur geheuchelt. Die Menschen starben an Selbstmord, weil sie keinen Ausweg sahen, oder an den Folgen der Impfung oder tatsächlich an der Krankheit, einsam, isoliert auf irgendeiner Quarantänestation. Nach außen schmücken sich die Politiker gerne mit dem *Bürgerwillen*, nach innen ist es ihnen egal, was sie mit ihren Entscheidungen anrichten, solange es ihnen selbst nicht schadet. Doch nicht nur Politiker interessieren sich wenig für ihre Mitmenschen. Als ich die Frau vom Gesundheitsamt fragte, wie ich mit Covid-19 am besten umgehe, bekam ich zur Antwort: lüften, desinfizieren, ausruhen. Das war alles, was sie mir zur einer Krankheit sagte, wegen der seit zwei Jahren das ganze Land stillgelegt wurde. Das konnte doch nicht die Antwort des Gesundheitsamts sein. Hier merkte ich am eigenen Leib, dass es den Menschen, die im Gesundheitsamt arbeiten, im Grunde ebenfalls egal war, was mit den Menschen ist, für die sie zuständig waren. Repressionen und Einschränkungen setzten Behörden um. Aber wenn es darum ging, den Bürgern zu helfen, kam nichts. Zum Glück war es bei mir nicht schlimm. Mein Immunsystem kam mit der Erkrankung gut zurecht. Aber ich verstand aus eigener Erfahrung, dass die Aufrufe zur Solidarität Heuchelei waren. Außer einem *Gute Besserung* war da nichts und das war eine Floskel.

Diese Parolen wie *Wir müssen jeden Einzelnen schüt-*

zen waren Floskeln. In Wahrheit fühlt sich niemand für seinen nächsten verantwortlich. Wozu auch? Unsere Gesellschaft basiert auf der Vorstellung, dass es besser ist, sich an nichts und niemanden zu binden. Das Gefühl für Verantwortung ist uns abhanden gekommen, vermutlich schon lange. Ich sehe das als einen Werteverlust, den wir in Deutschland haben. Wer oben steht, wer Autorität hat, wird für seine Entscheidungen nicht zur Rechenschaft gezogen. Als einer meiner Söhne eine Zyste im Oberschenkelknochen hatte, machte ich nicht zum ersten Mal die Erfahrung, dass man Ärzten nicht vertrauen kann. Zwei Jahre dauerte es, bis einem Chirurg endlich auffiel, dass die Zyste überhaupt nicht verheilte, sondern im Gegenteil noch größer geworden war. Wie konnte es sein, dass das all den Ärzten zwei Jahre lang und nach wiederholtem Röntgen nicht aufgefallen war? Erst der Chirurg sagte mir, dass das Loch im Knochen unbedingt aufgefüllt werden musste. Es musste weiträumig ausgeschält und mit Knochenchips aufgefüllt werden, und er sagte mir, es sei ihm egal, was das koste. Das waren die Worte des Chirurgen, der als Erster wirklich Verantwortung für meinen Sohn übernahm, der sah, hier war ein junger Mensch und der musste sein Bein wieder benutzen können.

Hier nicht genau hinzuschauen, war von den anderen Ärzten unverantwortlich gewesen. Als ich das begriff, ließ ich nur noch diesen Chirurg an meinen Sohn. Er leitete später die Operation und kümmerte sich auch um die Narkosemittel. Nach einer früheren Operation hatte sich mein Sohn erst einmal übergeben, als er aus der Narkose erwachte. Das Narkosemittel war nicht richtig auf ihn abgestimmt worden. Bei seiner zweiten Operation achtete ich darauf. Ich sprach darüber mit dem Arzt und plötzlich ging alles. Endlich hatte jemand Verantwortung übernommen und das bis zum Schluss. Im November 2018 entfernte er dann die Metallstäbe aus dem Oberschenkelknochen. Dass er sich um meinen Sohn kümmerte, war unser großes Glück. Nun kann mein Sohn wieder voll belastet jeden Sport machen. Die Geschichte hätte auch anders ausgehen können und das geht einfach nicht. Es geht nicht, dass Ärzte Dinge tun, für die sie nie zur Verantwortung gezogen werden. Die Ärzte, die nicht erkannten, dass die Zyste immer größer wurde, sind wahrscheinlich immer noch auf ihrer Stelle. Menschen, die in ihrem Beruf keine Verantwortung für ihr Handeln übernehmen, sind für mich Betrüger.

Mit der Schule ist es das Gleiche. Wie viele der Lehrer fühlen sich gegenüber den Kindern verantwortlich und nicht ihrem Job? Natürlich gibt es Lehrer, die sich um den einzelnen Schüler Gedanken machen und ihn voranbringen wollen. Genauso gibt es die, denen es egal ist, was aus den Kindern wird. Dieses Denken haben wir in der ganzen Gesellschaft. Wer verlässliche Beziehungen will, muss sich ein Netzwerk aufbauen. Es ist fatal, wenn man Menschen ausgeliefert ist, die *einfach ihren Job machen*. Ich hatte mit dem Jobcenter zu tun und denen ist es egal, ob ich Frau Meier oder Frau Müller bin. Sie haben die Aufgabe, mich in den Arbeitsmarkt zu integrieren. Hauptsache, ich bin irgendwo beschäftigt. So kann man nicht gemeinsam leben, wenn jeder nur einen Job macht.

Das Thema Schule halte ich für sehr wichtig. Hier geht es nur um die Kinder. Ich ging auf die Straße für die Gesunderhaltung und die Zukunft meiner Kinder. Das war meine Aufgabe als Mutter. Ich merkte schon im März 2020, dass sie in Gefahr waren. Es ging nicht darum, dass ich nicht mehr ins Kino oder in die Sauna durfte, was ich gerne ab und zu machte. Den Kindern wurde das Leben genommen, ihre Möglichkeiten sich zu entfalten. An den Maßnahmen, die ihnen aufgezwungen wurden und ihnen gesundheitlich schadeten, beteiligten sich neben der Politik und den Medien auch die Lehrer. Das ist für mich heute noch unglaublich. Wir Erwachsene haben unser Leben bereits gelebt. Wenn es morgen vorbei ist, kann ich nur sagen, hey, ich hatte ein tolles Leben. Aber die Generationen, die nach mir kommen: Sie können nicht so eingeschränkt leben müssen. Die jungen Leute von heute überlegen sich, ob sie in dieser Welt überhaupt einem Kind das Leben schenken wollen. Das kann nicht sein.

Mit der Geburt fängt es an. In Deutschland wird man von Geburt an seiner Selbstbestimmung beraubt. Wenn eine werdende Mutter im Krankenhaus liegt, muss sie fürchten, dass sie einen Kaiserschnitt bekommt. Als junger und unerfahrener Mensch denkt man, man kann den sogenannten Fachleuten vertrauen. In Deutschland kannst du nicht darauf setzen, dass die Menschen ihren eigenen Kopf einschalten oder die Wahrheit sagen. Du musst davon ausgehen, dass da jemand einen Befehl ausführt. Du kannst nicht erwarten, dass die Entscheidungen, die einen betreffen, durchdacht sind oder einen Prozess durchlaufen haben, in dem sie kritisch hinterfragt wurden. Man kann in Deutschland heutzutage davon ausgehen, dass von oben nach unten durchverordnet wird. So ist es auch in den Krankenhäusern. Jedes Krankenhaus ist ein Wirtschaftssystem. Das heißt, dass sie auf Gewinn ausgerichtet sind. Die Ärzte wissen ganz genau, welche Behandlung dem Krankenhaus Geld bringt und durch welche es Geld verliert. Die Geschäftsleitung sagt den Ärzten, wo es lang geht.

Den meisten Ärzten war die Gesundheit egal, als sie millionenfach ein experimentelles Medikament verspritzten. Sie dachten an das Geld, das sie pro Spritze erhielten.

Den meisten Lehrern war es egal, dass sie ihren Schülern psychisch schadeten, als sie sie unter das Maskenregime zwangen und dort, wo es nötig war, ihren Willen brachen. Sie dachten an ihre Stelle und an ihr Gehalt und ihre Beamtenrente. Wie soll mit der Maske vor dem Gesicht Menschlichkeit vermittelt werden? Immer ist von *Leistung* die Rede. Immer weiter, immer höher, immer mehr? Das macht die Menschen nur noch krank und depressiv. Das ist keine *Leistungsgesellschaft*. Wie viel in unserer Gesellschaft tatsächlich *geleistet* wird, ist sehr fragwürdig. Beschäftigungsgesellschaft würde eher passen. Wer etwas Wichtiges für unserer Gesellschaft leistet, wird unter Umständen weder entlohnt noch gewürdigt. Menschen mit großem Herz machen das und geben sich selbst für andere auf. Andere werden fünf Tage mit Arbeit beschäftigt und nutzen die restliche Zeit, um zu konsumieren oder sich auszuruhen. Was leisten wir wirklich in unserer Konsum- und Dienstleistungsgesellschaft? Echte Leistung sollte sich an Werten orientieren und nicht an dem, was am Ende abgeschöpft werden kann. Wer in der Lage ist, eine moralische und verantwortungsbewusste Entscheidung zu treffen, wer im Umgang mit anderen Werte berücksichtigt, wer etwas gegen Ausbeutung, Versklavung, gegen Stress und Druck auf die Arbeitnehmer unternimmt, wer im eigenen Berufsfeld immer den ganzen Menschen im Blick hat, der leistet etwas.

Das zu verändern, so dachte ich, ist möglich mithilfe der Soziokratie. Im Kleinen kann man anfangen. Aber solange das aktuelle korrupte System in Deutschland nicht zusammenbricht, haben wir keine Chance auf Wandel. Wenn ich die Möglichkeit hätte mitzugestalten, wenn hier etwas Neues gestaltet wird, dann würde ich natürlich miteinbringen, dass die Soziokratie eine gute Idee ist. Aber das sehe ich aktuell nicht. Was war mit der staatlich

Resümee

geförderten gefälschten Überlastung der Intensivbetten? Da sind keine Köpfe gerollt. Diejenigen, die für die Lügen und die Geldverschwendung verantwortlich waren, hätte man zur Rechenschaft ziehen müssen. Je weiter du nach oben gehst, desto weniger funktionierende Kontrollinstanzen gibt es. Dabei hat jeder eine persönliche Kontrollinstanz im eigenen Bewusstsein, das Gewissen. Das Gewissen sollte verhindern, dass Menschen sich auf Kosten anderer bereichern. Diese Idee dürfte gar nicht erst aufkommen. In Deutschland ist das aber normal. Es ist schon so normal, dass jeder nur an seine eigene Tasche denkt und wie man sie am besten füllt. Und da müssen wir raus.

Im Grunde beginnt alles mit der Geburt. Ich stand bereits früher der hohen Kaiserschnittrate ablehnend gegenüber. Nun begriff ich den Zusammenhang zwischen der Geburt eines Kindes und der Entwicklung unserer Gesellschaft. Was wir seit 2020 erleben, ist wie eine Geburt. Aktuell findet ein starker Wandel statt. Ich verstand, wie wichtig die Geburt eines Kindes war. Nun war es mir wichtig, dass ich mich als Mutter und als Doula in den gesellschaftlichen Wandel einbrachte. Die Gesellschaft ist im Wandel und jeder von uns ist ein Teil davon. Zu diesem Thema sprach ich das erste Mal in Ulm. Ich spürte diese Impulse in mir und sie gaben mir die Kraft, nicht nur auf die Straße zu gehen. Diese Kraft hatte ich vorher nicht. Nun machte ich es einfach. Die Soziokratie war für mich ein wichtiger Impuls. Sie war sogar der Grund, warum ich auf Instagram aktiv wurde. Als am Freitag, den 13. März 2020, die Information kam, dass ab Montag die Schule geschlossen ist, fühlte ich, dass etwas in diesem Land nicht stimmte, und ich musste etwas tun.

Es konnte nicht sein, dass wegen eines Virus, das ich gar nicht erlebte, die Schule geschlossen wurde. Die Menschen fielen nicht tot um. Nichts passierte, aber die Schule wurden geschlossen? Basisdemokratisch hätte man gefragt: Wie ist die Situation vor Ort? Wie nehmen wir sie war? Wie können wir mit ihr umgehen? *Was ist für die Kinder wichtig?* Was ist für die Lehrer wichtig? Für die Eltern, die ihre Arbeit haben? Das wäre vernünftig gewesen. Selbst an Privatschulen passierte das nicht. Ich hörte, dass die Geschäftsführerin an der Waldorfschule, die mein jüngstes Kind besucht hatte, so tief in die Angst vor dem *Killervirus* rutschte, dass sie dafür sorgte, dass ausnahmslos jeder Masken trug, und auf dem Boden war der Weg aufgemalt, den die Kinder zur Toilette nehmen mussten. In den Waldorfschulen ist das also überhaupt nicht so, dass ihnen ihre Erziehung zur Freiheit genutzt hätte. Es hing alles davon ab, wie die Geschäftsführung die Maßnahmen und die Verordnungen umsetzte. Es war wie überall: von oben nach unten. Eine Hierarchie kann aber nicht die alleinige Entscheidungsform sein. Das System der Hierarchie, wie wir es in Deutschland haben, ist gescheitert. Die neue Kraft muss von innen aus dem Volk kommen, von unten nach oben. Das wäre richtig und deswegen fand ich es gut, dass die Menschen auf die Straße zu den Montagsspaziergängen gingen und sich nicht aufhalten ließen. Diese zarten Anfänge sehe ich als Chance für unser Land. Für mich ist die Soziokratie ein Entwicklungsweg, den es zu gehen lohnt. Diese Vision brachte mich in die Bewegung.

* * *

Keiner sollte sich davor fürchten, sich mit den größeren Fragen zu beschäftigen. Für mich war es eine positive Erfahrung zu sehen, dass ich den Mut hatte, mich auf eine Bühne zu stellen, zu gesellschaftlichen Fragen

Resümee

Stellung zu nehmen und Unrecht anzusprechen. Heute kann ich mich öffentlich hinstellen und ich habe keine Angst davor, die Politiker zu kritisieren. Im schlimmsten Fall würden sie mich mundtot machen oder wegsperren. Im Sommer 2021 forderte ich öffentlich den Rücktritt der Regierung. Auch die Bundesregierung besteht aus Personen, die sich weit von unserer Gesellschaft entfernt haben und trotzdem über uns bestimmen. Das geht nicht und das muss beim Namen genannt werden. Es geht nicht, dass man der Bevölkerung einfach etwas überstülpt und verlangt, alles zu akzeptieren. Stattdessen sollten Politiker fragen, was die Bürger, was ihre Mitmenschen brauchen, damit es ihnen gut geht.

Ich denke seit 2020 auch über Lösungen nach. Ich frage mich: Was muss verändert werden, damit wir so etwas wie diese Corona-Schockmaßnahmen seit 2020 nie mehr erleben? Es darf sich nicht wiederholen. In der Schule musste jeder von uns die NS-Zeit durchkauen. Wir lernten, wie schnell sich Menschen beeinflussen lassen und sich gegen Mitbürger stellen. Das war auch eine Lehre für mich. Ich dachte, dass wir als Gesellschaft heute weiter sind. Dass wir uns nicht so leicht manipulieren lassen. Dass wir eine erneute Massenhypnose frühzeitig erkennen würden. Dass sich Menschen für eine Bratwurst impfen ließen, hätte ich nie für möglich gehalten. Warum merkten sie nicht, wie erniedrigend das war? Wie arrogant die Elite war, dass sie das Volk für so dumm einschätzte? Und wie dumm jeder Einzelne war, diesen billigen Köder zu schlucken? Wenn wir unsere Gesellschaft wirklich demokratisch nennen wollen, haben wir noch einen weiten Weg vor uns. Die Elite konnte durch Corona leider merken, dass die Mehrheit der Bevölkerung ihnen alles glaubte. Das zu sehen, enttäuschte mich sehr. Auch Menschen in meinem Freundeskreis und in der Familie enttäuschten mich zutiefst, vor allem die akademisch gebildeten, sogar mit Promotion.

Diejenigen, die bewusst auf die Straße gingen, kamen aus allen Schichten. Frauen und Männer, Jung und Alt, Studenten, Arbeitslose, Menschen mit Handicap, Akademiker, Unternehmer, ein Querschnitt durch die Gesellschaft. Das zu sehen und mit diesen Menschen Zeit zu verbringen, tat mir sehr gut. Ich war stolz, dass ich dazugehörte. Am Anfang wusste ich nicht, dass ich nicht die einzige war. Es konnte ja sein, dass ich einfach doof war. Als ich ein befreundetes Ehepaar Ende Oktober 2020 auf dem Alexanderplatz sah, beide Anthroposophen, beide Lehrer, beide Eltern und Großeltern, bewusst lebende, belesene Menschen, waren auch meine letzten Zweifel verschwunden. Wenn sie auf die Straße gingen und in der Freiheitsbewegung dabei waren, konnte ich nicht falsch liegen. Ich kann mich heute noch an den Moment erinnern, als ich sie dort auf der Straße sah. Wir lebten in einem Städtchen, einem beschaulichen Ort. Und dann treffe ich sie in Berlin. Das gab mir eine Menge Kraft.

Zu Menschen, mit denen ich vorher wenig Kontakt hatte, wurde er während Corona enger. In dieser Scheißzeit mit den ganzen Maßnahmen unterstützten wir uns gegenseitig. Wenn wieder irgendein Unfug verordnet wurde, halfen wir einander. Ich konnte etwas für sie tun und sie für mich. Wir konnten uns austauschen. Wir konnten uns über die ganzen Spinner da draußen aufregen. Die Mehrheit war durchgeknallt und das ging auf unsere Kosten. Wir wurden ausgegrenzt, wir wurden verächtlich gemacht. Wenn wir keine Maske trugen, wurden wir angepöbelt. Dass wir uns gegenseitig stützten, war wichtig. Ich begegnete neuen, wunderbaren Menschen. Ohne Corona wäre das nicht passiert. Diese Freundschaften konnten noch stärker als die alten sein, da sie in einer schwierigen Zeit entstanden, in der man zusammenhalten musste. Ende 2020 war die Stimmung: Wer weiß, was noch alles auf uns zukommt? Würden wie in Australien Quarantäne-Lager errichtet werden? Diese Angst schwebte über uns. Oder würde es so schlimm wie in Kanada oder China werden? Wir wussten nicht, was man in Deutschland mit uns noch vorhatte. Wer sich in dieser Lage zusammenfand, überlegte, wohin man im schlimmsten Fall fliehen könnte. Manche Aktivisten schwärmten aus und schauten, wo man leben konnte, möglichst ungestört und ohne Repressalien ausgeliefert zu sein. Diese Angst vor australischen, kanadischen oder chinesischen Verhältnissen darf man nicht vergessen. Erst ab dem Winter 2021 löste sie sich langsam auf, weil zu sehen war, wie zögerlich die Bundesregierung bei der Impflicht war, während medial durchsickerte, dass die Impfung überhaupt nicht half, was sie versprach.

Diese Angst, die für den Aktivismus der Freiheitsbewegung natürlich eine Rolle spielte, konnte nachlassen. Die reale Möglichkeit einer Verschlimmerung der Lage besteht weiterhin. Ohne Übertreibung kann man sagen, dass China ein reales Szenario für europäische Staaten war. Dann der Druck in Österreich. Ich befürchtete, dass der auch zu uns kam. Ich bekam mit, wie Menschen Deutschland verließen, vor allem Familien mit Kindern. Zeitweise gingen Menschen nach Schweden und verbrachten dort den Winter, um zu schauen, wie es war. Ich weiß noch, wie ich in eine Gruppe schrieb: *Bitte lasst mich mit meinen Kindern nicht zurück*. Weil ich nicht die finanziellen Möglichkeiten habe, nach Tansania, nach Sansibar, nach Ungarn oder nach Mexiko auszureisen. Diese Angst war auch in mir. Heute bin ich entspannter und denke, dass es gut war, dass ich nicht fortging. Andere kauften sich ein neues Zuhause in Ungarn. Dort entstand eine Gemeinschaft von Deutschen, die sich in der Nähe des Plattensees niederließen. Auch Freunde von mir kauften dort Häuser.

In dieser schwierigen Situation schlossen sich die Menschen zusammen. Wir durften nicht mehr ins Kino gehen. Was war die Folge? Es wurden private Filmabende organisiert. Man stimmte über den Film ab, jemand stellte eine Räumlichkeit zur Verfügung, man brachte etwas für das Buffet mit und der Kinoabend konnte beginnen. In Berlin durfte nicht mehr getanzt werden, also feierten die Leute ihre Partys privat, kochten gemeinsam zu Hause und hörten Musik. Wir ließen uns das Leben nicht verbieten. Eine Freundin hatte zu Hause eine Sauna. Also lud sie uns zu sich ein. Für jedes Verbot gab es auch eine Lösung. So bildeten sich gallische Dörfer. Die Menschen vernetzten sich und einer half dem anderen. Etwas wurde gebraucht oder jemand hatte etwas anzubieten, und man schrieb es in eine Gruppe. In der Bewegung waren ältere Menschen, die nicht mehr zur Fußpflege gehen konnten. In den Gruppen wurde erfragt, wo man hingehen konnte. Oder wer war Friseur, wer konnte Haare schneiden? Ohne 2G, 3G und den ganzen Firlefanz. Ich fand in der Zeit heraus, wo ich einkaufen gehen konnte, ohne angemault zu werden, weil ich keine Maske trug. Für den Fall, dass die *Lockdowns* zurückkommen, haben wir viele positive Erfahrungen gesammelt, die uns stärkten.

Heute habe ich keine Angst mehr vor der Politik und ihren verrückten Maßnahmen. Ich bin so gut vernetzt und kann anderen Menschen mit meinem Netzwerk helfen. Ein Freund von mir ist Imker, der schenkte mir Honig. Ich freute mich darüber sehr, da ich meinen Tee gerne mit Honig trinke. An meinem Geburtstag 2021 stand ich auf dem Marktplatz, es war Demotag, und alle sangen für mich und steckten mir etwas für die Benzinkosten zu,

Resümee

weil ich in ganz Deutschland auf die Demos ging. Als ich im Oktober 2020 das erste Mal Polizeigewalt erfuhr, wurde ich getröstet und nicht einfach im Stich gelassen. Das war alles spontan. Ohne dass man danach fragte, gingen die Menschen aufeinander zu. Für mich ist das selbstverständlich, wenn ich jemandem helfen kann, mache ich das. Solidarität ist spontan, sie kommt aus Überzeugung, auch gegenüber Unbekannten. Der Bäcker im Odenwald, der alle Kunden willkommen hieß und dessen großes Herz die Menschen nicht vergaßen, nachdem die Behörden sein Geschäft und sein Café schlossen: Das war echte Solidarität, keine staatlich verordnete. Die Menschen, die der Staat in die Ecke drängen wollte, denen er drohte, antworteten mit echter Solidarität. Sie hielten zueinander und wehrten die Repressalien und Übergriffe durch den Staat so gut es ging ab. Der Erste, der mit mir solidarisch war, war Norman am 25. August 2020 in Berlin. Wir kannten uns nicht. Er half uns die ganze Zeit, gab meinen Jungs sein Zelt. Das hätte er auch für jeden anderen gemacht. Er half mir, einem fremden Menschen, und meinen Kindern. Das werde ich ihm nie vergessen.

Anya in Berlin hatte eine kleine Wohnung. Ich weiß nicht, wie viele Leute immer wieder bei ihr schlafen durften. Sie schlief in ihrem Schlafzimmer und das zweite Zimmer stellte sie Menschen zur Verfügung, die in Berlin waren und eine Übernachtungsmöglichkeit brauchten. Sergej machte jedes Mal seine Wohnung leer, damit dort Leute aus der Bewegung schlafen konnten. Die Hotels und die Jugendherbergen waren ja alle geschlossen. Geld nahm keiner. Es hieß einfach: Kommt, benehmt euch ordentlich, hier habt ihr meine Wohnung. Nach einer Demo fielen die Leute bei Steve ein und dann wurde ein Riesentopf Spaghetti Bolognese gekocht. Steve hat selbst nicht viel. Er kaufte Tomaten, Spaghetti, Basilikum, Käse und dann stellte er sich in die Küche und kochte, und alle hatten nach einem langen Demotag ein warmes, leckeres Essen im Bauch. Das war für Steve selbstverständlich und da ging nicht nachher die Spendendose herum. Es war ganz klar: Einer half dem anderen. Das war einfach so. Jeder gab, was er konnte. Für meine Söhne gaben mir Leute Kleidung, die ihren eigenen Kindern nicht mehr passte. Ich musste nicht fragen, man bot es mir an. Und wenn du fragst, ist es keine Schande. Wenn jemand auf der Durchreise war und bei mir vorbeifuhr, waren sie bei mir zu Gast und konnten bei mir übernachten und natürlich aßen wir zusammen. Wir helfen uns allen gegenseitig. Keiner sagte da: *Maske! Impfung!* oder etwas in der Art. Selbstlos von Mensch zu Mensch. Das zeichnete unsere Freiheitsbewegung aus.

Dieses missgünstige, negative Verhalten der Corona-Gläubigen fanden wir alle schrecklich. Ich war froh, wenn ich hier keine Berührungspunkte mehr hatte. Für mich war es schon schwierig, wenn ich einkaufen ging und so gut wie alle mit ihren Masken rumlaufen sah. Wenn dann auch noch Kinder dabei waren, tat mir das im Herzen weh. Oft war es sogar so, dass die Eltern keine Maske trugen, jedoch ihre Kinder.

Im Mai 2021 waren meine Söhne und ich in einer Mall, es herrschte Maskenpflicht. Sie brauchten Schuhe und wir gingen in ein Sportgeschäft, natürlich ohne Maske. Ein junger Mann kam auf uns zu. Er trug eine Maske und sagte, wir sollten ebenfalls eine tragen. Ich sagte ihm, dass wir keine Maske trugen, wir hatten ein Attest. Er fragte mich, ob er es sehen könnte. Ich zeigte ihm das Attest und dann war alles in Ordnung. Wir kamen noch ins Gespräch und er erzählte mir, dass er es furchtbar fand, den ganzen Tag mit der Maske zu arbeiten. Man konnte sich nicht erkennen, man konnte einander nicht ins Gesicht sehen. Er brauchte aber den Job. Auch die Maßnahmen, dass man sich nicht mehr mit anderen treffen durfte, fand er furchtbar. Er war single und konnte niemanden kennenlernen. Er hatte überhaupt keine Chance, mit anderen jungen Menschen zusammenzukommen und Frauen kennenzulernen. Alles war durch die Verordnungen verboten. Er erzählte mir, wie sehr ihm das zusetzte, und er tat mir wirklich leid. In solchen Momenten merkte man den enormen Druck, der auf den jungen Menschen lag.

In einem Rewe, in dem ich einkaufen ging, arbeitete eine Frau, die ich 2018 kennengelernt hatte. Mein jüngster Sohn hatte gerne mir ihr *geflirtet* und sie war begeistert von ihm. Wir freuten uns jedes Mal, wenn wir uns sahen. Sie musste dann im Rewe den ganzen Tag Maske tragen, was sie total ablehnte. Durch dieses Ding zu atmen, war für sie sehr beschwerlich. Es blieb ihr aber nichts anderes übrig. Wenn ich sie sah, nahmen wir uns in den Arm, und es war scheißegal, was die anderen Kunden dazu sagten. Sie fragte mich, was es Neues von den Demos gab. Das war für mich eine Rückmeldung, dass es gut war, dass ich auf die Demos ging. Viele konnten das nicht oder hatten Angst, dass sie gesehen wurden und ihren Arbeitsplatz riskierten.

In Schorndorf wurde ich von den Kassiererinnen in Supermärkten gefragt, wie das mit dem Attest wäre. Sie sagten mir, dass sie gesundheitliche Probleme hätten, ihre Ärzte wären aber nicht bereit, ihnen ein Attest auszustellen. Ich sagte ihnen, es gibt Ärzte, die Atteste ausstellen und sich für ihre Patienten einsetzen. Auch hier bekam ich Rückmeldung, dass es gut war, dass wir auf die Straße gingen. Als ich im Rathaus von Schorndorf war, um meine Akte einzusehen, hörte ich ein Gespräch der Angestellten mit. Sie waren sich einig, dass die Maske sowieso nicht half, dass die Corona-Maßnahmen endlich ein Ende haben mussten. Das war im Sommer 2021. Sie arbeiteten aber in einer Behörde. Sie mussten die Maske tragen oder sie verloren ihre Arbeit. Aus Gesprächen wie diesen sprach die Not der Menschen, die nicht mitmachen wollten, aber keinen Ausweg sahen.

Einmal wurde ich an der Tankstelle angesprochen. Man fragte mich, wo man einen Arzt finden konnte, der aufgrund von medizinischen Diagnosen ein Attest zur Befreiung von der Maske ausstellte. Die meisten Ärzte waren entweder vom System überzeugt oder sie hatten Angst vor dem Staat. Mehrfach wurde mir erzählt, dass der eigene Arzt kein Attest ausstellen wollte. Perin Dinekli ist Ärztin und Musikerin. Sie sang ein Lied über dieses Thema. 2022 hatte sie ihre Verhandlung, weil sie Maskenbefreiungsatteste ausstellte. Sie sagte immer wieder, dass es ihre Aufgabe als Ärztin war, ihren Patienten zu helfen.

Man verändert sich im Zusammensein und im Austausch mit anderen. Im Gespräch mit anderen reflektiert man. Mir geht es jedenfalls so. Die Begegnung mit den anderen Menschen der Bewegung war für mich daher sehr wichtig. Ich denke, dass ich heute wacher bin, was die Politik anbelangt. Vorher interessierte mich Politik nicht besonders. Ich hatte meine persönlichen Interessen. Das änderte sich. Ich las mehr, ich bekam mehr von der Tagespolitik mit, was Politiker tun, was sie entscheiden. Hier informiert zu sein, wurde mir wichtig. Ich wollte mich mehr in die Politik einmischen, zusammen mit anderen kritischen Menschen. Zu Anfang ging ich einfach für meine Kinder auf die Straße. Später fing es an, dass ich auch etwas zu sagen hatte. Ich hätte mir vorher nie vorstellen können, dass ich mal öffentlich eine Rede halten würde. Ich überwand mich, weil ich das Gefühl hatte, dass es wichtig war. Ich wollte anderen Eltern Mut machen, ihren Weg zu gehen und sich schützend vor ihre Kinder zu stellen. Ich wollte allen sagen: *Ihr könnt nicht zuschauen bei dem, was mit unseren Kindern gemacht wird.* Die Eltern kamen auf die Demos, weil sie an der Sinnhaftigkeit der Maßnahmen zweifelten. Der nächste Schritt war aber, nein zu sagen und danach auch zu handeln und nach Alternativen zu suchen. Das mitzuteilen, war mir ein Anliegen.

Als einzelner Mensch bin ich auf der Erde, um meine Aufgabe zu erfüllen. Ich bin aber auch Teil einer Gesellschaft, einer Familie, eines Freundeskreises. Heute glaube ich, dass ich nicht nur Verantwortung für Freunde und Familie habe, sondern auch für die Gesellschaft. Ich engagierte mich vorher schon, zum Beispiel beim Thema Inklusion. Als aber Corona losging und ich ein Teil der Bewegung wurde, merkte ich, dass ich die Energie habe, Teil eines größeren Wandels zu sein. Wenn mehr Menschen ihren eigenen Impulsen folgen, werden wir einen gesellschaftlichen Wandel auch erleben, zurück zu einer Wertegesellschaft, die in Deutschland verloren ging.

* * *

Die Tochter von Freunden hat das Down-Syndrom und geht auf eine Schule für Kinder mit körperlichem oder geistigem Handicap. Sie und die anderen Kinder trugen von Beginn an eine Stoffmaske. Als ich das Mädchen einmal in die Schule brachte, sah ich, wie auf dem Boden Pfeile angebracht waren, die zeigten, wie die Kinder zur Toilette gehen durften. Das war in vielen Schulen so. Kindern mit Handicap diesen ganzen Unsinn zu erklären, der seit März 2020 veranstaltet wurde, ist schwierig. Natürlich wurden auch diese Kinder nicht gefragt, ob sie das wollten. Für Kinder, die ihre Umgebung geistig schwerer erfassen können, war der Umgang mit all den neuen Regeln sicher noch schwieriger. Hinzu kommt, dass Kinder mit Handicap noch viel stärker von der Wahrnehmung der vertrauten Gesichter abhängen. Diese Kinder müssen noch viel stärker auf die Zeichen der Mitmenschen achten, auf den Mund schauen, hören, die Gestik wahrnehmen, weil sie das mit dem Intellekt alleine nicht schaffen. Kinder mit Handicap sind oftmals ungeduldiger. Das kommt daher, dass ihre Umgebung ihnen das so vormacht, indem sie, wenn etwas dem Kind nicht gleich gelingt, mit Ungeduld reagiert. Zum Beispiel sind die Eltern mit ihren Kindern ungeduldig und dann werden es die Kinder irgendwann auch. Diese Ungeduld kann in schlimmen Fällen zu Jähzorn führen. Ich bin sehr betrübt darüber, dass auch die Sonderpädagogen mitgemacht und die Verordnungen gegen ihre Schützlinge durchgesetzt haben.

Als ich einmal vor Ort war und das Mädchen von der Schule abholte, war es für mich schlimm mitanzusehen, dass die Kinder dort diese Maske tragen mussten. Ich sprach mit ihrem Vater und er sagte mir, dass das gar kein Problem war, sie und ihr Bruder würden die Maske gerne tragen. Die Eltern kauften mit ihren Kindern gemeinsam Stoffmasken und die Kinder durften sich ihre aussuchen. Die Masken waren mit Bildern von Tierchen verziert, das gefiel den Kindern. So wurde die Maske für die Kinder zu einem Accessoire, zu denen die Kinder eine emotionale Bindung herstellen konnten. Es wurde ihnen schmackhaft gemacht, damit sie die Maske im besten Fall gerne trugen und sich nicht wehrten. Natürlich war es keine echte Wahl. Die Eltern wollten es so den Kindern etwas leichter machen, und natürlich auch sich selbst. Sie wählten einen pragmatischen Weg, mit der Situation umzugehen.

Eine andere Freundin hat vier Kinder. Im März 2020 ging ihr jüngstes Kind noch in den Kindergarten. Nach den Sommerferien 2020 wurde es eingeschult. Die Einschulungsfeiern fanden nicht statt. Meine Freundin war von Anfang an wie ich kritisch. Sie und ihre Familie trugen nur Maske, wenn sie es mussten, etwa beim Einkaufen. Ihr ältester Sohn ist so alt wie meine Jungs. Er sagte ganz klar, dass er keine Maske trägt. Er war bereit, Abstand zu seinen Mitschülern zu halten. Seiner Sportlehrerin sagte er aber, dass sie ihm die Maske selbst aufsetzen müsste, wenn sie das Tragen von ihm verlangte. Da gab es dann mit der Sportlehrerin eine Diskussion, denn die wollte, dass die Kinder auch im Sportunterricht eine Maske trugen. Er sagte nein. Dann kam es zu der Situation, dass ein Mitschüler mit Maske etwas erklärte. Die Lehrerin konnte ihn aber nicht verstehen und sagte, dass er doch die Maske runternehmen sollte, damit sie ihn besser verstand, und der Sohn meiner Freundin fiel vor Lachen fast vom Stuhl.

Seinen Lehrern sagte er ganz klar seine Meinung. Weil er ein super Schüler war, konnte er sich das leisten. Ihm konnten die Lehrer nicht ans Bein pinkeln. Seine Eltern leben das Konzept der Soziokratie. Als ich mal mit meiner Freundin über Soziokratie sprach, sagte sie mir, dass sie das zu Hause so machten. Ihre Kinder hatten dadurch ein stärkeres Selbstwertgefühl und Selbstbewusstsein. Sie sind sehr selbstständig und verantwortungsbewusst. Für mich ist das ein Vorbild für das gemeinsame Familienleben. Ihr Mann ist Ingenieur und arbeitete in einer Firma, wo es die ganzen Zwänge gab. Er sah das aber nicht so kritisch wie meine Freundin. Er ließ sich impfen, seine Frau und die Kinder nicht.

Ein befreundetes Ehepaar nahm ihre Kinder teilweise

aus der Schule. Solange es möglich war, behielten sie sie zu Hause. Von ihren fünf Kindern gingen vier in die Schule. Von den schulpflichtigen Kindern sagten manche klar, dass sie in die Schule wollten. Dafür waren sie auch bereit, Maske zu tragen. Der älteste Sohn wollte das nicht mit der Maske und den Tests und seine Eltern unterstützten ihn. Ihr Sohn zog sich aber in der Folge viel in sein Zimmer an den Computer zurück. Das fanden seine Eltern gar nicht gut. Sie wollten, dass er einen klaren Tagesablauf hatte, und sie schickten ihn wieder zur Schule. Als das mit der Testpflicht losging, testeten sie ihre Kinder zu Hause. Das hatten sie mit der Schule ausgehandelt. Oder sie machten diese Spucktests bei einer Apotheke, die das für Kinder anbot. Das Ergebnis war zwei oder drei Tage lang gültig.

Die Tochter einer anderen Freundin, machte die Tests für die Schule zu Hause. Auch sie versuchten, möglichst alles an Maßnahmen zu umgehen, was möglich war. Diese Freundin hatte auch den Unsinn der Verordnungen erkannt und für sich einen Weg gefunden, damit zu leben.

Ich war in der Telegram-Gruppe von *Eltern stehen auf* in meiner Region. Dort las ich, wie die Eltern immer nur jammerten. Sie schrieben, dass sie zur Schulleitung gingen oder zu den Lehrern und sagten, dass ihre Kinder keine Masken tragen wollten. Sie suchten stets das Gespräch. Meine Schwester versuchte das ebenfalls. Das führte aber zu absolut nichts. Alles, was ich in der Hinsicht gelesen oder gehört hatte, war, dass es immer nur Diskussionen gab. Im Endeffekt setzten sich die Lehrer oder die Schulleitung jedes Mal durch. Die Eltern hatten gegen die Schule keine Chance. Sie akzeptierten einfach nicht, was die Eltern wollten, und Punkt.

Die Tochter einer anderen Freundin war im selben

Alter wie meine Söhne. Sie hat starke gesundheitliche Probleme, ein Hautleiden am ganzen Körper, unter dem sie sehr leidet. In der Schule legte sie ein Attest vor, das sie vom Tragen der Maske befreite. Daraufhin wurde sie im Klassenzimmer als einzige in die letzte Reihe gesetzt. Über Maßnahmen wie diese las ich auch in den Berichten von anderen Eltern. Wenn ihre Kinder aus gesundheitlichen Gründen vom Tragen der Maske befreit waren, wurden sie durch die Lehrer von ihren Mitschülern abgesondert. Meine Freundin schaute schon ganz lange nach einer Lösung, um das Hautleiden ihrer Tochter zu kurieren. Und dann wurde sie in der Schule wegen ihrer Krankheit diskriminiert, auch noch an einer freien Waldorfschule, die sich eine bessere Pädagogik auf die Fahnen schreiben. Die Reaktion der Kinder ist in der Regel, *es ist okay*. Das tut mir dann im Herzen weh. Egal, was mit den Kindern gemacht wird, für die Kinder ist es immer in Ordnung. Wenn Eltern sagen, *das macht meinen Kindern gar nichts aus*, macht mich das wütend. Für mich ist das ein Zeichen, dass sie kein Mitgefühl gegenüber ihrem eigenen Kind haben.

Meine Schwester diskutierte mit der Leitung der Schule ihrer jüngsten Tochter. Sie reichte sogar eine Klage gegen die Schulleitung ein, die wurde aber nicht zugelassen. Die Gespräche, die meine Schwester mit der Schulleitung am Telefon führte, leugnete man später einfach. Weil man so etwas leider befürchten muss, hatte ich von Anfang an entschieden, dass ich mit der Schule ausschließlich per E-Mail kommunizierte. Ein geschickter Gegner dreht dir das Wort im Mund mit Leichtigkeit um. Deswegen muss man alles schriftlich machen. Die Schulleitung sitzt am längeren Hebel. Auch deshalb lehnte ich von Anfang an ein Gespräch mit der Schulleitung ab. Sie hatten die staatliche Verordnung, die sie umsetzten, und sie taten dies, ohne zu überlegen. Als die Schulleiterin mir ins Gesicht sagte, *ich bin Staatsdienerin*, bestätigten sich meine Vorurteile. Genau so war es, was ich im Jahr zuvor bereits geahnt hatte. Weder ging man auf mein Anliegen ein, noch zeigte man Verständnis oder hinterfragte das eigene Handeln. Nein, man versuchte die Vorgaben von oben gegen jeden Widerstand durchzuboxen. Alles wurde *korrekt* umgesetzt. Womöglich erfüllt es solche Menschen noch mit Stolz. Wenn jemand sagt, *ich bin Staatsdiener*, ist das eine Haltung des Stolzes, sich unterworfen zu haben und zu unterwerfen. Diesen Stolz wollte die Schulleiterin offenbar nicht einmal verstecken. Andere hätten womöglich gesagt, *mir sind die Hände gebunden*, oder etwas in der Art. Ihrem Selbstbild nach aber war es ihr Beruf, eine Dienerin zu sein. Dienen ist nicht falsch. Aber meiner Ansicht nach diente sie keinem Ideal, das ich gutheißen würde. Sie diente der Macht, welche auch immer gerade befahl. Bei solchen Personen ist die Frage angemessen, wessen Diener sie vor 40 Jahren oder 80 Jahren gewesen wären. Auch dann wäre ihr Herr der Staat, egal wer ihn in den Händen hält.

Unter dem Radar irgendwie durchzukommen, ist die einzige Chance, die wir haben, sagte eine Freundin von mir. Ich konnte das nicht. Solange es möglich war, wollte ich das nicht. Ich provozierte nicht, aber ich beugte mich auch nicht. So wie es für meine Söhne war, hätte es nicht bis zum Abitur weitergehen können. Natürlich kann man alles schaffen, aber das war doch kein Zustand. Einerseits fürchtete ich, dass es meinen Söhnen an Austausch fehlte. Andererseits war ich froh, dass sie der Gehirnwäsche in der Schule nicht ausgeliefert waren. Der Sohn meiner Freundin gab in der Schule Widerworte. Zu Hause stärkte man ihm den Rücken. Ihr Sohn hat durch die Auseinandersetzung mit den Lehrern eine Stärke entwickelt, die meine Söhne an anderen Orten lernen müssen.

Nicht ein einziges Mal trugen meine Söhne oder ich eine Maske. Ich habe SolidFACTS-Masken aus Stoff und mit Löchern, die es in der Bewegung gab. Wenn es mit der Polizei auf den Demos wirklich eng wurde, zogen manche die auf. Andere trugen Stoffmasken mit einem Slogan, wenn es nicht anders ging, wenn die Polizei das Tragen der Maske unbedingt durchsetzen wollte. Solche Masken hatte ich auch zu Hause rumliegen. Ich zog sie aber nicht an. Ich hatte mein weißes Bandana von den Darmstädtern, mit roten Herzen und dem Schriftzug *Frieden Freiheit Wahrheit Liebe*. Das hatte ich manchmal dabei und trug es um den Hals. Wenn es notwendig war, zog ich es hoch. Bis Ende Januar 2021. Dann hörte ich, was Stephan Bergmann sagte. Es war eine tolle Rede, die er am 25. Januar in Schorndorf zum Thema Maske hielt. Damals mussten alle Maske tragen, ich war in der Angst wegen Silvester und zog mir während des Aufzugs mein Tuch immer wieder über die Nase. Nachdem ich Stephans Rede gehört hatte, sagte ich, nein, jetzt ist Schluss. Stephan hatte so recht, als er sagte: *Diese Maske ist ein Sklavenzeichen*, und ich bin keine Sklavin. An dem Tag gab mir Stephan mit seiner Rede die Kraft, dass ich sagte, egal was kommt, ich ziehe nichts mehr vor das Gesicht. Was ich noch hatte, war mein Attest. Auch wenn die Polizei es nicht anerkannte, war das Attest mein Talisman.

* * *

Oft wird gefragt, wie viele Leute waren da und da auf der Straße. Waren es 5.000, 20.000 oder 100.000? Das ist egal. Wichtig ist, dass wir auf die Straße gehen. Ich hatte leider irgendwann große Sorge, dass innerhalb der Bewegung auch Menschen dabei sind, die die Bewegung kaputt machen wollen. Ein Problem in der Bewegung ist meiner Meinung nach die Selbstdarstellung. Du weißt nicht immer, wer wirklich gute Ideen hat, wer idealistisch ist und sich zurücknehmen kann und wem es darum geht, Geld zu verdienen oder sich darzustellen. Ich habe die Sorge, dass die Bewegung hierdurch Schaden nimmt. In einer Gruppe schrieb jemand im Frühjahr 2022, dass sie, weil es immer diese Egotrips von den männlichen Veranstaltern geben würde, nun eine von Frauen organisierte Demonstration auf die Beine stellen wolle. Dafür schlug sie den 1. Mai vor. Ich fragte in der Gruppe, welche Stadt in Frage kommen sollte. Die Rede war von Karlsruhe, was ich für nicht sehr geeignet hielt, da Karlsruhe recht weit im Süden liegt. Ich fragte, welches Ziel die Demo haben sollte. Die Aktivistin hatte geschrieben, dass es nicht in Ordnung sei, dass Männer den Frauen in der Bewegung den Widerstand aus den Händen nehmen würden. Ich verstand, was sie meinte. Ich halte es aber für wichtig, dass wir alle zusammen etwas bewegen. Dafür müssen Männer und Frauen zusammenarbeiten und sich ergänzen.

Ich schlug vor, dass sich die Personen, die mehr Verantwortung übernahmen, persönlich trafen, damit man einander begegnete und miteinander sprach. Zudem schlug ich vor, die Demo in Frankfurt zu veranstalten. Die historische Bedeutung Frankfurts und der Paulskirche gefiel mir immer gut. Dann hieß es, dass die Demo in Köln stattfinden würde. Die Verwirrung war groß. War nicht vorher von Karlsruhe die Rede gewesen? Nein, die Demo fände nun in Köln statt. Eine andere Frau hatte aber bereits Musiker für Karlsruhe gefunden. Und ich fragte, warum der 1. Mai? Das war ein Sonntag. Sonntags einen Spaziergang zu machen, wenn nichts in der Stadt los war, war meiner Meinung nach Unsinn. Da erreichst du niemanden. An Sonntagen kannst du eine Standdemo mit den Leuten machen, die du gerne wiedersehen willst. Aber wenn du in der Stadt irgendetwas bewegen möchtest, einen Aufzug, dann ist Sonntag nicht gut. Der 1. Mai ist traditionell ein Feiertag für die Arbeiter. Heutzutage gehen an diesem Tag Linke demonstrieren. Das war für die Aktivistin ein Argument für das Datum. Aus meiner Sicht war am 1. Mai Beltane, ein altes heidnisches Fest. Diese Arbeiterbewegung spielt für mich überhaupt keine Rolle. Ich möchte zurück zu den Wurzeln. Und da hielt ich den 1. Mai für völlig ungeeignet für eine Demo.

An solchen Diskussionen zeigte sich ein Problem der Basisdemokratie. Ohne Struktur entsteht Orientierungslosigkeit, besonders wenn nicht klar ist, was man eigentlich will. Die erste Frage war nicht, wann und wo gehen wir spazieren, sondern, was wollen wir erreichen. Was sollte das Ziel unseres Spaziergangs sein? Wenn das Ziel lautete, sich den Widerstand von den Männern nicht aus den Händen nehmen lassen, war man meilenweit entfernt von dem, was man eigentlich mal wollte: die Repression von Politik und Medien gegen Andersdenkende beim Thema Corona-Maßnahmen zu bekämpfen. Bevor man in solche sinnlosen Streitereien kommt, halte ich für besser, die Organisation auszuschalten, wilde Spaziergänge zu veranstalten und auf Spontanität zu setzen. Wenn es mit dem Planen nicht funktioniert, muss die Entwicklung anders weitergehen.

Die Anfahrten kosten jeden von uns in der Bewegung Zeit und Geld. Und wenn dann die Veranstalter nichts Ordentliches auf die Beine stellen und sich am Ende womöglich nur profilieren wollen, braucht sich niemand zu wundern, wenn die Menschen nicht mehr kommen. Für die Organisation braucht es Menschen, die andere begeistern und überzeugen können. In einer basisdemokratischen Bewegung braucht es natürliche Führungsfiguren mit authentischer, menschlicher Autorität. Eigentlich bräuchte man auch die Unterstützung von etablierten Institutionen. Es muss für etablierte Institutionen möglich sein, sich der demokratischen Bewegung anzuschließen. Wenn die Anführer aber zweifelhaft sind, wie es in unserer Bewegung vorkam, funktioniert das nicht. Wir haben viele tolle Köpfe, aber leider auch zweifelhafte Personen, die für den Mainstream ein rotes Tuch waren. Je unpolitischer, könnte man sagen, die Spaziergänger auf der Straße waren, je einfacher ihre Forderungen waren, desto einfacher war es, dass noch mehr Bürger sagen konnten, jetzt reicht es, jetzt gehe auch ich spazieren. Aber wenn die Straße erfolgreich sein will, braucht sie Institutionen, die an der Macht teilhaben und bereit sind, mit der Straße zusammenzuarbeiten. Aktuell haben wir unsere Netzwerke. Die *Anwälte für Aufklärung* finde ich immer noch am besten. Ralf Ludwig schätze ich sehr, als Menschen, Rechtsanwalt und Widerstandskämpfer. Seine Rede in Dresden am 19. Februar 2022 war hervorragend. In einer seiner Reden sagte er, was A über B sagt, sagt mehr über A als über B. Das habe ich mir gemerkt.

Wenn man nur seine eigenen Leute erreicht, ist das nicht gut. Bei der Zeitung *Demokratischer Widerstand* war es ähnlich. Ich las die Zeitung regelmäßig und gerne. Sie schreiben informative und kritische Texte. Wenn dann manche Autoren die *Impfung* mit all ihren Schäden und dem Zwang Genozid nennen, frage ich mich, was das soll und was sie mit solchen unmöglichen Übertreibungen erreichen wollen. Wenn man Leute abschrecken will, muss man genau so etwas schreiben. So macht man sich im Mainstream ganz überflüssig unmöglich. Warum muss man Kampfbegriffe verwenden, die einem selbst schaden? Anselm Lenz hat genug Feuer in seiner Feder. Wozu von Genozid sprechen? Als Provokation?

Anfang 2022 war meine Hoffnung, dass wir weiterhin auf die Straße gehen und es schaffen, noch mehr Menschen mitzunehmen. Ich fürchtete, dass es im kommenden Herbst wieder losgehen würde, dass die Politik die Daumenschrauben wieder anziehen würde. Wenn die Menschen den Sommer nutzten, um sich auszuruhen, war das gut. Im Herbst würden sie genug Kräfte haben, um weiterzumachen. Wir sind hier einfach in einem Missverhältnis. Es gibt Leute, deren Job es ist, diese Unterdrückung gegen uns zu organisieren. Sie haben ihr Einkommen und riskieren nichts. Ganz anders als die mutigen Menschen, die sich dagegen wehren, ihre Zeit und ihr Geld opfern, um etwas Gutes für alle zu erreichen. Am Samstag, den 19. Februar 2022, in Frankfurt sprach mich eine Krankenschwester an. Sie wurde unter starken Druck gesetzt, damit sie sich impfen ließ. Sollte sie es nicht tun, würde man ihr kündigen. Angestellt vom Deutschen Roten Kreuz in einem Krankenhaus. Es ist leicht zu sagen, dann kündige. So etwas darf ich mir aber nicht herausnehmen. Ich bin keine Krankenschwester, ich war nicht in ihrer Situation.

* * *

Die Corona-Maßnahmen waren nicht nur Unsinn. Sie waren ungerecht. Wer auf Demos rauchte, durfte die Maske abziehen und rauchen. Auch trinken oder essen war erlaubt. Danach musste man die Maske wieder aufziehen. Raucher brauchten bloß eine Zigarette nach der anderen zu rauchen und konnten so die Maske umgehen. Nichtraucher waren quasi benachteiligt, weil sie gesünder lebten. Hinzu kam, dass überall unterschiedliche Regeln galten. Im Februar 2022 in Frankfurt musste man keine Maske mehr auf Demos tragen. Diese Auflage verschwand von einem Tag auf den nächsten. In Stuttgart galt sie weiterhin. In Geschäften musstest du eine Maske tragen. Das tat ich aber sowieso nie. Die Leute kannten mich, wussten, dass ich ein Attest habe. Außerdem ging ich abends einkaufen, wenn es weniger Kunden gab. Ich war eher darauf gefasst, dass mich Kunden ansprachen, wenn ich zu einer anderen Tageszeit einkaufen ging. Das passierte mir aber nie. Ich vermied Blickkontakt, ging den Leuten aus dem Weg. Manchmal kam es zu komischen Situationen. In der Schlange an der Kasse standen hinter mir eine Frau und vermutlich ihr erwachsener Sohn. Die Frau sagte zu ihrem Sohn, beide mit Maske: Du musst Abstand halten. Da musste ich lachen und konnte nur den Kopf schütteln. In Lebensmittelgeschäften hatte ich ohne Maske nie wirklich Probleme. In andere Geschäfte ging ich seit 2020 aber so gut wie gar nicht. In Apotheken zeigte ich mein Attest. Der Mitarbeiter der Tankstelle bei uns sagte mir einmal, dass ich eine Maske aufziehen sollte. Ich sagte ihm, nein, ich trage keine Maske. Er fragte, ob ich ein Attest habe, und ich sagte, ja. Das war aber keine echte Lösung. Ich wollte mich nicht ständig auf mein Attest berufen müssen. Besser war es, wenn wir aufhörten, Masken zu tragen. Darum ging es. Selbst mit Attest durfte ich die Schule meiner Söhne zeitweise nicht betreten.

Über die Schule erhielt ich im Februar 2022 ein Schreiben vom Kultusminister des Landes. In dem stand, dass die Kinder an ihrem Platz keine Maske mehr tragen müssten. Und statt fünfmal pro Woche müssten sie sich nur noch dreimal pro Woche testen. Wenn ich so etwas lese, komme ich nicht umhin, mich zu fragen, wie dumm man sein muss, um solche Mitteilungen ernst zu nehmen. Unglaublich, wie man den Leuten das Hirn gewaschen hat. Womöglich freuten sich die Leute noch, dass man ihre Fesseln etwas lockerte.

Seit vielen Jahren feiere ich begeistert Karneval. Karneval ist eigentlich die Gelegenheit, etwas Provokantes oder Unerlaubtes zu tun. Dafür war es früher da. Mit Corona ist klar geworden, dass der Karneval nicht mehr die Kraft hat, sich über die Mächtigen lustig zu machen. Die Elite hat den Karneval komplett vereinnahmt. Der Pöbel darf sich über die Maßen besaufen und in Kostümen durch die Städte ziehen. Die Politik ist so stark geworden, dass sie Karneval sogar verbieten kann. Eigentlich müsste diese Entwicklung rückgängig gemacht werden.

Anfang März 2022 fand eine Demo statt, die unter dem Motto *Brauchtum ist nicht verhandelbar* aufrief, und das fand ich gut. Karneval hatte ursprünglich mit dem Ende des Winters zu tun. Dann etablierte sich Karneval in Köln als Brauch gegen die Obrigkeit und gegen die Besatzung durch die Franzosen. Heute kuschen die Narren vor der politischen Korrektheit. Ich schaute mir die Ernennung des Dreigestirns, die Prinzenproklamation, im Fernsehen an. Zur Prinzenproklamation wird die bundesdeutsche Elite eingeladen und alles hat mit Geld zu tun. Der Prinz, der Bauer und die Jungfrau sind Männer aus reichen Familien, die eingeladenen Gäste erscheinen in Abendgarderobe, es gibt gutes Essen. Der Pöbel kommt in diesen Saal überhaupt nicht rein. Das Kinderdreigestirn wurde auch vorgestellt. Ihre Eltern waren da, zudem die Frauen des Erwachsenendreigestirns und die Standartenträger. Ansonsten war der Saal im Gürzenich leer. Es gab keine Stühle, keine Tische. Die Musiker, die auftraten, hielten untereinander Abstand, und für die Zuschauer zu Hause vor der öffentlich-rechtlichen Mattscheibe wurde die Information eingeblendet, dass für die Veranstaltung die 2G-Regel galt. Alle im Saal Anwesenden waren entweder geimpft oder genesen. Ich gehe davon aus, dass die allermeisten im Saal geimpft waren. Schließlich lässt sich eine Genesung schlechter planen als eine Impfung. So eine Lachnummer. Ich schaute mir das an, weil ich Karneval liebe. Aber die Angepasstheit war einfach nur traurig. Selbst in der fünften Jahreszeit unterwarfen sie sich dem Klüngel und dem Geld.

Als ich einen Bericht über die Abschlussfeier der Olympischen Winterspiele schaute, hoffte ich, dass die ganzen Sportler, die China mit seiner Überwachung erlebten, und die Journalisten, die ausgeschlossen wurden, endlich ihren Mund aufmachten. Obwohl das Bild Chinas bei uns schon lange kein gutes ist, übernahm man bei uns die chinesische Lockdown-Politik. Trotz allem zeigt das schlechte Chinabild, dass es bei uns kein positives Vorbild für totalitäre Politik gibt. Die Politiker hierzulande müssen viel auf Manipulationstechniken wie *Nudging* und Propaganda setzen.

Der offene staatliche Zwang wie in China hat es noch schwer. Trotzdem werden die Globalisten ihre Agenda nur mit antidemokratischen Mitteln durchsetzen können. Sie versuchen einen Spagat, und ich denke, dass er nicht gelingen wird. Sie wollen den Totalitarismus, ausgerechnet in Europa, doch den einzuführen geht nur gegen das Volk. Man kann sich nicht die ganze Zeit an einem hohen Prozentsatz des Volkes aufreiben. Nicht umsonst wurde man in den Medien nicht müde zu betonen, dass die Maßnahmenkritiker eine absolute Minderheit seien. Viele Menschen glauben das und sahen unseren Protest wahrscheinlich wirklich nie. Sie fuhren ja nicht zu den Demonstrationen, die seit 2020 im ganzen Land stattfanden. Sie informierten sich nicht beidseitig. In anderen Ländern passierte dasselbe, nur mit einer anderen Keule. Den Menschen wird gesagt, ihr seid eine Minderheit, ihr habt sowieso keine Chance. Aber so ist es nicht. In Kanada konnte man sehen, wie brutal dort Demonstrationen aufgelöst wurden. Die Menschen sagten den Polizisten ins Gesicht: Ihr steht auf der falschen Seite.

Zu einer Demonstration 2022 in Fulda kam eine Frau zu uns und sagte: *Was wollt ihr denn? Ihr könnt euch äußern, ihr könnt euch versammeln, wir leben in einem freien Staat, ihr müsst nichts befürchten dafür, dass ihr eure öffentliche Meinung hier kundtut.* Einer von uns ging mit der Frau ins Gespräch und sagte ihr, dass es gerade nicht so sei. Dass wir Repressalien erlebten, dass wir Polizeigewalt erlebten. Ich stand dabei und hörte zu. Die Frau sagte, dass das nicht stimmte, sie hätte davon noch nie gehört. Da schaltete ich mich ein und sagte, dass es sehr wohl stimmte, ich hatte es selbst erfahren. Da sagte die Frau zu mir: *Fick dich!*

Eine ganz normale Frau zwischen 30 und 40, ordentlich gekleidet. Sie sah freundlich aus und nicht wie Antifa. Eine einfache Bürgerin. Sie stand vor mir und schmiss mir diese Worte direkt ins Gesicht. Ich war geschockt. Woher kam dieser Hass auf mich? Ich bin Frau, ich bin Mutter, ich gab meine Zeit in der Hoffnung, dass das Unrecht endete. Ich wollte etwas zum Guten verändern. Ich wollte mich an einem Wandel in der Gesellschaft beteiligen. Und dann kamen Menschen wie sie und beleidigten mich. Da verstand ich die Welt nicht mehr. Sie fragte nicht einmal: Wer bist du? Wie heißt du? Da verstehe ich die Menschen nicht.

Wo sind wir gelandet? Im Dezember 2020 in Schwäbisch Gmünd machten wir einen Aufzug durch die Stadt. Ich lief vorne mit meiner Flagge. In einer Kurve auf dem Weg stand ein Frau, auch sie rief mir eine Beleidigung zu, die nur für Frauen bestimmt ist. So etwas tut mir weh, auch wenn es von Fremden kommt. Wir kannten uns nicht. Sie war eine Frau wie ich und beschimpfte mich derart schlimm. Die kurze Erklärung für so ein Verhalten ist natürlich die Medienhetze. Die Menschen wurden von Anfang an gegen mögliche *Abweichler* aufgehetzt. Wenn in jeder Zeitung steht, was für Nazis wir sind, gibt es natürlich Menschen, die das glauben. Die Antifa beschimpfte uns natürlich auch, aber nicht persönlich. Ich nahm es nie ernst, wenn die schwarz-vermummt ihren Kindergarten veranstalteten. Meistens sind es Leute, die noch in der Pubertät sind oder niemals aus ihr rauskommen. Die Beschimpfungen durch diese zwei Frauen aber trafen mich. Wenn wir uns einfach auf der Straße getroffen hätten, in einem Geschäft oder auf dem Markt, könnte ich mir vorstellen, dass wir ganz normal miteinander geredet hätten. Dass wir gemeinsam einen Kaffee trinken oder ein Eis essen. Männer beleidigten mich nie. Auf den Demos begegneten mir viele Frauen, denen es ging wie mir. Sie erzählten, dass sie den Corona-Maßnahmen kritisch gegenüber standen, aber dass ihre Kinder sie nicht verstehen würden. Sie distanzierten sich von ihrer Mutter oder brachen den Kontakt ab. Woran lag es, dass viele Frauen in der Bewegung die gleiche Erfahrung mit ihren Kindern machten? Ich fürchte, dass man uns Frauen, uns Mütter, unsere Qualitäten, die wir von Natur aus mitbringen, schlicht nicht achtet oder sogar verachtet.

* * *

Im Frühjahr 2022, kurz bevor in Deutschland die allgemeine Impflicht beschlossen werden sollte, gab es die höchste Inzidenz seit Beginn der *Pandemie*. Mit dieser Zahl konntest du Lotto spielen. Ich diskutiere nicht über Zahlen. Es wurde nie gemessen, wie viele Tests gemacht wurden, um eine Grundlage für die Inzidenz zu haben. Um eine Aussage darüber machen zu können, wie sich die Inzidenz tatsächlich entwickelte, hätte es die Anzahl der durchgeführten Tests als Quotienten gebraucht, um einen vergleichbaren Wert zu haben. Ohne diesen Quotienten rechtfertigte man trotzdem zwei Jahre lang die Verordnungen. Viel hing von der sinnlosen Testerei ab, ganz zu schweigen von den immensen Kosten und der Umweltverschmutzung, die sie verursachte.

Keine der Parteien, besonders nicht die Grünen, soll uns noch einmal etwas über Umweltschutz erzählen. Mit der Corona-Politik, die sie vollständig mittrugen, und den Millionen Masken und Tests, die unsere Umwelt verschmutzen, sind sie nichts weiter als ein Haufen Heuchler. Mich ärgert es, dass ich früher beim Thema Umweltschutz selbst auf die Grünen reingefallen bin. Ich dachte, dass es richtig war, was die Grünen forderten. Dabei waren und sind die Grünen die Allerschlimmsten. Die Grünen sind die Faschisten schlechthin. Ich bin aber von allen Parteien enttäuscht. Ich bin der Meinung, dass wir keine Parteien mehr brauchen. Wir brauchen Fachleute, wir brauchen Menschen mit Ideen, mit Visionen. Aber keine Parteien. Dies wird eine Forderung für ein künftiges, besseres Deutschland: dass die Parteienoligarchie und der dazugehörige Klüngel abgeschafft wird. Die Parteien lenken die Demokratie nicht mehr, sondern unterdrücken sie.

Im Frühjahr 2022 demonstrierten immer noch viele Menschen. Man durfte wieder durch Frankfurts Innenstadt ziehen, aber immer noch nur mit Maske. Hier und da wurde noch auf Abstände hingewiesen. Das war aber kein Vergleich mehr mit der Zeit, als die Polizei mit Zollstöcken durch die Menge ging und die Abstände zentimetergenau überprüfte. In Crailsheim waren auf den Spaziergängen viele junge Menschen und Familien. Das war schön. An einem Sonntag im März 2022 war ich in Erbach im Odenwald. Es gab einen Aufzug durch die Stadt. Es war nicht viel los, mit den vielen Trommlern war es aber trotzdem schön. Autos mit Musikboxen fuhren mit, sie spielten Texte ab, die Gründe nannten, weshalb wir auf der Straße waren, und luden dazu ein, sich der Demo anzuschließen. Auch das war schön und ich denke, dass diese Kraft weiter auf die Straße muss. Im Frühjahr 2022 war ich mir sicher, dass sie es nicht schaffen würden, den Impfzwang durchzusetzen, selbst wenn sie das Gesetz verabschieden würden. Für Österreich machte ich mir zeitweise große Sorgen. Am Ende mussten sie in Österreich zurücknehmen, was sie in Deutschland nicht geschafft hatten. Am 16. März hörte ich eine Sprachnachricht von Markus Haintz, in der er sagte, dass Deutschland zu den Ländern mit den schlimmsten Maßnahmen und der brutalsten Umsetzung gehörte. Und warum? Weil es in Deutschland so viele Menschen gab, die nicht bereit waren, sich impfen zu lassen. Viele Deutsche verweigerten sich der Impfung. In anderen Ländern Europas sind 90 Prozent und mehr der Bevölkerung geimpft. Dort mussten die Politiker natürlich nicht zum Impfzwang greifen. Diese Aussage von Markus spricht sehr für unseren Widerstand. Am Anfang war ich wegen des angepassten Verhaltens vieler Deutscher sehr pessimistisch. Am Ende gehörten Deutschland und Österreich zu den Ländern mit der niedrigsten Impfquote in der EU. Darauf kann man stolz sein.

Als ich die Nachricht von Markus hörte, machte mir das viel Mut. Unser Widerstand war richtig gewesen und hatte sich gelohnt. Diesen Widerstand, den wir zwei Jahre durchhielten, hatte die Politik nicht erwartet. Sie dachten, dass sie uns schneller brechen würden. Wir aber waren und sind friedlich und standhaft. Das zeichnete uns aus und es spricht für unseren deutschen Charakter, der immer noch in uns ist. Vielleicht gibt es viele Menschen, die keine Lust haben zu kämpfen, die dekadent sind. Aber es gibt genauso die, die eine ganz klare Haltung haben, das darf man nicht vergessen. Die einen mogeln sich durch, die anderen gehen auf die Straße. Beide haben die Lügen der Politik und der Medien erkannt.

Am 15. März 2022 in Schwäbisch Gmünd regnete es, wir waren etwa 100 Leute auf dem Marktplatz. Aber unter denen, die da waren, herrschte eine positive Stimmung. Trotz allem waren sie nach zwei Jahren immer noch positiv gestimmt, fröhlich, zuversichtlich. Sie gingen immer noch auf die Straße. Man spürte es, diese Energie war immer noch da. Das ist einfach toll. Wir lachen zusammen, wir haben Spaß. Nach der Demo waren ein paar von uns noch beim Griechen essen. Viele von uns organisierten ihr Leben nun mit Gleichgesinnten. Eine Freundin erzählte mir, dass sich auf dem örtlichen Sportplatz 50 bis 60 Kinder trafen, zusammen spielten, Sport machten, angeregt über Telegram. Das gibt es bestimmt auch an anderen Orten. Diese unterbrochenen, von der Politik aufgebrochenen Strukturen boten und bieten viel Raum für neue Wege und Initiativen, für neue

Verbindungen.

Rückblickend kann man sagen, dass die letzten zwei Jahre da waren, um Netzwerke zu bilden. Wir begegneten Menschen, schlossen Freundschaften, machten uns gegenseitig Mut. Wir erreichten mit unseren Veranstaltungen nach und nach sicher viele Leute hinter ihren Fensterscheiben, die erst zusahen und später hinzustießen. Unsere Bewegung ist eine Bewegung mitten aus dem Volk. Man kann auch nicht mehr sagen, das sind alles *Querdenker*. Das funktioniert nicht mehr, das ist vorbei. Leider gibt es bislang wenig, was unsere Bewegung adäquat dokumentiert. Die journalistischen Erzeugnisse aus dem Mainstream wurden nur für den Zweck gemacht, um die Menschen aus der Bewegung zu blamieren. Aus keinem anderen Grund. Wenn man genau hinsieht, merkt man das. Wer hat es nötig, andere mit derart hohem Aufwand schlecht zu machen? Natürlich jemand, der eine Karriere im Mainstream plant.

In den letzten Tagen musste ich über etwas nachdenken. Ich kann mich aus meinem Elternhaus nicht an ein Mal erinnern, dass mein Vater oder meine Mutter sich gegenseitig oder mich belogen hätten. In unserer Familie wurde immer die Wahrheit gesagt. Es wurde auch nichts schön geredet. Eigentlich bin ich erwachsen geworden und wusste nicht, dass es Menschen gibt, die von Grund auf lügen, denen es nichts ausmacht zu lügen, die im vollen Bewusstsein Menschen belügen. Das kannte ich von zu Hause nicht.

Meine Tante setzte mich einmal unter Druck. Ich war etwa zwölf Jahre alt, als ich sie einmal besuchte, und sie wollte, dass ich mit ihr am Sonntag in die Kirche ging. Ich wollte das nicht. Da sagte sie, wenn ich jetzt nicht mitkomme, bringt sie mich zur Polizei. Ich ging mit ihr zur Kirche. Aber ich merkte, dass es falsch war. Mit 14

Jahren trat ich aus diesem verlogenen Haufen aus. Die Heuchelei der katholischen Kirche war etwas, das ich als Kind miterleben musste. Die Verlogenheit der Kirche und der Kirchengänger widerte mich immer an.

Wenn ich an Lügen denke, kommt mir immer wieder eine Erinnerung in den Sinn. Ich hatte gerade mein erstes Kind geboren. Zehn Tage nach der Geburt war ich bei der Kinderärztin. Ich war 22 Jahre alt, blutjung, keine Ahnung von nichts. Die Ärztin schaute sich die Nabelschnur an und etwas an ihr gefiel ihr nicht. Sie sagte, dass die Nabelschnur nur noch an einem Fädchen hing. Sie würde sie jetzt abmachen und dann die Stelle im Bauchnabel verätzen. Ein bisschen wusste ich aus dem Chemieunterricht, was *verätzen* bedeutete, und fragte, ob das meinem Baby wehtun würde. Aber die Ärztin winkte ab. Sie verätzte den Bauchnabel und mein Kind schrie los wie am Spieß. Ich bin nie mehr zu ihr gegangen. Ich hatte noch nachgefragt. Für die Ärztin war es vielleicht eine Kleinigkeit. Aber für mich war es ein einschneidendes Erlebnis. Mein Vertrauen in die Ärzte war seitdem gebrochen. Dass die Ärztin mich angelogen und mein neugeborenes Kind verletzt hatte, war für mich so schlimm, dass ich einen anderen Kinderarzt suchte. Andere mögen Ärzten ihr volles Vertrauen schenken und damit glücklich sein. Ich habe mit Ärzten zu viele schlechte Erfahrungen gemacht.

Dass diese Kinderärztin mir offen und direkt ins Gesicht log, war für mich ein Schlüsselerlebnis. Vorher konnte ich mir nicht vorstellen, dass Menschen logen. Danach schaute und hörte ich genauer hin. Bis ich erwachsen wurde, machte ich das nicht. Meine Eltern waren natürlich keine Engel. Aber dass sie ihre Kinder und sich gegenseitig nicht belogen, spricht für sie. Das wurde mir vor kurzem bewusst. Ich erinnere mich genau, wie schwer es mir damals fiel, als ich in Karatschi war, um meine Tochter zurück nach Deutschland zu holen, und ich wusste, ich muss lügen, wenn ich mein Kind zurückhaben wollte. Aber das ist eine andere Geschichte. Ich verstehe nicht, wie Menschen und Politiker aus niederen Gründen und ganz bewusst lügen können. Ich würde mich schämen.

* * *

Früher nutzte ich WhatsApp und Facebook. Telegram richtete mir Anfang 2020 ein Freund ein. Von Querdenken erfuhr ich auf Instagram. In der Bewegung lernte ich Leute kennen, die regelmäßig Telegram nutzten. So kam ich mit mehr Menschen in Kontakt. Mit der Zeit entstanden auf Telegram Kanäle. Querdenken-711 war so ein Kanal. In Kanälen kann man Beiträge lesen und kommentieren, aber keine eigenen Beiträge verfassen. In Gruppen kann man mit anderen schreiben, chatten, sich austauschen. Durch diese Möglichkeiten wurde Telegram zu *dem* Medium, um sich in der Bewegung auszutauschen. WhatsApp hatte diese Funktionen schlichtweg nicht.

Leute, die auf Demonstrationen gingen, gründeten eigene Kanäle. Bodo Schiffmanns Kanal war einer der ersten, von dem ich erfuhr. Hier postete er Beiträge, die er entweder selbst verfasste oder aus anderen Kanälen übernahm. Wolfgang Greulich hatte einen Kanal, Markus Haintz, Ralf Ludwig, Samuel Eckert, Eva Rosen, Nana Lifestyler, Tina Romdhani, die *Anwälte für Aufklärung*, die Klagepaten. Das waren die ersten, die ich kannte. Hier verbreiteten sie Informationen aus der Politik und teilten Aufrufe zu Demonstrationen. Die ganzen örtlichen Initiativen von Querdenken hatten ihre Kanäle und dann gab es noch Untergruppen.

Resümee

Irgendwann in 2021 entschied ich mich, WhatsApp zu löschen. Ich erfuhr, dass WhatsApp meine Daten sammelte und kein sicherer Nachrichtendienst war. Viele Kontakte in der Familie und zu Freunden liefen aber vor allem über WhatsApp. Man rief sich ja nicht mehr wie früher an oder schrieb einander Briefe. Trotzdem deinstallierte ich die App. Viele meiner WhatsApp-Kontakte waren auf Linie des Mainstreams und ich dachte, wem es um den Kontakt, um die Beziehung zu mir ging, hatten sie meine Handynummer und konnten mich anrufen. Wer mich als Person schätzte, konnte mich weiterhin auf vielen Wegen erreichen. Indem ich WhatsApp löschte, war ich ja nicht vom Erdboden verschwunden. Wenn ich jemandem eine Nachricht schreiben will, der kein Telegram nutzt, schreibe ich eben eine SMS. Zwei meiner besten Freundinnen kann ich bis heute nicht auf Telegram erreichen. Auf Facebook habe ich noch meinen privaten Account, den nutze ich jedoch kaum. Reaktionen dafür, dass ich mich von WhatsApp löschte, erhielt ich nicht. Vereinzelt unterbrach das sicher Kontakte. Da ich nicht mehr in der Gruppe mit meinen Cousins und Cousinen war, bekam ich zuerst nicht mit, als Verwandte von mir starben. So etwas lief nur noch über WhatsApp.

Durch die vielen Kanäle und Gruppen gab es immer einen Haufen gleichzeitig eingehender Nachrichten. Das nahm mit der Zeit immer mehr zu, sodass man mit Informationen aus den vielen Kanälen und Gruppen, die sich ab 2020 bildeten, überschüttet wurde. Dazu wurde man in verschiedene Gruppen von anderen hinzugefügt und manchmal wusste ich gar nicht, dass ich in irgendeiner Gruppe war. Natürlich fragte da vorher niemand. Für Kanäle gibt es diese Funktion nicht, da man hier Abonnent ist und selbst beitreten muss. Irgendwann fing es an, unübersichtlich zu werden. Bereits 2020 gab es in den Gruppen Trolle, die einfach störten, die blöde Nachrichten posteten, damit gute Nachrichten weiter nach hinten rückten. Man muss nicht unter seinem eigenen Namen auf Telegram unterwegs sein. Du kannst dir ein beliebiges Pseudonym ausdenken, entweder zum eigenen Schutz oder, um andere zu irritieren. Dadurch ist natürlich auch Vieles unsicher. Wenn du die Person nicht kennst, weißt du nicht, wer hinter dem Profil steckt. So wird es nicht leichter, zwischen Wahrheit und Lüge zu unterscheiden.

Mit der Zeit fand ich heraus, auf welche Informationen ich mich verlassen konnte, ohne sie im Einzelnen jedes mal überprüfen zu müssen. Ich merkte, dass es Menschen gab, die alles aus der Q-Anon-Bewegung teilten, die sagten, Donald Trump wird uns erlösen, haltet aus, bald ist es so weit, Trump wird wiedergewählt. Bis heute passierte nichts von dem, was sie vorhersagten. Botschaften wie diese machten einen durcheinander. Die Q-Anon-Kanäle schürten immer wieder Hoffnung. Sie sagten, dass Trump uns in Deutschland von dem Unrecht befreien würde. Manche Kanäle berichteten von SHAEF. Dabei sollte es sich um eine US-amerikanische Militäreinheit handeln, die in Europa stationiert worden wäre, um Europa vom *tiefen Staat* (Englisch: deep state) zu befreien. Von solchen Begriffen hörte ich damals zum ersten Mal. Eine Freundin von mir aus meiner Nachbarschaft war von SHAEF völlig überzeugt. Sie sagte mir, die werden bald hier sein und dann befreien sie uns. Mit dieser Freundin war ich eine Zeit lang reiten, dann verloren wir uns aus den Augen. Auf einer der Demos in Berlin 2020 trafen wir uns wieder. Sie sagte mir damals, ich solle keine Angst haben, ich soll mich zurücklehnen, das ganze Schauspiel von außen beobachten, dieses Militär sei schon unterwegs.

Resümee

Leute der Q-Anon-Bewegung waren schon 2020 auf den Demos dabei. Ihre Flaggen waren recht auffällig. Für mich war das damals neu, aber ich merkte, dass Menschen aus der Bewegung ihre Hoffnungen teilten. Sie waren überzeugt, dass unser System dem Ende nah ist. Das waren Leute in der Bewegung, von denen ich mir nicht vorstellen konnte, dass sie Geschichten erzählten. Ich schwankte zwischen meiner eigenen Wahrnehmung, dass sich überhaupt nichts änderte, und dem, was diese Menschen erzählten, die ich für rechtschaffen und informiert hielt. Ich dachte, vielleicht haben sie bessere Informationsquellen als ich. Am Ende stellten sich die Q-Anon-Erzählungen aber als ausgemachte Lügen heraus.

Wenn die Menschen mir mit Freude vom Ende der Maßnahmen erzählten, reagierte ich damals mit, ja, hoffentlich hast du recht, oder, das wäre so schön. Norman litt selbst sehr darunter. Er verließ sich auch auf diese Hoffnung, saß abends bis nachts um zwei Uhr vor seinem Handy. Ich bat ihn, dass er endlich schlafen kommen sollte. Norman schaffte es aber nicht, sich von diesen Nachrichten zu lösen, sie einfach auszustellen, las immer wieder von neuem. Ich fand, dass unsere Befreiung aus uns kommen musste. Kein Mensch wird uns befreien, niemand wird uns retten oder den ersehnten *Friedensvertrag* bringen oder was auch immer. Niemand auf der Welt interessiert sich dafür, ob die deutsche Bevölkerung geknechtet wird. Keiner wird kommen und sein Leben für uns einsetzen, um uns zu befreien. Wir müssen es selbst tun.

Hier hatte ich eine andere Haltung als Norman. Ich sah, wie es an ihm zehrte. Wie er jeden Tag Hoffnung in diese Geschichten setzte. Er machte viel von den Nachrichten aus den Kanälen abhängig. Norman blieb in Deutschland, obwohl er nach Hause reisen wollte. Er verschob seine Abreise immer wieder, weil er diese Nachrichten las, dass Trump wiedergewählt werden würde. Dann wäre alles vorbei und er wollte natürlich bei der Befreiung vom *tiefen Staat* in Deutschland dabei sein.

Ich bekam direkt mit, was diese falschen Hoffnungen mit Menschen machen konnten. Diese Nachrichten – es waren ja nichts anderes als Nachrichten – griffen in das Leben eines Menschen derart ein und entführten ihn in eine andere Welt. Man war wie gebannt, wenn man sie las. Ich wollte, dass mein Kopf frei blieb. Ich wollte diese ganzen politischen Nachrichten nicht. Ich wollte selbst wahrnehmen, anderen Menschen zuhören und das verarbeiten, aber nicht noch obendrauf irgendetwas von Menschen hören, die ich überhaupt nicht kannte, die irgendeinen Mist erzählten. Es gab genug Informationen auf den Kanälen auf Telegram, die erlogen waren, von Menschen, die sich wichtig machen wollten. Furchtbar. Daran hat sich leider nichts geändert. Keiner hat die Zeit, jede Aussage einzeln zu prüfen. Ich las in den Kanälen mit und machte mir dazu meine eigenen Gedanken. Teilweise lernte ich die Menschen, die die Kanäle führten, persönlich kennen. Darauf basierend, was ich las und wie ich die Menschen wahrnahm, begann ich zu filtern. Ich stellte fest, dass viele Kanäle die selben Nachrichten teilten. Musiker hatten ebenfalls bald eigene Kanäle. Das Angebot war enorm. Später gab es auch Ordnergruppen. Es fand eine Demo statt und dann wurde eine Ordnergruppe eingerichtet. Wenn ich Ordner sein wollte, konnte ich der Gruppe beitreten und man teilte mir mit, wann man wo sein sollte und was unsere Aufgaben waren.

Das Phänomen der Influencer sehe ich sehr kritisch: Personen, die versuchten, sich auf Telegram, YouTube

Resümee

oder anderen Plattformen, einen Namen in der Bewegung zu machen und so an Einfluss zu gewinnen. Es enttäuschte mich sehr, zu sehen, dass es in unserer Bewegung Personen gibt, die sich profilieren wollen und ständig zu Spendensammlungen aufrufen. Jeder muss selbst wissen, was er für richtig hält. Für mich sind diese Personen aber kein Vorbild. Ich verstehe, dass jeder irgendwie zurechtkommen will. Manche kamen auf die Idee, Tassen oder T-Shirts bedrucken zu lassen, um sie zu verkaufen. Ich habe auch solche T-Shirts. Aber wenn es nur noch darum geht, Geld zu verdienen, lehne ich das ab. Es gibt in der Bewegung Menschen, die ihren Einsatz für den Widerstand mit ihren Fertigkeiten verbinden, zum Beispiel im Design. Das finde ich toll und ich unterstütze das gerne. Die Ideen von Paul aus dem Odenwald gefielen mir immer. Wer eines seiner T-Shirts trägt und auf die Art seine Meinung zeigt, kann bewirken, dass der eine oder andere, der es sieht, anfängt, über die Botschaft nachzudenken. Und niemand kann gezwungen werden, sein T-Shirt auszuziehen, weil darauf etwas Politisches steht. Es ist eine Art passiver Widerstand.

Sicher gab es auch Personen, die sich auf Kosten der Bewegung bereichern wollten und darauf aus waren, Geld abzuschöpfen. Andere nahmen sich besonders wichtig und meinten, sie müssten alles kommentieren. Wenn Xavier Naidoo etwas sagte, musste sich plötzlich jeder auf Telegram zu Xavier Naidoo äußern. Da kann ich nur den Kopf schütteln und sagen: *Was soll das? Lasst das doch einfach unkommentiert stehen. Warum müsst ihr euren Senf dazugeben?*

Zeitverschwendung. Wer war Xavier Naidoo, dass jeder auf seinen Zug aufsprang? Er ist ein Mensch, der sagen kann, was er will. Muss ich deswegen reagieren? Wenn Lauterbach oder Baerbock irgendeinen Pups von sich geben, ist mir das auch egal. Ich lehne diese Politiker ab. Für mich sind das Marionetten des Systems. Mir ist es egal, was die heute erzählen, denn morgen und übermorgen erzählen sie etwas anderes. Das stiehlt mir Lebenszeit. Ich halte es für wichtiger, sich auf das eigene Leben zu konzentrieren. Dass man sich darauf konzentriert, seinen Alltag gut zu gestalten, dass man gut vernetzt ist, dass man jeden Tag schön verbringt, dass man so zu leben anstrebt, um selbst ein Vorbild für andere zu werden. Wichtiger ist es, wirklich etwas zu tun, im Kleinen wie im Großen. Ulle fragte mich, ob ich mit ihr zusammen eine Parzelle beackern wollte. Sie schaffte es nicht alleine und würde sich freuen, wenn ich ihr helfen würde. Das machte ich gerne. Wir müssen ins Tun kommen. Für mich heißt das im Alltag, Sport zu treiben, mit meinen Söhnen etwas zu unternehmen, etwas Gutes zu kochen. Es gibt am Tag für jeden genug, bei dem wir uns selbst und anderen etwas Gutes tun können – statt in den sozialen Netzwerken rumzuhängen.

Telegram ist für mich und für viele andere zwar eine wichtige Informationsquelle. Aber sich auf seine Intuition und auf seinen Grips zu verlassen, kann bei dem Nachrichtenüberfluss – wie eigentlich überall – nicht schaden. Von Anfang an ergab sich die Frage, wem man vertrauen konnte, wenn nicht den Mainstream-Medien. Wem konnte man glauben? Diese Frage ist nicht abgeschlossen. Gerald Hüther und Rüdiger Dahlke kannte ich bereits vor den Corona-Maßnahmen. Als es losging, bezogen sie Stellung. Da ich sie vorher schon kannte und ihre Meinung vertrat, schaute ich, wer Beiträge von Gerald Hüther teilte oder wer Rüdiger Dahlke erwähnte. Erst öffneten auf Telegram die ganzen Querdenken-Kanäle. Dann kamen neue Kanäle hinzu von Menschen, die ich auf den Versammlungen kennenlernte, die als Redner da

Resümee

waren. Ich schaute mir an, was jemand in seinem Kanal teilte, oder las sporadisch mit. Wenn man sagt, das politische Spektrum setzt sich aus Links-Mitte-Rechts zusammen, informierte ich mich bei allen, also quer. Ich habe Björn Höcke genauso abonniert wie Sahra Wagenknecht. Ich versuchte, Informationen von ganz unterschiedlichen politischen oder auch spirituellen Richtungen zu bekommen, um mir ein Bild zu machen und natürlich um über anstehende Veranstaltungen informiert zu bleiben. Meistens überfliege ich die Beiträge. Manche Kanäle verlasse ich wieder, wenn ich merke, dass das nur Quatsch ist. Q-Anon-Kanäle las ich anfangs noch, später aber nicht mehr. Das raubte mir nur meine Zeit.

Wie hoch die Inzidenz in welcher Stadt gerade war, hatte mich auch deswegen nie interessiert, weil ich mich nicht mit Dingen beschäftigen wollte, die mich überhaupt nicht beeinflussten. Ich bekam natürlich mit, wie viele angeblich gerade an Corona starben oder dass viele Intensivbetten belegt sein sollten. Aber ich informierte mich lieber darüber, was konkret für mich wichtig war. Am Anfang waren es viel Informationen, dann sortierte ich aus. Das konnte ich tun, weil meine Haltung immer klarer wurde. Ich brauchte mir bald nicht mehr zum x-ten Mal Spahn, Merkel, Baerbock, Lauterbach anschauen oder wie man sie kritisierte. Das wollte ich mir nicht geben. Den Schwachsinn, den sie von sich geben, konnte ich nicht ertragen. Ich wollte schon ihre Stimmen gar nicht mehr hören. Auf Telegram heißt es dann gleich, der sagte das, die sagte das. Das war für mich nicht wichtig, weil es mein Leben nicht mehr beeinflusste, was Spahn, Merkel oder wer auch immer sagten.

Heute weiß ich sehr gut, wer Informationen liefert, die für mich wichtig sein können. Bei den *Anwälten für Aufklärung* lese ich immer wieder. Die einzelnen Anwälte vertreten teils ganz unterschiedliche Ansichten. Ich lese in den Kanälen der Ärztin Carola Javid-Kistel, des Schweizer Historikers Daniele Ganser und des Philosophen Gunnar Kaiser. Was Stephan Bergmann schreibt, kommt eher aus spiritueller Richtung. Mich interessierten auch die Erfahrungen von Björn Banane und Thomas, der Busfahrer, oder Wolfgang Greulich. Mit der Zeit lernte ich die Personen kennen und wusste, wie ernsthaft sie ihre Arbeit nahmen und in welche Richtung ihr Streben ging. Viele Kanäle übernehmen einfach ungefiltert aus anderen Kanälen und es gibt auch Kanäle, die Sachen verbreiteten, die gar nicht stimmten. Da muss man wirklich aufpassen. Ich weiß, dass es auch unter den systemkritischen Menschen Leute gibt, die Lügen verbreiten. Ich bin vorsichtig und prüfe beim Lesen, ob etwas glaubhaft ist. Ich hüte mich davor, Neuigkeiten zu verbreiten, die entweder keine Rolle spielen, die nur reißerisch sind oder offensichtlich nicht stimmen. Bald beschloss ich, nur morgens und abends auf Telegram zu lesen. Den Fernseher schalte ich kaum mehr an. Zwischendurch versuche ich mal, Nachrichten zu schauen. Das ist aber immer noch unerträglich. Ich kann mir keine Nachrichten mehr von ARD, ZDF und den anderen Mainstream-Medien anschauen. Früher schaute ich regelmäßig um 20 Uhr die Tagesschau. Selbst als 2022 die Olympischen Winterspiele übertragen wurden, die ich immer gerne schaute, fiel es mir schwer, weil ich es nicht ertragen konnte, wie die Sportler FFP2-Masken trugen. Ich konnte die Sportler, die da mitmachten, nicht verstehen. Man müsste mich mit Gewalt zwingen, so eine Maske zu tragen, und dann würde ich mich wehren.

2021 gab es Vermutungen, dass man Telegram, das in den Mainstream-Medien plötzlich als Plattform für *Extremisten* verschrien war, in Deutschland abschalten

Resümee

würde. Natürlich würde durch ein Verbot viel verloren gehen. Aber aktuell mache ich mir darüber keine Sorgen. Ich bin gut vernetzt und daher zuversichtlich, dass man sich wieder finden würde. Es wäre ein Unding, wenn der Staat Telegram verbieten würde. Aber dann finden wir etwas anderes. Ein Ziel unserer Bewegung ist es schon seit 2021, eine eigene Plattform aufzubauen. Darum müssen sich die Leute kümmern, die sich mit der Technik auskennen. Im Laufe von zwei Jahren wurden viele Reden und Aufnahmen von Demonstrationen auf YouTube hochgeladen. Auch hier hatten viele ihre Kanäle. Dann begann YouTube, diese Videos zu zensieren, also zu löschen, und die Reden waren weg, als hätte es sie nie gegeben. Viele derjenigen in der Bewegung, die auf YouTube aktiv waren, erlebten das. Wer schlau war, sicherte seine Videos oder lud sie auf andere Plattformen hoch. Querdenken macht das auch. Das Internet ausschalten kann der Staat nicht, denn das hieße für ihn, sich in beide Beine zu schießen. Jede Firma, jede Behörde braucht heutzutage Internet, jeder Politiker und wir alle jeden Tag. Ohne Internet läuft nichts mehr. Zeitungen, Bücher, diese Informationsquellen sind viel zu langsam. Natürlich wird man weiterhin Wege suchen, das Internet zu kontrollieren. Das ist die andere Seite des Internets, dass es auch als Kontrollmechanismus funktioniert.

* * *

In der Bewegung machte ich die Bekanntschaft mit jemandem, der viel unterwegs und engagiert war. Unter vier Augen sagte er mir, bald ist alles vorbei, halte durch, komm nicht ins Zweifeln, warte noch drei Tage, dann sind die Amerikaner da und befreien uns. Es geht mir an der Stelle nicht darum, über irgendjemanden schlecht zu reden. Ich höre mir so etwas an, es beeinflusst aber mein Denken und mein Handeln nicht – weil ich weiß, dass es Quatsch ist. Vielleicht wäre es gut gewesen, wenn man gegen die Q-Anon-Ideen einfach Stellung bezogen hätte. Wenn man gesagt hätte, das reicht jetzt, wer auch immer diese Ideen bei Querdenken verbreitet, soll nicht mehr zu unseren Demos kommen. Hier wurde gegen offensichtlich falsche Vorstellungen nie Autorität gezeigt. Michael Ballwegs Haltung war immer, dass er mit allen spricht, dass keiner wegen seiner Meinung ausgegrenzt wird. Man hätte natürlich sagen können, dass man keine Q-Anon-Symbole auf den Demos möchte. Man hätte sagen können, macht eure eigene Demo. Ich persönlich finde, dass es keine Hierarchie geben sollte. Am 3. Oktober 2020 in Konstanz hieß es: keine Flaggen. Doch indem man Flaggen überhaupt verbieten wollte, umging man das Problem. Ich selbst war in den Austauschgruppen, die sich darüber Gedanken machten, nicht dabei. Daher weiß ich nicht, was die Köpfe von Querdenken in der Hinsicht festlegten. Die Q-Anon-Kanäle auf Telegram waren von den Querdenken-Kanälen getrennt. Die Mythen von Q-Anon existierten aber dennoch in der Bewegung. Auf den coronakritischen Demos fanden sich auch 2022 noch Q-Anon-Flaggen.

Es ist nicht möglich, mit jedem einzelnen ins Gespräch zu kommen. Das ist eine Schwäche einer dezentralen demokratischen Bewegung. Am Ende hat man womöglich auch die dabei, die nicht dazulernen wollen, im Fall von Q-Anon, dass ihr Warten und Hoffen auf fremde Mächte sie nicht weiterbringen wird. In der Bewegung gab es keine Person, die die Befugnis hatte, derartige Entscheidungen zu treffen. Auf der einen Seite ist das ein Vorteil, weil jeder mit seiner Haltung und seiner Wahrnehmung willkommen ist, solange man friedlich ist. Da gab es wenig Ausnahmen. Der Nachteil ist, dass eben auch Menschen, die Unsinn verbreiten, dabei bleiben. Warum bildeten sich keine Autoritäten aus, die mehr Verantwortung übernehmen als Demos zu organisieren? Warum bildete sich keine Organisation, die genaue Ziele festlegte und vorantrieb? Durch einen übergeordneten Verein wäre vielleicht möglich gewesen, deutlicher Stellung zu beziehen, eine Diskussion zu führen und Verantwortung zu übernehmen.

Ein Verein muss seine Ziele klar benennen. Er muss sich eine Satzung geben. Querdenken bestand aus Initiativen. Für Vereine braucht man einen Vorstand, Schatzmeister, Gelder. Die Menschen taten sich zwar zusammen und die Orga-Teams überlegten sich schon, was sie machten, in welcher Stadt sie es als nächstes mit einem Aufzug versuchen würden. Gerade in kleinen Städten wie Seligenstadt, wo die Einwohner zum ersten Mal einen unserer Aufzüge erlebten, war das wichtig. Initiativen taten sich auch mit anderen zusammen. Querdenken sollte aber kein Verein sein, sondern eine Bewegung, die aus der Bevölkerung erwächst. Es gibt die Homepage von Querdenken-711, auf der auch das Querdenken-Manifest steht. Eine solche Bewegung ist veränderbar und stetig im Wandel. Jeder ist frei, daran so mitzuwirken, wie er es will. Wir brauchen niemanden, dem wir hinterherlaufen. Das sagte Michael Ballweg von Anfang an. Im Frühjahr 2020 war er der Initiator von Querdenken-711 und er wollte, dass auch andere Initiative zeigten. Wir brauchten keine Hierarchie. Wir wollten und wir brauchten keinen Anführer. Jeder ist eigenverantwortlich. Ich glaube, dass das die Stärke der Freiheitsbewegung ist.

Zwar hätte man sich auch ohne Anführer bei bestimmten Fragen festlegen können, als Ergebnis einer offenen Diskussion. In einem Verein gibt es schließlich auch nicht einfach den Vorsitzenden, der vorgibt, wie es gemacht wird. Hier bildet sich idealerweise eine demokratische Formation. Die Bewegung ist groß und es wäre eine Herausforderung gewesen, alle Menschen zusammenzubringen. Dieser Schwierigkeit nachzugeben, heißt, die Idee der Demokratie aufzugeben. Vielleicht hätte man mehr kleine Vereine gründen können, um sich institutionell zu festigen. Dann wäre man nicht auf Tausende Telegram-Kanäle angewiesen, sondern könnte offizielle Kanäle aufbauen, die von Personen betrieben werden, auf die man sich verlassen kann, weil sie die Inhalte prüfen. Man hätte jemanden, der für die Inhalte eines Kanals die Verantwortung übernimmt. Auch für die Nutzer wäre es hilfreich, wenn sie wissen, an wem sie sind. Die chaotische Energie einer Bewegung kann produktiv sein. Doch sie hat auch Schattenseiten. Die Menschen sitzen Scharlatanen auf, sie werden verzweifelt, weil sie nicht mehr wissen, wem sie glauben sollen. Die Bewegung bewegt sich zwar, aber sie kommt nicht vom Fleck. Diese Problematik ist mittlerweile klar. In der Bewegung gibt es verschiedene Denkrichtungen und Ansätze für Veränderung. Ein Problem ist tatsächlich, dass die Menschen nicht zusammenfinden, um gemeinsam herauszufinden, was wirklich ein gangbarer Weg für alle ist. Das ist bis heute nicht gelungen. Kurz gesagt schaffte man es nicht, konkret zu sagen, wer man ist und was man will.

Alle, die seit 2020 auf die Straße gingen, fanden zwar zusammen. Außer die Corona-Maßnahmen abzuschaffen, gab es aber kein gemeinsames Ziel. Unsere Ideale, Selbstbestimmung, Frieden und Freiheit, sind sehr allgemein. Wie wir dort hinkommen wollten, wurde nie ausformuliert. Die einen denken, wir müssen bei 1871 anfangen, die anderen sagen, wir haben seit dem Zweiten Weltkrieg keinen Friedensvertrag und keine Verfassung mehr, die dritten interessieren historische Diskussionen überhaupt nicht. Die einen wollten gemeinsam mit Trump die Welt befreien, die anderen sagten, wir haben viel mit Russland gemeinsam und wir müssen uns mit dem Osten zusammentun. Jeder denkt anders und keiner denkt es zu Ende. Keiner setzt sich hin und arbeitet an einer Vision, an einem Leitbild, an einem Ziel, an dem wir uns orientieren können. Schlimm war es, wenn sich Personen in der Bewegung in den Vordergrund drängten und schlecht über die sprachen, die eine andere Haltung hatten. Hier war Chaos. Auf der einen Seite konnten wir sehen, wie viel Zulauf wir bekamen. Auf der anderen Seite wusste keiner, wo es hingeht, und schon gar nicht, wie. Wir waren seit zwei Jahren auf der Straße und riefen Frieden, Freiheit, Wahrheit und Liebe. Aber wie kommen wir dorthin? In Darmstadt gab es irgendwann Personen, die sich nicht mehr riechen konnten. Sie arbeiteten nicht mehr zusammen und sprachen schlecht übereinander. Aber es sind einfach Menschen und so ist es unter Menschen.

Natürlich will niemand bevormundet werden. Davon haben wir genug. Vielleicht ist es so, dass man noch ausprobiert, aus der Unordnung eine Struktur zu entwickeln, die aus den Menschen selbst kommt, ohne etwas vorzugeben. Es gibt keine Autoritäten in der Bewegung, die sagen, was gut in der Bewegung ist und was schlecht. Wir sind eigentlich ein bunter Haufen. Ich habe oft gefragt: Wie können wir das Unrecht in Deutschland beenden? Was muss getan werden? Die einen sagen: *Die Täter müssen verhaftet werden. Nehmt sie endlich gefangen!* Doch an die kommt man gar nicht heran und die Lösung ist das auch nicht. Wenn man die Regierung angreift, kommt es zu Gewalt.

Dann wurde die Partei *Die Basis* gegründet und es hieß: *Parteiarbeit ist das einzige, was in Deutschland zu einer*

Veränderung führt. Schaut euch die Grünen an. Joschka Fischer hatte gute Ansätze, bevor er den Jugoslawienkrieg beschloss. Jetzt, wo die Grünen in der Regierung sitzen, könnten sie nicht weiter von dem entfernt sein, wofür sie früher einmal standen. Bis sie in der Regierung saßen, dauerte es Jahrzehnte. Wir können nicht so lange warten. So lange, bis *Die Basis* mal so weit ist, dass sie einen Zulauf hat wie die Grünen heute, will keiner warten. Innerhalb der kurzen Zeit, in zwei Jahren, bekam ich nur am Rande mit, dass es in der *Basis* genauso abläuft wie in allen anderen Parteien. Es geht um Profilierung und Macht. Sie sind sich nicht einig. Sie investieren Zeit und Geld und jeder schaut, dass er sich durchsetzt. So ist es in Parteien und deswegen lehne ich sie ab. Parteien spalten die Menschen. Es muss uns darum gehen, herauszufinden, was für das Volk gut ist. Es sollte nicht darum gehen, einer Partei beizutreten, um Karriere zu machen. Zum Schluss hocken alle Parteien an einem Tisch. Das bringt uns auch nicht weiter. Ich selbst weiß ebenfalls nicht, woher die Initialzündung kommen soll, um unsere Bewegung, die ich über alle Maße wertschätze, dahin zu bringen, dass sie ihr Ziel erreicht.

Es ist ein Versuch. Wir probieren alle aus. Jeder bringt etwas ein, seine Gedanken, Worte und Handlungen, sei es in Form einer Rede, einer Demo, einer örtlichen oder einer länderübergreifenden Initiative. Die Vernetzung funktioniert. Wir haben keine Leitlinie, an der wir uns entlang bewegen. Das hat auch damit zu tun, dass wir in der Bewegung staatskritisch sind. Wenn du kritisch gegenüber dem Staat auftrittst, musst du mit Repressalien rechnen, auch in einer Demokratie. Doch wer wahrhaft demokratisch ist, kann nur staatskritisch sein. Der Staat an sich ist antidemokratisch. Wenn jemand staatskritisch ist, aber demokratisch leben möchte, passt es nicht, wenn er sagt: *So müssen wir das machen! Da geht es lang!* Ich denke, dass wir noch an diesem Punkt sind. Aber auch Demokraten müssen in der Lage sein, sich festzulegen und Entscheidungen zu treffen. Eine Entscheidung muss genug Spielraum geben, um im Denken und im Handeln frei zu bleiben. Das muss sich entwickeln können und das geht nur, wenn man die Freiheit hierfür lässt. Wenn man etwas entscheidet und verbietet, diese Entscheidung jemals wieder zu ändern, wäre man wieder bei einem Staat, der versucht, die Regeln gegen den Willen anderer festzulegen.

So wäre das zum Beispiel, wenn jemand von oben nach unten festlegen würde, dass man die Q-Anon-Anhänger nicht mehr in der Bewegung haben möchte. In dem Moment, in dem man sagt, diese Ideen sind nicht Teil unserer Bewegung, grenzt du Menschen aus. Es gibt immer Wege, mit anderen Ideen umzugehen, ohne sie auszuschließen. Wenn sie auf Trump warten, sollen sie auf Trump warten. Bei Querdenken entschied das jeder für sich selbst. Das führte bereits dazu, dass Menschen die Bewegung verließen, weil es für sie zu anstrengend wurde, weil keine klare Linie da war. Ich selbst glaube aber, dass es ein Versuch ist, ein Projekt, anders an die Dinge heranzugehen als bisher. Im Laufe der Zeit werden wir erkennen, wo es weiter geht. Das ist für uns als Gesellschaft eine riesige Chance – und eine Prüfung unserer Ausdauer. Ein Marathon.

Bei einer Demo in Crailsheim 2022 taten sich mehrere Initiativen zusammen und sie wollten nicht, dass Querdenken erwähnt wurde, dass das auf den Flyern stand, um die Menschen nicht abzuschrecken. Weil Querdenken medial eben durch wäre. Die Leute sind aber dieselben. Ich bin von Anfang an dabei und ich kenne die Menschen, die das organisieren. Die Leute, die heute auf die

Straße gehen, wissen das vielleicht nicht alle. Wolfgang Greulich war da und seine Rede war super. Im Prinzip sagte er dasselbe wie ich. Ich wurde dafür kritisiert, das ich das Thema Ukrainekrieg ansprach. Ich wurde sogar unterbrochen und ich durfte nicht zu Ende reden. Anschließend ging ich zu dem Veranstalter und da sagte er mir, dass das Thema Ukrainekrieg nicht erwähnt werden sollte. Das hatte mir keiner gesagt, zumal ich spontan für einen Arzt eingesprungen war. Später sprach Wolfgang Greulich und sagte inhaltlich dasselbe wie ich. Wolfgang ist eben eine andere Hausnummer. Ihn haben sie nicht unterbrochen. Das war natürlich gemein. Solange das nicht vorbei ist, dass Unterschiede zwischen den Menschen gemacht werden, weil der eine einen Namen hat und der andere nicht, bleibt es schwierig, etwas zu verändern. Wenn wir uns nicht auf Augenhöhe begegnen, egal, wer es ist, werden unsere Gegner weiterhin ihr Spiel durchziehen – weil wir uns spalten lassen, anstatt an einem Strang zu ziehen.

Seit dem 29. Juni 2022 sitzt Michael Ballweg in Untersuchungshaft. Die Bewegung ist daran nicht kaputtgegangen. Wäre Michael der Anführer gewesen, dann hätten viele, aus deren Sicht er in Saalfeld einen großen Fehler beging, womöglich die Bewegung komplett verlassen. Einige taten das. Die meisten zogen sich aber nur aus Querdenken zurück, nicht aber aus der Friedens- und Freiheitsbewegung, und gründeten neue Initiativen. Die gesamte Bewegung hat es nicht den Kopf gekostet und zwar deshalb, weil kein Anführer, keine Hierarchie da war. Dadurch, dass jeder für sich selbst entschied, ging es weiter. Es gab niemanden, den man absägen konnte. Das würde der Staat ganz schnell machen und er hat es auch versucht. Der Staat versuchte, den Menschen die Lebensgrundlage zu entziehen, sie finanziell in den

Resümee

Ruin zu treiben. Die Bewegung ist trotzdem nicht kaputt gegangen. Für die Bewegung ist es egal, ob Bodo Schiffmann auf Tansania lebt oder ob Michael Ballweg sein Vermögen verliert. Es sind immer wieder neue Kräfte, die sich mobilisieren, die sich zusammenfinden und die die Kraft haben, etwas zu initiieren.

Für die Bewegung ist das eine Stärke, für den Einzelnen ist es herzlos. Menschen kommen unter die Räder und das ist dann ihre eigene Entscheidung. So mit den eigenen Leuten umzugehen, zeugt nicht von Mitgefühl. Wenn man alles auf den Einzelnen abwälzt, zeigt das, dass man nicht bereit ist, Verantwortung für andere zu übernehmen. Die Frage bleibt also, wann die Bewegung Verantwortung übernehmen wird. Die Konsequenzen trägt jeder von uns allein. Ich kann Hilfe vom Nächsten nicht erwarten. Mit dieser Einstellung wird man schwer Kräfte entwickeln, die über den Einzelnen hinausgehen. Es macht eine Gemeinschaft aus, dass man seine Kräfte bündelt, zusammenhält, Verantwortung übernimmt. Das kritisieren wir zurecht an unserer Gesellschaft. Die Bewegung, die das ändern will, muss es besser machen. Sonst wird sie ausbluten, wenn einem nach dem anderen die Kraft ausgeht, weil man nicht in der Lage war, sich gegenseitig zu stützen. Fünf Finger bilden eine Faust. Wenn man keine Faust bildet, wird ein Finger nach dem anderen brechen.

Was es in der Bewegung anstelle von festen Strukturen gibt, ist ein riesiges Netzwerk. Hier unterstützt man sich gegenseitig. In dem Moment, in dem man in der Öffentlichkeit Gesicht zeigte, war man angreifbar und die Strukturen liefen Gefahr, zerschlagen zu werden. Deswegen finde ich es noch gut, wie es ist. Das Netzwerk funktioniert. Es ist nicht so, dass es dem einen egal ist, wie es dem anderen geht. Das habe ich selbst vielfach erlebt und ich habe Vertrauen, egal, was ich tue, dass es Menschen gibt, die mein Handeln unterstützen. Das zeigen sie mir auf ganz verschiedene Art. Ich würde niemals zu Spenden aufrufen. Das ist nicht meine Art. Andere machen das und sie werden hierfür in der Bewegung deutlich kritisiert. Natürlich wird gefragt, was eigentlich mit den ganzen Spenden passiert ist. Manchmal kann es aber wichtig sein, zu agieren, ohne dass jeder gleich weiß, was dahinter steht.

Im April 2021 verteilte ich in Stuttgart den *Demokratischen Widerstand*. Ein Bekannter sagte: *Das bringt überhaupt nichts! Wir müssen nach Berlin gehen!* Ich fühlte mich angegriffen. Ich entschied selbst für mich, dass ich den *Demokratischen Widerstand* verteilte. Weil ich hinter der Arbeit stand, die in dieser Wochenzeitung steckt, weil ich die Personen persönlich kennenlernte. Ich machte das einfach und so ist das in der ganzen Bewegung. Die Menschen machen. Jeder gibt und tut, was er kann. Es sind auch Leute dabei, die gar nichts geben können, die einfach mit auf die Straße gehen oder die andere sogar noch belasten. Egal. Auch die werden mitgenommen. Das ist das Schöne. Wir sind eine große Menschheitsfamilie. Das drückt sich in dieser Bewegung aus und das kann man nicht zerstören. Die Leute, die auf der Straße waren und vielleicht gerade keinen Sinn darin sehen, keine Kraft haben oder privat gefordert sind, die werden wieder auf der Straße sein. Es wird keinen Anführer brauchen, der ihnen das sagt. Dieser Tag wird kommen, da bin ich mir sicher. Wann der Tag kommt, ist abhängig von den Fehlern, die die Regierungen machen, und von den Entscheidungen, die sie treffen.

Es ist ein Entwicklungsprozess, den du nur hast, wenn du die Menschen frei lässt. Es ist wie in einer Beziehung. Sie ist ein Risiko. Es kann sein, dass es daran scheitert,

Resümee

dass einer von beiden nicht gesagt hat, wo es langgeht. Es ist aber ein riesiges Potential, das freigesetzt wird, wenn jeder dem anderen vertraut und für sich selbst jeden Tag neu entscheidet: Ich gehe heute mit dir weiter, ich stehe mit dir auf, ich höre dir zu, du bist mir wichtig. Dieses Potential kann sich entfalten, wenn keiner den anderen anführt. Anführer haben auch Grenzen im Geist und im Handeln, sie sind auch Menschen. Je mehr Menschen du hast, desto größer ist das Potential, und irgendwann hast du die Faust. Bis dahin kann es aber dauern. Michael Ballweg sagte damals: *Es ist ein Marathon und kein Sprint.* Damals konnte ich mir das nicht vorstellen. Heute weiß ich, dass er Recht hat. Die Kraft kommt aus dem Volk. Die richtigen Anführer kristallisieren sich im Laufe der Zeit heraus. Wer 2020 als Anführer gesehen wurde, ist zwei Jahre später teilweise nicht mehr dabei. Weil er sich zurückgezogen hat oder weil die Menschen ihm nicht mehr folgten oder aus anderen Gründen. Es werden aber weiter Menschen in der Bewegung sein, die in diese Position wachsen, die Zuspruch bekommen. Und die anderen werden folgen, wenn sie ihnen vertrauen, weil sie gesehen haben, dass dieser Mensch nicht etwas an sich gerissen hat, so wie es heutige Politiker nur verstehen zu tun. Dann kommt die Kraft aus der Bevölkerung für die Menschen, die Gesicht zeigen und vorangehen. So ist der Weg und da müssen wir Geduld haben. Wie oft kamen wir nach Berlin und fuhren abends enttäuscht nach Hause, weil wir scheinbar nichts erreicht hatten, weil sich nichts änderte? Das erste Mal bin ich im August 2020 nach Berlin gefahren und habe wirklich gedacht, ich war so blauäugig, dass wir die Regierung zum Rücktritt bewegen würden. Jedes weitere Mal, als ich nach Berlin fuhr, hoffte ich, jetzt ist es so weit. Ich will, dass der Reichstag wieder dem Volk gehört.

***

Es war ein Riesenerfolg unserer Bewegung, dass sich die Menschen unabhängig vernetzten, dass sich ganz viele verschiedene Menschen kennenlernten. Wir wären uns alle nie über den Weg gelaufen, hätten uns nie kennengelernt, wenn nicht diese Bewegung, initiiert durch Michael Ballweg, entstanden wäre. Dieser Verdienst gehört wirklich ihm. Er setzte den Impuls, und ich bin Michael Ballweg so dankbar dafür. Er ist ein Mensch mit großem Herzen und viel technischem Wissen. Ich schätze ihn sehr und das wird sich nicht ändern. Egal, was ihm außerhalb oder innerhalb der Bewegung unterstellt wurde, ich lernte ihn als Menschen kennen. Jeder ist willkommen. Auch wenn die Maßnahmen Anfang 2022 abflauten: In dem Moment, wenn der Staat wieder irgendetwas macht, wo es uns an den Kragen gehen soll, sind alle, die seit 2020 dabei waren, wieder auf der Straße. Wer einmal auf der Straße war, wird das nächste Mal nicht mehr zögern. Dann werden die Montagsspaziergänge wieder voll sein.

Es war schön, dass wir uns seit dem Frühjahr 2022 entspannen und Energie tanken konnten. Wir wissen aber, dass das Ding noch nicht durch war. Das Planspiel ist nicht beendet. Die Erfahrung, die wir sammelten, auch die Gewalterfahrung mit der Polizei, die ganzen Lügen, die unsinnigen, ungerechten Auflagen, kann uns keiner mehr wegnehmen und die werden wir nie mehr vergessen. Wir werden nicht mehr aufhören, für unsere Rechte auf die Straße zu gehen. In der Zwischenzeit kommt noch der eine oder andere zu uns dazu. Der Kreis wird sich weiter öffnen, weil Menschen dazukommen, die von sich aus erkennen, dass sie sich zweimal, dreimal impfen ließen, und trotzdem krank oder positiv getestet wurden. Die kommen alle noch dazu. Und wer seit 2020 dabei

Resümee

war, wird erst recht nicht mehr aufhören. Die haben kapiert, um was es geht. Das ist in unserem Herzen. Und was im Herzen ankommt, kriegt keine Regierung mehr raus.

Zuerst geht es um die Wiedereinsetzung der Grundrechte und unsere Selbstbestimmung. Als zweites geht es um das System, das in Deutschland nach dem Zweiten Weltkrieg aufgebaut wurde. Es muss beendet werden und ein neues, besseres muss an seine Stelle treten, mit einem besseren Umgang miteinander, mit einer Wertegesellschaft und mit erneuerten Idealen. Das Ziel ist ein Wandel. Dieser Wandel muss auf allen Ebenen stattfinden, auch in der Politik. Die ganzen *Wenns* und *Abers* gehören aus dem Grundgesetz gestrichen. Unsere Grundrechte müssen bedingungslos gelten. Es darf nie wieder so sein, dass zwei Jahre lang irgendwelche Politiker über die Masse der Bevölkerung einfach bestimmen können, dass sie sich über uns stellen, uns einsperren und Zwangsmaßnahmen verordnen. Nie wieder. Das ist jetzt unsere Aufgabe, der sich das ZAAVV[*] bereits angenommen hat: die Aufarbeitung der Zeit seit März 2020 und die Vorsorge für die Zukunft.

Es ist eine große Aufgabe. Wir müssen es schaffen, dass die Politiker, die in der ersten Reihe mitmachten, zur Rechenschaft gezogen werden. Das kann aber so lange nicht passieren, wie unser Bundesverfassungsgericht mit der Exekutive verbandelt ist. Das Bundesverfassungsgericht muss ernsthaft prüfen, was an den Corona-Maß-

---

[*]Das ZAAVV (Zentrum zur Aufarbeitung, Aufklärung, juristischen Verfolgung und Verhinderung von Verbrechen gegen die Menschheit aufgrund der Corona-Maßnahmen) ist eine Stiftung, initiiert durch den Rechtsanwalt Ralf Ludwig, welche online ein Fallerfassungsformular anbietet unter www.zaavv.com/de-de/fallerfassung.

nahmen legal war und wo sie gegen unsere Verfassung verstießen. Der Merkel-Jünger Stephan Harbarth muss endlich abgesetzt werden. Leute wie er werden die Politik der Bundesregierung niemals in Frage stellen. Es darf nie mehr passieren, dass jemand, der so deutlich wie er mit der Bundesregierung zusammenarbeitete, ganz oben platziert wird, um den Merkels im Land den Rücken freizuhalten. Es ist nicht vorbei, bis wir eine Demokratie in Deutschland haben und ein Europa, das auf Frieden und Akzeptanz jeder europäischen Nation aufbaut. Ein stabiles, friedliches Europa. Jedes Land sollte seine Kultur beibehalten können. Innerhalb Europas sollen sich die Nationen wie Brüder und Schwestern unterstützen. Wir müssen uns zusammenschließen, ohne unsere Grenzen aufzulösen. Jedes Land hat seine Stärken und Schwächen, aus denen man lernen kann.

Die erste Aufgabe jeder Regierung bleibt es aber, für das Wohlergehen des eigenen Volkes zu sorgen. Ein Land hat dem anderen nicht vorzuschreiben, was es zu tun hat und was nicht. Jedes Land, jedes Volk und jede Regierung muss souverän sein. Die Scheindemokratie muss enden. Der antidemokratische Einfluss transnationaler Organisationen wie der WHO, der Weltbank und des WEF über souveräne Staaten muss enden. Wenn wir uns gegen diesen Einfluss nicht wehren, stehen uns schlimme Zeiten bevor. Jeder einzelne Mensch muss lernen, kritisch zu denken, *nein* zu sagen und nach seinen Überzeugungen zu handeln. Keiner darf zu etwas gezwungen werden, was seinem Gewissen widerspricht. Wir haben alle an uns selbst zu arbeiten. Unsere Kinder müssen wir dahingehend stärken, dass sie als Erwachsene zuallererst ihrem eigenen Gewissen verpflichtet sind. Ich glaube, es ist das Sehnen nach Harmonie, das uns Menschen antreibt, Harmonie, die wir in unseren Träumen

Resümee

und Visionen im Paradies erleben, dem Ursprung allen Lebens. Nicht der Staat, die Regierenden oder die Entscheidungsträger, sondern meine geliebte Mutter hat mir dieses Leben hier und jetzt ermöglicht.

In der Welt können wir etwas verändern, wenn wir uns zusammenschließen. In unserem Zusammenschluss sehe ich mich als Mutmacherin. Ich wünsche mir, dass meine Erlebnisse die Herzen der Menschen erreichen und eine Selbstreflexion ermöglichen, damit die Wunden heilen können, die das systematische Unrecht auf der Welt an der Menschheitsfamilie verursacht hat, und dass sie zur Aufklärung beitragen, damit sie sich nicht mehr wiederholen.

Wo Unrecht zu Recht wird, wird Widerstand zur Pflicht und Gehorsam zu einem Verbrechen.

Daher lasst uns in Bewegung bleiben.

Love wins.
Eure Ronja